复旦卓越·21世纪管理学系列

现代公共关系学

（第四版）

何修猛　编著

MANAGEMENT

复旦大学出版社

内 容 提 要

　　本书围绕协调公众关系、塑造品牌形象的宗旨，从理念层面阐述了现代公共关系的本质、管理范式、结构要素，从操作层面分析了公共关系战略环境分析、战略能力分析和运作程序的框架内容，从技巧层面阐述了公共关系的接待策略、活动策略、媒体传播策略、服务策略、文化策略、危机管理策略、促销策略、CIS策略，其中渗透介绍了大量实用的公共关系技巧，介绍了经典公共关系案例。

　　全书以现代公共关系基本理论为线索，以公共关系的运作策略为切入点，融知识性与实用性于一体，剖析了各种公共关系活动的作用机制与工作技巧，具有内容翔实、适用面宽的特点，既适宜作高职高专院校、实践型本科院校、成人教育系统的公共关系课程的教材，又可做公共关系爱好者的基本读物。

目录

第一章 公共关系概述 ... 1
第一节 公共关系的含义 ... 2
一、公共关系概念的界定 ... 2
二、公共关系的产生 ... 13
第二节 公共关系的职责 ... 17
一、收集信息 ... 18
二、辅助决策 ... 19
三、传播推广 ... 20
四、协调沟通 ... 21
五、提供服务 ... 22
六、危机管理 ... 24
第三节 公共关系的基本范式 ... 25
一、公共关系的范式 ... 25
二、企业公共关系的范式构建 ... 27
三、政府公共关系的范式构建 ... 32
案例 "佰草集"创造绿色生活 ... 40

第二章 公共关系的要素 ... 42
第一节 公共关系的主体 ... 43
一、广义的公共关系主体 ... 43
二、狭义的公共关系主体 ... 45
第二节 公共关系的客体 ... 47
一、公众的含义 ... 48
二、公众的特性 ... 48
三、公众的类型 ... 49
第三节 公共关系的中介 ... 52

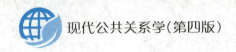

  一、媒介载体 …………………………………………………………… 52
  二、活动载体 …………………………………………………………… 57
 案例　OPPO 手机 1 000 万人深夜陪伴行动 …………………………………… 61

第三章　公共关系的目标 …………………………………………………………… 63
第一节　协调公众关系 ……………………………………………………………… 64
  一、协调公众关系的理论基础 ………………………………………… 64
  二、内部公众关系的协调 ……………………………………………… 65
  三、外部公众关系的构建与维护 ……………………………………… 67
  四、协调公众关系的关键 ……………………………………………… 70
第二节　塑造品牌形象 ……………………………………………………………… 72
  一、企业形象的基本结构 ……………………………………………… 73
  二、企业实体形象的塑造 ……………………………………………… 73
  三、企业品牌形象的推介 ……………………………………………… 81
 案例　分"手"48 小时，与 Di 有约——比亚迪乐享移动车联生活 ………… 93

第四章　公共关系战略分析与运作程序 …………………………………………… 94
第一节　公共关系战略环境分析 …………………………………………………… 95
  一、社会宏观环境分析 ………………………………………………… 95
  二、行业特性分析 ……………………………………………………… 96
  三、市场竞争结构分析 ………………………………………………… 99
第二节　公共关系战略能力分析 …………………………………………………… 100
  一、战略能力分析的对象 ……………………………………………… 101
  二、企业战略能力分析的理论模型 …………………………………… 103
  三、战略能力分析的目的 ……………………………………………… 107
第三节　公共关系的运作程序 ……………………………………………………… 108
  一、公共关系调查 ……………………………………………………… 108
  二、公共关系策划 ……………………………………………………… 109
  三、公共关系实施 ……………………………………………………… 114
  四、公共关系评估 ……………………………………………………… 114
 案例　白沙飞机送学子 ………………………………………………………… 118

第五章　公共关系的接待策略 ……………………………………………………… 119
第一节　公共关系接待工作的要求 ………………………………………………… 119

一、接待的公共关系效应 …………………………………………… 120
　　二、公共关系接待工作的要求 ……………………………………… 121
第二节　公共关系接待方案的设计 ………………………………………… 123
　　一、成立接待工作领导小组 ………………………………………… 123
　　二、确立接待工作理念和基本思路 ………………………………… 123
　　三、制定细节化的接待工作规范 …………………………………… 123
　　四、组建接待工作队伍 ……………………………………………… 124
　　五、明确接待小组职责和工作范围 ………………………………… 124
　　六、开展接待培训工作 ……………………………………………… 124
　　七、安排住宿与交通事宜 …………………………………………… 124
　　八、开展接待演习与排练 …………………………………………… 125
第三节　公共关系接待人员的形象设计 …………………………………… 125
　　一、素养形象的设计 ………………………………………………… 125
　　二、形体形象的设计 ………………………………………………… 126
　　三、神态形象的设计 ………………………………………………… 130
　　四、语言形象的设计 ………………………………………………… 132
　　五、体态语言的设计 ………………………………………………… 133
　　六、服饰形象的设计 ………………………………………………… 135
第四节　公共关系的接待策略 ……………………………………………… 136
　　一、语言感化策略 …………………………………………………… 136
　　二、微笑表达策略 …………………………………………………… 138
　　三、赞美贴近策略 …………………………………………………… 141
　　四、服务侍候策略 …………………………………………………… 143
　　五、情感交流策略 …………………………………………………… 143
第五节　公共关系礼仪 ……………………………………………………… 145
　　一、迎送礼仪 ………………………………………………………… 145
　　二、拜访礼仪 ………………………………………………………… 146
　　三、握手礼仪 ………………………………………………………… 147
　　四、介绍礼仪 ………………………………………………………… 148
　　五、馈赠与回谢礼仪 ………………………………………………… 148
　　六、鲜花礼仪 ………………………………………………………… 149
　　七、谈判礼仪 ………………………………………………………… 150
　　八、会务礼仪 ………………………………………………………… 150
案例　KD机场开工仪式接待方案 ………………………………………… 153

第六章 公共关系的大型活动策略 ... 156

第一节 大型活动的特质 ... 157
一、大型活动的内涵 ... 157
二、大型活动的构成要素 ... 160
三、大型活动的类型 ... 163

第二节 大型活动的项目管理 ... 164
一、大型活动的目标决策 ... 165
二、大型活动的机构管理 ... 165
三、大型活动的项目分解 ... 166
四、大型活动的时间进度管理 ... 168
五、大型活动的项目策划 ... 169
六、大型活动的现场管理 ... 180

案例 全聚德135周年庆典活动 ... 181

第七章 公共关系的媒体传播策略 ... 183

第一节 经典传播理论的启示 ... 184
一、拉斯韦尔五W模式 ... 184
二、把关人理论 ... 185
三、公众选择三S理论 ... 186
四、两级传播模式 ... 186
五、议题设置论 ... 187
六、沉默螺旋理论 ... 188
七、整合营销传播理论 ... 189
八、SIPS模型 ... 191

第二节 策划公共关系媒体传播的准则 ... 192
一、切中目标公众信息需求 ... 193
二、形塑新闻价值 ... 194
三、巧妙隐藏传播动机 ... 195
四、尊重公众主体间性地位 ... 196
五、瞄准公众情感立场 ... 197
六、整合媒体传播 ... 198

第三节 公共关系媒体传播的策划 ... 199
一、公共关系新闻传播的策划 ... 199
二、公共关系广告的策划 ... 203

案例　亚马逊中国的"书路计划" ………………………………………… 209

第八章　公共关系的服务策略 ……………………………………………… 211
第一节　公共关系服务的特征 ……………………………………………… 211
　　一、公共关系服务的内涵 …………………………………………………… 212
　　二、公共关系服务的意义 …………………………………………………… 215
　　三、公共关系服务的管理 …………………………………………………… 217
第二节　商业服务的策划 …………………………………………………… 219
　　一、售前服务的策划 ………………………………………………………… 219
　　二、售中服务的策划 ………………………………………………………… 220
　　三、售后服务的策划 ………………………………………………………… 222
第三节　公益服务的策划 …………………………………………………… 223
　　一、公益赞助的策划 ………………………………………………………… 224
　　二、慈善资助的策划 ………………………………………………………… 227
　　三、环保公共关系的策划 …………………………………………………… 228
　　案例　雅居乐发布公益主题"同理心"　诠释27年公益事业核心理念 …… 230

第九章　公共关系的文化策略 ……………………………………………… 232
第一节　文化的公共关系效用 ……………………………………………… 233
　　一、公共关系中的文化环境 ………………………………………………… 233
　　二、文化在公共关系中的价值效应 ………………………………………… 235
第二节　公共关系活动的文化元素 ………………………………………… 238
　　一、公共关系活动的文化元素 ……………………………………………… 238
　　二、文化类公共关系活动的策划 …………………………………………… 241
　　三、公共关系文化品位的提升策略 ………………………………………… 244
第三节　公共关系的跨文化传播策略 ……………………………………… 246
　　一、公共关系跨文化传播的策划程序 ……………………………………… 247
　　二、公共关系的跨文化传播策略 …………………………………………… 249
　　案例　红星美凯龙2013年"木"文化节 …………………………………… 253

第十章　公共关系的危机管理策略 ………………………………………… 255
第一节　危机管理的内涵 …………………………………………………… 256
　　一、危机管理的含义 ………………………………………………………… 256
　　二、危机管理的客体 ………………………………………………………… 257

　　　　三、危机事件的归因 …………………………………………… 258
　第二节　危机管理的理论基础 …………………………………………… 261
　　　　一、形象修复理论 …………………………………………… 261
　　　　二、情景危机传播理论 …………………………………………… 262
　　　　三、危机信任修复话语模型 …………………………………………… 266
　第三节　危机管理的规范 …………………………………………… 267
　　　　一、危机管理的优先取向 …………………………………………… 267
　　　　二、危机管理的宗旨 …………………………………………… 268
　　　　三、危机管理的原则 …………………………………………… 270
　第四节　危机管理的程序 …………………………………………… 271
　　　　一、危机管理的预防阶段 …………………………………………… 271
　　　　二、危机管理的预警阶段 …………………………………………… 273
　　　　三、危机管理的正视阶段 …………………………………………… 276
　　　　四、危机管理的应对阶段 …………………………………………… 276
　　　　五、危机管理的开发阶段 …………………………………………… 280
　第五节　应对危机事件的策略与方式 …………………………………………… 281
　　　　一、应对危机事件的策略 …………………………………………… 281
　　　　二、应对危机事件的方式 …………………………………………… 284
　第六节　不同类别危机事件的处置 …………………………………………… 285
　　　　一、误解性危机的化解 …………………………………………… 286
　　　　二、事故性危机的处理 …………………………………………… 287
　　　　三、假冒性危机的处理 …………………………………………… 288
　　　　四、公共性危机的处理 …………………………………………… 292
　　　　五、恶性危机的拯救 …………………………………………… 293
　第七节　危机管理中的媒体沟通 …………………………………………… 294
　　　　一、危机社会议题化现象的缘由 …………………………………………… 295
　　　　二、危机管理中的媒体沟通程序 …………………………………………… 296
　　　　三、危机管理中的媒体沟通准则 …………………………………………… 297
　　　　四、危机管理中的媒体沟通思路 …………………………………………… 298
　　案例　桂林航空应对女乘客进入机长驾驶舱事件 …………………………………………… 302

第十一章　公共关系的促销策略 …………………………………………… 304
　第一节　促销的实质 …………………………………………… 304
　　　　一、促销的含义 …………………………………………… 305

二、促销的前提 ……………………………………………………………… 307
　　三、促销的类型 ……………………………………………………………… 309
第二节　促销活动的策划 ………………………………………………………… 312
　　一、竞赛促销活动的策划技巧 ……………………………………………… 312
　　二、抽奖促销活动的策划技巧 ……………………………………………… 314
　　三、附加赠送促销活动的策划技巧 ………………………………………… 315
　　四、折扣促销活动的策划技巧 ……………………………………………… 317
　　五、分期付款促销活动的策划技巧 ………………………………………… 319
　　六、以旧换新促销活动的策划技巧 ………………………………………… 320
　　七、贸易展览促销活动的策划技巧 ………………………………………… 322
案例　唯品会419品牌特卖节 …………………………………………………… 324

第十二章　公共关系的CIS策略 …………………………………………… 326
第一节　CIS的含义 ……………………………………………………………… 326
　　一、CIS的含义 ……………………………………………………………… 327
　　二、CIS的特点 ……………………………………………………………… 331
　　三、CIS的发展趋势 ………………………………………………………… 333
第二节　MIS和BIS的策划 ……………………………………………………… 334
　　一、MIS的策划 ……………………………………………………………… 335
　　二、BIS的规划 ……………………………………………………………… 338
第三节　VIS的设计 ……………………………………………………………… 339
　　一、标志的设计 ……………………………………………………………… 339
　　二、企业标准字的设计 ……………………………………………………… 342
　　三、企业标准色的设计 ……………………………………………………… 344
　　四、VIS的应用要素 ………………………………………………………… 346
第四节　CIS的内容体系及导入 ………………………………………………… 347
　　一、CIS手册的内容体系 …………………………………………………… 347
　　二、CIS的导入 ……………………………………………………………… 349
案例　川池集团CIS手册（简略版）……………………………………………… 350

参考书目 ………………………………………………………………………… 354

第一章
公共关系概述

 学习目标

学完本章,您应该能够:

1. 理解公共关系的内涵;
2. 理解公共关系的基础是社会组织的战略绩效,宗旨是为公众服务;
3. 理解公共关系的目标是协调公众关系和塑造品牌形象,建构利益共同体;
4. 知晓公共关系包含三个层次的业务工作,是媒介传播与活动传播的有机融合;
5. 知晓公共关系的准则是实事求是,坦诚相告;
6. 知晓艾维·李在公共关系职业产生中所起的作用,知晓伯尼斯为公共关系学科诞生所做的贡献;
7. 熟悉公共关系的基本职责;
8. 掌握公共关系范式特别是企业公共关系范式和政府公共关系范式的框架。

 基本概念

公共关系 报刊宣传运动 扒粪运动 关系管理时代 传播沟通时代 议题管理时代 公共关系职责 公共关系范式 企业公共关系范式 政府公共关系范式 守正精神 顾客满意理念 企业社会责任 塔西佗陷阱

新时代,中国制造(Made in China)享誉全世界,高铁、高速公路、5G成为新时代中国的闪亮名片。新气象,需要推进供给侧改革,打造中国经济升级版,"我们面前无所不有,我们面前一无所有"。"无所不有"让我们有了道路自信、理论自信、制度自信和文化自信的底气,"一无所有"让我们有了居安思危、处变不惊的底线思维。我们处于形象制胜的新时代,但是有些知名企业的形象缺乏与时俱进的品质,光环日趋暗淡。塑造品牌形象需要公共关系,化解品牌危机需要公共关系,公共关系的新时代到来了。

本章是全书的开篇,旨在引导学员从以下四个方面理解公共关系的特质:公共关系是什么?公共关系是怎样产生的?公共关系应该担负哪些职责?公共关系范式应该包括哪些维度?加深对公共关系特质的理解,有助于夯实发展公共关系素养的基础。

第一节 公共关系的含义

20世纪80年代,当公共关系由海外传入我国大陆时,知晓这个词的人并不多。今天,大凡受过教育的人都知晓公共关系这个词,但能说明其内涵的人仍然不多,停留在美女公关、花瓶公关等错误认知阶段的人也还不少。

公共关系是英文Public Relations的译文。基于字面理解,Public Relations最早被译为"公众关系",突出了协调公众关系的特殊性。后来随着理解的深入,认为公众关系只是Public Relations的一个方面,当然是很重要的组成部分,但不是全部,Public Relations特别强调公共性、公开性,于是被译为公共关系。

一、公共关系概念的界定

由于分析、审视问题视角的差异,人们对于公共关系内涵的理解不尽相同。公共关系传入我国后,持中间立场的学者把公共关系理解为人际关系,认为公共关系就是有意识地发展和维护人际关系,指出其基本路径就是请客吃饭、送礼。持否定立场的学者认为公共关系是带有负面色彩的行当,以致出现了色情公关、行贿公关、烟酒公关、腐败公关等等说法。

公共关系被引进我国大陆40年以来,以自己在经济领域、政治领域、文化体育领域的职业实践,洗刷了诸多不实之词,赢得了应有的社会地位和学科地位,并纠正、丰富了人们对公共关系内涵的理解,把公共关系界定为"从事社会组织的信息传播、关系协调与形象管理事务的调查、咨询、策划和实施的实践活动"。据此,《中华人民共和国职业分类大典》把公共关系职业的工作确定为六个方面:① 制定社会组织面向公众的传播计划,编辑、制作和发行社会组织的宣传材料,负责社会组织的新闻发布、形象传播工作;② 监测、收集、整理、分析公众信息,向社会组织的决策层提出建议;③ 制定社会组织和产品(服务)的形象管理计划,策划、实施专题活动,评估专题活动的绩效;④ 沟通、协调社会组织与公众之间的关系,接受公众咨询,接待公众来访,参与处理公众投诉;⑤ 监测、发现、处置社会组织与公众之间的纠纷特别是危机事件;⑥ 对社会组织的其他成员进行公共关系培训,组织全员公共关系的实施。

问：公共关系与人际关系的区别有哪些？

答：(1) 公共关系的主体是社会组织，人际关系的主体是个体。

(2) 公共关系的客体是公众，人际关系的客体是个体。

(3) 公共关系的中介是传播与沟通，人际关系的中介是人际沟通。

(4) 公共关系处理的是组织事务、公众事务和社会事务，人际关系处理的是个人事务。

早期公共关系倚重的工具以媒介传播为主。但是，随着公共关系学研究的深入特别是公共关系实践的发展，公共关系已经由经济领域拓展到了政治、文化、生态、军事、外交、宗教等领域，出现了国家公共关系、政府公共关系、政党公共关系、城市公共关系、宗教公共关系、警察公共关系、学校公共关系等，人们对公共关系的认识、阐发，也更加深入，对公共关系进行了更为深刻的阐释：公共关系不仅是一种基于功利逻辑而与目标公众构建、发展良好关系的协调策略，也不仅是一种设置话题、选择语词与影像，建构有效文本，以影响和改变公众情感、态度、观念和行为的传播沟通行为，还是一种利益协调机制，是一种形象塑造工作，更是社会组织达成目标、提升绩效、践行社会责任的路径，是建构公共权力和公共秩序、处理社会事务、制定公共政策的方式方法，是一种公开、公平、公正、共享的制度体系。概括而言，公共关系就是社会组织基于战略绩效，自觉地运用各种传播媒体，有计划、有目标、持续地开展路演活动，使社会组织与公众相互了解、相互适应和互惠互利，以达成社会良性互动、塑造良好形象的管理工作。

美国学者雷克斯·哈罗：公共关系是一种独特的管理职能。它帮助社会组织建立、维持和完善与公众之间双向的交流、理解、认可与合作；参与各种公众问题的处理；帮助管理者及时掌握公众舆论，并做出相应的反应；明确并强调管理部门为公众服务的职责；帮助管理者及时了解并有效地利用各种社会变化，保持社会组织与社会变动的动态平衡；运用健的、正当的传播技能和研究方法作为主要的工具。

英国学者弗兰克·杰夫金斯：公共关系是社会组织为了实现与公众之间相互了解的目标，而有计划地采用一切向内和向外传播沟通方式的总和。

国际公共关系协会在 1978 年发表的《墨西哥宣言》中指出：公共关系是一门

> 艺术和社会科学,它分析趋势,预测后果,向组织领导人提供意见,履行一系列有计划的行动,以服务于社会组织与公众的共同利益。
>
> 美国学者詹姆斯·格鲁尼格:公共关系是社会组织与其相关公众之间的传播管理,目的是为了建立社会组织与公众相互信任的关系。

(一) 公共关系的基础

公共关系的基础是社会组织的战略绩效。公共关系不可能凭空建立公众关系和塑造品牌形象,一切都依赖于社会组织总体绩效。社会组织的总体绩效是战略业绩,表明了社会组织基于核心使命与目标而完成的工作数量与质量,揭示了社会组织的工作总体实效和潜能,体现了社会组织的成本费用和贡献率(即经济效益、社会效益);也显现出了社会组织相对于竞争对手而呈现出来的总体优势与客观劣势。社会组织在性质上是存在差异的,有的属于生产性组织,有的属于服务性组织,有的属于公益性组织,因此衡量总体绩效的指标是不相同的。企业的总体绩效衡量指标是营业额、市场份额和市场占有率,而学校的总体绩效衡量指标则是科研成果、人才培养质量和杰出校友数量。从战略层面上看,公共关系强调匹配性,无论是公众关系的高度与广度,还是形象定位的高度与广度,都应该与社会组织的总体绩效相匹配。规划社会组织的发展蓝图需要的是雄心壮志,但设计公共关系的方案需要的则是匹配意识。建立公众关系应该讲究"门当户对",强调精准定位,不可"高配",否则就是不知天高地厚了。塑造品牌形象也要掂量自己的分量,不可"吹牛",否则就是不知荣辱羞耻了。

> **问题思考**
> 在形象塑造中,公共关系被理解为具有"画龙点睛"的作用。您认为"画龙"重要还是"点睛"重要,为什么?

(二) 公共关系的宗旨

公共关系的宗旨是为公众服务。公共关系为了实现协调公众关系、塑造品牌形象的目标,就必须秉持为公众服务的宗旨。为公众服务,包括两个方面:为内部公众服务、为外部公众服务。其中,为内部公众服务是基础,为外部公众服务是重点。内部公众获得了良好的服务,感受到了社会组织的关怀,实现了自我价值,就能产生满意感,进而滋生为外部公众提供优质服务的动力与热情。外部公众获得了良好的服务,感受到了社会组织的诚意,实现了消费的性价比理想,也能产生满意感。当内部公众满意感与外部公众满意感进入良性互动状态时,社会组织的公众关系也就和谐、顺畅了,传达、解释或劝服的传播目的就容易达成。

为内部公众服务,公共关系应该立足以人为本的理念,主动参与人力资源管理政策的制定,使之充分照应人性需求。然后,借助这些人性化的政策,运用情感投资策略,放大人力资源政策的人本化效果,同时妥善管控并化解成员之间、领导与群众之间的矛盾,积极协调员工关系、领导关系、部门关系,构建利益共同体和感情共同体,不断提升社会组织的凝聚力和向心力。

为外部公众服务,公共关系就是代表社会组织,主动承担社会责任,自觉履行社会义务,通过良好的售前、售中、售后服务和及时、制度化的社会公益服务,既满足外部公众基于市场逻辑而生成的服务预期,又满足外部公众基于道德逻辑而萌生的责任期盼,巩固社会组织与外部公众之间的关系。

公共关系服务的行为主体是企业家,而不是慈善家,企业家遵循的是市场文化,而不仅仅是纯粹的道德文化。因此,公共关系服务具有特殊性,是企业的一种投资行为,必须遵循现代投资的基本理念,即力求以最小化的投入,获得最大化的收益。在策划公共关系服务项目时,应该强化投资意识,选择具有较大新闻价值和品牌形象塑造效用的社会性项目作为公共关系的服务方向,使公共关系活动在为公众带来切实利益的同时,吸引媒体的关注与报道,有限的服务性投资就能发挥理想化的公共关系效应。

记住

公共关系的宗旨是为公众服务,包括为内部公众服务和为外部公众服务两个方面。为内部公众服务,公共关系通过情感投资,协调内部各种公众关系,提高社会组织的凝聚力和向心力。为外部公众服务,公共关系主要表现为"履行社会义务""行善积德"的活动。公共关系服务具有特殊性,是一种投资行为。

(三)公共关系的目标

作为一项特殊的管理职能,公共关系的目标是协调公众关系、塑造品牌形象。美国一家著名跨国性公司的 CEO 曾信心十足地说,如果该公司在全球的所有工厂在一夜之间全都化为灰烬,他完全可以凭着自己的品牌与关系网络从银行获得贷款,迅速东山再起。由此可见,良好的公众关系和品牌形象对企业来说是多么重要。

良好的公众关系是企业生存与发展的外部资源。社区公众的理解、政府公众的支持、新闻公众的合作,特别是消费公众的支持,是企业不断发展的基本条件。公众关系的宽度和质量在一定程度上决定了企业发展空间。社会组织与各种公众的关系理应是和谐、共生的，但是由于利益、文化等因素的影响，往往存在一定的矛盾，这就需要公共关系来协调公众关系，化解矛盾纠纷。

现代社会是一个形象制胜的时代，形象作为一种时代文化得到了社会广泛的认同。国家需要通过对外宣传塑造良好的国际形象。由于国家实力的限制，加上西方媒体的选择性传播，我国的国际形象有待提升之处还很多。国家需要良好的国际形象，政府则需要勤政、廉洁、为民的形象，充实执政合法性的资源，强化执政地位。企业需要物美价廉的产品质量形象、严格规范和以人为本的管理形象、热情周到的服务形象，充实企业赢得公众喜爱的资本，增强市场影响力。从根本上讲，形象的形成具有渗透性，是社会组织的职能工作、公益活动和员工日常行为长期综合作用的结果。形象没有"速成班"，但是有"强化班"，需要专门的工作来推动。公共关系的第二个核心目标就是塑造品牌形象。

基于优质产品与优质服务的品牌形象，能够有效稳定旧客户，并无限地吸引其他品牌的用户，不断扩大自己的公众队伍。美国一项研究报告显示：开发新客户比维护旧客户要多花5倍的成本；若客户对企业的服务有正面评价，每位顾客平均会告诉5个人；96%的顾客遇到不好的服务，当场不会做出反应，多半自认倒霉而不再光顾，然后平均告诉周围10位好友；有20%的人传播力更强，一般会告诉20余人；一次不好的服务的损失，需要12次好的服务才能弥补。这个调查结论告诉我们，商品质量与服务不好，品牌形象恶劣，企业就会迅速失去公众队伍；而商品质量好、服务好，品牌形象就会改善，公众队伍就能扩大。

由于品牌形象的上述特殊效用，所以现代企业都十分重视品牌形象战略。对于企业来说，塑造品牌形象的过程，其实就是名牌成长曲线的修正与调控过程。如果企业没有推行品牌形象战略，其经营的产品品牌成长为名牌，先要经历一个漫长的积累性过程，然后遇到一个偶然性的机会，一举成名，成为公众心目中的消费偶像，但是时间稍过，公众因为缺乏新奇又会淡忘它，名牌又沦为一般的品牌，这个过程可形象地概括为"丑小鸭—漂亮小天鹅—丑小鸭"。对于大多数的企业来说，它们还没有成为"小天鹅"就已消失了。但是，引进公共关系战略以后，就可以对企业品牌的成长施加积极的影响，从品牌的诞生、品牌地位的提升和品牌的维持诸方面进行调节，使企业的品牌永远处于"小天鹅"境界之中，为企业征战市场创造良好的基础，产生永久性辉煌的效果。品牌形象战略实施前后对企业品牌成长的作用模式，如图1-1所示。

讲好品牌故事，是公共关系的一项重要任务。企业品牌都依靠神话而生存和延续，品牌神话是创业者对于财富的追问与想象，是创业者最初的财富信仰，表现出的是创业者的经营伦理和个人美德：市场、机遇、顾客满意、服务、双赢、执着、勤劳、正直、善良等。它们沉淀于品牌之中，形成品牌图腾，营造出庄重的氛围、威严的形象

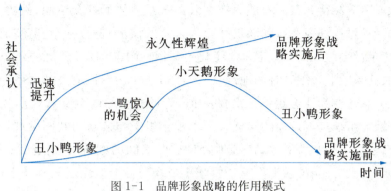

图 1-1 品牌形象战略的作用模式

和个性鲜明的特色。企业品牌都需要一个故事,需要一个神话,神话让公众信服,让公众对企业品牌自觉自愿地产生认同感、依赖感和忠诚感。

(四) 公共关系的内容

> **问题思考**
> 公共关系人员可能很忙,特别是节假日,"从鸡叫忙到鬼叫"是公共关系人员的家常便饭。
> 假如您是公共关系人员,能说出自己应该做好的工作吗?

根据公共关系工作内容的特性,公共关系工作体系一般分为三个层次。

第一层次:开展业务专题活动,包括接待、交往、宣传、推介、服务、促销、文化和危机管理活动。这是公共关系工作最基本也是最低层次的项目内容。

社会组织的发展,需要良好的员工关系、顾客关系、社区关系、政府关系、新闻媒体关系和合作者关系,这是公共关系工作的重要内容。公共关系人员运用各种接待工作艺术和人际交往技巧,与公众进行信息沟通和情感交流,不断扩大和完善公众队伍。优秀的公共关系人员不仅要有强烈的社会交往意识,而且要有高超的接待、交往能力,在遵循接待、交往基本原则的基础上,调节好自己的交往心态,灵活运用各种接待、交往技巧,熟练地选择适时的交往方式和体态语言,从而使自己的接待、交往工作直接为社会组织建立良好的公众关系。

作为一项宣传性职能,公共关系要经常策划和组织专题宣传活动,传播社会组织的信息。公共关系宣传,主要是指利用各种机遇,通过巧妙策划,召开记者招待会、新闻发布会、策划新闻事件、制作社会组织的媒体作品,向内部公众和外部公众传播信息、制造和引导舆论,扩大社会组织的影响。应该说,宣传在塑造社会组织的良好形象过程中具有特殊的作用。没有宣传,也就无所谓现代意义上的公共关系了。

公共关系是社会组织与公众之间以利益关系为纽带的一种社会关系,它强调的是互惠互利、平等相待和共同发展。作为公共关系主体的社会组织,其决策方针、产品、服务和活动过程都要尊重和满足社会与公众的需求,符合社会利益和公众利益,有的时候为了社会组织的长远目标,甚至还要牺牲眼前利益,满足公众正当合理的要求。公共关系效益必须具有利他性,但这种利他性并不否定公共关系效益的利己性,即公共关系还有为社会组织服务的一面,为社会组织的存在和发展创造良好的条件,促进社会组织基本目标的实现。力求社会组织与公众的共同发展,平衡、协调社会组织与公众间的利益关系,辩证地处理彼此之间的利益要求,这是公共关系艺术化的具体表现。公共关系工作就是要寻找公众与社会组织之间利益上的共同点,建立平等互利的合作关系,使社会组织和公众在友好的气氛中共同得到利益上的满足。因此,在实际工作中,社会组织必须本着平等互惠、共同受益的"双赢"规则,经常开展服务活动,以此完善社会组织的人格形象。

公共关系是一种功利性的投资行为,无论是传播信息还是开展服务,都应该服从于社会组织总目标的需要。对于企业来说,其总目标就是通过商品的销售实现赢利。只有拥有一流的促销,增强企业的市场开拓能力,企业产品才能转变为商品,并由商品转变为消费品,产值才能尽快转变为销售额,最终实现投资利润。公共关系作为企业组织行为体系中的一个方面,与其他行为一样,也要渗透于促销之中,这样,才能充分体现出公共关系的价值功效。因此,营利性社会组织必然开展促销活动。

社会组织在发展过程中,由于决策失误、操作失误和管理失误,以及公众的误解等,往往会出现各种各样的危机事件,有时还会形成极其不利的社会舆论,破坏组织形象。危机事件不可能完全杜绝,只能尽量降低发生频率,尽量降低影响。世界上管理最优秀的跨国企业,如可口可乐公司、通用汽车公司等曾经都遭遇过危机事件。因此,社会组织要具备强烈的危机管理意识和危机资源开发意识,积极开展危机管理,及时消除危机事件对社会组织的影响,维护组织良好形象。

第二层次:塑造社会组织的整体形象,即导入、推行CIS(Corporate Identity System,企业识别系统)。这是公共关系工作较高层次的项目内容。

CIS就是从经营哲学、组织文化、员工工作规范、礼仪要求、营销战略、广告宣传、文化仪式,乃至建筑物外观设计等方面,对社会组织进行全方位的规划和包装,以内在统一、外观一致的手法强化社会组织的整体感,从而有效地塑造良好的形象。

第三层次:充当社会组织的高层次智囊角色,为企事业提供公共关系顾问、诊断、咨询和策划服务。这是公共关系工作最高层次的项目内容。

在现实生活中,有些决策者基于过去成功的决策经历,在经验效应支配下,认为"儿子是自己的好",盲目沿用经验,最后全盘皆输,以致"在哪里站起又在哪里跌倒"。为了杜绝这种现象,决策者应该相信"三个臭皮匠胜过一个诸葛亮""当局者迷旁观者清",积极引入"外脑"。公共关系人员就是一种"外脑"资源。公共关系人员在工作中收集到的信息比较丰富,又经过系统的企业经营、策划业务培训,客观上能够为社会组织提供决策信息、协助决策者确定目标、制定和优选方案,总之是"献计献策",使社会组织的各项工作达到最优化状态。当然,这一层次的工作由于涉及面广,要求比较高,一般的公共关系人员是无法胜任的。但是,从发展趋势来看,这也是公共关系工作的一项基本业务,表现为咨询型公共关系工作。

(五)公共关系的对象

> **问题思考**
> 假如您在华为技术有限公司(华为公司)公共关系部门任职,您必须应对哪些公众?与华为公司没有业务关系的人是华为公司的公众吗?

公共关系的对象是公众,包括内部公众和外部公众两个方面。其中,内部公众分为员工、股东等;外部公众又分为社区公众、媒体公众、政府公众、顾客公众、国际公众等,其构成如图1-2所示。

图1-2 外部公众的构成

从总体上讲,公共关系是做人的工作,其任务就是引起公众的注意、培养公众的好感、激发公众的参与热情、建立融洽的公众关系,使公众理解、信任、支持社会组织的各项工作。所以说,公共关系的对象是公众。社会组织的存在与发展都离不开公众的支持,公众的舆论和态度在相当程度上决定着社会组织的前途和命运。应该说,公众是社会组织发展的基本环境。各种社会组织的基本公众环境是相同的,但是由于社会组织性质上存在差异,其目标公众不尽相同。营利性组织的目标公众是顾客公众,而互益性组织的目标公众是内部公众,公益性组织的目标公众则是社会大众。

公共关系遵循市场导向原理,而市场导向的实质是公众导向。在市场导向原理指导下,公共关系应该调查和满足公众需要,引导公众养成有利于社会组织的生活方式。公共关系是一项特殊的做人的工作,但并不仅仅是为了做公众的思想工作、心理工作。做好公众的思想工作、心理工作,这只是基础。公共关系的主要任务是通过有效的举措影响公众的心理世界,来建立、协调和发展公众关系。现代企业发展史研究表明,企业的未来发展与市场开拓,不仅受制于质量工作、科研开发工作等传统意义上的企业制约因素,而且受制于企业公众队伍的大小。尤其是当产品的质量、生产的规模效应已发展到极限、产品之间没有明显差异的时候,公众队伍的性质和规模将直接决定企业的发展前景。这是公共关系致力于建立和发展公众关系的根本原因。

建立和发展公众关系的前提是社会组织与公众之间存在一致性。也就是说，社会组织提供的优质产品与优质服务，正好是公众迫切需要的内容，这种利益机制上的一致性，连接着社会组织与公众，形成融洽的公众关系。公共关系人员要自觉地运用市场营销理论和社会营销理论，积极调查、寻找公众的需求，根据公众的需求调整社会组织的产品和服务项目，从根本上促使社会组织与公众保持一致，以结成广泛的公众关系。

> 记住
>
> 建立和发展公众关系的前提是社会组织与公众之间存在一致性。

（六）公共关系的传播载体

公共关系的传播载体是媒介与活动，公共关系传播是媒介传播与活动传播的有机融合（图1-3），共同实现沟通公众、传播信息的使命。

图1-3 公共关系传播载体的构成

在农耕文明时代，"酒好不怕巷子深"是一种经营境界与自豪。今天，人类社会已经进入信息化时代，"酒好还要勤吆喝、酒好还要巧吆喝"成为基本规则，因为人们往往生活于李普曼所阐述的"拟态环境"之中，在媒介为大众所营造的拟态环境而不是现实社会中获取信息，并作用于现实的世界。李普曼认为，社会事实本身具有模糊不清和复杂的特点，大众对它的感觉处于无意识状态，注意力不够集中，加上信息来源受到政府检查和保密限制，客观上形成了以虚构代表真实的信息消费需要，公众乐于沉醉于拟态环境。拟态环境成为大众获取信息的唯一平台。社会组织只有借助媒介和活动，把信息送到这个拟态环境，才有可能被公众所接受。为了协调公众关系和塑造品牌形象，公共关系应该在社会组织创业、发展的历史实践中，提炼新颖的主题与话语，设计新鲜的叙事范式，收集叙事材料，创造和掌握话语权，讲好企业故事特别是品牌故事，使拟态环境经常传出企业的声音，用恪守正道、服务公众的人格力量，用绩效持续发展的实体力量，用不断创新的企业文化力量，引导公众增强对社会组织、产品（服务）和员工特别是领导的信心与好感，从而认同组织形象，认同品牌价值。

（七）公共关系的道德准则

公共关系旨在一定领域内形塑公众的信息关系与利益关系，影响着公众的社会生活与经济利益，与道德存在着必然的关系，只有遵循社会道德的规范和原则，借助道德的力量,才能走进更加广阔的领域。美国公共关系著名学者詹姆斯·格鲁尼格强调公共关系人员必须遵循两个基本的道德原则:一是拥有道德意愿,不想伤害他人,愿意变得更加诚实和值得信任;二是尽力避免任何对他人造成不利影响的举动。前者是道德觉悟,后者是道德底线,是把社会道德化为公共关系职业准则的基本要求。

其实,公共关系自诞生以来,一直努力探索公共关系道德准则的建设。1961年国际公共关系协会在威尼斯通过《国际公共关系协会行为准则》(又称《威尼斯准则》),要求会员必须关注尊严和人权,强调:第一,保持个人专业正直,遵守崇高道德标准,守护自己良好的声誉。第二,为客户提供优质服务。第三,在未受到社会组织或客户同意前,不得出卖社会组织或客户资料,以获取酬金;公平对待过去与现在的社会组织或客户,不应中伤其他社会组织或客户。第四,与大众和媒介有关的任何活动,需要尊重大众的兴趣和个人尊严,不得传播假的或误导大众的信息,更不得行贿大众媒介。第五,不得破坏其他公共关系同行的专业或声誉,支持同行秉持职业道德的做法。1965年,国际公共关系协会在雅典通过了《公共关系国际道德准则》(也称《雅典准则》),该准则重点仍在于保障人类基本人权和尊严,强调人权不仅仅包括生存需要和物质需要,还包括知识、道德、社会及跨国文化等方面的需要,要求成员在公共关系职业活动中必须尊重《联合国人权宣言》的道德原则与规定;在任何时候任何场合,自己的行为都应赢得有关方面的信赖;避免使用含糊或者可能引起误解的语言;力戒:因某种需要而违背真理;传播没有确切依据的信息;参与冒险行动,或者承接不道德、不忠实、有损于人类尊严与诚实的业务;使用任何操纵方法与技术诱导对方无法控制因而也无法负责的潜意识动机。

课堂讨论

如果公共关系为培育大众健康观念而呼喊奔走,却为可能致命的香烟热情促销,其行为叙事有影响力吗?您怎样评价这样的社会组织?为什么?

根据公共关系试图影响公众认知进而影响消费的路径特性,公共关系应该遵循的核心道德准则是公共性、公众性和客观性。

公共性准则要求公共关系必须对社会负责,公共关系应该从人类生存的共在性立场出发,基于人与人之间的相依性,整合出利己性与利他性的共同空间,主动提供公共服务,自觉履行公共责任,努力实现公共目标,强调在任何情形下不能因为利己而损害社会利益与大众权益。

公众性准则要求公共关系必须对公众负责,必须立足利益共同体和双赢共赢立场,以公众需求为导向,平衡社会组织与公众之间的权益,甘心做公众权益的守护者与创造者,先为公众着想,然后实现社会组织所愿,强调在任何情形下不得误导公众,更不能欺骗公众。

客观性准则要求公共关系传播必须做到本真,反映实际,具体强调三点:① 尽量深入公众,亲赴现场,收集第一手的客观信息,避免信息源的失真;② 本着信息原始内容进行信息加工,客观地整理和分析信息,强调不让自己的利益、爱好等个人主观因素左右对信息的判断,不主张选择性地处理信息,反对添加、篡改信息,避免加工过程中的信息失真;③ 尽量全面传播信息内容,能够同时兼顾对自己有利的信息和不利的信息。客观性准则强调在任何情形下不得传播虚假信息。

要点提示

道德就是信仰,道德就是仁爱,道德就是尊重,道德就是守正。公共关系必须是道德行为,否则就会丧失正当性。

(八)公共关系的作用机制

公共关系的作用机制是利益协调。从理论上讲,关系是一种情感,不应该带有功利的痕迹。但是,就现实角度看,关系大多具有功利倾向。社会组织与公众之间的关系,属于业缘或者地缘性质的关系,功利上的考量往往是第一位的。因此,就机制而言,公共关系是一种利益协调机制,强调的是构建利益共同体,即根据"财聚人散、财散人聚"的理念,积极寻找社会组织与目标公众的利益共同点,在维护自身利益的基础上,追求共同致富、共享发展成果,主张积极的利益激励,尽量向公众输送利益,谋求互利互惠,最终实现"社会组织大口吃肉而公众大口喝汤"的共赢局面。

课堂讨论

马克思说:"思想一旦离开利益,就一定会使自己出丑。"英国前首相帕麦斯顿也说:"没有永远的朋友,也没有永远的敌人,只有永远的利益。"这对公共关系有什么启示?

(九)公共关系的性质

公共关系的性质是管理。公共关系是对社会组织的关系资源、形象资源和信息资源进行合理安排、有效整合,借助传播媒体和路演活动达成协调关系塑造形象目标与责任的动态创造性活动,属于管理范畴。

需要强调的是,公共关系管理不同于常态意义上的管理。常态意义上的管理属于主体导向型管理,即基于社会组织自身存续与发展的战略目标,根据目前人、财、物诸方面的条件,进行决策、制定计划,思虑的出发点是社会组织的自利性需要,强调的是自我立场。而公共关系意义的管理属于客体导向型管理,即社会组织基于公民意识的觉醒,为了践行社会责任,自觉选择公民立场,整合社会组织人、财、物诸方面的条件,为社会与公众提供服务,思虑的出发点是公共需要和公众需要,强调的是社会取向和公众取向。

二、公共关系的产生

公共关系作为一种社会现象理解,各国远古时期就已存在,可以说,有了人群,就会出现矛盾,就需要化解纠纷、协调关系;同时也存在口碑、印象问题,当然也就会有维护关系与形象的活动。特别是在我国漫长的封建社会时期,现代意义上的公共关系策略与工具,都有所显现,如具有情感投资效果的施恩布惠,具有公益服务色彩的修桥铺路、筑建凉亭,借用他人影响力的名人题词、权贵题字,带有鼓动意蕴的谶纬谶语,等等。这些做法虽然意图明确,效果也好,但偶然性强,操作也不规范,更无流程可言,不是职业意义上的公共关系。

公共关系作为一种职业、一门学科理解,属于新生事物,产生于20世纪初的美国。

(一)公共关系诞生的背景

19世纪初开始,美国开启现代化进程,进入"发展-风险期"。这是一个增长与发展、问题与矛盾交织在一起,社会结构深刻变动、矛盾最易激化的时期,既是黄金机遇期,又是矛盾凸显期,当然也是社会组织频繁遭遇危机的时期。整个社会呈现出的是马克·吐温后来所描绘的"镀金时代"。马克·吐温小说《镀金时代》里的美国,正处在经济迅速发展的"黄金时代",这是一个"遍地黄金"的时代,但是又有许多人包括道貌岸然的议员、政客们,借此机会假公济私,投机取巧,行贿受贿,贪污腐化,中饱私囊。表面繁荣,掩盖着腐败的风气、道德的沦丧及其他潜在的危机。"闪光"所掩盖的其实是种种丑陋不堪的社会现实。所谓"黄金时代",只不过是个内里虚空、矛盾重重的"镀金时代"。幸运的是,美国的"光荣"没有毁灭,"梦想"没有破灭。到19世纪末,美国进入大批量生产时代,追求规模效应,降低生产成本,并开始过渡到大批量销售时代,经济领域呈现的特点是:第一,需求结构发生变化,生活基本消费品需求趋向于饱和,整个社会对生活数量的需求转向于对生活质量的需求,需求结构趋向于多样性。第二,科学技术水平不断提高。第三,竞争日益激烈。第四,由于企业只关注自身利益,奉行赚钱第一的思想,给社会带来了许多负面影响,如经济发展波动性大,出现周期性经济危机;通货膨胀;操纵甚至误导消费者;进行欺骗性广告宣传;售后服务无保障;环境污染等。于是,社会、政府和顾客对企业提高了要求,增加了限制。第五,投诉纠纷增多,突发事件不断。显然美国遭遇"成长的烦恼",虽然发展的胜算更大,但时时伴随着隐隐的痛感,如果不能及时清除、根治,终归会酿成风险与危机。应该说,公共关系就是顺应美国社会唱响主旋律、聚集正能量的社会需要而诞生的。

问与答

问:现代公共关系产生的社会条件是什么?
答:(1)民主政治取代专制政治。
(2)市场经济取代小农经济。
(3)人性管理取代理性管理。
(4)大众传播取代人际传播。

(二)公共关系诞生的过程

美国基于自身历史环境而产生的报刊宣传运动,引出清垃圾运动,最后催生了公共关系。

1. 便士报运动与报刊宣传运动

报刊宣传运动诞生的基础是便士报运动。19世纪30年代,美国报界开启报纸以低廉的价格和通俗的内容去争取社会读者的做法,这就是便士报运动。经历便士报运动的洗礼,报纸完成了大众化、通俗化的飞跃,因而具有了商业价值。

到19世纪中叶,便士报运动引发出报刊宣传运动。报刊宣传运动的基本套路就是:社会组织为了自身的目的和利益,雇佣报刊宣传员在报刊上进行宣传,以便制造舆论,扩大影响。而报刊宣传员的任务就是编造离奇的故事和谎言来吸引公众,其代表人物就是巴纳姆。巴纳姆的信条是"凡宣传皆好事",他在实践中用尽各种骗术诱导公众,使许多人上当受骗。愚弄公众成为其宣传的显著特点。这当然会引起公众包括新闻媒介的不满。进入19世纪末,一些报刊针对报刊宣传运动中愚弄、欺骗公众的现象,不断揭露企业界"强盗大王"的恶劣行径和丑闻,抨击资本家对内无视员工的利益、对外以损害公众利益作为赚钱手段的做法,批判资本家所奉行的"只要我能发财,让公众利益见鬼去吧"之类的经营哲学,揭丑文章大量出现,还有社论和漫画,这就是扒粪运动,又称为清垃圾运动,实质是揭丑。

2. 公共关系的诞生

清垃圾运动让不少企业和企业家陷入形象危机。为了化解形象危机,企业界被迫关闭象牙塔,增加透明度,以正面舆论回击负面舆论,让公众了解真相成为基本选项,讲真话成为当然逻辑。这种处置危机的做法,后来引致了公共关系的诞生。在这个过程中,起到关键作用的就是艾维·李。

艾维·李1903年在纽约开办宣传顾问事务所,以策划为起点、以传播正面真相为基础、以舆论为抓手,替纽约不少名流包括政界人士成功化解了形象危机,以此从客户处收到不菲的报酬,成为第一个向客户提供服务而收取费用的职业公共关系人。艾维·李不仅从事宣传咨询实际工作,而且还考虑运作规则,思考的结晶就是他在1906年发表的《原则宣言》(Declaration of Principles)。《原则宣言》成为公共关系学界最重要的文献。他在文中明确阐述了"宣传咨询事务所"的宗旨:"代表企业单位及公共组织,就对公众有影响且为公众关心的课题,向报界和公众提供迅速而准确的消息。……公司和公众之间的关系,不仅仅包括说说话,还需要做实事。"其信条是"公众必须被告知"和"说真话"。后来人们把艾维·李开启的宣传咨询做法,概括为公共关系,并尊称他为第一个公共关系职业人员,首创公共关系职业,是"公共关系之父"。公共关系沿用了宣传咨询的模式,把策划视为业界特色,把基于策划结论而做好实事视为基础,把媒介视为基本沟通渠道,把告知公众、制造舆论视为职业核心价值,把说真话视为基本准则。公共关系由此跻身于社会,成为一个行业。

 资料补充

艾维·李(1877—1934),毕业于普林斯顿大学,曾就学于哈佛大学法学院。早期受雇于美国报业大王斯特的《纽约世界报》,当记者,后因创办宣传顾问事务所,并探讨公共关系操作范式而被誉为"公共关系之父"。

 课堂讨论

柏拉图说道:"如果尖锐的批评完全消失,温和的批评将会变得刺耳。如果温和的批评也不被允许,沉默将被认为居心叵测。如果沉默也不再允许,赞扬不够卖力将是一种罪行。如果只允许一种声音存在,那么,唯一存在的那个声音就是谎言。"报刊宣传运动时期就是这样一个充斥谎言与假话的时代。在这种背景下,艾维·李大声喊出的"说真话",有什么意义?

从艾维·李 1903 年创办宣传顾问事务所算起,公共关系的职业历史有 120 来年了。在这短暂的 120 来年公共关系职业历史中,公共关系历经了三个时代,即关系管理时代、传播沟通时代和议题管理时代。其中,关系管理时代侧重建立和维护良好的公众关系。传播沟通时代强调向公众传播社会组织的信息,呈现出新闻代理模式(如广告传播与新闻传播)、公共信息模式(如公告)、双向不平衡模式(如对话)和双向平衡模式(如协商与谈判),这四种模式均侧重信息的共享,但共享信息的机制不尽相同。议题管理时代强调掌握话语权,通过设置议题,化解观念争议,消解事实问题,进而凝聚社会正气,引领市场和社会健康发展。

> **问题思考**
>
> 由信息沟通到议题管理,公共关系是不是越来越接近社会的核心命题——话语权?

我国最早出现公共关系事业的是港台地区,时间大约是 20 世纪 60 年代。大陆(内地)公共关系事业的出现则是改革开放的产物,时间是 20 世纪 80 年代。时间虽短,但是由于公共关系担当了契合社会需要的特殊职责,现在已经广泛地渗透在各行各业,服务领域从早期的商业、IT、汽车、家电、快速消费品等行业迅速扩展到医疗保健、房地产、金融业、文化体育和非营利组织机构,政府、军队、警察、学校都有公共关系的身影了。

> **资料补充**
>
> 2010 年 7 月 13 日,北京市公安局成立公共关系领导小组办公室,全面承担沟通警民联系、树立警察形象等工作。这是全国省级公安机关中首个此类机构。此后不久,各公安分局和业务处室也成立了相应机构。在此平台,北京警方在做好常态新闻发布的基础上,通过线上微博、微信和客户端,线下与网民面对面互动交流,公开、及时地与社会公众、媒体、弱势群体进行信息沟通,广泛听取对公安工作的意见和建议,以加强对社会公平、正义、公信度的宣传,引导公安新闻舆论。
>
>

3. 公共关系学科的诞生与发展

公共关系学科诞生的标志是爱德华·伯尼斯 1923 年在纽约大学率先讲授公共

关系课程，出版《公众舆论的形成》，这本书被称为公共关系理论发展史的"第一个里程碑"式的专著，比较系统地阐述了公共关系的含义、公共关系的原则与方法等。1928年出版《舆论》。1952年出版《公共关系学》教科书。他的公共关系理念是投公众所好。经过其不懈努力，公共关系学从新闻传播中分离出来，成为一门独立的学科，美国高校纷纷开设公共关系课程。1947年，波士顿大学开办公共关系学院，是世界上第一所公共关系学院，培养公共关系学学士和硕士。目前美国有61所大学有公共关系学位授予权，37所大学开设公共关系专业硕士研究生课程，13所大学开设公共关系专业博士研究生课程。

爱德华·伯尼斯（1892—1996），1912年大学毕业后从事新闻工作，一年后受聘担任福特汽车公司公关部经理，1919年他在纽约开办公共关系公司。在其将近80年的公共关系生涯中，撰写了16部公共关系著作，促进了公共关系的学科化建设。

1952年，美国的斯科特·卡特李普等人在《有效的公共关系》(*Effective Public Relations*)一书中，就提出了"双向对称"模式，主张公共关系应该"把公众利益与组织利益置于同等重要地位，推行双向传播沟通战略"，认为公共关系一方面要把社会组织的想法和信息向公众进行传播和解释，另一方面又要把公众的想法和信息向企业进行传播和解释，目的是使企业与公众结成一种和谐的关系。鲜明而实用的内容，赢得了公共关系学界的高度认同，并掀起了公共关系学研究的高潮。此后，美国的公共关系学研究成果不断问世，其中不乏影响广泛的论著。但是《有效的公共关系》被不断修订，仍然是经典的公共关系著作，在美国享有"公共关系圣经"的美誉。

第二节　公共关系的职责

公共关系职业诞生以后，能否被社会认同？能否得到发展？能够发展到哪个程度？如何评估公共关系的绩效？要回答这些问题，就要看公共关系是否担当相应的职责？担当哪些职责？应该说，公共关系基于协调公众关系、塑造品牌形象的目标，担当着明确而特定的职责，即收集信息、辅助决策、传播推广、协调沟通、提供服务和危机管理。

一、收集信息

从宏观层面上讲,确定社会组织的使命,界定经营范围,设计发展规划,确定经营部门的重点与战略阶段,进行资源配置,分析发展机会与威胁,明确竞争优势,确定竞争策略,确定实现盈利目标的战略措施,离不开信息。从微观层面上讲,社会组织为了贯彻、实施和支持总体战略而在特定职能管理领域制定短期性、局部性的策略、措施,如产品策略、营销策略、人力资源策略、财务策略、研发策略、广告策略、品牌策略等等,也离不开信息。就产品策略而言,社会组织应该在什么时候开发哪些产品和服务?将产品提供给哪些市场?是一次性满足顾客需求还是逐渐到位,以刺激和保持市场需求?解决这些问题,在短缺经济时代,领导依靠个人智慧甚至灵感就可以进行决策。而在过剩经济时代,只有依靠大数据才能决策。公共关系作为社会组织的耳目,收集信息是基础性职责。

> **问题思考**
>
> 有些自诩为点子大王的公共关系人员,却被戏称为"三拍神人":拍脑袋出主意,拍胸脯保证,结局是拍屁股走人。请问点子大王为什么落得拍屁股走人的结局?

根据公共关系服务于社会组织经营、管理决策的需要,应该收集宏观环境、微观环境、社会组织和公共关系专题四个层面的信息。就企业而言,收集商品信息是重点,特别需要掌握以下六个方面的情况:第一,商品历史信息,如商品开发典故、生产历史、生产设备、商品技术革新史、生产过程、生产技术、公众消费典型事例、原料特色与运用、商品生命周期等。第二,商品个性信息,如商品外形特色、基本规格、花色、款式、价格、质感、包装设计、商品属于生产资料还是生活消费资料(如果是生产资料,那么它属于原料、辅助原料还是设备、工具、动力;如果是生活消费品,那么它属于日常品还是选购品或特购品)、商品基本性能及技术指标等。第三,商品相关信息,如商品定位、商品在同类商品中的地位、使用商品的环境要求、顾客从商品消费中所能获得的利益。第四,商品服务信息,包括售前服务、售中服务与售后服务及其他服务制度、措施。第五,商品市场适销信息,如目标市场及其经济发展状况、公众对包装和价格的态度、商品适销时间与地区、基本促销手段及其效果等。第六,商品形象信息,如质量形象、技术形象、功能形象、心理形象、文化形象、地位形象、高附加值形象、商品的知名度、美誉度、首选度、忠诚度和依赖度等。

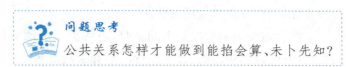

问题思考
公共关系怎样才能做到能掐会算、未卜先知？

二、辅助决策

决策容易受制于分析问题和解决问题的立场与视角，出现"屁股决定脑袋"的现象。"三个臭皮匠"胜过"一个诸葛亮"关键是什么？是智商，还是分析问题的角度？显然不是智商，因为个体之间的智商是无法相加的，不存在三个臭皮匠智商之和能够大于一个诸葛亮智商的情形。分析问题角度的不同才是"三个臭皮匠"胜过"一个诸葛亮"的根本。视角不同，立场不同，就能发现问题的不同特质，其中某些特质恰好是问题的核心所在，这就是"当局者迷旁观者清"的道理，是头脑风暴法强调选择不同学科、不同职业、不同经历、不同身份的人士参与会议讨论问题的逻辑。

公共关系虽然有内部公共关系与外部公共关系之分，但重点是外部公共关系，工作取向则是外向型的。收集外部信息特别是目标公众的信息，分析外部环境特别是市场环境，研判社会舆情特别是行业舆情，从外部视角思考内部的运作之道，是公共关系的常规工作。因此，公共关系往往能够根据社会组织需要解决的实际问题，从社会和公众的视角来分析问题、提出思路，使得社会组织的决策充分照应到公众特别是目标公众的需要，实现利益相关者权益平衡的目标，自然容易获得社会的赞许。可以说，公共关系发挥辅助决策职责的程度，在很大程度上决定了社会组织决策的质量。

基于职责分工，社会组织的决策当然主要仰赖于决策者，公共关系应该发挥的是辅助决策的职责，具体体现为提供决策信息、提出决策方案、优化决策方案、预判执行结果四个方面。

当社会组织需要就某个问题进行分析、讨论时，公共关系需要向决策者、管理者提供专题信息，发挥提供决策信息的作用。公共关系提供的决策信息应该是基于市场调查和实证研究而得到来的资料，主要包括四类：一是属于与讨论问题有直接联系的充分条件或必要条件信息；二是影响讨论问题的因素项目信息，如与问题相关的政治、经济、法律、社会与文化、技术信息特别是最近变更的信息，行业信息特别是动态信息，竞争对手情况特别是近期动态，目标公众的需求及其实现条件特别是经济条件；三是国内同行其他社会组织与主题相同及类似的决策方案、经验教训与结果；四是国际同行与主题相同及类似的决策方案、经验教训与结果。公共关系提供各种专题信息，发挥瞭望塔的作用。

当社会组织需要解决某个问题时，公共关系应该秉持社会责任理念与顾客满意理念，立足于效益化原则，基于伦理原则和责权匹配原则，在充分照应人性需求的前提下，提出可操作的整体性决策方案，供决策层参考，发挥智囊参谋作用。

当社会组织的决策者在多个备选方案中选出较为满意的方案后，即做出决策后，公共关系应该根据对决策方案执行环境特别是执行对象的理解，在忠于决策精神的基础上，从细节、操作角度优化决策方案的项目内容，优化决策方案的执行流程，优化决策方案的进度安排，发挥管理工匠作用。

社会组织的决策方案得以执行时，公共关系应该基于项目绩效目标和考核标准，根据对公众心理的把握，预先判断决策方案得到执行后，实际情形将会如何？可能遭遇哪些风险？能否解决实际问题？执行结果与决策设想是否存在差距？公众会做出什么反应？能否改善社会组织的舆论情形和形象？公共关系这种未卜先知式的预判，发挥的是超前管理的作用。

> **课堂讨论**
>
> 由于电商的冲击，实体书店的经营日趋困难。假如你是公共关系人员，能给民营书店老总提出哪些经营与发展建议？

三、传播推广

人们在农耕时代往往根据自己的亲身经历判断社会组织，而在信息时代则基于媒介信息来判断社会组织，媒介所营造的"拟态环境"成为社会共同的记忆与判断，因此传播成为影响公众对社会组织的印象的关键路径，是社会组织塑造形象的捷径。传播推广职责发挥得好，赢得话语权，社会组织塑造品牌形象将变得轻而易举，否则就会困难重重。

> **问题思考**
>
> 市场领导者赢得话语权的关键路径是什么？

传播推广作为公共关系的基本职责，实现载体主要是媒介和活动。媒介按受众范围分为人际媒介、组织媒介和大众媒介三类,按诞生时间分为传统媒介和新媒介两类。媒介具有"确定议程"和"授予地位"的特殊功效,为公共关系大范围传播信息、影响公众提供了便利。因此,媒介成为公共关系传播推广的基本载体,特别能够创造轰动效应。活动是社会组织基于特定的传播需要,根据内外情形而在公共场合策划、实施的大型社会活动、专题活动,融休闲娱乐与实惠服务于一体,能够有效吸引公众参与,使公众在欢快的氛围中不知不觉地接受社会组织的信息,进入无限沟通状态,最后达成传达、解释或劝服的传播推广目的。

公共关系传播推广职责的具体任务,主要有四个方面:一是告知信息,即借助修辞,创设好的表达,借助语言的准确性、可理解性和感染力,得体而适度地向目标公众陈述相关信息,让公众了解社会组织,知晓品牌优势;二是设置议题,创造舆论,为社会组织特别是特定项目的发展创造良好的舆论环境;三是创新话语体系,丰富叙事方式,利用传统媒介、新媒介平台和活动,推介社会组织倡导的新理念,为社会组织创新事业与项目的发展创造扎实的社会认知基础;四是公开事件真相,引导舆论走势,争取公众理解,消除公众误解。

课堂讨论

有人说:现代国家的所有事业都始于公众承认,存于公众认同。如果这是真理,那么各项事业皆应将其政策、实施过程和未来发展,愉悦地向公众说明。把公开承诺当作"好好表现的人质"。这实际上是一种责任。

请问:公共关系应当如何担负社会组织的"公开承诺"责任?

四、协调沟通

协调的本意是通过调和矛盾,使相关方面配合适当,步调一致。沟通则是通过交换意见,使彼此相通。从静态角度看,社会组织与公众作为利益的博弈双方,自然会滋生矛盾甚至冲突。有人提出关系就是资源,虽然说得绝对了些,但确实揭示了关系的价值。然而,现实中利益双方矛盾难免。于是,用正当手段,通过协调沟通为社会组织构建良好的关系生态圈,就成为公共关系的基本职责了。无论是协调还是沟通,用意都指向和谐、融洽的关系。

社会组织的关系生态圈决定了事业成败的永恒性。根据对社会组织发展的影响,生态关系圈分为良性、中性和恶性三种状态。良性关系生态圈能够促进社会组织健康、快速发展,而恶性关系生态圈则妨碍社会组织的运行。公共关系的首

要目标就是协调公众关系,特别需要协调沟通来化解矛盾、强化一致,帮助社会组织扩大良性生态关系的广度,强化良性生态关系圈的深度。公众关系的生成主要有两种模式,即自然生成和有意构建。对于个人而言,人际关系的生成主要是自然生成模式,基本形式是血缘关系、地缘关系和各种业缘关系,表现为亲属关系、同乡关系、同学关系、战友关系等。对于社会组织而言,公众关系的生成虽然也有自然生成的,如国有企业与政府的关系,但是主要还是有意构建而成的,通过服务和传播沟通,让各种公众对社会组织产生良好印象,进而发展为良性公众关系。公众关系的维护也有两种模式,即利益互惠和沟通管理。利益互惠的核心是社会组织向公众提供具有性价比优势的产品和服务,亮点做法是积极参与社会公益服务事业,而具有润滑剂效果的做法则是礼尚往来,借助"伴手礼"深化公众关系。沟通管理侧重借助各种媒介,包括人际传播媒介,及时提供公众关注的信息,真诚付诸情感,通过"美的语言"和"好话"深化公众关系,促进现代社会互动的有效达成。

资料补充

《现代汉语词典(第七版)》(商务印书馆,2016年)对传播、沟通、宣传的基本解释——

传播:广泛散布。

沟通:使两方能通连。

宣传:对群众说明讲解,使群众相信并跟着行动。

五、提供服务

现代社会的公众,追求服务享受的意识越来越浓,服务文化逐渐成为社会的主导文化。与此相关,世界经济日益转变为服务型经济。根据公众的服务需求,策划优良、周全而富有个性的服务活动,是赢得公众好评、塑造良好形象进而开拓消费市场的重要举措。提升品牌美誉度,是公共关系的重要使命之一。美誉度一般受制于质量和服务两个方面。农耕时代和工业时代早期,手工生产、机械生产的标准化程度不高,质量成为品牌美誉度的根本,只要质量好,品牌美誉度就高。但是在工业时代后期和信息时代,生产的智能化程度和标准化程度很高,质量都得到了保障,以致出现山寨产品与正宗产品几乎没有区别的现象。影响美誉度的质量要素所起的作用被扯平了,借助服务提升美誉度成为唯一选择。因此,美国的安

瑞克说:"只要你一心一意想着顾客,向他们提供所需要的服务,那么,其他的一切便会自然而来。"可见,服务是多么重要。服务的价值效应是双重,既能给公众带来实惠,又能给社会组织创造市场。公众在服务中得到的利益是十分明显的。作为服务的付出方,社会组织也收益颇丰:增强社会组织与产品的吸引力,完善社会组织及其品牌的道德人格形象,提高商品的附加值,刺激公众消费欲望,提升商品的市场占有率并实现与公众的情感交流。因此,现代企业家都高度重视服务。

> **问题思考**
>
> 社会组织在为公众服务的过程中,只有付出,没有收获吗?常言道:送人玫瑰,手有余香。这"香"是什么?服务是单向流动还是双向流动的?

公共关系提供的服务应该是全方位的。全方位是指社会组织根据公众的服务需要,基于博爱精神,以公众满意为标准,尽可能提供多方面的服务,主要有五个维度:第一,服务对象上,既向内部公众提供服务,以强化社会组织的凝聚力和团队精神,更向外部公众提供服务,以强化社会组织的美誉度;第二,服务类别上,既提供锦上添花式的商业应景服务,更提供雪中送炭式的应急解困服务;第三,服务形式上,既溶入社会组织核心业务之中向目标公众提供优质服务,如售前服务、售中服务和售后服务,更立足于社会责任理念向社会公众提供道德层面的公益服务,如社区服务、环境保护、公益赞助、慈善资助等;第四,服务载体上,既向目标公众提供属于"输血"式帮助的实物援助和资金援助,"授人以鱼",更向目标公众提供"造血"式帮助的智慧援助和技术援助,"授人以渔",引导服务对象更新观念,学习生产新技术,掌握经营管理的新方法,培养服务对象自我发展、自我脱贫的意识与能力;第五,服务时间上,既要确保法定上班时间期间内的优质服务,更要从制度和机制方面保证夜间、节假日等休息时段向公众提供24小时式的全天候服务,满足公众基本的服务需求。

比尔和梅林达·盖茨基金会

比尔和梅林达·盖茨基金会成立于2000年1月,创立者为微软公司创始人比尔·盖茨及其妻子梅琳达·盖茨。比尔·盖茨说自己做慈善"是为了人类的尊严和平等。人生而平等,我们希望别人怎么对待自己,就应该怎么对待别人",表示他95％的个人财富都会进入基金会,并且将在他和妻子去世后20年全部捐赠出去。该基金会属非营利性质,旨在促进全球卫生和教育领域的平等,目前约有资金400亿美元,其援助项目主要有以下四类。一是全球人的健康,致力于缩小富国和穷国在卫生保健方面的差距,确保卫生保健领域取得能挽救生命的技术进展,并将这些技术提供给最需要的人,重点领域为传染病、艾滋病及肺结核、生育保健及儿童保健、全球性卫生保健活动。二是教育,用于帮助少数族裔的学生以及家庭经济条件不好的学生得到应有的教育。三是图书馆,给美国经费不足的社区图书馆和发展中国家提供电脑、图书等帮助,方便穷人利用图书资源。四是美国西北部的建设,给当地社区提供资金,改善当地居民的生活水平。

问题

(1) 比尔和梅林达·盖茨基金会强化了微软公司形象的什么特质?

(2) 比尔和梅林达·盖茨基金会的援助项目有哪些特点?

六、危机管理

正如乌尔里希·贝克在《风险社会》中所指出的,当今社会是风险社会:工业革命的改造浪潮使得当今社会成为危机四伏的风险社会,风险的诞生往往是"与文明程度和不断发展的现代化密切相关的",工业主义对技术神话的膜拜,把人类推向了危险的悬崖——化学污染、有毒垃圾、自然灾害、核能破坏等,工业社会制造了环境风险,却不能有效应对环境风险。在风险社会视野下,社会组织在经营、管理过程中所面对的环境具有不确定性,公众的需求也具有不确定性,因此难免遭遇危机事件。公共关系诞生的时候,主要是以化解危机、解决问题为己任的,此后,危机应对始终是公共关系的重要工作内容,甚至还有危机公关的专业术语,危机管理因此成为公共关系的特殊领域。

起初,危机管理就是危机公关,强调在相信所有公众特别是投诉公众都是好人的前提下,带着友善的态度,采取果断措施应对危机事件,安抚受害公众,确实解决实际问题,诚恳开展危机沟通,尽可能满足公众的需要,尽快、有效地化解危机事件的舆论影响。现在,工商管理学科和公共管理学科均开设危机管理课程,危机管理已然发展为独立的管理工具,立足不发生危机的目标,强调事前预警管理、事中及时应对、事后修复形象。危机公关成为危机管理中应对环节的一个方面,呈现出诸多不同,见表1-1。

表1-1　危机管理与危机公关的不同

	危 机 管 理	危 机 公 关
程式	风险管理—预案管理—应对管理—理念革新—机构配置—制度创新—流程再造	舆情预判—安抚公众—发布信息—修复关系
视角	战略视角,强调长远与全局意思	策略视角,讲究当下与具体情形
目标	建构核心竞争力	恢复形式竞争力
策略	处置事件　赔偿损失　惩处肇事者　舆情管控　流程再造　制度创新	补偿损失　话语应对　修辞劝说　舆情处置

第三节　公共关系的基本范式

　　社会组织、传播载体与公众是公共关系的基本要素,利益协调、传播沟通、心理共识、契约关系、策划管理是公共关系的关键词。围绕这三个基本要素和关键词,形成了观念维度、事实维度和传播沟通维度。观念维度、事实维度和传播沟通维度的集合,就是公共关系的范式。公共关系范式就是社会组织基于协调公众关系、塑造品牌形象的目标,策划、运作公共关系时需要具备的核心观念、基本事实和传播沟通的总和。公共关系应该从观念维度、事实维度和沟通维度,引领社会组织践行社会责任,追求顾客满意与公民满意,构建和谐的媒体、政府、顾客和社区关系网络,塑造品牌形象。

一、公共关系的范式

课堂讨论

　　杨女士在苏州打工,单位给她办的工资卡是某银行发行的信用卡,但未告知是信用卡。2010年多支取了29.98元,8年后被银行追讨1万多元的滞纳金。后来媒体报道了杨女士所遭遇的"烦心事",社会各界广泛关注,并痛批银行霸道。媒体报道后不久,涉事银行态度180度大转弯,主动联系杨女士,表示因此事而给她造成困扰非常抱歉,同时告知她:向领导申请的减免报告已经得到批准通过,她现在只需还款29.98元即可。

问题

（1）造成29.98元的万元滞纳金事件,根源是什么?

> (2) 如果涉事银行公布29.98元8年的滞纳金计算方法,能否赢得公众谅解?为什么?
>
> (3) 涉事银行应对危机的做法是否妥当?为什么?

关于公共关系的范式,传统的看法是一维模式,即传播沟通维度,认为公共关系就是靠"说",这就是说型公共关系。它强调妙语连珠、妙趣横生和妙笔生花,遭遇危机时强调妙"语"回春,动动嘴皮子,就能够协调公众关系、塑造品牌形象甚至化解危机事件。这种说型公共关系有两种类别,即宣传(Propaganda)模式和传播(Communication)模式。宣传模式就是选择性传播,它在公共关系界的母版就是美国19世纪中叶的"报刊宣传运动"。传播模式强调客观传播信息,它在公共关系界的母版是艾维·李时代的新闻代理模式。

说型公共关系在中国派生出多种版本,早期版本就是中国版的"报刊宣传运动",虚构故事,编制话术,打亲情牌,欺骗公众,特点是无中生有;拙劣版本的特点是好事吹破牛皮坏事沉默是金,特点是为我所用;经典版本是炒作概念,假造学术,捏造理论,核心是忽悠公众。

在公共关系发展早期,说型公共关系模式具有一定的社会条件。但是,现在其根基正在消解,单纯靠"说"已经不可能协调公众关系、塑造品牌形象了。消解说型公共关系模式根基的因素主要有三个方面,即媒体化社会的到来、公众科学素养的提高、揭丑型学者的涌现。在这种背景下,无论协调公众关系还是塑造品牌形象,都要靠"做",即公共关系需要事实维度,这是公共关系的根本。有些公共关系传播沟通产生不了实效,并不是"说功"不好,而是实际工作没有做好,表现为产品性能不佳,产品质量不稳定,售后服务没有保障,缺乏性价比优势。在这种情形下,"说功"越强,虚假宣传味道越浓,公众自然不会相信。在现实生活中有些公共关系的宣传没有实效,是有内在原因的,即充满谎言。公共关系早期经历一个说谎的成本很低但收益很高的时期,出现了大规模的说谎现象,极度夸张,甚至无中生有,策划者生产谎言,公众伪装相信,公共关系的职业形象遭受严重伤害。

公共关系发展至今,范式需要革新了,必须引入和突出"事实"维度,夯实"做功"。事实维度强调坚守市场的逻辑,拒绝欺骗的逻辑,核心做法是"守正",即恪守正道、分享利益。对于企业来说,就是践行社会责任,满足顾客需求,建设善良经营机制,先做善良经营的践行者、维护者和监督者,后做善良经营的受益者。对于政府来说,就是执政为民。

为了确保公共关系的事实维度不产生偏差,误入歧途,还需要观念维度,以便构筑公共关系的道德信仰和良心底线,保证"心正",即通过真心为公众着想,最终实现自己所愿。当前有些公共关系活动遭人指责,根本原因在于缺乏公共关系信仰。信仰就是感恩公众、敬畏公众。没有公共关系信仰,缺乏基本的廉耻之心,就会出现顾炎武所指出的"不廉则无所不取,不耻则无所不为"现象。康德曾经说道:"有两种东西,我们越是时常反复地思索,它们就越是给人的心灵灌注永远新鲜、不断增长的赞叹和敬畏:头上的星空和心中的道德法律。"为了从根本上争取公众支持,塑造品牌形象,社会组织应该培育公共关系信仰,夯实"心正"的基础,使企业组织尽力做到顾客满意,政府部门竭力做到人民满意。

因此,我们认为公共关系的范式是三维的,包含观念维度、事实维度和传播沟通维度。观念维度发挥奠定基石和规范指导作用,侧重解决"看法"问题,旨在构筑经营信仰,培育良好的公众意识、市场意识。事实维度发挥保障作用,侧重解决"做法"问题,强调五个"做好",即做好本职工作,做好产品,做好服务工作,做好管理工作,做好公共关系活动。在此基础上,公共关系还需要传播沟通维度。传播沟通维度侧重解决"说法"问题,旨在通过面对面的沟通和面向大众的媒体传播,扩大社会组织善良事件的影响,缩小不良事件特别是危机事件的危害。公共关系的观念维度、事实维度和传播沟通维度有机整合,使社会组织与公众之间在理念上相互认同、事实上互利互惠、信息上相互沟通、活动上互动参与,创造共享价值,进而优化社会关系状态和社会舆论状态。这个整合、联动过程就是公共关系三维范式,见图1-4。

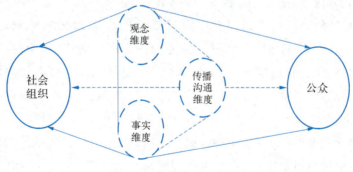

图1-4　公共关系三维范式

二、企业公共关系的范式构建

为了深入理解公共关系三维范式,我们从企业和政府两类组织分别加以构建,以期从实际操作角度掌握其运作精要。

企业有效协调公众关系、塑造品牌形象,只靠传播、沟通显然是不够的。单纯依靠传播、沟通策略塑造的品牌形象,在市场上一般只能是昙花一现,存留的时间相当短暂,喧嚣过后,市场上再也看不到品牌身影。协调公众关系、塑造品牌形象的基础是企业为公众做了什么,即提供了怎么样的商品和服务,这是事实维度。协调公众关系、塑造品牌形象的前提是企业是否真心想为公众提供优质产品和服务,这是观念维度。在企业公共关系的三维范式中,观念维度主要奠定企业的经营理念,培育企业核心价值观,强调守正精神和追求顾客满意,解决"怎么看"的问题。事实维度主要规范企业的制度建设,把观念维度界定的企业精神落到实处,强调践行社会责任和"善良作业规范",解决"怎么做"的问题。传播沟通维度构筑企业的传播、沟通机制,提升企业的传播力和沟通力,扩大企业品牌的影响力,强调创意和语言艺术,解决"怎么说"的问题。

(一)观念维度——培育守正精神、追求顾客满意

企业善良的经营行为分自觉作为和被迫作为两种。被迫作为是由于外在的法律法规、行政制度的管制,出于远离惩治而趋于善良、合法合规的经营行为,但是因为缺乏内在的精神自觉,心中有邪恶念想,一旦觉得有机可乘,容易走向不良经营。企业的自觉作为则不同,是企业出于内在正确的经营信仰和科学的管理理念而实施的,能够达到"坐怀不乱"的境界。

企业家是企业的灵魂。为了固化企业善良经营行为,公共关系的观念维度侧重培育企业家的"守正"精神。守正即恪守正道。企业家守正就是要做到:第一,守住人类良知,用良知使自己做到道德有下限和欲望有上限,经营有原则、走正道、讲正气,力求做真人。第二,守护企业利益,努力回报股东。第三,守望社会责任。社会责任不关乎财富、荣誉和地位,但是关切人的精神和品质,有高尚的要求,更有很普通、很简单的要求,即尽责。具体而言,守正就是要求企业家致富有说法,谋求勤劳致富、智慧致富、合法致富,不做窃国夺民者,不断提升人格素养和专业思维。良好的人格素养引导企业家端正自己的"看法",解决经营之道,培育经营"良心",谋求科学精神与人文精神有机整合,力求正确看待财富与功名、正确看待自我(包括自我的智商、情商、能力和社会背景)、正确看待公众(包括公众的智商、情商、科学素养、维权意识和能力)、正确看待效率与公平、正确看待谋略与品格、正确看待不尽成熟的中国市场特别是农村市场、正确看待尚有漏洞的社会管理制度、正确看待立足于招商引资的市场监管、正确看待境外市场的风险。良好的专业思维引导企业家正确看待企业产品的性能定位(即商品有什么用处)、正确看待产品的品质保障(即商品质量怎么样,能否满足顾客日益高涨的商品品质期待和政府日益严格的产品质量监管要求)、正确看待企业品牌的性格与广告宣传的诉求特色(即说什么)、正确看待企业的营利模式(我怎样符合法律且有信仰地赚钱)、正确看待危机的双刃功能(既要看到危机事件的破坏性功能,产生近期与长期的破坏、有形与无形的破坏,使顾客和企业双双受损;又要看到危机事件的建设性功能,充分利用发现问题的机遇期,使危机

事件成为企业提升管理与产品品质的压力、深化公众关系的动力)。总的来说,在守正精神支配下,人格素养和专业思维,引导企业家树立正确的财富观、市场观、经营观、谋略观、聪明观、政治观、员工观、公众观和能力观,不断反思市场理念、反思财富理念、反省价值观念、反省生活观念、反省聪明意识、重唱公共精神、重育服务精神、再构双赢信念、再建和谐信念,进而践行家园精神,做到六个"强调",即强调发展的永续性、强调对股东和员工负责、强调量力而行与适可而止、强调谦和的素养、强调善良的品质、强调保护环境,最终实现企业家自我价值:创新经营理念,引领文化发展;奉献优质产品,获得正义财富;展示人文素养,赢得社会尊重。

缺乏守正精神的企业,公众关系会广泛而持久吗?企业品牌形象会闪光吗?

　　企业展示守正精神的基本路径是经营理念,养成顾客满意意识,推行顾客满意策略。松下幸之助曾经说道:"促使销售成功的秘诀是什么呢?最重要的是如何使顾客感到高兴,以何种方法接待才能使顾客感到满足。如果内心有这样的诚意,此人在言语、态度上自然会出现某种感人的东西,销售能力也才会随之增强。"日本的和田加津也说道:"真正了不起的商人不是有本事会赚钱的商人,也不是商店装潢阔气、雇员多的商人。即使门脸儿不大的小店,只要顾客愿意来买,这次来买的顾客觉得这个店给人感觉好,服务热心,态度和蔼,物美价廉,心情舒畅,下次还会高高兴兴地来。这样的店,做这样买卖的人才是真正的商人。所以,真正的商人的价值不在于店的规模大小、盈利多少、效益高低,而是取决于顾客满意的程度。"美国一家咨询公司调查顾客不满意的危害,结论是:客户离开——2/3 的客户离开其供应商是因对客户关怀不够;不良消息传播——1 位不满意的客户平均会告诉 25 个人,1 位满意的客户平均只会告诉 8 个人;成本上升——开发一个新客户是维持一个老客户所花成本的 6 倍;企业利润减少——客户满意度每提高 5%,企业的利润加倍;口碑差——口碑效应是任何促销方式都难以达到的。这进一步证明:只有顾客满意了,企业才有可能真正满意。

　　顾客满意就是顾客对产品可感知的效果与期望值比较后所形成的愉悦或失望的感觉,主要包括五个方面。第一,产品品质满意,即在产品性能、适用性、使用寿命、可靠性、安全性、美观性感到满意;第二,产品功能满意,即对产品的主导功能、辅助功能和兼容功能保持满意感觉;第三,产品价格满意,即在价位、性价比和价格弹性方面感到满意,把顾客利益放在第一位,努力提供低成本的产品;第四,产品服务满意,包括售前服务、售后服务、售后服务和公益服务满意;第五,产品品牌满意,即公众对品牌性格、品牌广告诸方面感到满意。实现顾客满意的核心路径是推行全面质量管理,做到以下五点要求:第一,时刻关注顾客;第二,注重持续改善,养成"很好"不是终点的观念;第三,关注流程整体;第四,精确测量,并找出问题和产生问题的原因;第五,授权给员工。

> **问题思考**
> 观念维度是不是企业公共关系的定海神针?让顾客满意是不是企业公共关系的核心价值?

(二)事实维度

公共关系的观念维度解决的是企业"怎么看"的问题,而公众更加关注的问题则是企业"怎么做",即事实维度。事实维度即如何经营、如何管理、如何服务,是企业协调公众关系、塑造品牌形象的基石。事实维度的根本做法是践行企业社会责任,有效开展生产管理。

企业社会责任(Corporate Social Responsibility)是指企业在不断创造利润、积极对股东承担法律责任的同时,还要主动承担对员工、消费者、社区和环境的责任,即三个强调:强调超越视利润为唯一目标的传统经营理念,强调在生产过程中关注人的价值,强调对消费者、环境、社会和社区做贡献,主要表现为员工责任、产品责任、经济责任、教育责任、慈善责任和环境责任。员工责任要求企业切实保障职工的尊严和福利待遇,提供符合人权要求的劳动环境,有效保护职工生命、健康。产品责任要求企业确保产品货真价实,具有性价比优势。经济责任要求企业及时足额纳税。教育责任要求企业教育职工在行为上符合社会公德。慈善责任要求企业主动参与和发展公益事业。环境责任则是要求企业承担可持续发展责任,追求既满足当代人的需要、又不对后代人满足其需要的能力构成危害的发展。企业社会责任的底线要求是:不侵犯公众的健康权、安全权,即提供无害产品;不违反市场的逻辑,追求性价比优势,即提供更有用产品;不抱残守缺、安于现状,即提供更好的产品;尊重公众,即不愚弄公众和误导公众;尊重文化,即不违反善良习俗和政策法规。

> **问题思考**
> 社会责任缺失的企业,其社会形象将缺失知晓度还是美誉度?

开展生产管理,是企业践行社会责任的基本路径。有效开展生产管理的基础是推行7SEA管理法,制定并落实善良作业规范。

7SEA管理法是生产现场管理法,由素养(Sentiment)、整理(Sort)、整顿(Straighten)、清扫(Sweep)、清洁(Sanitary)、安全(Safety)、节约(Save)、环保(Environmental Protection)和活动(Activity)构成。"素养"强调的是提高人员素质,养成严格遵守规章制度的习惯和作风。"整理"强调的是彻底清理生产现场的各种物品,清除无效物品。"整顿"强调的是合理布置、摆放和标识有用物品,做到定位、定品和定量,推行标准化,尽可能实行目视管理。"清扫"强调是的日常化、随时打扫干净工作环境,检查维修设备。"清洁"强调的是认真维护经整理、整顿、清扫之后的工作成果,使现场保持完美和最佳状态。"安全"强调的是建立并遵守安全管理制度,以预防为主,消除安全隐患,全员参与,确保人身与财产不受侵害,创造零伤害、无意外事故发生的工作场所。"节约"强调的是要秉承三个观念,即能用的东西尽可能利用;以主人心态对待企业的资源;切勿随意丢弃,丢弃前要思考其剩余的使用价值。"环保"强调的是要坚持清洁生产,事前预防和全过程控制污染,向社会提供环保产品。"活动"强调生产现场必须开展班组管理活动。

善良作业规范(Good Manufacturing Practice,GMP),是一种特别注重在生产过程中实施对产品质量与卫生安全进行管理的自主性制度,基本做法是对企业生产过程的合理性、生产设备的适用性和生产操作的精确性、规范性提出强制性要求,强调从原料、人员、设施设备、生产过程、包装运输到质量控制等各个方面符合国家法律法规规定的卫生要求和质量要求,形成一套可操作的作业规范,帮助企业改善卫生环境,及时发现并改善生产过程中存在的问题。在善良作业规范指导下,不仅解决质量控制与提升技术这些表面问题,而且积极开展技术创新、科学管理和员工培训,解决企业核心竞争力这个根本问题,从而不断提高产品质量。

美国公共关系专家亨得利·怀特(Handly Wright)提出了一个被业界高度认同的公式是:公共关系=90%做对+10%传播,这里强调公共关系首先应该促使社会组织做好生产、管理、服务等实际工作,向公众提供优质产品,然后才是开展传播沟通。这说明了实事维度的极端重要性:品牌形象是"做"出来的。

(三)传播沟通维度

相对企业提升品牌影响的需要而言,公众的注意力是稀缺的。为了争夺公众眼球,企业高度重视传播沟通,力图以传播力增强企业形象特别是品牌形象的市场竞争力。

企业开展传播的载体分为两类，即媒介和活动。前者主要表现为广告传播和新闻传播，其中广告传播又可细分为商品广告传播、公益广告传播和整体形象广告传播。后者主要立足于各种活动，特别是公共关系专题活动、服务活动、危机管理等，构建"活动"平台，借助"活动"载体传递信息，扩大辐射力。传播沟通维度要求企业不仅重视商品广告创意与传播，积极开展公益广告传播，融新闻故事、新闻特写与广告于一体，而且自觉策划与组织开展"活动"，主动策划新闻事件，召开新闻发布会，创造新闻价值，把企业、品牌或产品背后的故事讲得富有戏剧性，争取广告传播与新闻传播的有机整合，实现传统大众媒体与新媒体"线上传播"与"线下传播"的有效整合，提高传播的可信度和吸引力，借助传播与沟通，达到信息互通、意见互通，进而创造企业与公众之间的共享价值。

> **问题思考**
> 工商时代"酒好还须勤吆喝"的客观基础与逻辑起点是什么？它是对农耕时代"酒好不怕巷子深"的简单否定还是创新发展？为什么？

三、政府公共关系的范式构建

政府公共关系范式的观念维度重点明确执政的核心价值取向，强调善意从政和执政为民。其事实维度明确政府形象是政府执政的逻辑结果，强调为民谋利和务实施政。其传播沟通维度明确传播沟通是协调政府与民众关系的保障，强调共享信息和透明执政。只有这三个维度都达到最佳境界，政府形象才能避免跌入塔西佗陷阱，才能不断强化政府执政的合法性。

政府公共关系是政府组织立足于执政为民的宗旨，在科学施政的基础上，通过媒体宣传和便民服务活动，塑造政府形象、强化执政合法性的管理工作。政府公共关系范式是指政府开展公共关系管理时应该考虑的基本路径和必须遵循的核心理念。政府公共关系职能既是管理职能，又是传播沟通行为，更是利益协调机制。政府公共关系表现为政府组织与民众之间的关系，但终究是人与人之间的关系，而人与人之间的关系本质上是利益关系。协调利益关系既需要科学的价值观念和职业理念做指导，也需要实实在在的惠民利民举措做基础，同时还需要良好的沟通做保障。

（一）观念维度——善意从政、执政为民

观念维度引导官员怎样看待政府与公众之间的利益关系、客观事实与公众舆论

之间的信息关系。政府公共关系的目标是协调民众关系、塑造政府形象。实现政府公共关系目标,需要明确政府管理领域、整合施政业务流程、优化执政措施,其中既有立场问题,又有如何摆正利益的问题,离不开科学观念的指导。具体而言,政府官员需要具备两个层次的观念系统,即良好的人格修养和专业意识。

人格修养的根本是存好心。从政府公共关系视角看来,存好心有两项基本要求。一是政府官员必须牢记人民利益高于一切。利益不是抽象的,表现为具体的诉求。习近平总书记说:"我们的人民热爱生活,期盼有更好的教育、更稳定的工作、更满意的收入、更可靠的社会保障、更高水平的医疗卫生服务、更舒适的居住条件、更优美的环境,期盼着孩子们能成长得更好、工作得更好、生活得更好。"这些期盼就是百姓现实的利益诉求。政府官员存好心,就是要立足岗位工作,把百姓的期盼视为政府施政的目标,把百姓的抱怨视为官员工作改进的方向坐标,千方百计实现百姓的具体期盼,以政府工作的不断进步增添百姓的信任感。二是政府官员应该率先内化并自觉践行社会主义核心价值观特别是荣辱观,以自己良好的人格修养引领社会聚集积极向上的力量,培育合作的价值观念,进而凝聚社会共识,构建社会信念,推动社会发展。

专业意识的出发点就是立足政府公共关系的特色,培养正确看待相关问题的理念。具体来说,就是既要养成立足正义地看待各种社会问题的思维,又要养成立足信仰看待各种发展问题的思维,追求政治信念,讲究社会责任担当;既要养成公正客观地看待民众诉求的思维,又要养成充满爱心地看待民众的思维,执政追求人民满意而非利益集团满意,讲究悲天悯地,同情普通百姓;既要养成充满希望地看待发展难题的思维,又要养成客观审视问题的思维,做到正视问题,并且有信心、有办法地解决问题;既要养成信任民众的思维,又要养成敬畏民众的思维,做到乐于倾听民众呼声,相信民众的蚂蚁军团效应;既要养成民族性思维,又要养成国际化思维,立足国家民族的核心利益需要,遵循国际准则,构建和谐的国际环境。总之,就是要"常修为政之德、常思贪欲之害、常怀律己之心",坚定执政为民的信念,自觉做到权为民所用、情为民所系、利为民所谋。

官员如果缺乏善意从政、勤政为民的施政观念,其主持的政府组织就会沦为自利主导的政府。自利主导的政府,天然地具有贪婪的占有欲望,无论官员自身还是政府机构,在占有欲的支配下,侵占、控制、鲸吞公共财物的能力不断增强,并通过设租、寻租等途径来追求政府利益,特别是地方利益、部门利益、利益集团的利益和官员的个人利益,导致公共政策偏离公正、公平的价值取向,或者公共政策被扭曲执行,引发腐败风气,并促使政府机构滋长出体制惰性现象,使政府在制度创新方面受到自身内部力量的掣肘,从而行动迟缓,结果是政府的制度供给总是赶不上社会对制度的需求,改革遭遇来自政府内部的阻力。这种现象如果长期得不到解决,政府

便会陷入"塔西佗陷阱",与民众的关系会迅速恶化,政府组织的自身形象也会恶化,最终可能导致执政合法性的丧失。

塔西佗是古罗马历史学家,先后做过保民官、营造官、财务官、行政长官、外省总督,并出任过古罗马最高领导人,即执政官。他总结自己执政感受时谈过一种现象:当政府不受欢迎的时候,好的政策与坏的政策都会同样得罪人民。这个现象后被称为"塔西佗陷阱",即当政府官员、政府部门以及政府公信力不够时,无论说真话还是说假话,做好事还是做坏事,都会被认为是说假话、做坏事。"塔西佗陷阱"的实质是形象危机,表现为某些民众对执政党不再信赖,对政府不再信任,对社会制度没有信心,极端情形下会出现群体性事件。

(二)事实维度——为民谋利、务实施政

政府与百姓的关系主要不是教育出来的,而是政府组织自身做出来的,也就是说关键在于政府组织为民众做了什么,怎么做的,是否为民谋利、务实创新。

政府组织赢得公众的根本在于为民谋利,积极为百姓做好事,让民众能够切实享受到改革开放的丰盛果实,分享社会利益。我党历来强调:"要多谋民生之利,多解民生之忧,解决好人民最关心最直接最现实的利益问题,在学有所教、劳有所得、病有所医、老有所养、住有所居上持续取得新进展,努力让人民过上更好生活","努力实现居民收入增长和经济发展同步,劳动报酬增长和劳动生产率提高同步","使发展成果更多更公平惠及全体人民","实现更高质量的就业","全面建成覆盖城乡居民的社会保障体系","为群众提供安全有效方便价廉的公共卫生和基本医疗服务"。当这些施政主张落到实处时,无疑将进一步密切党和政府与人民群众的关系。

政府公共关系的作用机制是利益的协调而不是信息的传播沟通。信息的传播沟通是政府公共关系的表现形式,而不是实质,实质在于协调社会利益关系。在政府公共关系中,必须坚持公共逻辑和市场逻辑,根据公正统筹、兼顾多方利益的原则,积极寻找各种社会公众的利益共同点,使各方均能从中受益,互为利益前提,形成良性的利益互动格局,从根本上强化执政的有效性。当前许多社会矛盾的根本在于没有处理好群众的利益问题,在于个别社会组织从为民谋利坠落到与民争利甚至谋财害命。因此,政府公共关系实现协调关系、塑造形象目标的基本点在于"事实"维度,为民众谋取更大的利益,为群众创造更多的价值。只有保护了百姓的利益,关系演变中具有根本作用的利益矛盾才能得以化解,政府与民众之间的关系才不会再

是油水关系，更不会是水火关系，而是融洽的鱼水关系了。事实证明，百姓不仅在乎政府说着什么，更在乎做了什么。因此，政府组织在施政过程中，面对百姓的诉求应先做"有理推定"，面对百姓需要解决的问题应先做"有解推定"，面对百姓对政府工作的批评应先对自己的工作做"有过推定"，坚决不出台与民争利的政策，才能从根本上取信于民。

  政府公共关系事实维度的核心在于"做"，而"做"的精要之处在于务实施政。今天的改革开放已由"是非"演变为"取舍"，所遇的是全球化和利益主体多元化背景下的新情况和新问题，压力依然很大，因此更加需要务实施政。务实施政的基本要求是正视社会现实问题，从制度层面进行顶层设计，提供化解之道，并切实加以落实。在当前形势下，务实施政应做到以下八个方面的要求：第一，奋发有为、兢兢业业地履职，踏踏实实、尽心尽责做好本职工作。政府部门既要切实解决民众共同面临的宏观问题，如严酷的人口问题、严重的资源问题和严峻的环境问题，又要化解民众共同面临的民生问题，特别是社会保障问题、收入分配不公问题、食品安全问题、医疗问题、教育问题、房价问题以及物价问题，卓有成效地担当公共责任。第二，积极探索具有中国特色的合作治理模式，让政府权力尽可能地从不必要存在的领域退出来，引导企业组织和各种社会组织介入公共事务的供给与管理，提高政府治理社会和服务民众的效率。第三，大胆地应对难题，善于摘刺，立足于人民根本利益和社会发展需要而认准的事再难，也义无反顾、不懈怠地做好，做改革开放的积极推进者。第四，解决政府组织发展的周期律问题，不断优化、整合施政和为民服务的业务流程，让人民直接感受到服务型政府的存在，对政府组织持续产生满意感。第五，严防死守细节性的施政缺陷。当今民众已经从追求温饱发展为谋取富足，需求从粗放变为精致。政府组织为了民众满意，在果敢决断大是大非问题的基础上，还要提供灵活、细致、周密的制度安排，追求便民服务无遗漏、惠民措施无缺陷，以细致周到的施政举措展现政府的诚意和水平。第六，有效解决官员显性腐败问题和隐性腐败现象，形成"不敢腐的惩戒机制，不能腐的防范机制，不易腐的保障机制"，"把权力关进制度的笼子"，坚决遏制官员腐败。第七，在公共突发事件中既要应急解困、补偿损失，又要革故鼎新，尽快消除公共突发事件的各种诱因，推动社会和谐健康发展。第八，持续创新，坚持终身学习，积极构建学习型政府组织，努力建设学习型政党，让党和政府的机能永不僵化，让政府官员永不停滞，自觉养成问题意识和创新品质，敢于发现问题，正视问题，锐意改革，满怀信心迎接各种困难和风险，既能高瞻远瞩地化解源于社会各阶层立场的观念性争议，又能持续有效地消解引发争议、障碍社会发展的事实问题特别是百姓的各种急事、难事、愁事和盼事，切实推进政治建设、经济建设、文化建设、社会建设和生态文明建设的进程。

> **问与答**
>
> 问：政府公共关系的事实维度旨在解决什么问题？
> 答：旨在用执政绩效赢取民心，强调的是官员工作作风和生活作风建设。

（三）传播沟通维度——共享信息、透明执政

我们已经进入信息化社会，主流媒体锐意革新，新媒体则异军突起，加上民主意识深入民心，民主政治蓬勃发展，公民的权利意识觉醒了，因此当代民众的知情诉求、参与诉求、监督诉求特别强烈。如果缺乏畅通的沟通渠道，政府与民众之间就会产生隔阂，甚至出现"隔阂产生误解、误解产生冲突"的现象。政府公共关系的第三个维度就是传播沟通，在政府与民众之间实现信息共享和知识共享，健全社会相互信任的机制。

政府公共关系传播沟通维度的价值取向是建立阳光政府，强调以公开为原则，以不公开为例外，推进透明施政进程。为此，需要夯实传播沟通的基础平台，做好以下工作：建立和完善新闻发言人制度和建立首长发言人制度；做好新闻分析综合工作；保持政府消息畅通，随时回答新闻界的咨询；做好例行新闻发布工作；适度、合理安排专访；拓宽社会沟通渠道，吸引公众参政议政。

传播沟通维度，前提是官员养成"说好话"的品质，具体要求体现在两个方面，即好事说好和坏事好好说。

1. 好事说好

好事说好，就是对于政府组织的施政成就，应该敢于宣传、善于宣传，借助各种机会，利用各种平台，加以充分传播，尽可能地提高政府组织的美誉度。宣传是一种选择性传播、沟通，强调的是立足于营造共产党好、社会主义好、改革开放好的浓厚氛围，讲好执政合法性，唱响主旋律，引导全社会聚精会神搞建设、一心一意谋发展。

在党领导的持续的改革开放与发展历程中，人民群众既是参与者，又是受益者，党和人民共同的奋斗故事都是讲好执政合法性的素材。以习近平同志为核心的党中央，团结和带领全国人民在中国特色社会主义道路上实现中华民族伟大复兴的中国梦，追求创新发展、协调发展、绿色发展、开放发展和共享发展，更是讲好执政合法性的话语素材。政府公共关系应该在改革开放、中国发展、实现中国梦的宏伟实践中，提炼新颖的主题与话语，设计新鲜的叙事范式，收集来自百姓自身的叙事材料，创造和掌握新时代的话语权，讲好或宏伟壮阔或小而美的中国故事，传播好中国声音，使马克思主义中国化的最新成果融入百姓的生活情景，激起大家的共鸣，进而体验到意识形态的亲切感和说服力，从主题内容上实现政府公共关系意识形态取向的

目标。政府公共关系讲好中国故事,当前重点要讲好马克思主义经典作家关心人类命运与人民生活、总结历史经验教训、吸收人类文明优秀成果、把握历史规律、追求真理,创立科学社会主义的信仰故事;讲好党中央历届领导特别是以习近平同志为核心的新一届领导亲民爱民、决策睿智,把马克思主义普遍真理与中国革命与建设实践相结合,创立毛泽东思想、中国特色社会主义理论,团结带领各族人民进行新民主主义革命、社会主义革命与建设和改革开放,实现全面建成小康社会奋斗目标、实现中华民族伟大复兴中国梦的光辉故事;讲好革命先烈忧国忧民、追求真理、志存高远、胸襟广阔、家国情怀,为建立新中国抛头颅洒热血勇于牺牲的英雄故事;讲好党坚持为人民服务,把民心所望作为工作方向,接地气、察实情,全心全意为群众办实事、做好事、解难事,维护和发展人民群众的根本利益的宗旨故事;讲好党忠于人民、忠于事业、忠于职守,应对重大挑战、抵御重大风险、克服重大阻力、解决重大矛盾,为书写中国梦的时代篇章努力拼搏的奋斗故事;讲好政府围绕"四个全面"战略布局,坚持"五大"发展新理念,以抓铁有痕、踏石留印良好作风,努力破解瓶颈,促进改革发展的进取故事;讲好党员严守政治纪律和政治规矩,树立政治意识、大局意识、核心意识、看齐意识,坚守政治底线的政治生活故事;讲好党员自觉践行"三严三实"要求,廉洁从政,踏实工作,争做好公仆的道德生活故事;讲好中华民族尊道贵德、律己修身、厚德载物、公而忘私、仁爱孝悌、己所不欲勿施于人、自强不息艰苦奋斗、奋不顾身舍生取义的传统文化故事;等等。用马克思主义的真理力量,用中国特色社会主义的实践力量,用五千年历史传承的文化力量,引导大家增强对中国道路、理论和制度的信心,保持对中华文化和中国价值的自信。

当然,在"好事说好"的宣传过程中,也要实事求是,不可无限拔高,切忌吹破牛皮。

要点提示

讲好中国故事,讲好新时代的中国故事,政府公共关系责无旁贷。传播的素材很多,效果却不尽好。突破点应该是叙事创意。

2. 坏事好好说

坏事好好说,就是当政府遭遇突发公共事件时,要善于传播、沟通,先说话、敢说话、说真话,不要捂、躲、瞒、防、堵、压,属于政府组织造成的问题要承认,不是政府组织造成的问题要讲好,特别是讲富有人情味的话,力戒以新的错误掩饰已有的错误,制造出次生危机特别是舆论危机,自觉做到按照新闻传播规律办事,不断完善新闻发布制度,健全突发公共事件新闻报道机制,第一时间发布权威信息,提高时效性,增加透明度，牢牢掌握新闻宣传工作的主动性。从传播学角度看，群体性事件的一个基本矛盾是政府组织提供的信息在质和量两个方面不能解决日益高涨的公众信息饥渴，存在较大的"需求缺口"，表现为信息公开的程序不尽规范，信息公开的速度比舆论质疑慢，信息公开的内容与公众关心点不能对接等等。因此，在群体性事件中，政府官员需要说好六种话：第一时间的话；沉着冷静的话，克制自己情绪的话；真实的话，力求充分告知真相；富有人性的话，让语言具有悲悯关爱的特质；顺应性的话，务必顺应社会和弱势群体的要求；鼓劲的话，给予积极心理暗示，转换对抗思维，汇聚向上力量，鼓励民众信心，引导重建信任。

沟通维度能否理解为公民知情权在公共关系领域的自然生长与落实？为什么？

在政府公共关系的三维结构中：观念维度是基础，侧重执政信仰和施政信念的认同，着重化解政府官员精神懈怠的危险和消极腐败的危险，使官员秉承执政为民的政治信念，保持奋发有为的精神状态，自觉全面贯彻落实习近平新时代中国特色社会主义思想；事实维度是根本，侧重引导官员务实施政和创新施政，着重解决政府官员能力不足的危险和脱离群众的危险，提高治理社会和服务百姓的效率，让百姓分享更多的利益；传播沟通维度是保障，侧重共享信息和知识，让权力在阳光下运行，满足民众知政和参政欲望，同时管理社会话语系统的走向，聚集社会共识，共同把改革开放事业推向新的境界。

本章小结

公共关系就是社会组织基于战略绩效，自觉地运用各种传播媒体，有计划、有目标、持续地开展路演活动，使社会组织与公众相互了解、相互适应和互惠互利，以达成社会良性互动、塑造良好形象的管理工作。艾维·李和爱德华·伯尼斯顺应时代要求，分别促进了公共关系职业和公共关系学科的诞生。

公共关系基于为公众服务的宗旨和协调公众关系、塑造品牌形象的目标，担当着明确而特定的职责，即收集信息、辅助决策、传播推广、协调沟通、提供服务和危机管理。

公共关系三维范式包含观念维度、事实维度和传播沟通维度。观念维度发挥指导作用，侧重"看法"；事实维度发挥保障作用，侧重"做法"；传播沟通维度侧重"说法"，旨在通过面对面的沟通和大众媒体的传播，扩大社会组织善良事件的影响，缩小不良事件特别是危机事件的危害。三个维度有机整合,使社会组织与公众之间理念上相互认同、事实上互利互惠、信息上相互沟通、活动上互动参与,创造共享价值,进而优化社会组织的关系状态和舆论状态。

 学习重点

公共关系的基础
公共关系的宗旨
公共关系的载体
美国公共关系诞生的背景
艾维·李和爱德华·伯尼斯的贡献
公共关系的职责
公共关系的范式

 语 录

卡特利普和森特:"公共关系是这样一种管理功能:它确定、建立和维持社会组织与决定其成败的各类公众之间的互益关系。"

 前沿问题

20世纪80年代公共关系传入大陆时,学界主要琢磨如何解构大众关于公共关系的种种误读。21世纪初,伴随中国制造走进世界,学界更热衷探讨中国公共关系的理论与实操模式如何国际化,翻译并引入了发达国家的诸多公共关系思想与理念,卓越传播、后真相时代、话语框架等等理论得以流行。当下,中国特色社会主义事业取得了令世人瞩目的辉煌成就,自信有了底子,中国特色公共关系及其本土化理论成为学界发现的新矿,成为研究的热点;另外,顺应实践需要和学科发展趋势,大数据、智能、"一带一路"、区块链等时代语境下的公共关系研究也成为学界亮点;当然,数量最多的研究还是经典理论视域下的公共关系应用问题,体现了公共关系学科关照现实的实用特性。

 推荐阅读

《公共关系的本质》(道·纽森,朱迪·范斯里克·杜克著,于朝晖译,复旦大学

出版社,2011年出版)

该书从专业角度全面诠释了公共关系调研、实施以及相关理论和伦理实践,强调公共关系的管理职能和社会驱动力,通过对公共关系历史与未来的全面解读,对公共关系战略和战术的详细分析,特别是大量公共关系活动的案例,为初学者提供了正确认识公共关系的路径,为从业人员的实践活动提供借鉴和参考。

推荐理由:公共关系职业和公共关系学科诞生之地阐述公共关系本质的著作,能够端正读者的公共关系认知。

"佰草集"创造绿色生活

上海家化集团遵循自然环境和人类的可持续发展要求,积极开发并生产出绿色产品"佰草集",满足了人们对高质量生存方式的追求,顺应了人们个性化、多样化和绿色消费的需求。

上海家化集团的"佰草集",作为中国第一套具有完整意义的现代中草药中高档个人护理系列产品,自1998年创立伊始,一直坚持树立"自然、清新、健康"的品牌形象,以传统中医药学的"平衡理论和整体观念"为品牌理念,以绿色环保的中草药添加剂为品牌特色,这些植物性的中草药产品秉承了中国美容经典的精髓,糅合中草药精华与现代生物科技的最新成果,中草药药理温和、不损伤皮肤,适合各种皮肤。

"佰草集"一贯坚持最简单的包装原则,在包装设计上,使用圆形包装,因为这是最合理、最经济的方法;同时还尽量减少纸包装,并做到最低程度地使用花盒;另外,由于"佰草集"使用可回收降解的材料,包括印刷的油墨盒,因此所有产品的包装均可以回收重复使用;"佰草集"所有产品的外包装上都印有"支持环保,建议回收"的字样,并在各专卖店中设有回收箱,提倡集中回收包装。"从我做起,从点滴做起"是"佰草集"始终奉行的宗旨。

为了尽心尽力地支持绿色环保事业,"佰草集"开展了一系列创造绿色生活的路演活动。

2001年4—7月,"佰草集"举办了主题为"创造绿色生活支持中国申奥"的全国大型活动,旨在号召每个人通过创造身边的点滴绿色生活来为中国申奥出一份力。活动期间,上海、北京等五个城市的"佰草集"专卖店购买"佰草集"产品和回收空瓶的消费者,向以开发儿童环保教育为主题的"绿天使工程"捐助1元并签署绿色承诺卡,便可以成为"佰草集"的环保使者,获得"佰草集"赠送的环保纪念品和环保宣传册,更可以留名、留言等祝福的方式表达消费者对中国深奥的支持和祝愿。与此同时,"佰草集"出售的每件产品和回收的每件产品包装,都按每件1元的价格向"绿天使工程"捐款。活动期间在上海汇金百货广场举行了为期2天的主题为"创造绿色生活,支持中国申奥"的大型推介活动,邀请了上海市著名的环保人士给消费者现场介绍环保知识。此外,现场还以青春健康的歌舞表演、丰富多彩的环保游戏和奥运知识问答,进一步向路人展示了"佰草集"的绿色形象,强调了"佰草集"的绿色主张,并在活动结束时举行郑重的捐赠仪式,将活动期间募得的所有款项赠给地球村环境文化中心和中华慈善总会。

2009年,"佰草集"发起"养出地球美——爱筑中草药家园"行动。在佰草集与相关部门的悉心呵护下,"佰草集"赤水金钗石斛研究与采购基地、"佰草集"天堂寨野生植物保护区、"佰草集"茯苓种植基地及"佰草集"灵芝种植基地先后诞生。在资源丰富,气候温和,雨量丰沛,生态和谐的大别山上,佰草集虔心培植"灵芝""茯苓"等药用植物,开发保护其他野生药用植物资源;在丛林密布,林海浩瀚,古树参天,山清水秀的赤水河畔,佰草集倾心呵护国家二类濒危中草药"金钗石斛",让"千年润"再续千年。

2011年,佰草集"回收包装"活动吸引了超过1万人次的会员参与到这个有意义的活动中来。在绿色专柜,人们不仅看到会员送回产品空瓶,也看到越来越多的消费者在购物时自备拎袋,而免于使用商家提供的纸袋。两位"环保家"——郑莲洁(台州会员)、张慧丽(金华第一百货店护理师)也因为在活动中的踊跃表现感染了大家,当选为2011年度"佰草集环保精英"和"佰草集绿色天使",获得品牌嘉奖。

2012年起,为给更多会员的环保行动带去便利,佰草集再度增设旧包装回收点。自此,"绿色专柜"已覆盖全国111城市,合计197家门店。会员可通过"佰草集"官方网站或者咨询客服电话,搜寻到距离自己最近的回收点。参与活动的朋友们乐于见到废弃包装回炉重造后成为工业原料为他人所用,也因此而得到了品牌贴心准备的小礼品作为纪念。

点评:立足于品牌形象的绿色诉求,多年持续策划并实展示绿色形象的公共关系路演活动,并借助媒体传播,在推进社会绿色文明的同时,赢取了公众的关注与好感。

练习与思考

部分参考答案

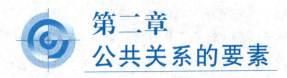

第二章
公共关系的要素

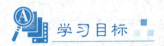

学完本章,您应该能够:
1. 区分广义与狭义的公共关系主体;
2. 理解不同社会组织公共关系活动的侧重点;
3. 认识搞好各种公众关系的重要性;
4. 理解协调公众关系的关键点;
5. 熟悉各种媒体的传播性能;
6. 理解活动作为传播载体所特有的效用。

社会组织　公共关系机构　公众　传播媒介　活动传播　互动仪式链理论

广义的公共关系主体是指社会组织,狭义的公共关系主体是指公共关系机构与公共关系人员,发挥主导作用,是公共关系活动的承担者、策划者和实施者。公共关系的客体是指公众,发挥能动作用,主要表现为选择性机制,包括选择性注意、选择性理解和选择性记忆。公共关系的中介是指媒介和活动,发挥桥梁作用,既传递信息,又反馈信息。为了充分运用传播载体扩大公共关系的影响,学员应该熟悉各种传播载体的性能。

公共关系的要素包括主体、客体和中介。从信息扩散角度看,公共关系就是社会组织把有关信息通过媒介和活动传递给公众,影响公众心理与行为,并获得

公众反馈与互动的过程。

第一节 公共关系的主体

公共关系活动的发动机是公共关系主体。公共关系主体的性质不同,需要不同,公共关系活动的基本模式就不尽相同。理解公共关系主体的含义与类型,对于提高公共关系活动的策划水平具有重要的意义。

一、广义的公共关系主体

广义的公共关系主体是社会组织。经济组织、政治组织、文化组织、群众组织、宗教组织都属于社会组织。

您所在的学校也是社会组织。它的目标是什么？它的运作管理有完整的制度作保障吗？判断社会组织的标准有哪些？

(一)社会组织的含义

社会组织就是两人或者两人以上围绕特定使命组建起来的、具有特定运行结构和权力责任制度、经过分工与合作达成特定目标的人群集合体。对此,可做如下理解。

1. 社会组织必须具有明确的目标

目标是组建社会组织的前提。任何社会组织的诞生都有特定的使命,追求特定的社会效益、经济效益或者其他效益。企业的目标就是实现投资利益的最大化,学校的目标就是为社会培养合格人才。从宏观上讲,根据美国知名学者帕森斯的理解,社会组织的目标导向分为四种:以经济生产为目标导向,通过向社会提供物质产品和服务获得利益,扩大组织的经济生产能力,如企业、公司、银行等;以政治为目标导向,目的是谋求权力分配,实现某种政治意图;以协调社会冲突为目标导向,保持社会秩序,如政府机构;以社会维模为导向,为社会培养符合特定文化要求的接班人,维持社会的持续发展,如学校。无论出于何种目标,社会组织都应该有明确的目标。

2. 社会组织必须建立分工与协作机制

如果某项活动依靠个人就能够完成，是无须组建社会组织的。组建社会组织就是要把大家的力量整合起来，共同完成个人无法完成的使命。为此，社会组织要建立科学的分工与协作机制。分工是借助专业化提高劳动力和其他各种资源的使用效率。协作是借助集体力量提高组织的效益，使组织的力量得以放大。应该说，社会组织是建立在部门分工基础上的整合组织。

3. 社会组织必须建立权力与责任制度

权力和责任是社会组织实现目标的基本保障。社会组织的正常运行离不开科学的权力和责任制度。赋予有关部门特定的权力，是为了有关员工在合理的范围内围绕目标能够自主地配置各种资源。明确有关部门的责任，是为了引导员工的权力行为服务于社会组织总体目标的实现，防止滥用权力进而破坏社会组织的正常运行。

4. 社会组织必须具有健全的组织活动

没有健全的组织活动，社会组织仅仅是一个"外壳"而已，不可能产生实质作用。社会组织的组织活动是为了实现职能目标、围绕社会组织的运行而形成的，主要包括以下五个方面：① 设计组织的机构，包括根据组织结构理论设立进行专业化管理的职能部门，根据适度管理幅度确定管理层次。② 适度分权和授权，明确职务责任。③ 进行人力资源开发与管理。④ 开展组织文化建设。⑤ 推动组织变革，强化社会组织整体的创新能力。

（二）社会组织的类型

> 社会组织分为哪些类型？各种社会组织公共关系的侧重点是什么？

从利益上讲，社会组织分为公益性组织、服务性组织、营利性组织和互益性组织。

公益性组织是为社会各界公众服务的组织，如军队、警察机关、政府。这类社会组织需要塑造勤政、廉洁、高效、为民的形象，侧重开展公益服务型公共关系活动。

服务性组织是为社会大众服务、让大众获益的组织，如福利机构、学校、医院等。这类社会组织需要树立公益服务、精通业务、热情周到的形象，侧重开展公益服务型、实力展示型的公共关系活动。

营利性组织是通过提供物质产品、精神产品或者服务项目，谋求盈利的组织，一般指企业组织，如制造企业、服务类企业、酒店、广告公司、公共关系公司等。这类社会组织强调塑造质优价廉、诚实守信、反应敏感、富有宽容精神的商业形象,侧重开展促销型公共关系活动。

互益性组织是保障成员利益与权益的组织,如互助团体、政党组织、宗教组织等。这类社会组织应该立足于塑造精诚团结、遵纪守法、关注社会的形象,侧重开展内部沟通型、社会公益型公共关系活动。

要点提示

(1) 公益性组织侧重开展公益服务型公共关系活动。
(2) 服务性组织侧重开展公益服务型、实力展示型的公共关系活动。
(3) 营业性组织侧重开展促销型公共关系活动。
(4) 互益性组织侧重开展内部沟通型、社会公益型公共关系活动。

二、狭义的公共关系主体

狭义的公共关系主体是公共关系机构与公共关系人员,是履行公共关系职能的部门和工作人员。

(一) 公共关系机构

> **问题思考**
> 各种社会组织必然遇到公共关系问题,但是只有少数社会组织设立公共关系部。您能说出其中的缘由吗?您认为公共关系业务应该交给公共关系部还是公共关系公司?为什么?公共关系部和公共关系公司分别有哪些优点和不足?

公共关系机构主要有三种,即公共关系部、公共关系公司和公共关系协会。

公共关系部也称公共事务部,是社会组织内部设置的专门策划、组织公共关系活动的传播性、沟通性职能部门。公共关系部对内而言主要是发挥上情下达、下情上传和部门协调的作用,对外而言主要是发挥传递信息、协调关系网络的作用。相对于公共关系公司来说,公共关系部具有熟悉情况、便于沟通的优点,但是难以客观公正,职业优势也不明显,有时工作效率不高。

公共关系公司是专门为其他各种社会组织提供公共关系业务服务,并从中赢取商业利益的法人组织，市场调查、项目策划与运作、礼宾服务、新闻代理、广告代理、会议服务、宣传作品设计与制作等都是公共关系公司的经营范围。相对于公共关系部来说，公共关系公司具有客观公正、社会关系网络广、业务精通、效率较高的优势，但是不尽熟悉社会组织的详细情况。

公共关系协会是公共关系人员基于推动公共关系事业发展、进行业务交流、提高公共关系策划运作技能而组建起来的群众性民间团体组织。1948年美国全国公共关系协会成立，1955年国际公共关系联合会在英国伦敦成立，1986年我国第一个公共关系协会在上海成立，1987年中国公共关系协会在北京成立，1991年中国国际公共关系协会在北京成立。公共关系协会的成立对于规范公共关系职业标准、提高公共关系策划运作水准起到了积极作用。

（二）公共关系人员

公共关系人员是从事公共关系职业的专业人员，是公共关系活动的策划者、组织者和执行者。由于公共关系职业的特殊性，公共关系人员应该具备科学的职业观念、合理的能力结构和良好的职业道德。

课堂讨论

在我国公共关系早期，流行聘请美女担任公共关系工作的潜规则，公共关系因此被界定为美女公关、花瓶公关。您如何看待这种现象？您认为公共关系人员应该具备哪些观念和能力？遵守哪些职业道德规范？

在观念方面，公共关系人员应该树立科学的信息意识、形象意识、公众意识、双赢意识、传播意识、协调意识、服务意识、创新意识、情感意识、文化意识等，在公共关系中高度重视收集与开发信息、自觉维护和发展形象、尊重公众人格与需求、追求社会组织与公众之间的互利互惠、重视传播宣传、注重协调各种关系网络、主动提供各种服务，不断推动公共关系事业的发展。

记住

公共关系人员应有的公共关系观念。

在能力方面，公共关系人员应该具备良好的观察能力、谋划分析能力、法规政策理解执行能力、文字与口头表达能力、指挥组织能力、随机应变能力和社交能力。

记住

公共关系人员应具备的能力结构。

在职业道德方面,公共关系人员应该养成诚实、守法、公正、正派和责任品质,特别是诚实品质。美国出版的《百万富翁的智慧》中披露,美国1 300名接受调查的百万富翁认为,经营成功的因素依次是诚实、具有自我约束力、善于与人相处、勤奋。诚实被这些富翁公认为首要因素。然而,我国有些公共关系策划人员则明显缺乏诚实精神,在宣传和营销中信口开河、随心所欲、夸大其词,经常误导公众。这种蔑视公众智慧、对社会极端不负责任的做法,损害了公众的利益,企业最终必然自食恶果。

记住

公共关系人员应有的道德品质。

(三)全员公共关系

课堂讨论

塑造形象仅仅是公共关系人员的事情吗?为什么?全员公共关系的实质是什么?具体包括哪些要求?

塑造和维护组织形象,仅仅依靠公共关系人员是不够的,社会组织必须动员所有员工参与公共关系,开展全员公共关系。全员公共关系的实质就是人人爱护形象、人人参与公共关系。全员公共关系的具体要求包括三个方面:一是决策者时时重视形象,经常支持公共关系工作;二是管理者要从形象战略的高度搞好部门之间的配合,协助公共关系活动;三是普通员工在自己的岗位按质按量做好本职工作,在日常生活中注意个人形象。这样,就可以借助社会组织集体的力量,从不同的角度塑造、维护组织的良好形象。当然,在全员公共关系中,公共关系人员作为职业人员,应该始终发挥着主导作用。

第二节　公共关系的客体

公共关系的客体是公众。公众是社会组织生存和发展的基本环境。公共关系只有满足公众的需要,为公众创造价值,才能取得良好的效果。

一、公众的含义

> **问题思考**
> 上海市南京东路上的行人都是上海市第一百货公司的公众吗?远在西藏的农民肯定不是上海市第一百货公司的公众吗?为什么?公众究竟指什么人?

公众就是因面临共同问题、可能或者已经与特定社会组织发生某种联系的个人、群体或者团体。公众的出现首先是面临共同的问题,如共同的利益问题、需求问题、环境保护问题等,而且大家意识到问题的出现与某个社会组织有关,于是聚集在一起,借助法律手段、行政手段、新闻手段维护自身的合法权益,这时公众就形成了。从理论上讲,地球上的任何人、任何组织都有可能是某特定社会组织的公众,其中发生概率极低的公众属于抽象意义的公众,其实不属于公众。公共关系学的研究对象是现实公众,即与社会组织发生联系可能性较大的公众。

> **记住**
> 公众的基本含义。

二、公众的特性

卓有成效地开展公共关系活动,前提是正确认识公众的特性。公众的特性是策划、组织公共关系活动的出发点,只有针对公众特性策划公共关系活动,才有可能真正影响公众。从总体上讲,公众具有共同性、多样性、变化性、文化性和心理性特征。

根据共同性特征,策划公共关系活动时,应该准确了解各种公众的共同需要,尽量满足公众的共同需要,以便吸引众多的公众,从而扩大公共关系活动的影响范围。

根据多样性特点,策划公共关系活动时,应该运用"公众细分理论",通过设置科学的细分标准,把公众区分为若干类,从中找出需要重点影响的目标公众,针对目标公众的特殊要求,开展相应的专题活动,增强公共关系活动的影响力。

根据变化性特点,策划公共关系活动时,就需要强化创新意识、预测意识和战略设计意识,使公共关系活动能够"与时俱进、与众俱进",呈现出鲜明的时代特性。

根据文化性特点,策划公共关系活动时,不仅要适应公众的文化体系,满足公众的文化需要,而且要善于进行文化包装和文化导向,代表先进文化的发展方向,唱响优秀文化主旋律,以便有效地影响公众的文化性心态,提高公共关系活动的文化品位。

根据心理性特点,策划公共关系活动时,必须着眼于公众的心理活动过程,运用心理策略,在适应公众心理特性、适合公众需要的基础上,创造性地改变公众的心理倾向,诱发积极、愉快的心理联想,使之发展成为社会组织所期待的顺意公众。

三、公众的类型

公众分为内部公众和外部公众两个方面,其中外部公众根据不同的标准,又可以细分出不同的类型。

(一)内部公众

内部公众主要指社会组织的成员和投资者,包括决策者、管理者、普通员工和股东。他们既是内部公共关系的对象,又是社会组织开展对外公共关系活动的基本依靠力量。

从总体上讲,搞好内部公众关系的实质就是人力资源的开发与管理问题,包括选人、育人、用人和留人。选人就是建立行之有效的招聘制度,选择人才。育人的实质是发展人才,包括能力的培养和职位的晋升。用人则是把人才安排到合适的岗位上,并加以激励、奖励和鞭策,充分调动员工的积极性。留人的内容则更加丰富,包括以下几个方面:承认每个人的价值,尊重员工个人的权利;把员工放在合适的岗位上,满足人才升迁的愿望;创造有序、宽松的环境;给人才充分流动的机会,尊重员工去留的选择;推行员工持股计划即员工所有制,让员工有权分享自己的劳动成果,参与企业管理;推行考核+奖金制度,借助严格的考核制度,通过奖金让员工分享企业利润;在工资、股份和奖金外,主动关心员工的福利待遇,并给予情感上的关爱。搞好人力资源开发与管理,做好选人、育人、用人、留人工作,这是搞好员工关系的根本。

(二)外部公众

社会组织面临的外部公众种类繁杂、数量庞大,是公共关系的主要对象。策划公共关系活动,必须明确公众对象的类型和具体特性,这是前提。

问题思考

相对房地产公司来说,在校大学生属于非公众、潜在公众、知晓公众还是行动公众?为什么?

1. 按公众发展过程,公众分为非公众、潜在公众、知晓公众和行动公众

非公众就是不可能向社会组织提出要求、不可能与社会组织发生联系的公众。对于上海大众汽车公司来说,70岁以上的老人一般属于非公众。潜在公众是目前没有,但在将来某一时间内可能向社会组织提出要求、与社会组织发生联系的公众。幼儿园小朋友和中学生就是上海大众汽车公司的潜在公众。知晓公众是意识到某个问题的存在、并且知道该问题与某个社会组织有关的公众,它是由潜在公众发展而来的,是公共关系活动的重点对象。对于上海大众汽车公司来说,已经考取驾照但是还没有购车的"本本族"就属于知晓公众。行动公众是即将或者已经采取行为的公众,具有明确消费意图的人、已经购买商品的公众均属于行为公众,它是由知晓公众发展而来的。

必须说明的是,相对不同的问题,公众的类型归属是不同的。相对消费行为来说,购买公众属于行为公众;但是相对商品存在的质量问题来说,开始没有发现质量问题时属于潜在公众,发现质量问题时属于知晓公众,决定投诉或者已经投诉时属于行动公众。

公众的类型不同,公共关系的基本对策也不相同。对于企业来说,一般无须针对非公众策划公共关系活动。针对潜在公众,企业应该策划、组织宣传品牌形象、提高知晓度的公共关系活动,引导潜在公众向知晓公众发展。针对知晓公众,企业要策划、组织宣传商品信息、提高美誉度和首选度的公共关系活动,如售前服务、促销宣传,引导它们发展为行动公众。针对行动公众,企业应该策划、组织巩固美誉度的服务型公共关系活动,包括售中服务和售后服务,提高公众的品牌忠诚度。

2. 按公众角色,公众分为社区公众、政府公众、顾客公众、媒体公众和国际公众

社区公众就是社会组织所在地相关区域内的公众,包括附近的居民、民间机构和其他社会组织,具有"准自家人"的特点。俗话说,远亲不如近邻。搞好社区公众关系,对于社会组织来说具有特殊意义。协调社区关系的目的主要是争取社区公众的支持,塑造良好的生存形象。

政府公众是指各级政府机构及其工作人员(主要是公务员)。政府拥有制定社会管理政策的权力,是各种外部公众中最具有权威性的公众。争取政府公众的支持、谋取良好的政策环境,是社会组织协调政府关系的基本意图。

顾客公众是指购买、消费企业提供的物质商品、精神商品和服务业务的公众,与企业的利益关系最明显。企业的生命线是顾客公众。企业拥有广泛的顾客公众,就意味着拥有巨大的市场。因此,顾客公众成为企业外部公共关系最重要的工作对象。搞好顾客关系的目标就是在顾客心目中塑造良好的品牌形象,提高知晓度、美誉度和首选度,引导顾客反复购买商品,并主动向其他顾客进行宣传。

 **课堂讨论**

海尔为了构建顾客关系,努力追求卓越,即卓越的产品质量、卓越的服务和卓越的企业形象,而这一切必须通过卓越的管理才能实现。公司领导人认为,抓管理不能像"搞运动"那样一阵风,而是制度化,积极开展管理文化教育,让员工自觉地认为"用户永远是对的"、生产车间牢记"下道工序是用户"、科研开发"以用户为师"、售后服务"解除用户的烦恼到零"、"先卖信誉,再卖产品"。同时,把管理落实到位,全方位地对每天、每人、每事进行清理,迅速反应,马上行动,做到"日日清,日日高",当日事必须当日毕。在海尔,就连一个走道里的电源开关都有负责人、检查人。在"车间日清栏"中,将每天的质量、劳动纪律、工艺、文明生产、设备物耗都进行公布,其中"质量"状况两小时公布一次。

对此,您是如何看待的?您认为建立顾客关系的根本在于什么?

媒体公众是指新闻传播机构、新闻业务工作人员,报社、电视台、电台、网站和记者、编辑均属于媒体公众,具有双重性,既是公共关系工作的客体,同时又是传播企业信息、影响其他公众的主体。媒体公众是公共关系的重要对象。社会组织遭遇危机事件时,媒体公众一般都是目标公众。搞好媒体公众关系的目的是争取新闻媒体给予正面报道、反复报道,借助大众传播媒体创造良好的舆论环境,扩大社会组织的影响。

国际公众是企业的产品、人员进入国际市场后所面临的公众。加入WTO后,我国企业大量参与国际市场竞争,面临的国际公众越来越多。策划国际公共关系活动,既要考虑目标市场国的经济发展水平问题,又要注意各国的文化特性,切实搞好跨文化传播与沟通,根据市场目标国的经济水平和文化特性,开展国际公共关系活动,塑造良好的国际形象。

 记住

协调社区公众、政府公众、顾客公众、媒体公众和国际公众关系的目的。

3. 按公众态度,公众分为顺意公众、逆意公众和中立公众

顺意公众是指倾向于称赞、支持社会组织政策的公众,这是公共关系可以信赖的基本队伍。逆意公众是指倾向于否定、指责、批评社会组织政策的公众,这种公众虽然数量较少,但是负面影响力比较大,能够引发危机事件,是公共关系的重点工作对象。中立公众就是持中立态度、不明确表态的公众。公共关系的任务就是转变逆意公众的立场,使其成为中立公众,并发展顺意公众,从而扩大顺意公众的队伍。

记住

顺意公众、逆意公众和中立公众的含义。

第三节 公共关系的中介

一、媒介载体

公共关系活动圆满顺利结束了,只能说是成功了一半,另一半则是媒体的传播。传播媒体是公共关系的中介,制造舆论、强化舆论、引导舆论,离不开大众传播媒体。

(一)印刷传播媒体

印刷传播媒体的历史相对比较悠久,人们掌握印刷技术后,就能够运用印刷媒体传播信息了。现代技术特别是电子技术注入印刷技术后,印刷媒体又得到充分的发展,成为社会中最重要的传播媒体之一。

1. 印刷传播媒体的类型

印刷传播媒体主要包括四类:一是报纸,如日报、晨报、晚报、综合报纸、专业报纸、中央报纸、地方报纸等;二是杂志,如周刊、旬刊、半月刊、月刊、双月刊、季刊等;三是图书,包括工商名录、年鉴、日历、电话号簿等;四是宣传单。这些印刷媒体对于公共关系宣传具有重要的作用。

2. 印刷传播媒体的特性

相对于电子传播媒体来说,印刷传播媒体的信息容量比较大,这是它们的共同优点。文化水平低的人特别是文盲无法充分接触印刷媒体,这是其共同性缺点。由于报纸、杂志和图书的周期与性质不同,它们在传播信息方面又都各具有自己的优势,同时也都有一定的局限性。

报纸从总体上看,发行范围和覆盖面比较大,遍及整个城乡角落和各界公众,是最有影响的大众传播媒体之一。报纸宣传的优势主要在于:① 造价低廉,制作简便。② 读者享有阅读时间、地点、速度的主动权。③ 报纸的信息容量大,往往拥有大量不同层次和类别的读者群,拥有较高的接触率和阅读率,有利于在广泛的范围内传递社会组织的各类信息。④ 报纸出版印刷周期相对短暂,以及业已形成的高效率邮政投递网络,能够让各种社会信息及时介入公众生活。⑤ 报纸版面编排灵活,可以根据用户的意见和要求设计出理想的宣传版面,做到图文并茂,从而增强公众的印象。

相对报纸而言,杂志公共关系的时效性要欠缺一些。不过,在传播信息方面,杂志也有其他印刷媒体难以替代的优势:① 持续时间长,精读率高,有效接触率更大。② 除少数综合性刊物外,专业性刊物往往都有一批稳定的、明确的读者对象,公共关系宣传容易做到有的放矢,而且由于具有较高的专业权威,一般可以取得较为理想的宣传效果。③ 篇幅灵活、印刷精美、图文并茂,可以让公众获得更直观的认识。但是,由于杂志时效性较差、周期较长,公共关系宣传的功效呈慢性状态,难以产生广泛的"轰动效应"。另外,杂志专业性较强,读者面比较小,加上各种杂志可资利用的宣传版面极为有限,从而影响了公共关系宣传的规模效应。

相形之下,图书的出版印刷周期更长,读者群也更为狭小,因而其时效性和功用性稍嫌不足。但是,图书由于内容较为稳定、信息容量大,尤其是专题性介绍同类企业和产品的图书,如《公共关系案例》等,具有供读者长期查找的资料汇编性质,而且一般为图书馆所收藏,因此在公共关系宣传方面也有特殊的功效。由图书的性质所决定,图书一般不宜刊登具体产品宣传,而应刊登旨在宣传企业和商品的整体形象的宣传作品。

报纸和杂志的传播优势和劣势。

(二)电子传播媒体

电子传播媒体是指通过电讯器械和电子技术向公众传播商品信息和形象信息的传播渠道,如广播、电视、网络及新媒体等。

在各种传播媒体中,电子传播媒体是后起之秀,它是随着电子技术的发展而成为现代大众传播媒体的。随着计算机技术、卫星通信和无线通信事业的发展,电子传播媒体能够更加迅速地向更加广泛的公众传播信息,更加深刻地影响人们的思维行为。因此,电子传播媒体成为公共关系宣传的首选传播媒体。

1. 电子传播媒体的共同特征

在社会生活中,电子传播媒体已成为一种特殊的生存环境,这就是"媒体环境",具有重要的影响作用,这是由其独特的传播性能决定的。就总体而言,电子传播媒体具有权威性高、感性色彩浓、传播速度快、形象生动、娱乐性强、影响范围广、公众接触程度高等特点。在现代化国家里,任何一个地方发生了重大事件,通过电子传播媒体,就能够在很短的时间内让分布在世界各地的公众知晓事件的全过程和具体细节,而且还能给公众一种身临其境的感觉,形成倾向性的心理气氛和舆论环境。电子传播媒体具有强烈的导向功能,容易使公众几乎无暇仔细思索就接受其推荐的价值观念和行为方式。

2. 电子传播媒体的个性特征

不同种类的电子传播媒体作用于人体不同的感觉器官,运作机制也不尽相同,在传播信息方面各具特色。

> **问题思考**
>
> 假如您是某百货公司的公共关系部经理,公司打算在感恩节开展"献爱心当日利润送温暖活动",不考虑费用因素,您认为选择什么媒体公告该项活动?为什么?您能说说广播、电视和新媒体各自的传播优势和劣势吗?

20世纪初,广播技术研究成功后迅速投入运用,特别是美国西屋公司及时广播1920年11月2日总统大选的消息后,广播迅速成为大众媒体形式,现在已有百年历史。在电子传播媒体中,广播的普及率极高,加之携带方便,有效覆盖面较大。广播始终是公共关系媒体系列的基本方面。在影响公众方面,广播具有以下宣传优势:① 辐射范围广,传播空间大;② 传播速度快,当社会组织出现具有新闻价值的事件时,广播能及时准确地向公众进行传播,时效性最强;③ 传播对象众多,男女老少都是广播的听众,由于广播是一种听觉型的传播媒体,传播对象无论其文化程度高低,都能理解其中的传播信息;④ 传播的重复率高、频率快、容量大,公众可以从中获得较为准确、周全的信息;⑤ 传播过程人格化,播音人员美妙的嗓音,加上迷人的音乐,给人一种亲切的感觉,与公众之间具有较强的接近性;⑥ 制作简便,费用低廉。但是,广播仅仅局限于对公众听觉系统的刺激,不能在视觉上施加影响,因而形象感较差,这是广播的主要缺点。一般地说,如果社会组织向公众传播的信息内容主要是视觉范围内的,则不宜选择广播媒体;如果信息内容是听觉范围内的,则应选择广播媒体。

> **记住**
>
> 广播的传播优势和劣势。

电视是一种将声响、文字和画面组合起来进行信息传播的大众工具,主要供家庭使用。20世纪30年代开始,英、美、法等国相继建立了电视台,而真正深入到广大的公众家庭之中,则在第二次世界大战后。但是,它的发展速度快,现在已得到了普及。由于电视传播媒体能够把文字、声音、音乐、图形融于艺术之中,构成一个声色兼备、视听结合的传播手段,对公众具有较强的感染力。电视已成为公共关系传播的理想工具。相对其他大众媒体,它的传播优势是显而易见的:① 具有实体感和传真性,能够快速而逼真地展示信息的客观形态,可接受性比较强。② 艺术性与娱乐性较强,能把各种信息资料转换为直观的图像、声音和文字,形成一个具有美术价值的节目形态,表达方式新颖、生动、活泼,以感人的形象、优美的韵律和独特的技巧给公众以美的享受,有效地影响公众的思想观念和行为方式。③ 功能齐全,具有宣传、教育、娱乐和服务诸方面的功能,从而提高了公众对传播信息内容认可的积极性与主动性。④ 电视传播不受空间制约,速度快、覆盖面广、收视率高。⑤ 电视传播具有较强的影响力,能够激发公众的参与心理和模仿心理,形成有利于社会组织的公众环境。但是,由于制作电视节目需要较齐全的设备,所需费用也较昂贵,而且持续时间比较短暂,信息容量相对有限,因而难于全面地宣传社会组织的整体形象。

 记住

电视的传播优势和劣势。

新媒体(New Media)是美国学者戈尔德马克 1967 年提出的概念,当时是指相对于传统媒体,如报刊、广播、电视等而发展起来的新的媒体形态;而现在被界定为:以计算机新技术特别是数字技术、网络技术和移动技术为基础,通过互联网、无线通信网、有线网络等中间渠道,借助电脑、手机、数字电视机等终端设备,向用户提供数字化信息和娱乐的传播形态和媒体形态。数字杂志、数字报纸、数字广播、数字电视、数字电影、移动电视、IPTV、手机媒体、网络、桌面视窗、触摸媒体、博客、播客、微博、微信等,都属于新媒体的范畴。

新媒体的技术基础是数字化技术,实现了媒介文本内容与物质载体的分离,因此处理数据更加容易、更加便捷,数据可以压缩到极小的空间,传递与更新速度更快,能够进行非线性传播,实现了低成本且全球化的传播,具有全天候和全覆盖性的特征,而且检索便捷。

新媒体的呈现形式是多媒体和超文本,它用超链接和搜索引擎的方式,将各种不同空间的文字信息组织在一起,成为网状文体,构建数字图书馆,信息量大、内容丰富,具有海量性与共享性的特征。

新媒体具有虚拟性的特点,新媒体所营造的空间、环境是虚拟的,用户的身份信息也是虚拟的,尤其是在网络游戏中,虚拟性更加明显。

新媒体注重技术、运营、产品和服务等商业模式的创新,导致自身的边界不断变化,呈现出媒介融合的趋势,形成了规模效应,用市场的方法取得了成本优势,传播

具有低成本的特点。

新媒体的核心特质是交互性,从用户注册、传播沟通、解释文本到游戏过程,均实现了传播者与受众的双向即时互动、各种受众之间的同时个性化交流,满足了人们随时随地互动性表达、娱乐与信息的需要。因此,新传播进入了个性表达与交流的新时代,每个人都是信息的消费者、评价者,同时也是信息的生产者。所以美国《连线》杂志认为,新媒体就是"所有人对所有人的传播"。

新媒体的交互机制,让新媒体自身具有两种特殊的市场价值,即满足了人们休闲娱乐时间碎片化的需求,满足了普通大众的利益诉求需要。享受娱乐和表达诉求是所有人的基本需要和权利,为此人们纷纷使用新媒体,使新媒体呈现广泛性的特点。

新媒体的交互机制还增强了普通大众使用新媒体的目的性与选择的主动性,使得新媒体传播草根化、平民化的特点异常明显。草根传播兴起并日趋发达,形成了大众自我传播的格局,社会传播由此发生嬗变:由权威传播向亲民传播、封闭式传播向公开化传播、一元化传播向多元化传播、集权式传播向分享式传播、科层式传播向扁平化传播转变,同时也会出现话语逆差、污名化等问题,这就要求传播者更加需要具备开放自信的心态、抢占时效的能力、议题设置的能力,照应信息源的多元化,持续改进传播形象和语言风格。

新媒体的传播特性。

(三) 户外传播媒体

户外传播媒体是指利用霓虹灯、广告牌、路牌、旗帜、灯箱、车船、气球、市政公共建筑等传播信息的渠道。户外传播媒体的宣传内容一般比较简单,侧重于企业名称、品牌名称的宣传,能够提高社会组织的知晓度。

在城市高层建筑和市政公共场合设置五光十色的霓虹灯,由于色彩鲜艳,容易给人们的感觉系统以强烈的刺激,让人一目了然,留下深刻的印象。但是,这种媒体受到场地的限制,没有流动性,辐射面较小,即使在繁华的闹市地段,公众也难以闹中取静,驻足观看,宣传效果一般比较微弱。户外传播媒体信息载量有限,信息量不大,不能传播关于社会组织的详尽信息,不能有效地展示社会组织的整体形象,但有利于传播特色化的信息。

现在,越来越多的社会组织特别是企业利用各种交通工具,如火车、汽车、地铁、轮船、出租车等媒体或形式进行宣传。车船作为传播媒体,具有以下优点:① 它是一种流动性媒体,辐射范围相对较大,加上乘坐车船的人多,阅读对象遍及各地、各阶层、各职业和各年龄段,有利于提高知晓度;② 制作简单,费用低廉;③ 信息精简、内容集中,突出了特色形象,有利于强化知晓度。

二、活动载体

在实际工作中,人们习惯于把公共关系定位于活动,把公共关系与活动连起来称谓,即"公共关系活动"。这个称谓体现了活动作为一种传播载体在公共关系中的特殊性。以活动为载体进行传播,是公共关系的特色,有别于以媒介为载体的广告传播和新闻传播。

(一)活动的互动仪式链效应

在公共关系领域,活动有主题,有程序,有程式,是一种仪式感极强的推介活动,公共关系活动的场域被安排在主题相吻合的空间,目标公众作为嘉宾主体参加具有象征性和表演性的活动,通过公共关系主体预先确定的仪式制度与规范,延伸出内在的仪式化传播作用,目标公众在参与过程中聚集社会组织的物品与程式,共同的关注度和情感能量得到激增和强化,高涨的情绪与情感促使他们主动接受活动仪式所蕴含的信息内容与主张。公共关系领域的活动,不仅能够有效地传播信息,而且能够产生互动仪式链效应,从而更好地实现协调公众关系、塑造品牌形象的目的。

互动仪式链理论是美国社会学家兰德尔·柯林斯提出的。他认为,互动仪式贯穿于人类社会发展的始终。当具备以下四种要素,互动仪式开始产生作用:① 两个或两个以上的人聚集在同一场域,因身体在场而相互影响;② 对局外人设定了明确的界限,参与者知道谁在参加,谁被排除在外;③ 人们将注意力集中在共同的对象上,相互传达并知道了共同的关注焦点;④ 人们相交流情感体验,分享共同的情绪情感。结果,人们借助互动仪式可以形成一种瞬间共有的实在,形成成员身份感,彼此传递情感能量,使大家充满信心、满怀热情地去从事被认为符合道德感要求的正当活动,维护群体中的正义感,尊重群体符号,防止受到违背者的侵害。

 要点提示

在公共关系领域,为了提高活动的传播效果,需要掌握柯林斯提出的互动仪式链理论。

（二）活动的传播优势

公共关系领域的活动，作为一种传播载体，相对媒体而言，具有三个特殊的优势，因此活动被视为极其重要的传播载体。

1. 更能召集目标公众

受消费主义的影响，公共关系领域的活动更具公众召集力量。消费主义认为，社会的生产已经不仅仅是产品的生产，更重要的是消费欲望的生产和消费激情的生产，是消费者的生产。正如鲍德里亚所指出：第一，商品消费成就着人人平等的神话；第二，消费不仅仅体现在物质文化上，更体现在商品的文化含义上，消费体现着个人身份；第三，消费的不是商品和服务的使用价值，而是它们的符号象征意义。"消费主义是指这样一种生活方式：消费的目的不是为了实际需求的满足，而是不断追求被制造出来、被刺激起来的欲望的满足。"把消费主义奉为圭臬的公共关系传播者，把活动策划得切中目标公众的需求特别是身份消费需求，目标公众自然纷至沓来。

此外，公共关系领域的活动，具有较好的心理基础，这就是公众的自我表现欲望和娱乐休闲愿望。现代生活条件下的公众，由于物质需要得到了较好的满足，在追求方面又萌生出"自我实现"的需要，在社会生活中喜欢突出自我，展现"自我价值"。此外，现代社会生活高度紧张，节奏比较快，工作压力比较大，因此公众期望在生活中找到放松心绪、调节紧张气息的机会，所以产生了娱乐休闲的强烈愿望。公共关系领域的活动，抓住公众的自我表现欲望和娱乐休闲愿望，策划出能给公众自我表现机会或者提供娱乐休闲的仪式活动，活动传播给公众提供了参与窗口，满足了公众的自主愿望，公众当然趋之若鹜。

2. 更具信息穿透力

媒体传播仅仅作用于人的局部感官系统，如听觉或者视觉，公众接触媒体属于器官局部参与，因此媒体传播的信息辐射面广，但穿透力较弱。面对海量信息，公众对媒体传播持冷漠态度，对媒体信息特别是广告信息视而不见，充耳不闻。

活动传播的信息穿透力极强，公众能够同时实现形式参与和心理参与。形式参与是指公众到了活动现场，能够感受到现场气氛。心理参与是指公众不仅到达现场，而且还为之高兴，自觉关心活动的内容与进程，产生出愉快的情绪与情感，进入"互动仪式"激情状态，正如柯林斯所言："互动仪式最富激情的瞬间不仅是群体的高峰，也是个人生活的高峰。对这些事件我们刻骨铭心，它们赋予了我们个人生命的意义：或参加某次大的集体事件；或作为观众参加某一激动人心的流行的娱乐或体育活动。"为了进一步强化活动的公众心理参与效用，策划活动传播时，宜选择容易引起公众争议的主题,设计具有新奇色彩的活动项目,以出乎人们意料之外的形式巧妙地推出,有意识地影响公众的心理思维与情绪情感,从而调动公众的心理参与热情,增强活动传播的穿透力。

3. 更能促成品牌社群

作为公共关系的传播载体,活动具有融程序仪式性、形式娱乐性、文化品位性于一体的特性。公共关系领域的活动不是自然性的社会活动,具有较强的策划色彩和设计色彩,是配合公共关系传播需要而人为设计出的一种"程序仪式",有主题,有情节,有开头序曲,有高潮安排,有结束办法,是互为主体、多人共同参与的"运行过程",表现出较浓的仪式气息和程序色彩。在项目编排和表现形式上,活动传播讲究"雅俗共享",既蕴含着理想化的主题境界,又包容着娱乐性、游戏化的情趣,属于社会大众文化,因此它具有娱乐性和品位性的特点。程序仪式性、形式娱乐性、文化品位性于一体的特性,使得活动能够直接触及公众的情绪与情感。

为了强化情感触动效果,倾向基于感情立场谋划活动的安排,感情立场成为活动的焦点,呈现的是对目标公众感情立场的迎合,刻意与目标公众感情保持接近性,体现了后真相时代的特质。后真相时代特指活动的传播主体不再像从前一样优先考虑客观事实的完整呈现,而是以煽动情感、强化偏见、迎合情绪的方式传播符合受众主观认知但偏离事件真相的内容,传播者和受众的情绪与信念优先于客观事实和理性思辨。实证证明,越是接近目标公众的感情立场,越是符合目标公众的感情取向,活动的吸引力也就越高,就越能引起目标公众的普遍关注。感情属性不是空洞的表白,它依附于活动具体的要素与程序之中,"词微而意显"地传递给受众。这样,在活动中,高度的互为主体性,跟高度的情感连带结合在一起,导致目标公众形成了品牌社群的成员身份感,并为每位品牌社区成员带来情感能量,从道德情感层次认同企业及其品牌,成为品牌的忠诚粉丝。

正因为活动作为传播载体,与媒体载体相比,呈现以上三个方面的明显优势,所以能够成为公共关系的核心范畴,剥离了活动,公共关系就失去了核心价值。策划、实施丰富多彩的活动,整合化地开展活动传播与媒体传播,是实现公共关系目标的基本遵循。

> 活动传播与媒体传播各有优势,公共关系传播应该追求媒体传播与活动传播的有机融合,两者均不可偏废。

 本章小结

　　广义的公共关系主体是社会组织,分为公益性组织、服务性组织、营利性组织和互益性组织。狭义的公共关系主体是公共关系机构和公共关系人员。

　　公共关系的客体是公众,具有共同性、多样性、变化性、文化性和心理性特点,从不同角度,可以分为不同的类型。

　　公共关系的中介是媒介载体和活动载体,媒介包括电视、报纸、广播、杂志等主流媒介和新媒体,各有传播优势与劣势。活动作为传播载体,能够产生互动仪式链效应,相对媒介,更能召集目标公众,更具信息穿透力,更能促成品牌社群,成为公共关系的核心范畴。

 学习重点

不同类型社会组织开展公共关系的侧重点
公共关系人员的素养条件
全员公共关系的实质
搞好各种公众关系的目的和关键
公共关系主要传播媒体的特性
活动作为传播载体所特有的效用

 语　录

　　詹姆斯·格鲁尼格:"公共关系是社会组织与其相关公众之间的传播管理。"

 前沿问题

　　1985年国内出版的第一本公共关系著作书名是《公众关系学》,可见公众关系的重要。为了建构公众关系,需要立足结构解析,从静态角度研究公共关系主体、客体与中介的特性。后来出于实战需要,着重分析公共关系基本要素之间的关系,并把三个要素的作用分别界定为主导作用、桥梁作用和能动作用,突破了传统静态分析的模式,强调从动态关系中进行把握,提出了目标公众和核心媒体概念。现在已经引用主体间性理论,把公共关系三个要素作为利益共同体,放在社会环境中进行研究,提出生态关系理论,突出了公共关系各要素互为主体并融入社会整体的特性。

推荐阅读

《企业的社会责任》(菲利普·科特勒等著,姜文波等译,机械工业出版社,2006年出版)

该书的副标题是"通过公益事业拓展更多的商业机会",分析了企业做好事的六种选择:公益事业宣传、公益事业关联营销、企业的社会营销、企业的慈善活动、社区志愿者活动、对社会负责的商业实践。企业如果切实履行社会责任,无疑能有效改善各种公众关系。

推荐理由:营销之父的智慧之作,加上国际知名企业的完美实践,能够拓宽改善公众的视野。

案 例

OPPO手机1 000万人深夜陪伴行动

OPPO手机作为至美科技的探索者及引领者,致力于打造万物互融时代的多智能终端及服务,为人们创造美好生活。OPPO手机经过了大量用户调查,发现年轻群体白天的时间基本都被工作占据,只有夜色降临过后的夜生活时间才属于年轻人,对手机夜间拍照的需求十分明显。

为了宣传强大的夜拍功能,2018年9月20日,OPPO手机运营企业联合新世相微信公众号发起了"夜的故事"征集活动,用户只需在新世相微信公众号上发布与"夜"有关的照片,并讲述令自己不想睡的故事,就可参加"1 000万人深夜陪伴行动"。

活动宣传页面的设计简洁直接,却颇具煽情效果:"你在哪座城市,你在夜晚见过什么故事"/"这是新世相和OPPO共同发起的1 000万人深夜陪伴行动,每个睡不着的夜晚,你都可以把深夜的城市拍下来,发给一个陌生人。OPPO的深夜故事线下影展也可能出现你的照片"/"深夜不睡的人聚在一起,总能杀死你的孤独"并宣布:OPPO手机运营商将从参与者当中挑出50个人,每人送出OPPO R17手机一部。

用户每上传一张照片,屏幕就会生成三项内容:照片占屏幕3/4面积,居中心位;照片上端的文字,第一行是"1 000万人"(本行居中,黑体加粗,较小字号),第二行是"深夜陪伴行动"(本行居中,黑体加粗,特大字号),第三行是"已有□□□□□□□人在陪伴"(本行居中,黑体淡化,字号与"1 000万人"相同);照片下端右侧显示所在城市名。在上传的文字结束处,生成出"扫描二维码/杀死你的深夜孤独",还有二维码图。

这样，大家只要打开手机，拍下并上传一张夜拍的照片，记录自己深夜的思绪，便能与人分享自己夜晚的故事，就会有众多人陪伴自己度过不眠的深夜，让自己的夜晚不再孤独。

"深夜陪伴行动"符合年轻人群体展现自我、抒发情感和虚拟交流的需要，活动推出后，就受到年轻用户欢迎，大家纷纷上传夜色照片和故事话语，在成就年轻用户深夜虚拟社交的过程中，也成就了OPPO手机功能形象的传播。

点评：针对年轻人用户的内心需要，立足真实生活，充分利用自媒体简易操作、互动性强的特点，征集夜晚照片故事，随便拍，随手传，轻轻松松之间，就赢取了"完美关系"。

练习与思考

部分参考答案

第三章
公共关系的目标

学完本章,您应该能够:
1. 掌握协调内部公众关系的技能;
2. 熟悉构建和维护顾客关系、媒体关系、政府关系和社区关系的路径;
3. 了解企业形象的构成及其相互关系;
4. 掌握塑造品牌形象的基本方法;
5. 理解塑造企业形象的基本途径。

公众关系　利益相关者理论　顾客关系　媒体关系　政府关系　社区关系
品牌形象　知晓度　美誉度　首选度　忠诚度　依赖度

公共关系的目标是协调公众关系、塑造品牌形象。通过公众关系的协调与维护,为社会组织创造良好的生存与发展环境,并为塑造组织形象夯实基础。政府、政党、企业和学校等各种社会组织都存在形象塑造的问题。对于企业来说,塑造组织形象主要是通过公共关系策划与宣传,让企业品牌成为地区名牌、国家名牌、国际名牌。协调公众关系和塑造品牌形象,都是企业实现可持续发展和突破性扩张的基础。本章引导学生掌握构建与维护各种公众关系的技能,理解品牌管理工作包括打造实体形象和塑造品牌形象两个方面,缺一不可,初步掌握策划企业形象的基本技能。

第一节　协调公众关系

公众关系包括内部公众关系（即员工关系）和外部公众关系两个方面，构建积极向上、团结友善的内部公众关系，建立共同满意、合作和谐的外部公众关系，为社会组织创造良好的公众环境，是公共关系的核心目标之一。

一、协调公众关系的理论基础

协调公众关系的理论依据是利益相关者理论。利益相关者理论源于20世纪60年代，但引起社会关注是在80年代。1984年，弗里曼在《战略管理：利益相关者管理的分析方法》中，提出了系统的利益相关者理论。

（一）利益相关者的含义

关于利益相关者内涵的界定，起初是从法律角度进行的，认为"利益相关者是指在企业生产活动中进行了一定的专用性投资、并承担了一定风险的个体和群体"。现在更倾向于影响角度界定，代表性的定义就是弗里曼的观点，他认为"利益相关者是能够影响社会组织目标的实现，或者受到社会组织实现其目标过程的影响的所有个体和群体"，也就是说，只要与企业的职能活动有关联的公众都是利益相关者，因此利益相关者的外延很广，既包括股东、债权人、雇员、消费者、供应商等交易伙伴，也包括政府部门、社区居民、媒体、环保主义者等制约性公众，还包括自然环境、人类后代等受到企业经营活动直接或间接影响的客体。

（二）利益相关者理论的基本内容

利益相关者理论的假设是：企业是一种智力和管理专业化投资的制度安排，不完全由股东所有；随着社会不断发展，物质资本所有者在公司中的地位将逐渐弱化；企业的生存和发展依赖于企业对利益相关者利益要求的回应的质量，而不仅仅取决于股东。因此，企业不仅要追求经济目标，还要承担社会、政治上的责任；综合平衡各利益相关者的利益要求，追求利益相关者的整体利益，而不仅仅是股东的利益。

具体而言，利益相关者理论要求处理与利益相关者的关系时，应该做到：① 培育顾客至上意识，让每个员工都认同：产品是为人制造的，而不是为了利润，利润是企业服务顾客的副产品；② 遵循互利互惠理念，与利益相关者相互依存，利益交融，努力建构利益共同体；③ 寻求与利益相关者的密切合作,共同推动企业持续、健康发展；④ 自觉为利益相关者维护权益提供制度保障；⑤ 相互信任,主动向客户、债权人、供应商等交易伙伴提供必要的财务和经营信息,以便其作出判断和进行决策；⑥ 倡导人际交往,鼓励职工直接与企业领导管理层沟通、交流,提出建议与意见；⑦ 自觉造福社会,在推动企业持续发展、实现股东利益的同时,高度关注社区公共事务、环境保护和公益事业等问题,重视企业的社会责任。

二、内部公众关系的协调

内部公众关系主要是指员工关系,包含三个方面,即同事关系、上下级关系和部门关系。从理性角度看,内部公众不仅存在共同的利益追求,而且长期共处、彼此相识,员工关系的协调工作应该相对容易。但是,也正由于利益相同、彼此相识,导致员工关系比较敏感,协调工作更加需要讲究策略。

(一)协调员工关系的价值取向

作为一项特殊的公共关系,协调员工关系的价值取向是增强社会组织的凝聚力和向心力。社会组织的凝聚力和向心力,如果不施加积极影响,在坐标上其发展轨迹呈现倒"Z"字形,如图 3-1 所示。这个轨迹图可以概括为"五同"现象:决定创业时"同心同德",制订发展规划时"同舟共济",初步取得成功时"同床异梦",遇到分歧时"同室操戈",最后"同归于尽"。

在创业期间,所有的成员奋斗目标明确,事业心极强,而且精诚团结、相互协作,凝聚力和向心力都强,内部公共关系的立足点是强化凝聚力和向心力,维护良好的组织心理状态。

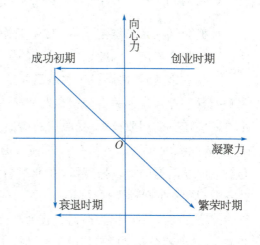

图 3-1 社会组织凝聚力和向心力变化轨迹

当事业取得初步成功后,围绕社会组织的发展方向和战略目标、战略措施的制定,"有功之臣"各抒己见,而且均有一定的合理性,于是发生争论,并发展为个人恩怨,社会组织的心理状况是虽有向心力,但无凝聚力,占有优势地位的决策者为了推行自己的决策,此时往往清除"异己",社会组织遭遇人事震荡,可能出现两种结局:一是基于创业期间形成的发展惯性和决策者的英明,进入繁荣局面;二是直接坠入衰退局面。在成功初期,社会组织应该策划维持向心力、恢复凝聚力的公共关系活动,使出现裂痕的组织心态回归到创业时期。

在繁荣时期,员工都是经过人事震荡之后留下来的拥护者,或者是新招募的职工,特别敬佩决策者,乐于服从领导,凝聚力得以回归。但是,这些员工或者迷信决策者,或者"打工意识"强烈,事业心比较弱,所以此时社会组织的心理状态是凝聚力高,但是向心力低。公共关系活动的对策应该是恢复向心力,维持凝聚力,争取回归到创业时期良好的组织心理。

当社会组织进入衰退期时,往往是凝聚力和向心力均低,内部公共关系的目标是全面恢复凝聚力和向心力。

课堂讨论

百事公司的斯蒂文·雷纳德说:"要使产品增长,先要让你的员工成长。"扭亏高手 Unisys 公司的温白克说:"一家企业要成功,关键是一定要爱护自己的员工,并帮助他们,否则他们也不会帮助企业。"

对此,您是如何看待的?您认为如何才能从根本上理顺员工与管理层的关系?

(二) 协调员工关系的路径

根据公共关系三维范式,协调员工关系不仅要重视传播沟通维度,更要重视事实维度和观念维度。因此,员工关系的协调是一项综合工程。

从观念维度看,协调员工关系需要培育利益共同体的理念。利益共同体最初是用来引导职业经理人关心公司长期战略价值的理念,基本做法是让职业经理人在一定时期内持有公司股权,享受股权的增值收益,同时承当相应风险,以股权激励的方式,使职业经理人与公司所有人的利益追求尽可能趋一致,成为利益共同体。现在利益共同体的指向得以拓宽,旨在通过各种契约、制度、行为机制等,使企业所有者、经营管理者和生产者等利益相关者共担风险、共享利益,结合为同呼吸、共命运的利益整体。培育利益共同体理念,需要转换观念,把员工视为分享利益的合作者,而不是生产要素,认识到企业是股东与员工共同投资的合作体,股东投资财务与物质资本,而员工投资人力资本,都是投资者,双方缺一不可,互为合作对象,相互依存,利益交融。

从事实维度看,协调员工关系需要夯实团结的基石,通过"做"促进员工团结。具体有如下九大措施:第一,立足人本管理思想,兼顾公平与效率,建立科学、公正的管理制度,依法依规地化解员工之间的矛盾,保持健康的组织心理氛围;第二,加强企业文化建设,明确企业的核心价值观,开展企业文化展示、演示活动,利用组织内部媒体宣传企业文化理念,并借助各种班组活动灌输企业核心价值观,唱响企业文化主旋律,创造积极向上的企业文化氛围,有意识地引导所有员工认同企业所倡导的核心价值观念,奠定团结的思想基础,提高员工对企业的认同感和归属感;第三,建立良性的利益分享机制,确保员工获得相对较高的薪酬福利待遇,条件成熟时还应推行员工持股制,提高员工的职业幸福感;第四,适度授权给员工,推行民主管理,培养员工的主人意识,为员工实现自我价值创造平台;第五,积极开展沟通管理,建立信息沟通制度和信息共享制度,满足员工的知情权;第六,搞好员工日常工作和生活所涉及的实事工程,如食堂、澡堂、停车场、子女上学接送等,解决员工的后顾之忧;第七,指导员工设计自己的职业生涯,提供培养机会,引领员工职场发展,提高员工的满意度;第八,领导自觉做团结的表率,做员工团结的榜样;第九,搞好内部公共关系活动,社会节假日和员工生日时应及时送上组织的祝贺,员工遇到困难时应及时送上组织的温暖。

从传播沟通维度看,协调员工关系需要设计沟通的平台,利用"说"促进员工团结。具体有如下八大措施:第一,提倡团队精神,开展团队体验活动,有效培育员工的团队合作意识;第二,开展职场心理辅导,设置宣泄室,帮助员工化解职场压力和人际关系困惑;第三,在企业网页网站上或者借助微信微博等渠道,设置员工沟通平台,引导员工相互倾听,解决员工的隔阂问题,减少员工之间的误解;第四,倡导员工沟通时多说赞美的话、多说鼓气的话,彼此照应尊严感;第五,巧妙运用企业非正式组织的红娘作用和意见领袖的权威作用,促进团结;第六,重视单位聚会、聚餐、旅游活动的策划,安排座位座次,充分挖掘这些活动的情谊深化作用和矛盾排解作用;第七,及时化解员工的怨气,让员工不讲有损团结的话;第八,提倡换位思考,弘扬宽容精神,提倡互谅互敬,倡导诚信友善,引导员工宽待他人、善待同事,在同事交往中自觉做到存好心、做好事、说好话。

要点提示

协调员工关系同样需要公共关系三维范式做指导。

三、外部公众关系的构建与维护

相对内部公众关系,外部公众关系的协调面临的问题是公众队伍庞大、利益诉求复杂,因此更需要讲究艺术性。协调外部公众关系的根本是企业践行社会责任。社会责任要求企业在履行法律义务和经济义务的前提下,自觉追求对社会有利的长期目标,积极承担一定的社会责任,如保护自然环境、公平对待顾客、参与社区公益事业、赞助慈善事业等。企业践行了社会责任,不仅能够满足越来越高的公众期望,获取可靠的长期利润,而且能够塑造良好的社会形象,创造良好的社会环境,减少来自政府的管制,上市企业的股票也容易被公众视为风险低和透明度高,构建和维护外部公众关系便具有扎实的基础。

(一)顾客关系的构建与维护

"顾客是上帝"这句话形象地说明了顾客对企业的重要性,明确了企业对待顾客的应有态度。顾客关系是企业的生命线,顾客关系的宽度和深度决定了企业财富的高度。构建和维护顾客关系,是企业公共关系的第一要务。

协调顾客关系的逻辑起点是推行顾客满意理念。具体路径主要有以下十个方面:第一,提供安全的产品;第二,准确了解顾客需求,提供比竞争对手更有性价比优势的产品;第三,提供真实、详细的产品信息,不弄虚作假,不欺骗顾客;第四,加强品牌广告宣传,讲好品牌故事,提高品牌知晓度,提升顾客拥有品牌产品的地位感、身份感和满足感;第五,提供良好的售前、售中和售后服务,注重服务细节的改善,推行精细化管理,主动提供品牌体验机会,自觉践行对顾客的承诺和责任,尽可能为顾客提供培训或指导,帮助顾客正确使用产品;第六,建立畅通的顾客沟通渠道,如设立意见箱、提供客服电话等,收集并及时处理顾客的抱怨;第七,妥善处理顾客投诉等危机事件,及时解决顾客在使用企业产品时遇到的问题和困难;第八,经常参与目标公众热衷的文化体育活动和顾客关注的公益慈善事业,强化公众对企业品牌的认同意识;第九,立足品牌设置顾客交流平台,如品牌俱乐部,开展品牌顾客交际活动,满足顾客的交往需要;第十,秉持没有最好只有更好的设计理念,不断创新产品设计,持续满足顾客不断提高的产品品质要求。

坚守市场的逻辑,就可以构思出维护顾客关系的多种路径。

(二)社区关系的构建与维护

企业不仅是经济实体,而且是社会实体,在为社区提供就业机会和创造财富的基础上,还要尽可能参与社区活动,为社区发展作出应有的贡献。

协调社区关系的逻辑起点是做合格的社区公民,承担公民责任。具体路径有以下八个方面:第一,刻意保护社区环境,不排放有毒有害气体等,做社区环保卫士;第二,赞助社区文化体育活动,协助社区开展读书演讲活动、发展全民健康运动,塑造企业健康守护者的形象;第三,主动参与社区发展问题的排解,如基础设施问题、停车问题、绿化问题,甚至治安问题,塑造企业对社区负责任的形象;第四,设立社区帮困基金,策划、开展爱心1+1活动,组织部分员工相对稳定地向社区需要关爱的困难家庭和居民提供爱心服务,展示企业的人格形象;第五,定期开展社区联谊活动,强化企业员工与社区居民的情感关系;第六,定期开展居民座谈会,及时了解社区公众对企业的期望,并尽力提供服务;第七,经常联络社区基层组织和意见领袖;第八,当社区居民遭遇不测时,及时给予慰问,组织员工献爱心,帮助受害居民渡过难关。

记住

协调社区关系的逻辑起点。

(三) 媒体关系的构建与维护

企业构建和维护良好媒体关系的前提是企业领导和业务主管具备良好的媒体素养。媒体素养是指人们面对媒体信息而呈现出来的选择能力、理解能力、质疑能力、评估能力、创造和生产能力,以及思辨的反应能力。

企业构建和维护媒体关系的逻辑起点是当好媒体的信息消费者和消息发源地角色。具体有十条路径:第一,根据行业特性和企业发展战略,明确企业需要关注的核心媒体、一般媒体和边缘媒体,准确理解核心媒体的社会属性和社会地位,客观判断媒体的社会影响面和影响力;第二,经常接触核心媒体,了解各种媒体的议题方向、报道风格和基本倾向,掌握核心媒体关于本行业、本企业的报道素材、主题预设、报道原因和走向,体现出较高的媒体信息判断能力、媒体内容的反思能力和媒体质疑能力;第三,培养良好的媒体意识,善于从政治、法律、道德和民生角度分析媒体报道,理解媒体报道意图,对媒体曝光的问题应及时整改,并提供反馈信息;第四,培育良好的媒体批判性思考能力,能够意识到:媒体信息是构建的,媒体不仅有意压缩真实、选择真实、遗漏真实,而且缺乏深度揭示,这样才能客观冷静对待媒体报道,谅解媒体;第五,立足企业品牌,与核心媒体共同筹建"品牌媒体俱乐部",开展品牌-媒体联谊活动,与媒体工作者建立良好的人际关系,甚至友情关系;第六,主动到核心媒体投放广告,构建必要的利益纽带;第七,主动资助媒体界的研讨、聚会等活动,安排专人经常接触媒体人员;第八,欣然接受采访,冷静理性应对记者提问,主动提供新闻稿件,积极策划新闻事件,不断提高企业参与媒体和利用媒体的能力;第九,善待媒体,企业不仅愿意听取媒体的不同声音,而且善待媒体的不同意见,做到不捂信息、不压信息、不打棍子;第十,接待媒体采访时,态度平等,对各种媒体一视同仁。

课堂讨论

在企业已经重视媒体的背景下,企业与媒体的关系为什么仍然不尽协调?

(四) 政府关系的构建与维护

企业的发展需要各式各样的资源,如原材料、能源、信息、人力资源等,而政府是社会各种资源最主要的管理者和提供方,同时也是市场上各种商品最主要的采购者和消费者。古今中外发展得好的企业,都是善于处理政府关系的企业,即官商合作、共同发展。企业无论怎样发展和维护政府关系,都不为过。

企业构建与维护政府关系的逻辑起点是做遵规守法的好公民。具体有五条路径:第一,及时、足额缴纳税款,这是构建政府关系的根本;第二,遵守政府法规,特别是劳动保护法和环境保护法,自觉履行企业的社会责任,及时足额发放工资,不破坏环境、不与周边社区居民争利、不制造社会矛盾,为政府做好维护社会稳定工作奠定扎实的基础;第三,积极响应政府号召,主动承担企业应尽的社会义务,如协助完成对口援建任务、年度征兵任务,以及搞好企业及周边的绿化建设和文明卫生工作等;第四,政府考虑解决与企业相关的行业性问题时,企业主动提供信息、提出建议,供政府官员决策参考;第五,在不违法的前提下,企业领导和业务主管主动与政府官员发展良好的个人关系,加强人际交往。

构建和维护政府关系的基本理念是走正道。

此外,企业还应该立足于战略发展的需要,充分考虑合作者、竞争者以及国际公众的要求,本着双赢理念,有意识地协调、维护和发展合作关系、竞争关系及国际公众关系,最终为企业创造良好的经营生态环境。

四、协调公众关系的关键

协调公众关系的关键在于满足目标公众的具体需要。需要是公众各种行为的动力,是公众评价社会组织运营理念和经营行为的根本标准。能够满足公众需要的公共关系活动,就能够有效协调公众关系。因此,鉴别公众特别是目标公众的具体需要,在策划公共关系中具有极其重要的意义。

公众的具体需要是多方面的。公共关系人员既要能够全面把握人类的总体需要,又要能够辨析公众的具体要求。掌握人类总体需要,可以借鉴马斯洛的需要层次理论。马斯洛认为,人类需要由低到高依次分为五个层次:食物、饮料、性、住所等生理的需要;自身安全、身体健康的需要;归属团体、满足情爱的需要;得到尊重、地位和名誉的需要;自我实现、自我完全满足的需要。人们当前没有得到满足的需要是优势需要,支配着人的行为。当前一层次的需要得到满足后,后一层次的需要升格为优势需要。虽然马斯洛需要层次理论还有一定的缺陷,但目前仍然是了解公众需要最权威的方法论。辨析公众的具体要求，可以参考国外公共关系学者关于公众权利需求的界定，见表3-1。

表 3-1　公众权利需求结构

公众类型	公众对社会组织的期望和需求
员　　工	就业安全，并有适当的工作条件；合理的工资和福利；拥有培训进修和升迁的机会；了解社会组织的内情；尊重员工的社会地位、人格和心理需求；上级不专横对待员工；领导优秀且富有效率；具有和谐的同事关系；工会活动自由；拥有参与社会组织管理的机会
股　　东	参与利润分配；增股报价；资产清理；拥有合同明确的附加权利；拥有股份表决权；了解社会组织的发展动态；优先试用新产品；有权转让股权；有权检查社会组织的账目；参与董事会选择
顾客公众	产品质量有保证，并有适当的保证期；价格公平、公正；服务态度诚恳，准确解释疑难或投诉；提供完善的售后服务；提供产品技术资料服务；主动提供附加服务，积极建立顾客关系；开展消费操作教育；接受顾客意见和建议
社区公众	向社区提供持续性的就业机会；招聘事项要公正、公平、公开；保护社区环境和社会秩序；关心和支持社区政府各项工作；支持社区文化、体育、慈善事业；赞助社区公益活动；主动扶持社区小企业的发展，采购社区生产的相关原材料、配件
政府公众	及时缴纳各项税收；遵守法律和政策；承担社会义务；公平参与竞争；生产安全
媒体公众	公平提供信息来源；尊重新闻工作者和新闻单位；邀请采访社会组织的庆典等重大事件；提供采访所需要的条件；确保不泄露独家新闻
合作公众	遵守合同；平等互利；提供技术信息和援助；提供各种优惠和方便；共同承担风险
竞争公众	遵守竞争准则；享有公平的竞争机会和条件；竞争中相互协作

> 协调公众关系的关键是满足目标公众的具体需要。

企业开展促销类公共关系活动，特别需要了解顾客消费的需要心理和动机。进入21世纪以来，顾客的需要心理、动机心理发生了新的变化，具体见表3-2、表3-3。

表 3-2　现代顾客的需要心理特征

项　目	期望指标	项　目	期望指标
健康、安全方面的需要	身心健康 回归大自然 远离公害 保护家室 爱护物品 安心消费	嗜好方面的需要	喜欢好吃的食物 重视时髦的服饰 模仿流行性产品 喜欢标新立异 有意改变生活习惯 喜欢改变生活空间

(续　表)

项　目	期望指标	项　目	期望指标
环境改善方面的需要	个性化生活 具有社会地位感 适当的休闲 生活具有意义 丰衣足食 良好、舒适的环境 爱用天然材料	自我提高方面的需要	拥有更多的游乐时间 有超人一等的优越感 参加创造性的活动 提高自身的学识、涵养 企图探究自己的根 希望参加社会公益服务
情绪方面的需要	和谐的社会关系 尊重感情 坦诚 爱护珍稀动植物 具有冒险性 生活充实	价廉物美方面的需要	开源节流 价格公正合理 物品经久耐用 喜欢使用高科技商品 避免浪费 物品使用简单、便利

表 3-3　顾客的动机心理特征

种　类	心　理　特　征	种　类	心　理　特　征
求实动机	追求商品的实际使用价值	求廉动机	追求产品的价格低廉
求新动机	追求产品的新潮、奇异	求简动机	追求商品使用简单、购物过程简便
求优动机	追求产品质量优良、性能可靠	嗜好动机	满足个人特殊爱好或需要
求名动机	追求产品的品牌价值	习惯动机	满足传统文化、风俗习惯的需要
求美动机	追求产品的美学欣赏价值	攀比动机	争强好胜，讲究社会地位感

第二节　塑造品牌形象

　　任何社会组织都存在形象问题，政府、政党、学校、医院和企业等，都需要借助公共关系塑造良好形象。本书出于叙述考虑，把社会组织锁定于企业。企业形象是企业实际状况和经营管理行为在公众中所获得的认知和评价，它集中表现为品牌。从一般意义上讲，人类的品牌意识早已有之，但是现代意义上的名牌战略则开始于第二次世界大战以后，是资本开拓全球市场的产物。经过半个多世纪的培育，现在已经诞生了许多世界驰名品牌，但是 90% 为发达国家和地区所拥有，尤其集中于美国、日本、英国、法国、德国、意大利、加拿大。其中，美国和日本拥有的品牌产品均占全球名牌产品的 20% 左右。联合国工业计划署调查表明，名牌在所有产品品牌中所占比例不足 3%，但其占有的市场份额高达 40% 以上，销售额占 50% 左右。由此可见，名牌的魅力和塑造品牌形象的意义。

> **课堂讨论**
>
> 企业形象包括哪些基本构成要素？仅凭公共关系就能够真正塑造企业形象吗？

一、企业形象的基本结构

塑造企业形象，必须了解形象的基本结构。企业形象是一个整体，包括实体形象与品牌形象两个方面，是两者函数值的结果，用公式表示为

$$X = f(O) \cdot f(P) \tag{3-1}$$

式（3-1）中：X——形象值；$f(O)$——实体形象函数值；$f(P)$——品牌形象函数值。其中：

$$f(O) = 管理形象函数值 \times 人员形象函数值 \times 科技形象函数值$$
$$\times 资本形象函数值 \times 实力形象函数值 \times 产品形象函数值 \tag{3-2}$$

$$f(P) = 知晓度 \times 美誉度 \times 首选度 \times 忠诚度 \times 依赖度 \tag{3-3}$$

在上述公式（3-1）至（3-3）中，任何一个要素（如管理形象），又由若干个具体指标构成，这些指标的函数值，就是该要素的形象得分。这个公式表明，企业形象的任何一个具体指标出现负状态，如某个员工行为举止不检点而遭人指责，得分数值为"0"分，那么人员形象函数值也为"0"分，进而 $f(O)$ 也为"0"分，最后企业的总体形象分数值也为"0"分 $[X = f(O) \cdot f(P) = 0 \cdot f(P) = 0]$，这就是通常所说的"一粒老鼠屎搞坏一锅汤"的现象。因此，塑造企业形象时应该具备系统整体思维，立足于企业工作的每个细节，做好每一项工作，从实体与品牌两个方面，共同打造企业形象。

二、企业实体形象的塑造

（一）实体形象的构成

> **问题思考**
>
> 企业的实体形象由哪些要素构成？

企业实体形象由管理形象、人员形象、科技形象、资本形象、实力形象和产品形

象六个方面构成,其中管理形象是基础,产品形象是根本。

1. 管理形象

管理形象的好坏,不仅影响着公众对企业的评价,而且直接影响着企业的运作与活力。塑造企业的管理形象,可以从以下十个方面入手。

第一,设计科学的组织结构。组织结构的形态应该是扁平型而不是高耸型,管理层次和管理幅度比较合理。

第二,设置合理的职位、职责和职权。通过科学的集权、分权和授权,建立良好的权力运行机制。

第三,强化部门与部门之间的信息运行效应。以高效的信息管理机制,促进企业内部的协调一致。

第四,创造科学、有效、符合本单位实际情况的管理哲学体系,以指导各项管理工作的开展。例如,海尔电器公司把自己的管理哲学概括为"日本管理(团队意识和吃苦精神)+美国管理(个性舒展和创新竞争)+中国传统文化中的管理精髓",就颇有特色。

第五,创建管理模式特色,形成自己独特的管理风格和方式。

第六,探索科学的管理决策模式、计划模式、领导模式、激励模式、控制模式、创新模式。

第七,健全科研、生产、管理、保管、卫生、保安诸方面的岗位规范制度。

第八,健全民主管理制度。以疏通上下沟通的渠道,培养员工的参与意识与参政能力,在振奋员工主人翁精神的同时,充分调动员工的工作积极性与主动性。

第九,建立新型的关系管理机制。以富于人情味的内部公共关系活动,强化企业的凝聚力和向心力。

第十,积极推进管理工作的现代化。以现代化的管理模式、管理设备,强化企业的管理形象。

记住

塑造管理形象至少有十个途径。

2. 人员形象

在企业内部,人是最活跃、最关键的因素,不仅直接决定了企业的生产、管理工作,而且影响着企业的整体形象。人员形象包括以下四个方面。

第一,领导者(决策者)的形象,包括他们的资历、才干、业绩、胸襟、胆识、知识、作风、政策水平、工作荣誉等。领导者是企业的当然代表,领导者的形象总是代表着企业的形象。

第二,经营管理、公共关系人员的形象,包括他们的品德、个性、机智、才干、能力等。他们作为企业的特定代表,频繁接触内外公众,直接影响着企业的形象。

第三,典型员工的形象,包括先进典型员工的形象和落后典型员工的形象。他们作为企业的"知名"人士,容易引起公众的"晕轮效应"思维,在以偏概全意识支配下,对企业形成某种印象。

第四,普通员工的形象,包括普通员工的学历状况、相互关系、主人翁意识、工作积极性、社交礼仪素养等。他们人数众多,社会交往范围广泛、影响面广,决定着企业的整体形象。

 记住

人员形象至少有四大维度。

3. 科技形象

21世纪是新经济时代,新经济的核心是高科技。企业的科技形象直接决定着企业的竞争力和市场影响力,加大科技投入、高举科技大旗、提高经营的科技含量、树立良好的科技形象,成为新世纪企业的必然选择。企业的科技形象包括以下八个方面。

第一,决策者良好的科技观和人才观,具有科学技术是第一生产力的意识,积极推行人才高地战略。英特尔提出"以聪明人吸引聪明人",微软信奉"寻找比我们更优秀的人",有了这种人才理念,公司的人才就容易达到高层次化境界。

第二,乐于进行科技投入,能够根据销售额比例抽成法不断加大企业的研发资金。国外企业技术开发的投入一般占销售额的比重高达5%—10%,而国内企业平均不足1%。特别是在高科技领域,没有投资,只想"空麻袋背米"是不可能的。高新技术产品开发的成本一般要高于传统产品10—20倍,其研发费用占销售额的比重一般为5%—15%。以500强为主体的跨国公司能够控制全球技术贸易的60%—70%,研究与开发成果的80%—90%,与其高投入是分不开的。

第三,拥有较多的技术开发成果数量,有些成果应该获得专家赞同或者市场认同,拥有比较多的专利技术。据美国学者E·曼斯菲尔德调查发现,世界技术创新中70%以上的成果由世界500强所垄断;另外,80%的国际技术贸易集中于发达资本主义国家之间。这从根本上造就其辉煌的业绩,实现了投资利润的最大化。

第四,企业的科技成果在国际、国内不同级别的评比中获得较高的奖项。

第五,企业研发队伍的数量适宜、人员结构合理,拥有一定数量的院士或者享受国家和省市级政府津贴,以及具有突出贡献称号的专家数量。

第六,实验室的级别、规模和设备。

第七,企业研发的可持续发展能力、产业战略创新能力。

第八,技术开发的速度。这决定着企业能否占领高科技发展的制高点问题,同时也决定着其能否获得高新技术产品的超额利润问题。据专家计算,高新技术产品开发时间缩短一天,可增加0.2%的商业利润;缩短10天,可增加3.5%的商业利润。

企业科技形象至少有八个方面。

4. 资本形象

企业运作的基础是资本,没有雄厚的资本实力,再优秀的管理者、科技人员也难有作为。良好的资本形象不仅帮助企业获得充足的生产、科研资金,而且可以增强企业的信任感。资本形象包括以下八个方面。

第一,资本总额、资产数量、企业注册资金的数量及性质。

第二,企业有形资产的价值。

第三,企业的股权结构与规模。

第四,企业无形资产的价值。

第五,企业的融资渠道与能力。企业筹措资本的方式主要有企业自有资金,银行贷款,发行股票和债券,吸引外资,企业的兼并、收购、联合、租赁,项目融资,补偿贸易等。方式不同,资本成本也是不同的。

第六,企业流动资金的数量及未来走势。

第七,企业的金融信用等级。

第八,企业的资本赢利率。

5. 实力形象

实力形象是企业的基本形象。所谓实力,一般是指企业所拥有的物质基础和市场地位。具体而言,它主要包括以下四个方面。

第一,企业的不动产,包括企业占地面积大小、所在城市与地段、建筑物的合理布置、环境综合开发(尤其是房地产的开发)等。这是企业的物质基础,它们在一定程度上体现着企业的实力。

第二,员工的福利待遇。

第三,软性实力,主要指企业的凝聚力和向心力。具体包括领导者的事业心、经营管理者的进取心和普通员工的责任心三个方面,"三个心"都到位,就可以齐心协力,克服任何困难,促进企业的发展。软性实务是实力形象的基石。

第四,市场实力,即企业所拥有的市场规模、商品的市场占有率、消费者对商品的欢迎程度、公众购买商品时的选购比率、市场销售额、利润额等。这些方面是企业实力形象的重要外现部分,其核心是销售额和利润额。世界500强企业都是市场实力强劲的企业。《财富》杂志进行世界500强排名时共采用了5个指标,即销售额、利润、资产、股东权益和雇员人数。其中,入围指标是销售额,凡是年销售额超过当年设定标准(如 100 亿美元)的企业均可申请参评,依次排序,其他是参考指标。能进入世界 500 强,意味着拥有了强大的市场实力,进入了全球企业界的精英阶层。

6. 产品形象

公众与企业发生联系的中介物就是产品,公众对企业形象进行评价的基本依据主要是产品形象,产品形象是公众感受最直接的企业形象。由于它直观实在,影响公众的生活,容易为公众所判别,成为企业整体形象的基础。

产品形象是一个整体,主要包括三个方面,即核心产品形象、形式产品形象和附加产品形象。

第一,核心产品形象。所谓核心产品,就是指企业提供给公众的基本效用和利益,也就是产品的使用价值和功能。公众购买产品,是为了运用产品解决某个问题。因此,核心产品形象也就是产品的基本功能与用途,成为公众最为关心的问题。核心产品形象具体表现为产品的功能形象与利益形象两个方面。

 记住

核心产品的含义和核心产品形象的构成。

第二,形式产品形象。形式产品是指产品呈现在公众面前的具体物质形态,如产品的工艺、质量、外观、特征、商标、包装等。当产品的功能趋于一致的时候,公众就比较注重形式产品形象了,喜欢购买造型美观的产品。为了吸引公众,企业在设计产品形象时,应该高度重视形式产品的形象设计与包装。形式产品形象可以细分出质量形象、工艺形象、技术形象、外观形象、价格形象等。世界 500 强企业对质量的追求均是完美无缺和超群的,而不是一般的质量要求,这从根本上奠定了企业形象的基础,值得我国企业学习和借鉴。

 记住

形式产品的基本含义。

第三,附加产品形象。附加产品指公众在购买产品时所得到的附加服务或利益,如操作教育、调试安装、"三修"(包修、保修、维修)服务、零配件的供应等。附加产品形象通常表现为品位形象、文化形象、心理形象、地位形象、服务形象、道德形象等。

 记住

附加产品的基本含义。

根据产品的整体形象构件,可以把产品形象分解为核心产品形象、形式产品形象和附加产品形象,呈现出"三足鼎立"形结构,具体如图3-2所示。

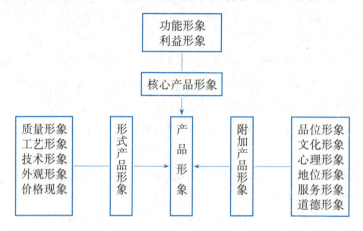

图3-2 产品形象结构

产品形象包括核心产品形象、形式产品形象和附加产品形象三个方面。

(二)企业形象的塑造

课堂讨论

雷总原来是新闻记者,后来下海经商,开办了宏泰公共关系公司,为客户提供形象策划方面的服务,本着"新闻炒作即塑造形象"的理念,为几家生产性企业进行过形象策划,但结果均不尽如人意。

假如您是宏泰公共关系公司的顾问,要向雷总陈述塑造企业形象的途径,您应该陈述哪些内容?

既然企业形象包括实体形象和品牌形象两个方面,那么纯粹的宣传就不可能真正塑造企业形象。企业形象的塑造依赖两个方面,即"做"和"传"。"做"就是扎扎实实地做好企业质量工作、经营工作、管理工作,这是根本,侧重塑造企业的实体形象,占形象塑造工程90%的份额。"传"就是通过公共关系活动和传播媒体向公众传递相关信息,侧重塑造品牌形象,具有起画龙点睛的作用,占形象塑造工程10%的份额。在塑造形象问题上要有辩证思维:既要造实("做")又要造名("传"),造实先于造名,造实重于造名,造名不能急于求成。塑造企业形象重中之重的工作是夯实形象基础。

> 塑造形象需要树立辩证思维。

总体上讲,塑造企业形象的途径主要有以下六个方面。

1. 推行规模化、集团化、国际化、多角化经营战略

企业形象的塑造需要内在的实力,这就是规模化、集团化、国际化、多角化的经营。在塑造企业形象的过程中,应该利用自身积累的资金,积极开发企业形象的"聚合效应、磁场效应和扩散效应"的价值,同时大胆运用资本经营策略、负债经营策略、并购策略等,组建集团化公司,经营多种但体系化的业务,主动开拓国际市场,实现规模化营运,以有效地创造出规模经济效应,为企业形象的塑造奠定良好的基础。

2. 加强科学管理

从严格角度来看,企业形象不是"包装"出来,而是"管理"出来的。从以下两例调查中可知,公众对良好企业形象的期待是多方面的。美国的马克斯教授经过大量调查研究后,指出公众所期望的企业形象应有如下二十二个特征:① 有革新表现;② 企业正在发展,成长性好;③ 具有现代感;④ 在产品研究和开发方面表现突出;⑤ 深受顾客欢迎;⑥ 盈利丰厚;⑦ 经营管理有方;⑧ 进行多角化经营;⑨ 有效满足消费者的需要;⑩ 有良好的社区环境,邻居关系融洽;⑪ 与原料供应商关系良好;⑫ 光明正大地进行竞争;⑬ 主动为解决社会问题尽心尽力;⑭ 培养出效率高、有才能的经营管理人员;⑮ 关心合并问题;⑯ 坚守独立;⑰ 没有劳资纠纷,员工关系融洽;⑱ 拥有优秀的雇佣者;⑲ 积极资助文化、教育、艺术事业;⑳ 重视营销与贸易;㉑ 在重大的诉讼中取胜;㉒ 制造优异的产品。后来,日本一家广告公司通过对日本公众的调查,指出公众心目中的良好企业形象,具有以下二十个特征:① 技术精湛;② 热心开发新产品;③ 历史悠久,有传统性;④ 和蔼可亲,公众乐于接近;⑤ 宣传广告有效;⑥ 可靠性强,可信赖程度高;⑦ 行业有发展前途;⑧ 企业稳定性强;⑨ 能够顺应潮流;⑩ 形象整洁;⑪ 研究、开发力量强大;⑫ 有国际市场竞争力;⑬ 公司积极进取;⑭ 公司风气良好;⑮ 有现代感;⑯ 经营管理者优秀;⑰ 对顾客服务细致、周到、热情;⑱ 认真对待顾客提出的问题;⑲ 企业规模大;⑳ 销售网络健全。公众对企业形象的期待和评价指标,任何一个方面都离不开科学而严格的管理。管理是良好企业形象的根本。

> 公众所期望的企业形象具有多方面的特征,需要科学的管理。

3. 推行科技创新战略

技术是企业形象的支柱。企业形象的好与坏，取决于产品的水平和质量。因此，企业形象的本源是产品形象。塑造企业形象，最根本的措施就是塑造产品形象。为此，企业应该积极推进科技创新战略，引进高科技人才和现代经营管理人才，全力推行产品的科研、开发战略，用新材料、新技术设计新产品，以款式新颖、性能先进的产品满足公众的需要。高新技术是现代企业发展的制高点，同时也是企业竞争的焦点。掌握了高新技术，企业就能够不断推出新产品，为公众提供优质产品，这是独享创新利润、提高产品质量、延长产品寿命、永葆竞争活力的关键。

4. 构建企业质量保证体系

公众购买商品时，讲究性价比，不仅关注商品的价格，而且关注商品的功能、造型和质量。质量在公众心目中具有至高无上的意义，所以质量是企业的生命线，是企业形象的根本。公众出于保护自己的利益，在消费活动中逐渐形成了强烈的以偏概全思维倾向。在公众看来，商品质量上1%的失误，就是100%的问题，这将严重影响企业形象。因此，塑造企业形象必须重视质量管理，推行全面质量管理模式。

5. 重视品牌的定位策划

根据企业的产品特性和目标公众的心理特征，应该确定出企业品牌的商业方位，选择好自己的品牌地位。优秀的企业形象宣传都有自己特定的核心定位。

品牌定位过程中，应该重视公众的需求。对于公众而言，定位是公众能够切身感受到的，也就是说，定位要切合公众的实际需要和个性特点。对于企业来说，定位要以产品的真正优点为基础，以突出企业的技术优势和竞争优势。另外，企业定位应该清楚、明白，使公众能够在繁杂的商品中迅速分辨出企业的企业形象。

在实际工作中，品牌定位的方式有优势定位、跟随定位、是非定位、逆向定位、进攻性定位、空隙定位、感性定位和理性定位等。优势定位就是企业找出产品在价格、性能、质量方面的绝对优势，以及在企业文化、产品社会地位、消费者身份方面的相对优势，以优势作为区别于竞争者的特性，形成自己的商业地位。跟随定位就是在市场选择、广告宣传、产品设计以及公共关系活动方面，采取与竞争对手相似或相同的策略方式，跟随他人，坐收市场利润。是非定位则是企业在宣传中，对消费市场或公众群体有意进行人为的区分，使产品在品种、性别、年龄、职业、地域以及生活事宜方面有别于其他企业，创造出对立于竞争对手的公众市场；由于这个市场是全新的，因而具有特别的意义，能够有效地保证企业的市场利润。逆向定位是按照公众市场一般的发展趋势，逆向进行策划，找出怀旧性的发展机会，使企业的产品带有明显的传统化、回归性色彩，以传统和回归为手段创造出自己的顾客群体。企业品牌的定位方式多种多样，在策划过程中应该组合性地运用，全方位地设计出企业的企业形象。

记住

品牌定位至少有八种方式。

6. 积极参与市场竞争

品牌是在市场竞争中成长起来的,通过竞争的优胜劣汰机制,品牌得到了公众的认同,成为名牌。因此,在塑造企业形象的过程中,应该选择权威性、具有辐射效应的市场,积极推介企业的商品,并根据公众的消费意见及时革新产品设计,使企业在竞争对手中脱颖而出,最终确立起自己的企业形象。

三、企业品牌形象的推介

(一) 企业品牌形象的构成要素

国内外企业凭借自己的销售额、利润、资产、股东权益和雇员人数进入世界 500 强并寻找位次,这是企业实体形象的问题,同时又都把进入世界 500 强及其位次作为企业形象的重要宣传项目,这涉及的就是企业品牌形象问题。品牌形象就是指公众对企业商品品牌和服务品牌的认知和评价状况,即企业品牌为多大范围内的公众所知晓和喜爱,由知晓度、美誉度、首选度、忠诚度和依赖度组成。

企业如果只有良好的实体形象,没有品牌形象,从市场角度来看,还是不完善的。例如,一个企业内部管理井然有序,员工素质都很高,整体实力也很雄厚,产品质量也很好,但是公众不知道有这样一个企业,即知晓度为"0"分,那么,在现代社会中,这个企业短时间内是很难获得市场认可的。企业只有在建设实体形象的同时,通过公共关系、广告宣传来树立良好的品牌形象,才能赢得公众,开拓市场。

 记住

品牌形象的基本含义和构成。

1. 知晓度

知晓度是指公众对社会组织名称、地理位置、行业归属、商品类别、经营业绩(特别是经典业绩)、规模状况、发展历史(特别是典故)、组织领导、组织文化等方面的知晓程度和记忆状况。知晓度表现为目标公众中知晓公众人数的比率,其测算公式是:

$$知晓度 = \frac{知晓公众人数}{目标公众人数} \times 100\% \qquad (3-4)$$

一般而言,知晓度大于50%属于高知名度,小于50%则属于低知名度。在公众市场上,知晓度本身就意味着良好的形象指标与市场占有率。这是因为公众倾向于购买自己熟悉的商品,只要某品牌为公众所知晓,就容易成为公众的消费对象。社会组织策划和实施新奇的品牌推介活动,刺激公众的认知心理,能够在较短时间内让品牌给公众留下鲜明的印象,提高知晓度。保持知晓度则需要持续的广告传播、新闻传播和公共关系活动。

2. 美誉度

美誉度是社会组织获得公众赞美、信任、好感、接纳和欢迎的程度,是公众基于满意体验而对社会组织及其产品与品牌的褒奖、赞誉情况,是评价社会组织声誉好坏的社会指标,一般表现为顺意公众人数在知晓公众人数中的比重。

$$美誉度 = \frac{顺意公众人数}{知晓公众人数} \times 100\% \qquad (3-5)$$

如果美誉度大于50%属于高美誉度,低于50%则属于低美誉度。美誉度是评价指标,主观性更浓。市场经济初期,影响美誉度的因素往往是产品的质量状况,后来在质量基础上,商业服务成为新的指标,现在则进一步增加了企业社会责任行为。企业要想提高美誉度,就要在不断进行产品革新、管理革新以确保商品与服务质量的基础上,加强商业服务,积极参加公益资助、慈善赞助和社会服务等活动。

> **问题思考**
> 如果某个品牌处于高知晓度、低美誉度状态,市场情形将会如何?

3. 首选度

首选度是指公众把社会组织的产品和服务项目纳为消费首选对象的状况和程度,表现为首选消费公众人数在知晓公众数中的比重,其测算公式是:

$$首选度 = \frac{首选消费公众人数}{知晓公众人数} \times 100\% \qquad (3-6)$$

经过调查测试后,首选度大于50%属于高首选度,低于50%则属于低首选度。社会组织的产品或服务项目,能够成为众多知晓公众购买时的第一考虑对象,拥有大批消费公众,说明社会组织具有较高的首选度。首选度主要取决于产品或服务项目的性价比优势,即恰好满足目标公众的需求,恰好与目标公众愿意支付的消费成本保持一致。

4. 忠诚度

忠诚度是顾客对某一品牌的产品或服务产生满意好感,而重复购买并主动推介的一种趋向,是顾客购买决策时多次表现出来的对某个品牌存在偏向性购买行为,表现为情感忠诚、行为忠诚和意识忠诚。情感忠诚就是对社会组织的CIS特别是LOGO怀有持续的满意感与荣耀感;行为忠诚表现为重复消费和主动推介;意识忠诚表现为对企业及其品牌未来充满信任。忠诚度表现为忠诚顾客总数在顾客总数中所占的比率,其测算公式是:

$$忠诚度 = \frac{忠诚顾客人数}{顾客人数} \times 100\% \qquad (3-7)$$

判断是否为忠诚顾客的指标主要有三个方面:一是愿意重复购买、消费同一品牌的商品或服务,选购时间短暂,价格敏感度低,宽容产品质量,并排斥品牌竞争对手的商品;二是乐意购买某个品牌的延伸产品或服务;三是喜爱向自己的亲朋好友推荐品牌的商品或服务。影响忠诚度的因素主要有产品质量与服务质量、客户关系维护水平、顾客使用商品的增值感受。当顾客高度认同品牌的物质意义(表现为精致与性价比)与文化意义(表现为商品消费所带来的身份感和地位感)时,忠诚度就会增高。

> **问题思考**
> 为什么有些品牌畅销过后便归于平静,没有获得忠诚度?

5. 依赖度

依赖度是目标公众基于身份消费需要而对某个品牌产生依附性偏好的状况。当公众认为某个品牌的商品是自己某种生活特别是社交生活必需的基本配置,不可或缺,表明该品牌成为公众依赖的对象。出于显示、维持社会身份而进行消费的顾客就是身份消费顾客,其消费决策依据的不是商品的实用性能与性价比,而是商品品牌所附带的社会地位价值。依赖度表现为身份消费顾客人数在消费顾客人数中的比率,其测算公式是:

$$依赖度 = \frac{身份消费顾客人数}{顾客人数} \times 100\% \qquad (3-8)$$

现代社会的某些市场特别是高端市场,受控于消费主义,认为商品具有社会地位和炫耀作用,拥有商品便拥有地位,正如美国学者波德里亚在《消费社会》所言:"需求瞄准的不是物,而是价值,需求的满足首先具有这些附着价值(风格、威望、豪华、权力、地位)的意义",呈现出鲜明的身份消费现象,即通过消费获得社会地位。在这种背景下,塑造品牌的身份价值便具有了特殊的意义。提高品牌的依赖度,需要企业在客观审视商品使用价值的前提下,有意识地为品牌附加社会价值,与身份消费顾客的需求保持一致。

> **要点提示**
>
> 提高品牌依赖度的关键在于讲好高端品牌故事,形塑品牌的社会地位价值,商品精致而奢华,则是基础。

(二)品牌形象的诊断

推介品牌形象,表现为提高知晓度、美誉度、首选度、忠诚度和依赖度,其前提就是准确地判断品牌形象差距。所谓品牌形象差距,就是企业品牌实际形象与期望形象之间的差距。品牌实际形象是企业品牌在公众中所获得的认知和评价,期望形象就是企业员工、领导等内部成员期望获得的认知和评价。通过差距分析,能够明确公共关系的工作目标。

> **问题思考**
>
> 假如您是上海宝武集团公司公共关系部的职员,会如何诊断宝武集团公司的品牌形象?

品牌形象差距的诊断过程,包括以下五个环节:第一,设计两张由品牌形象构成的具体要素调查表,一张用于向公众收集形象判断信息,另一张用于向员工收集形象期望信息,调查后进行整理统计;第二,根据调查表的项目,制作形象要素分析表,分析表的构成项目主要是把调查项目转换为肯定陈述句和否定陈述句,分别置于一个长方形的左右侧,长方形设置三个以上的差距档次,然后将员工调查和公众调查的统计结果置入相应位置中;第三,确定长方形中差距档次的权重系数,一般最低层次的权重系数定为1,其他依次递增;第四,根据"纵向相乘、横向相加"的规则,计算形象要素项目的平均值;第五,制作形象差距图,即找出企业实际形象与期望形象之间的差距,差距较大的项目就是公共关系工作的主要目标。

对于上述诊断操作过程及其注意事项,下面以一实例加以演示和具体说明。

第一步,设计员工调查表,进行调查并统计调查结果,见表3-4。要说明的是,调查问卷中商标和经营项目的认知属于形象的知晓度分析要素,服务态度和服务水平属于美誉度分析要素,购买频率和首选列位属于首选度分析要素。另外,用于形象分析的调查表一般采用封闭式问卷,而且答案设置采用语意差别形式,即由"非常高"逐渐过渡到"非常低",间隔为一个等级,共计分三个等级。

表 3-4　员工调查表及统计结果

1. 你期望公众对企业商标的认知程度： 　　A. 非常知晓(60%)　　　B. 一般知晓(20%)　　　C. 不知晓(20%) 2. 你期望公众对企业经营项目的认知程度： 　　A. 非常知晓(70%)　　　B. 一般知晓(20%)　　　C. 不知晓(10%) 3. 你期望公众对企业服务态度的评价： 　　A. 非常高(80%)　　　　B. 一般(10%)　　　　　C. 非常低(10%) 4. 你期望公众对企业服务水平的评价： 　　A. 非常高(70%)　　　　B. 一般(10%)　　　　　C. 非常低(20%) 5. 你期望公众购买企业商品的频率： 　　A. 非常高(80%)　　　　B. 一般(20%)　　　　　C. 非常低(0) 6. 你期望公众在同类消费对象中把企业商品列为： 　　A. 第一位(60%)　　　　B. 第二位(10%)　　　　C. 第三位及以下(30%)

第二步，设计公众调查表，进行调查并统计调查结果，见表 3-5。公众调查表的项目应该与员工调查表的项目相同，否则就无法进行形象比较分析了。

表 3-5　公众调查表及统计结果

1. 你对我企业商标的认知程度： 　　A. 非常知晓(80%)　　　B. 一般知晓(10%)　　　C. 不知晓(10%) 2. 你对我企业经营项目的认知程度： 　　A. 非常知晓(80%)　　　B. 一般知晓(20%)　　　C. 不知晓(0) 3. 你对我企业服务态度的评价： 　　A. 非常高(30%)　　　　B. 一般(50%)　　　　　C. 非常低(20%) 4. 你对我企业服务水平的评价： 　　A. 非常高(40%)　　　　B. 一般(30%)　　　　　C. 非常低(30%) 5. 你购买我企业商品的频率： 　　A. 非常高(10%)　　　　B. 一般(30%)　　　　　C. 非常低(60%) 6. 你在同类消费对象中把我企业商品列为： 　　A. 第一位(10%)　　　　B. 第二位(20%)　　　　C. 第三位及以下(70%)

第三步，制作期望形象要素分析表。期望形象要素分析表实际上就是把调查问卷的每个项目改为正面陈述句式和反面陈述句式，置于统计框的两侧，并将调查结果置入统计框中，见表 3-6。

表 3-6　期望形象要素分析表

项目肯定陈述	非常 (3)	一般 (2)	非常 (1)	项目否定陈述
知晓公司商标	60%	20%	20%	不知晓公司商标
了解企业经营项目	70%	20%	10%	不了解企业经营项目
服务态度好	80%	10%	10%	服务态度差
服务水平高	70%	10%	20%	服务水平低
经常购买	80%	20%	0	很少购买
商品列为首选对象	60%	10%	30%	商品未列为首选对象

第四步,确定差距档次的权重系数,由低到高依次为1、2、3。根据"纵向相乘、横向相加"的法则,即调查统计结果与权重系数相乘,同一项目得分相加,计算项目平均值。例如"公司商标"一项的计算方法是(60%×3+20%×2+20%×1),该项目平均值应为2.4。根据同样的计算方法,期望形象另外五个项目的平均值分别是2.6、2.7、2.5、2.8、2.3。

第五步,按照第三步、第四步的程式,计算出企业实际形象的六个项目平均值分别是2.7、2.8、2.1、2.1、1.5、1.4。

第六步,制作形象差距图。在形象要素分析表中把期望形象和实际形象的项目平均值根据设置的坐标刻度标入统计框中,分别用虚线和实线绘制出来。要说明的是,坐标纵向刻度与横向刻度是不同等距的,为便于分析,横向刻度设置的等距需要稍长些。纵向刻度只要按照形象要素的项目数量(n)分为($n+1$)个等份即可;横向刻度实际上就是权重系数,在本案例中,其最低值应为1,最高值则为3,见表3-7。

表3-7　形象差距曲线

项目肯定陈述	非常　　一般　　非常	项目否定陈述
知晓公司商标		不知晓公司商标
了解企业经营项目		不了解企业经营项目
服务态度好		服务态度差
服务水平高		服务水平低
经常购买		很少购买
商品列为首选对象		商品未列为首选对象
	3　　　　2　　　　1	

第七步,分析形象差距图,明确公共关系的目标。从形象差距图可以看出,在实际形象和期望形象之间,知晓度的两个项目差距较小,而美誉度和首选度的四个项目差距较大,因此公共关系的目标应该定位于提高美誉度和首选度,巩固知晓度。

品牌形象差距的诊断过程。

(三)品牌形象的策划

策划品牌形象应该遵循哪些要求?

品牌形象的策划是一项艺术性很强的工作,具有特殊的操作规范,必须遵循基本的策划要求。

1. 品牌管理的科学化

企业形象的塑造，离不开品牌管理。品牌管理的具体内容主要有：在时间上，注重企业形象持续性与稳定性；在空间上，不断开拓市场领域，提高市场占有率，以赢得具有优势感的市场地位；在经济上，注意谋求经济效益，提高品牌的价值效应；在社会形象方面，积极参与公益事业、社会问题的宣传和解决，不断提高品牌的社会声望。

品牌管理的基本要求。

2. 形象规划的战略化

品牌形象的塑造是一项时间跨度比较大的工程。塑造企业品牌形象，不是一朝一夕就能完成任务的。规划品牌形象时，要注意战略性，立足长远目标，进行长期规划，谋求长期效应，使之永葆活力。

3. 形象差异的特色化

品牌是企业的一种"身份证"，是接近公众的"通行证"。为了发挥企业形象的客观效应，形象的设计应讲究差异性，让公众从形象之中轻而易举地发现行业与行业之间、同行业内企业与企业之间的不同。为企业策划企业形象时，要充分注意它与其他企业形象的关系，在符合行业形象基础上，强调个性化、差异化，切忌雷同。这样，就可以从鲜明的对比之中提高企业形象的竞争力。

4. 形象定位的高科技化

社会的进步，依赖于科学技术的发展。对于企业而言，形象的塑造同样依赖于先进的技术和科学的工艺。没有相应的技术含量，形象指标设计得再好，失去基本的依据，也是不可能形成市场冲击力的。因此，形象定位时，应强调高科技化要求，使公众从根本上信赖企业的经营内容，信赖企业的形象。

5. 形象变革的时代化

企业形象应该具有继往开来、与时俱进的品质。"继往开来"就是说企业形象需要历史的积累。据调查，世界前 100 家知名企业，企业历史在 100 年以上的约占 30%，80 至 100 年之间的占 25%，50 至 80 年之间的占 30%，50 年以下的占 15%。《中国企业家》调查表明，《财富》全球 500 强企业的平均寿命是 40—50 年，跨国公司是 11—12 年，我国集团公司是 7—8 年，我国中小型企业仅为 3—4 年。"与时俱进"就是说企业形象要不断发展，要推行持续创新战略。据资料显示，现代国际品牌的成长平均只有 100 年的历程，有的甚至只有几十年。而"中华老字号"品牌平均都有 160 年以上的历史，有的甚至达到三四百年。但是，我国老字号的品牌价值却不尽如人意，说明它们"继往开来"的特性有余,而"与时俱进"的品性则显不够。世界知名的"长寿企业"具有四种品质,即感觉敏感、员工有归属感、管理宽容和财务谨慎。其中,感觉敏感是最重要的品质,能够对周围环境具有快速、敏锐的反应,不断学习、调整,适应环境新的要求。品牌形象是在特定时代条件下塑造出来的,随着社会的进步与时代的发展,品牌形象原有的内容、形式可能会丧失吸引力,甚至成为企业开拓公众市场的障碍。因此,应该根据时代特点和公众在新时期的需要,及时变革企业形象,这样才能永久性保持企业形象的影响力。在市场开放初期,企业为了取悦公众的民族心理,高举"振兴民族企业"的旗帜,强调民族形象是有益的。但是,现在面对全球化的形势,企业形象应该作出相应调整,把企业的民族化形象发展为国际化形象,以便巩固国内市场、开拓国际市场。

6. 形象诉求的有效性

脱离公众认同的形象是乌托邦式的形象,虽然美好,但是没有实际作用。策划品牌形象时,应注意诉求上的有效性,无论是内容还是形式,都应力求符合公众的心理需求,认真调查公众的基本情况,分析公众的心理特点。

7. 形象口号的大众化

品牌形象要能广泛地影响公众,就必须具有可传性,能借助符号形式进行宣传。为此,在品牌形象策划中,还要善于设计准确表达形象意境的品牌名称与宣传口号。根据现代公众追求感性的特点,设计的企业品牌和宣传口号不能追求表面上的深邃,而应大众化,以便公众记诵、流传。

8. 形象标志的美学化

标志是品牌形象相对稳定的标识符号,是企业接近公众、影响公众的主要途径。策划品牌形象时,要善于借助标志、图案、图形等象征性符号来展示特别的意境。设计品牌标志时,要遵循审美原则,以美的形式表现美的形象,以美的标识给公众美的感受,以美的联想影响公众的审美化消费心理。

9. 形象宣传的立体化

品牌形象的策划离不开宣传战略的制定。开展形象宣传,应该充分调动员工,运用各种媒介,实行全员化、全方位的宣传,创造出企业宣传上的规模效应,以宣传的规模效应和气势强化企业品牌形象的冲击力和感染力。

策划品牌形象至少遵循九个方面的要求。

(四)企业品牌形象的推广

塑造企业实体形象旨在发展企业的竞争实力特别是核心竞争力,起到夯实品牌基础的作用;策划品牌形象旨在让企业拥有独特的品牌系统,起到规划与设计品牌的作用;推广品牌形象则定位于提高品牌的知晓度、美誉度、首选度、忠诚度和依赖度,起到向目标公众传播品牌形象的作用。推广品牌形象的主要有以下八个路径。

1. 宣传品牌识别系统

品牌识别系统包括品牌标准字、标准色和标准图三个基本方面,集合表现为品牌名称和商标。面对海量信息,公众注意力显得相对稀缺。因此,宣传品牌识别系统,提高品牌知晓度,是推广品牌形象的基础活动。宣传品牌识别系统的方法主要有广告宣传、品牌征集、企业自媒体传播三种形式。广告宣传侧重在主流媒体(如电视、报纸、广播、杂志等)、互联网平台(如网站网页、客户端、APP、公众号、小程序)、户外媒体刊载以品牌名称、商标为创意素材的广告,起到广而告之的作用。品牌征集则是围绕品牌名称和商标向社会举办征集活动,如 LOGO 征集、品牌名称征集、品牌代言人征集、品牌故事征集、品牌征文、品牌谐音征集等,以强化公众的品牌记忆度。企业自媒体传播就是企业自身网站网页、产品包装盒(袋)、办公用品、交通工具、公司制服、厂房办公楼等自己的各种媒体上刊载企业的品牌名称与商标,以唤醒公众的品牌记忆。

2. 建构并传播品牌故事

品牌只有借助故事才能流传于社会。立足时代和社会背景,挖掘企业历史资料所蕴含的核心价值观,创作并传播企业的创业故事、管理故事、革新故事、商业故事、竞争故事、危机应对故事、服务于重大社会事件的故事等,以彰显企业的家国情怀、人文精神、科学精神,提高企业的社会影响力。海尔的砸冰箱、零缺陷管理、国际星级服务等故事,不仅提高了品牌的知晓度,而且提高了美誉度。

3. 传播品牌的生活主张

品牌传播强调创新,但是美国的保罗·康纳德说道:"所有的开头都包含回忆因素……绝对的新是不可想象的。"任何品牌的商品都是用于生活的,向目标公众推介品牌形象,需要基于商品在目标公众生活场景中的实际作用,概括品牌的生活品质,提取品牌的生活主张,使品牌呈现出鲜明的生活乐趣,贴近目标公众生活。

为了引起目标公众的心理共鸣,增加目标公众对品牌与商品的熟悉程度,传播品牌的生活主张时,必须遵守接近性规则。接近性是指传播涉及的话题、情感属性和新闻细节,与受众在年龄、地理、性别、阅历、心理、利益关系等方面的关联和接近程度。接近性能够使目标公众感受到品牌与自己切身利益存在直接、密切的关系,进而产生阅读欲、观看欲和亲切感。与目标公众生活越接近、关系越密切的事,就越为目标公众所关注,传播价值也就越大。基于接近性而创作的品牌传播作品,更加贴近目标公众的生活,更加真实可感,可以突破目标公众的认知防线,达成共识。传播信息蕴含了接近性,就更具号召力,更能打通目标公众的情感隔阂,更能拨动目标公众的心弦,目标公众因此而惊奇、兴奋或感动,自愿安静地沉醉于传播"游戏",融入各种媒体"链接"与"联结"之中,欣赏品牌传播的主题内容,领会传播作品的身份消费意蕴,实现"品牌传播蝶化游戏"的目的。

4. 建构品牌公共话语

常言道:追势不如乘势。品牌推广需要应势而谋、因势而动、顺势而为,把企业的经营管理巧妙嵌入社会重大事件,立足公共精神,建构品牌话语,讨论公共事务,以突显企业的社会责任感。话语是多维的,英国的诺曼·费尔克拉夫说:"既是一种表现形式,也是一种行为形式。"话语不仅呈现为话语文本,还呈现为话语建构和话语实践。据此,建构品牌公共话语,不仅考虑怎么说,建构和维护话语权,而且考虑怎么做,以行动巩固话语权,具体做法有:企业领导人就社会重大事件理性发表意见,为重大社会事件捐资、捐物、提供专业服务,参与社会重大事件的动员活动等。

5. 建构品牌情景语境

情景语境(Context of Situation)是传播作品叙事张力的关键因素。情景语境概念是马林诺夫斯基1923年提出的,当时被界定为与语言交际活动直接相关的客观环境。现在则被解读为由语言交际所有当事人、话题牵涉到的人或物、时间处所、社会背景和体态语言交际手段(如表情、姿态、手势、服饰等)所组成的统一体,涉及作品的语词风格、体裁类型、叙事结构和呈现形象。迈克尔·格里高利和苏珊·卡罗尔指出情景语境由话语范围、话语基调和话语方式三个要素构成。情景语境具有人情味浓、定位精准、权威性高、影响广泛的特点,能够对重要社会现象进行现场式呈现与思考,表现出鲜明的"在场"和"行动"特质。品牌推广时,要善于剪裁真实而形象的文献影像来建构情景语境,用有人性、有温度的品牌故事来表达传播的主题与内容,把抽象的宣传主题融入人性化的故事之中,借助故事性话语进行叙事转换,从人物、时间、场域、事件和情感维度谋篇布局,或者映现奋斗、积极、向上、向善、公平、和谐、诚信、友善的企业景象,或者构建温馨、平和、知足、快乐、健康的企业氛围,缔造情节,形象化再现品牌事件、人物与情景,突显情景语境的传播旨趣。

6. 策划品牌营销

品牌营销是指以暂时放弃企业利益,旨在提升品牌知晓度、巩固美誉度的营销活动。品牌营销不追求眼前的利益回报,而是用营销的方法,把品牌符号嵌入目标公众的心里,使顾客对商品留下特殊印象,商品因此成为顾客往后消费的首选对象,最终提高市场销售量。品牌营销常用的策略有赞助营销、零成本营销、捐送营销、免费赠送等。当年养生堂公司推出"喝农夫山泉,为北京申奥捐一分钱",就是典型的赞助营销。表面上看,这是一个公益赞助活动,搭乘的是当年的社会热点事件,而且是公益活动,颇具社会影响力,而且巧妙地激发了公众的参与欲望:公众喝了一瓶水后,公司才能捐出一分钱,人人多喝农夫山泉,聚沙成塔,北京申奥就多一份成功的希望。这次活动不仅成功地提高了品牌知晓度,而且扩大了商品的销售量。

7. 策划品牌展览

品牌展览是通过集中展示企业文化特别是核心产品来向公众传播品牌形象的一种载体。在品牌展览会，公众不仅可以接触商品，实实在在地感受商品的品质，而且可以接触企业员工，直观体验企业文化。所以说，品牌展览是传播品牌性格、彰显品牌文化的有效途径。企业参与品牌展览的途径主要有三种，即企业独自筹办、联合筹办和参与专业大型展览会。为了取得品牌推介的效果，策划品牌展览时，应该注重主题和表现形式的创新，把企业品牌、商品外观特征与使用性能、企业文化等内容，极富诚意地呈现目标公众。

8. 及时应对品牌危机

竞技比赛中有句名言：防守是最好的进攻。品牌是件难塑却易碎的艺术品，历经千辛万苦，说尽千言万语，走遍千山万水，想尽千方百计，好不容易塑造的品牌形象，在危机事件中极易瞬间崩塌。从这个角度看，及时应对品牌危机，就是最经济的品牌推广。

推广品牌形象的公共关系路径是媒体传播与活动传播，关键是富有诚意、富有创意地讲好品牌故事。

本章小结

协调公众关系是公共关系的基本目标，只有针对目标公众的实际需要，才能建构良好的内部公众关系、顾客关系、政府关系、社区关系、媒体关系等，为社会组织创造良好的社会关系。

企业形象由实体形象和品牌形象构成：管理形象、人员形象、科技形象、资本形象、实力形象和产品形象是实体形象的基本要件，是品牌形象的基础。品牌形象由知晓度、美誉度、首选度、忠诚度和依赖度构成，塑造品牌形象是公共关系的核心目标。

学习重点

内部公众关系的协调

外部公众关系的构建与维护

协调公众关系的关键

品牌形象的构成要素

品牌形象的策划

品牌形象的推广

国外谚语:"愚笨的商人卖产品,聪明的商人卖品牌。"

关于公众关系,起初的研究偏向法律道德的规范,提出社会责任理论,引领公众关系的建构与协调。现在则立足经济理性立场,提出利益相关者理论和利益共同体理论,引导企业建构实质性的公众关系,触及了公众关系的利益内核。

关于品牌形象,起初认为知名度就是品牌形象,后来提出美誉度,认为品牌是知名度与美誉度的统一体。现在进一步认识到,品牌是企业的核心竞争力之一,品牌形象需要扎实的实体形象,著名品牌代表着同类商品(服务)中的最高品质和最完善的服务,其背后存在着强大的支持力:一流的管理、一流的组织结构、一流的战略决策能力、庞大的促销和公益开支、个性化的企业文化、在一定历史条件下的人力资源。品牌形象构成指标包括知名度、品牌忠诚度、品牌联想、认知的品质和其他特有的竞争优势。打造品牌核心竞争力成为公共关系的重要使命。

《品牌管理》(庞守林编著,清华大学出版社,2011年出版)

该书从品牌培育角度分析了品牌的概念、特征、核心价值以及管理模式,品牌设计的原则和方法,品牌决策与品牌结构,品牌定位和品牌延伸的理论、方法和策略,国内外品牌个性的内容和特征及个性打造思路,品牌整合传播的途径和策略。从品牌运营角度阐述了品牌的经营维护、法律维护和应对品牌危机的思路、策略,品牌联合、品牌授权和品牌在资本市场的运营模式,建立品牌的知名度、美誉度、品质认知、品牌联想和提升品牌忠诚度的思路和方法,评估品牌资产的方法和模型,品牌国际化与本土化的有效途径。

推荐理由:透视了完美品牌的真正内涵——品质+品位+人性化。

分"手"48小时,与 Di 有约——比亚迪乐享移动车联生活

在车内取代手机是当下衡量智联网联汽车的关键指标。比亚迪 DiLink 智能网

系统能够自由安装各种APP，充分满足用户车内全方位的智能生活需求，确保用户在专注于安全驾驶的前提下，持续、自如地使用互联网。

为了传播DiLink智能网联系统全面接管用户对手机需求的特性，2019年6月15—17日，比亚迪公司举办了一场题为"分'手'48小时，与Di有约——比亚迪乐享移动车联生活"的挑战赛，邀请汽车圈、财经圈、科技圈、泛大众圈的四位主要嘉宾，上演一场不带手机、足不出车48小时的"真人秀综艺"。活动宣传页面的内容是："智能互联网已经深度融入并改造着我们的生活/也让我们对智能手机非常依赖/尤其是对汽车驾驶者来说/在车外离不开手机/在车内放不下手机/驾驶安全与断网焦虑的矛盾/始终没有解决/基于用户这一痛点比亚迪推出DiLink智能网联系统/在车内接管所有智能手机的功能与操作/现在，我们正在进行一场/持续48小时有极限压力测试/验证DiLink能否真正接管手机/还原互联网的智能生活/我是挑战者李云飞/我正在用DiLink与你对话"。

挑战赛设计的场景主要有：第一天上午参加启动仪式进入车内后，上午完成生活必需品采购和48小时生活Idea大放送，中午通过美团叫外卖，下午进行一场"上车吧，好声音"K歌和海底捞晚餐。第二天上午在车内"以茶会友"，并进行网红化妆或游戏直播，下午进行"儿童游戏大拼盘"，完成直播网红狸家的上门美容服务、亲子趴和朋友趴活动。第三天上午召集一场工作视频会议，最后完成出舱仪式，并接受媒体采访。车内48小时真实有趣的生活，通过DiLink全面传达给用户，充分呈现了座舱的移动智能，场景化地展现产品亮点。

点评：由于挑战赛的内容设计紧扣产品特性，而且颇具趣味性，加上跨界KOL全程直播，创造了很好的微博话题，引发网络热议，累计阅读量达1.6亿，有效传播了比亚迪的移动智能形象。

练习与思考

部分参考答案

第四章
公共关系战略分析与运作程序

学完本章,您应该能够:
1. 了解公共关系战略环境分析的外延;
2. 运用 PEST 分析模型明晰公共关系宏观环境的特性;
3. 理解行业生命周期模型和波特竞争结构的公共关系启迪;
4. 理解公共关系在核心竞争力建构中的作用;
5. 理解 SWOT 分析法、价值链分析法、BCG 矩阵分析法和大前研-策略选择模式的公共关系启迪;
6. 熟悉公共关系四部曲的基本内容;
7. 熟悉公共关系策划的核心步骤;
8. 运用各种创造技法进行公共关系主题创意;
9. 制定公共关系计划。

 基本概念

PEST 分析模型　行业生命周期模型　波特竞争结构　SWOT 分析法　价值链分析法　BCG 矩阵分析法　大前研-策略选择模式　核心竞争力　公共关系策划　公共关系创意　五 W 媒介计划法　公共关系策划书

公共关系旨在协调公众关系,塑造品牌形象,为企业的发展创造良好的外部环境。策划公共关系的前提是分析战略环境,熟悉宏观环境和微观环境的特性;基础是分析战略能力,熟悉企业自身的总体实力。公共关系策划立足于外部环境和企业战略能力两个维度,创造性地进行公共关系创意,规划公共关系战略方案,使公共关系于外而言具有合法性,于内而言具有正当性。

第一节　公共关系战略环境分析

策划公共关系需要战略思维,熟悉外部环境,这就是"不谋全局者,不足谋一隅"的道理。企业的外部环境包括宏观环境和微观环境两个方面:宏观环境的最宽界限是全球,最窄指向是目标市场环境,主要涉及政治、经济、社会与文化、技术四个维度;微观环境涉及行业经济特性、行业生命周期和行业竞争结构等。只有从全局角度思虑公共关系,才能明确公共关系的总体目标和方案,具体目标和具体方案才会有明确的指向和着落。

一、社会宏观环境分析

社会宏观环境分析首先需要分析全球环境,因为经济全球化已经成为主流趋势,但是重点依然是立足企业自身发展需要,分析本国的宏观环境。分析宏观环境,一般采用PEST分析模型(图4-1)。

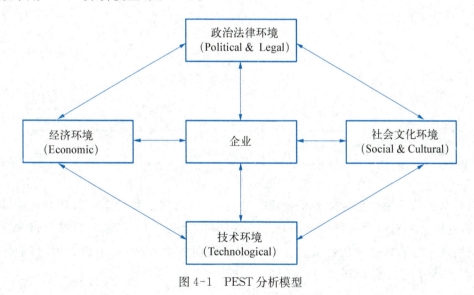

图4-1　PEST分析模型

PEST分析模型的基本内容是,企业的发展受制于政治法律环境、经济环境、社会文化环境和技术环境,同时又反作用于这些外部宏观因素;外部宏观环境因素彼此相互作用;企业、政治法律环境、经济环境、社会文化环境和技术环境交互影响,组成为一个有机的生态系统。公共关系是在这种生态系统中推行的,只有适应生态环境系统,才能实现预期的目标。运用 PEST 分析模型,有助于明确外部环境的影响作用,找出影响公共关系的关键因素和公共关系创新的驱动力。

政治法律环境对公共关系具有显著的制约作用,对公共关系的影响具有直接性、难以预测性和不可逆转性的特点。直接影响公共关系的政治和法律因素主要有:国家意识形态、国家政治制度、政党制度、法律法规、基本国策、行政政策与行政行为等。鉴于政治法律的权威性和特殊性,一般宜向政府主管官员、政府决策咨询专家、社会活动家和法律专家求教。

经济环境是指企业经营管理过程中所面临的各种经济条件、经济特征、经济关系等客观因素,包括社会经济结构(特别是产业结构、分配结构、交换结构、消费结构和技术结构)、经济发展水平(特别是国民生产总值、国民收入、人均国民收入、经济增长速度)、经济体制和经济政策(特别是国家经济发展战略和产业政策、国民收入分配政策、价格政策、物流政策、金融货币政策、工资政策、对外贸易政策等)。经济环境具有不确定性特点,因此为了准确了解经济环境对公共关系的影响,宜求助于专业咨询机构。

社会文化环境是指一个国家和地区的民族特征、文化传统、生活方式、消费习惯、价值观、宗教信仰、教育水平、社会结构、风俗习惯等。

技术环境是指一个国家和地区的科技水平、科技力量、科技体制、科技法律法规与政策、科技产业、科技优势与传统、新产品开发能力和技术发展动向等。

> **问题思考**
> 社会宏观环境对公共关系的干预,属于"无形的手"还是"有形的手"?对公共关系的影响是否具有可逆性?为什么?

二、行业特性分析

公共关系的最终目标服务于企业的经营行为,策划公共关系必须熟悉行业的特性,否则即便富有社会责任内涵的公共关系,也将无助企业的发展,自然会丧失存在的正当性。行业特性分析主要包括行业生命周期分析、行业吸引力分析、行业经济特性分析和行业变革驱动因素分析四个方面。

(一)行业生命周期分析

行业生命周期是指一类产品从研究开发、投入生产、进入市场直至在市场上消失,被另一类产品代替的过程。根据产品的市场销售增长率和获利能力,产品生命周期一般分为导入期、成长期、成熟期和衰退期四个阶段。导入期的行业具有市场增长率不高、市场规模有限、技术变动大、产品开发不稳定、产品品种有限、产品质量不稳定、产量低、成本高、销售价格高、获利性不确定、管理水平低、缺资金也缺市场、缺熟练员工等特点。进入成长期,产品有市场,销售量猛增,商品市场增长率高,市场规模显著趋增,技术趋稳,产品开发容易、产品品种趋多,获利性高,生产人员和销售人员大增,企业规模迅速扩大,初步拥有市场地位,但结构脆弱,人才短缺,人员队伍跟不上行业发展的需要。成熟期的行业,商品市场增长率不高但市场规模大、技术成熟,企业规模、市场规模、技术状态、经营能力、盈利能力和社会声誉均进入最佳状态,但是产品开发变得困难、产品品种繁多、获利性趋降,而且不知不觉之间患上自傲、沟通不畅、官僚主义、创新弱化等大企业病,容易坠入"水煮青蛙"的陷阱。行业处于衰退期时,商品市场增长率、市场规模和获利能力均显著下跌,销售与利润大幅度下降;产品品种越来越少;设备工艺落后,产品更新慢;负债增加,财务恶化;员工队伍涣散,不公平感增强,职场期望值下降;企业氛围暮气沉沉;企业只有衰亡或转型两种选择。

　　行业生命周期理论对策划公共关系具有重要的指导作用。行业处于导入期时,应该增加投资,在加强科研的同时,强化公共关系的推介力度,开展消费教育,引导公众逐渐了解产品的性能和功效,建立行业开拓者形象。行业处于成长期时,企业应该根据"自己盈利自己发展"的机制,从商品盈利中安排专项资金用于公共关系,继续加大公共关系传播,建立行业领导者形象,尽量提高商品的市场占有率。行业处于成熟期时,企业不必再进行投资,而应加大市场回收力度,以增强企业的获利水平,但是需要进一步加强公共关系,借助公共关系力量,壮大行业市场需求规模,维持并提高市场占有率,强化行业领导者形象,提高品牌忠诚度;同时,开启公共关系创新机制,传播企业的前沿思考与革新探索的信息,塑造学习型组织形象。行业处于衰退期时,企业加速市场回收进程,并计划退出市场,因此公共关系也宜转型,偏向巩固品牌忠诚度。

　　行业生命周期理论的核心启示是导入期、成长期、成熟期和衰退期的市场经营情形不尽相同,策划公共关系的基点发生了相应的变化,公共关系策略当然也要各有特色。

(二)行业吸引力分析

　　行业吸引力分析主要判断某行业利润率高于还是低于本国各行业平均利润率,如果高于本国各行业平均利润率,则被认为具有吸引力。行业利润一般取决于三个因素：能否为顾客创造价值、竞争激烈程度、企业在产业价值链上讨价还价的能力。分析行业吸引力，主要分析以下问题：行业是否具有成长潜力？风险是什么？当前的竞争态势能否带来足够的盈利？行业的竞争力量会增强还是减弱？企业处于什么样的竞争地位？继续参加竞争能否保证利润？

（三）行业经济特性分析

行业经济特性分析主要是找出影响行业经济特性的因素。一般来说，影响行业经济特性的因素主要有：行业的市场增长速度、市场规模（即判断某行业是大市场还是小市场）、行业竞争范围（判断是国际化竞争还是本土性竞争）、竞争厂商数量和相对规模、客户数量、行业盈利水平、进入与退出壁垒（进入壁垒高会保护现有企业的地位与利润，进入壁垒低则容易吸引新进入者，退出壁垒高则加剧行业竞争）、产品的标准化程度、资源条件、规模经济效应等。

（四）行业变革驱动因素分析

行业变革驱动因素是行业成功的关键因素，决定了企业的发展命运。找出行业变革的驱动因素，并在这些关键因素加大投资，获得竞争优势，就意味着企业掌握了核心竞争力。

常见的行业变革驱动因素主要有：行业长期增长率的变化、客户的变化和客户使用商品方式的变化、产品革新、技术革新、营销革新、大厂商的进入和退出、专有技术的扩散、行业的全球化进程、成本和效率的变化、政府政策的变化、社会关注点和生活方式的变化、不确定性和商业风险的变化。相对某个具体行业来说，变革驱动因素一般不超过四个。

策划公共关系需要具备行业意识。行业生命周期方位、行业吸引力强弱、行业经济特性和行业变革驱动因素，不仅规范了公共关系的目标与方向，而且制约着公共关系的规模与未来。高速发展、富有吸引力的行业的公共关系，对任何从业者来说都是一笔宝贵的财富，公共关系市场规模大，创意机会多，也容易赢得公众的关注，因此策划公共关系时可以尽量涉足社会民生领域，从事公益赞助和慈善捐助，塑造家国情怀形象；大胆聘请一线明星担当品牌形象代言人，策划邀请明星出场助兴，借助明星效应扩大品牌影响力；尽兴策划整合性的媒介传播阵势，实现主流媒介与新媒介的同步共振，创造良好的舆论环境；豪迈地提供公共关系礼品，创造万人空巷的活动效果。

> **问题思考**
>
> 房地产行业的公共关系曾经大气磅礴，明星如云，气势如虹，而今也讲"学会过紧日子"，为什么？

三、市场竞争结构分析

公共关系强调战略思维,也就必然强调竞争思维。从词源上看,战略一词来自军事领域,原意是"将军指挥军队的艺术",极具对抗性、竞争性。公共关系的直接动机是增强企业的市场竞争力。策划公共关系暗含着竞争的意图。早期的竞争是零和博弈,一方得到的份额恰恰是竞争对手失去的份额,正所谓"同行是冤家"。现在强调利益共同体,讲究竞合,强调竞争中有合作,合作中有竞争,共同做大市场。但是,在某个固定的时空,终究还是存在竞争的。当然,今天的竞争从内涵上看已经不仅仅是同行的竞争,还包括供应商、购买者的议价压力。策划公共关系不仅应该牢记竞争的本意,而且还要拓宽对竞争对手的理解。在这方面,迈克尔·波特提出的竞争结构模型(图4-2)颇有启迪价值。他认为,竞争结构由现有竞争者的竞争、潜在入市者的威胁、替代品的威胁、供应商的议价能力和购买者的议价能力构成,任何行业的竞争态势都是这五种力量共同作用的结果。

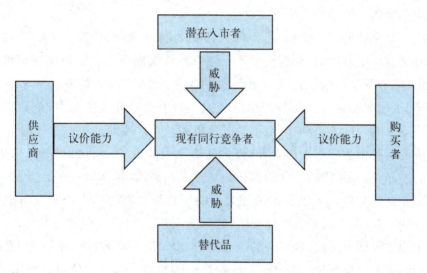

图4-2 波特竞争结构模型

面对同一个市场,为了提高市场占有率,现有同行往往围绕产品性能与品质、价格、新产品开发、服务质量、品牌形象、渠道便捷性等,通过创造差别化优势,来开展激烈的竞争,这就是商场如战场的缘由。同行竞争的激烈程度取决于以下因素:行业集中度、市场需求的增长速度、现有竞争者的数量与规模、竞争者对其市场地位的满意度、产品特色、用户的转换成本、企业固定费用和库存成本的高低、行业生产能力、退出壁垒的高低等。

潜在入市者对于顾客来说是件好事,但往往会威胁现有企业,产生来者不善、善者不来的竞争压力。行业进入壁垒与现有厂商的预期反应,将影响潜在入市者的愿望。进入壁垒高,而且现有厂商的预期反应大,潜在入市者就会产生惧怕心理;进入壁垒低,现有厂商的预期反应小,潜在入市者将会有恃无恐。进入壁垒高而现有厂商的预期反应小,或者行业进入壁垒低但现有厂商的预期反应大,潜在入市者则比较慎重。行业进入壁垒的高低往往取决于规模经济、商品差异化程度、资金需求大小、资源供应、销售渠道、员工经验、法规政策等。进入新行业,一般需要进行大规模投资,追求规模经济效应,这样才能获得质量优势、价格优势、技术优势、市场优势,否则初期就会遭遇亏损,但现有企业不能麻木。

替代品是指与现有产品与服务的功能相同的产品与服务。公众一般倾向追求更好、更具性价比的商品,而现代科技又恰好能够不断推进新材料、新技术,加上社会倡导"资源有限、创意无限",鼓励创新。这样,有市场需求,有技术可能,企业家在赢取竞争优势的冲动支配下,不断推出新式产品与服务,替代品层出不穷。替代品替代现有商品与服务的途径有相同功能替代、多种功能替代、新功能替代、回收品替代、上游产品替代和升级产品替代等。替代品能否真正威胁现有商品与服务,主要取决于替代品在性价比上与现有产品相比是否具有比较优势,当然也与用户转换成本的大小和使用替代品的欲望有关。

供应商是企业的上游合作者,但因为存在利润分割问题,为了争取最大化的利益,也会以提价、限制供应、降低质量等条件向企业实施压力。如果供应商集中程度高,或者供应资源具有稀缺性与不可替代性特点,或者供应资源对企业来说相当重要,就表明供应商拥有讨价还价的议价能力。为了化解其议价能力,企业应与主要供应商建立长期合同关系,同时也不要过分依赖某个供应商。

这里的购买者主要指下游企业,倾向于购买品质更高、质量更好、价格更低、服务更好的产品,这必然损害企业的利润。从这个角度看,购买者也是企业的竞争者。购买者对企业的竞争也表现为议价能力。购买者议价能力的大小主要取决于产品对购买者的重要性、产品的标准化程度、购买者对产品的满意程度与偏爱程度、购买者的集中程度与转换费用、购买者的盈利能力,以及购买者掌握行业信息的程度。

波特的竞争结构理论,提示公共关系需要具备360°的全方位竞争维度观念,从而引导企业树立科学的竞争压力观,变压力为动力,利用压力壮大实力,培育核心竞争力,从根本上增强企业的竞争实力。

第二节 公共关系战略能力分析

市场规模无限大,企业活力更可无穷,公共关系当然要有宏大的目标追求。但是,古人告诫"度德而处之,量力而行之",过分心急可能适得其反。根据市场环境,立足企业自身条件,量力而行,尽力而为,才是公共关系的王道。

一、战略能力分析的对象

运作公共关系的前提是了解企业的战略能力状况,否则即便公共关系富有创意,但与企业战略能力相比缺乏匹配性,也就没有实际意义了。企业的战略能力是指企业基于资源状况所形成的生产能力、营销能力、财务能力和组织能力。战略能力分析就是摸清家底,对企业的资源状况与能力状况做到知根知底。

(一)企业资源评估

企业资源是企业静态层面的实力。评估企业的资源,可以重点从以下五方面着手:一是企业的实物资源,如厂房、机器设备、矿山、原料、地理位置等。二是企业的人力资源,包括员工数量与质量结构。三是企业的财务资源,如资本金、股票、银行存款等。四是企业的无形资产,如品牌价值、客户网络、交易网络等。五是企业有无核心资源。核心资源是企业发展所需要的有价值的、稀缺的、他人不可完全模仿和也不能被完全替代的资源。拥有核心资源,企业的实力就会陡增。

评估企业资源,不是财产登记工作,需要根据企业专项资源的内在特性及其市场影响能力,制定评估表和权重系数,逐项打分,然后进行统计。由于理解上的差异,评估指标体系与会呈现不同。以品牌价值评估为例,美国"世界最有价值品牌评估公司"和"国际品牌公司"评估量表就很不相同,具体见表4-1和表4-2。

表4-1 美国"世界最有价值品牌评估公司"评估量表

评估项目	评估指标	权重
领导能力	商标影响市场的能力	0.3
稳定性	商标的生存能力	0.1
市场环境	商标交易的市场环境	0.05
国际性	商标越过地理和文化边界的能力	0.1
趋势	商标对本行业发展方向的影响力	0.1
法律支持	商标交流的法律有效性	0.1
金融支持	商标获得不断投资的支持能力	0.25

表 4-2　美国"国际品牌公司"评估量表

评估项目	评估指标	权重
量　度	该品牌在同类产品中所占的市场份额	0.35
宽　度	该品牌对不同年龄、性格、国籍的人们的吸引力	0.3
深　度	该品牌消费者的忠诚程度	0.2
长　度	该品牌超越该类产品原有吸引力的程度	0.15

（二）企业能力评估

企业能力是动态层次上的企业实力，主要包括生产能力、营销能力、财务能力和组织能力。

生产能力是企业设备能力、人员能力、管理能力、设计能力、调查能力和计划能力综合表征。生产能力的评估重点可以从正常生产能力和最大生产能力两个角度进行评估，具体评估指标包括原材料成本，原材料的供应情况，与供应商的关系；存货控制系统效率，存货周转情况；生产设施布局及利用效率；对分包方式的利用情况，进行纵向联合的情况，联合的附加值及利润额；企业设备效率与成本效率，操作控制程序，生产日程安排的合理程度，采购管理问题，质量管理工作的效果；与产业平均水平和竞争对手相比较的相对成本和技术竞争力；研发与技术创新情况等。其中，生产环节的评估最直接，其评估内容可以细分为以下六个方面：① 厂区布置是否合理，即从方便、安全方面判断厂房安排、部门分配、动力照明系统、给排水系统、运输道路以及三废处理设施的布置等方面的合理性；② 生产工艺是否科学；③ 生产工序是否合乎科学，看它是否符合人体运动工程学，是否省时，是否可减少生产动作等；④ 生产效率是否达到最佳状态，包括员工能否保持较高的工作热情，操作动作是否规范，机器设备利用是否充分等；⑤ 生产质量是否有可靠的保证，看企业是否建立起切实可行、持久贯彻的质量管理制度、质量检验办法，员工是否具备强烈的质量意识等；⑥ 生产管理是否符合科学要求。

营销能力是企业借助市场渠道把产品销售给顾客的能力。由于企业的生产能力得到大幅度提高，如何把产品销售出去成为企业最重要的问题，营销能力变得十分重要。营销能力是指表现在五个方面：一是企业感知市场、联系市场和战略思考的能力。二是企业进行市场定位、市场选择的能力。三是接触顾客和顾客关系管理的能力。四是销售、促销、广告传播、公共关系的能力。五是整合线上营销与线下营销、促成电商网红的能力。

财务能力是企业进行资本管理和财务运作的能力，主要表现在四个方面：一是财务管理能力，涉及财务决策、财务控制、财务规划、财务创新等方面；二是财务活动能力,如筹资能力、投资能力、资金运用能力;三是财务关系能力,即平衡股东、债权人、员工、政府等利益相关者之间财务关系的能力;四是财务表现能力,主要涉及企业盈利能力、偿债能力、营运能力和成长能力。

组织能力是企业的组织架构建设与协调运转能力,是基于组织结构、业务流程、管理制度、企业文化而展现出来的活动能力。

对"知己知彼,百战不殆",习惯性地强调"知彼"的重要性。从语言学角度看,"知己"位列第一,更加重要。企业资源和企业能力是企业形象定位和目标公众定位的客观依据,只有摸清企业的家底,才有可能使公共关系与企业需求保持匹配性。

二、企业战略能力分析的理论模型

围绕企业战略规划,许多学者从企业和市场两个维度进行了模式化的探索,这些探索为分析规划企业战略提供了独特的视角,也为公共关系在企业战略中的角色定位提出了思路。

(一) SWOT 分析法

斯提勒认为,制定企业战略关键在于根据企业自身的优势(Strengths)和劣势(Weakness),找出市场环境所蕴含的机会(Opportunities)与威胁(Threats),从其象限中寻找出基本的发展方向,见图 4-3。

在 ST 象限,企业拥有较大的竞争优势,但面临的是市场威胁。企业应该采取收割型战略和多样化战略,重点是制定周密的防范措施,削减成本,减少某一特定经营部门(如一个战略经营单位、业务分部、商品系列、特定商品与品牌)的投资,以消除来自环境的危机,清除发展障碍。与此相关,公共关系宜采用收割型策略,频繁策划促销型公共关系活动,开展公共关系营销,引导公众大批量购买商品,尽快最大限度地获取市场利益。

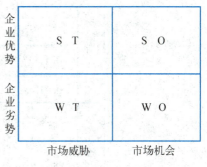

图 4-3 SWOT 分析模型

在 SO 象限,企业拥有竞争优势,面临的是良好的市场机会。企业应当采取增长型战略,包括集中化策略、中心多样化策略、垂直一体化策略,重点是制定可行的方案,尽快推出商品,严格控制成本,以价格优势迅速占领市场,建立技术领导者形象和市场领先者形象,使企业的增长速度高于商品所在区域市场的增长速度,获得高于平均水平的利润幅度。因此,公共关系宜采用进攻型策略,通过知识营销活动和新闻传播,积极创造市场需要,强化企业的市场领导地位。

在 WT 象限,企业在竞争中处于劣势,市场给行业的发展设置了障碍。企业应该采取比较保守的防御型战略,强调专业化、低成本,利用价格和服务,避开威胁并逐渐消除劣势,有步骤地从目前的市场领域和基础水平收缩,必要时应该尽快撤出市场。与此相关,公共关系宜采用紧缩战略,侧重品牌传播,巩固公众的品牌忠诚度,为企业转型发展创造品牌条件。

在 WO 象限,企业没有竞争优势,但市场为行业的发展提供了良好的机遇。企业应该采取扭转型战略,在弥补内部劣势的同时,最大限度地利用外部环境的机会,经营战略重点是积蓄实力,以图未来。与此相关,公共关系宜采用稳定型战略,即追求与过去绩效相同的公共关系目标,保持此前的风格与节奏,开展与过去主题与规模大致相同的公共关系活动。

请您尽量收集淘宝与拼多多两家电商的资料,然后为拼多多制作 SWOT 分析表,并拟定相应的公共关系方案。

(二)价值链分析法

价值链分析法(见图 4-4)是迈克尔·波特 1985 年提出的。波特把价值链界定为企业研究开发、采购、生产、营销、服务、人力资源管理等价值活动的集合体。它们

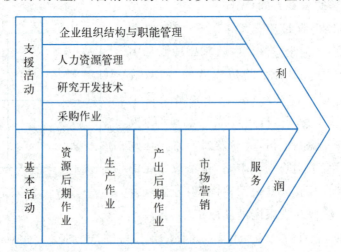

图 4-4 波特价值链分析模型

分别属于两种不同类型的价值活动,即基本活动和支援活动,每个行为都对最终产品价值有所贡献,都是价值行为,是企业竞争优势之所在,是企业利润的来源。但是不同类别的价值活动所创造的价值是不同的,不能创造价值的行为应予以排除。

根据价值链分析模型,可以分析:哪些价值活动应该自己做,哪些价值活动应该由别人做;哪些价值活动自己做有利,而由别人做不利;哪些价值活动自己做不利,而由别人做反而有利。这个分析模型对理解企业成本变化及其原因具有参考作用,有利于企业根据自身条件,找出对顾客最有价值而企业最有优势的活动,加以改进提高,从而提高企业的竞争力。

公共关系肩负外脑咨询重任,需要为决策层提出建议。价值链分析模型在公共关系咨询决策方面具有特别重要的作用。价值链分析模型的启示是有所为,有所不为。公共关系应该基于内外信息的全面把握与综合分析,帮助企业找准并做强自己的核心优势价值行为,同时列为公共关系传播的重点话语内容,塑造企业的特色形象;协助企业建构战略联盟队伍,把不能创造价值但又不可或缺的经营行为,以业务外包的形式交由合作者经营,塑造企业的利益共享形象。

问题思考

基于价值链分析模型,公共关系公司在业务经营上如何做到有所为、有所不为?

(三) BCG 矩阵分析法

BCG 矩阵分析法是波士顿咨询公司(Boston Consultant Group)的创立者布鲁斯·亨德森提出。波士顿咨询公司认为:"公司若要取得成功,就必须拥有增长率和市场份额各不相同的产品组合。组合的构成取决于现金流量的平衡。"BCG 矩阵分析法以企业产品的市场占有率和行业的成长性(往往表现为销售增长率)为轴线,设计出矩阵图,借此判断产品现有的方位,提出相应的对策。其模式见图 4-5。

A 状态表明企业的产品市场占有率高,但成长性差,属于金牛型产品,是企业的"现金提供者"。产品的高市场占有率,说明其短期获利能力非常强,利润和现金产生量比较高,而成长性差意味着其对现金需求较低,所以是企业现金的主要提供者。企业的基本策略是不再对其进行开发投资,而应以有效的方式尽快回收市场利益,为企业赢得经济效益、开发问题儿童型产品提供资金,同时准备在某一时期

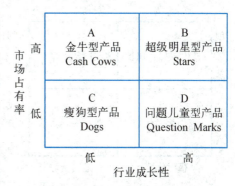

图 4-5 BCG 矩阵分析模式

主动淘汰产品。此时，企业应该推行公共关系营销策略，不仅引导公众积极购买，扩大市场销售量，而且强化品牌影响力，为企业转型奠定品牌基础。

B状态表明企业的产品在整个行业中处于主导领先地位，而且行业颇有发展前途，属于超级明星型产品，产品销路好，获利丰厚，发展后劲足。为了保持其优势，企业应该加大投资规模，但资金应来源于其产品自身的市场盈利，企业资金净收入不高。此时，企业需要不仅加强公共关系媒介传播，而且不断开展公共关系活动，整合线上传播与线下传播的内容，以强势公共关系传播进一步激发公众的消费愿望。

C状态表明企业的产品既无行业前途，又无市场占有率，属于瘦狗型产品，可能自给自足，也可能亏损。面对这种情形，企业应该尽快关闭生产线，积极筹备开发新型产品。为此，企业应该开展以提高品牌知晓度和美誉度为目标的公共关系传播，为企业转型后开拓市场奠定品牌基础。

D状态表明企业的产品行业成长性高，但是目前企业的市场占有率低，属于问题儿童型产品，前途未卜。经过努力，这种产品可能成长为超级明星型产品，但稍有不慎，又可能成为瘦狗型产品。企业的对策是加大投资规模，加强新产品开发与市场开拓工作，以提高产品的市场占有率。相应地，企业需要开展推介型公共关系，重点向公众传播新兴产业的价值优势，在推动行业成长的过程中壮大企业的竞争实力。

> **问题思考**
>
> 请您深度了解复旦大学出版社的业务经营，然后制作BCG矩阵分析，并提出相应的公共关系传播策略。

（四）策略选择模式

策略选择模式是日本策划大师大前研一提出的，他以现有产品与创新产品、相对优势和绝对优势为轴线，进行区分后，提出了四个基本策略，即利用策略自由度、利用相对优势、主动出击和集中关键因素。这四个策略的关联模式见图4-6。

图4-6 策略选择模式

利用策略自由度就是企业开发新的产品或开辟新的市场，创造出只属于自己的优势领域，谋取发展，但是与竞争对手要避免正面竞争。公共关系应该重点传播创新产品，讲好技术创新的故事，塑造创新产品的替代者形象。

利用相对优势就是企业把自己现有的产品与竞争对手的产品进行分析，找出两者的差异，以企业自身的相对优势与竞争对手展开竞争，但是要避免正面竞争，因为相对优势只是局部优势。公共关系需要强调定位意识，开展错位传播，把企业的相对优势充分呈现在目标公众面前，塑造产品的性价比形象。

主动出击就是企业面临强大的竞争对手时，主动放弃原来的竞争领域，开发全新的产品，形成全新的竞争优势，主动与对手展开正面竞争。此时，公共关系充分传播企业不屈不挠的奋斗精神和坚强的意志，塑造凤凰涅槃、浴火重生的形象，同时积极开展知识营销活动，传播产品的技术革新故事，塑造创新产品的替代者形象。

集中关键因素就是企业以现有产品为基础，找出影响竞争成败的关键性因素，并把企业的资源集中于关键性因素之上，创造出新的优势，与竞争对手展开正面竞争。公共关系应该讲好企业引导行业发展的故事和核心竞争力，塑造企业的市场领导者形象。

大前研一的策略选择模式，虽然有避免正面竞争之嫌，但始终都强调进攻性策略，主张强化或者创新产品的优势，调整企业的现有实力，集中优势展开竞争，使企业凌驾于竞争对手之上，对于强化公共关系的进攻性，具有重要的应用价值。常言道：进攻是最好的防守。公共关系本质上主动的，其核心动词塑造、策划、传播、创意、建构、管理等都含有明确的进攻色彩。即便危机公关，也强调在应对的同时，追求"化危为机"，带有明显的进取意识。应该说，大前研一的策略选择模式的实质要求与公共关系是高度契合的。

要点提示

竞争是个好东西，不仅能开拓市场，而且还能激活员工进取意识。但是，采用正面竞争策略还是避免正面竞争，则要客观判断是否有优势，有多大的优势，否则就是鸡蛋碰石头。

三、战略能力分析的目的

企业战略能力的分析，表现为通过资源评估和能力评估，了解企业现有资源及利用情况，了解资源的平衡性和应变力，了解资源与战略之间的适应性，找出企业的优势与劣势，根本目的是确认并培育企业的核心竞争力。

核心竞争力是企业所特有的能为顾客创造特殊价值，使企业在某一市场上具有持续竞争优势的内在能力资源，是企业内部一系列互补的技能和知识的有机整合，能够确保企业具有一项或多项业务达到行业一流水平，包括技术方面的核心竞争力和管理方面的核心竞争力。核心竞争力指向业务的关键成功要素，使企业既能为客户创造更多更持久的价值,更好地满足顾客对商品质量、创新升级、价格、品种和服务等方面的需要,同时又能为自身创造最佳效益,具有价值性特点。核心竞争力能够保证企业在行业内处于引领地位,比竞争对手更好、更强,具有优越性特点。核心竞争力是竞争对手很难模仿而且不可交易的能力,难以转移,难以复制,具有独特性特点。核心竞争力必须为企业所占有,能够保证企业能获得相应的租金,具有占有性特点。核心竞争力能够应用于企业的多种产品和服务领域,具有延展性特点。此处,它是企业科学技术、制造技术和工艺技术的有机整合,具有融合性特点。

公共关系应该主动对标和服务于核心竞争能力,为核心竞争力的发展创造良好的条件,做好以下四项工作:第一,开展内部公共关系,增强员工凝聚力和向心力,为核心竞争力的发展奠定扎实的组织基础;第二,概括核心竞争力的责任品质,即通过企业核心竞争力文献资料的梳理,发掘其中所蕴含的企业使命与担当故事,提炼核心竞争力的境界理念;第三,收集相关顾客评价和行业发展资讯,为核心竞争力的创新与发展提供咨询建议,确保核心竞争力的永续性;第四,传播核心竞争力,即运用创意手法,构思核心竞争力的呈现话语,创作展现核心竞争力的整体形象广告,围绕核心竞争力策划新闻传播,提高核心竞争力的知晓度,扩大核心竞争力的市场影响力。

> **问题思考**
>
> 请您立足景德镇陶瓷的核心竞争力,构思一篇旨在传播景德镇陶瓷(china)形象的公共关系文案。

第三节 公共关系的运作程序

公共关系运作程序的经典模式是斯科特·卡特李普在《有效公共关系》中提出的"四步曲",即公共关系调查—公共关系策划—公共关系实施—公共关系评估。在实践中,现在越来越强调策划环节,认为策划是公共关系的本质,其中策略被界定为策划的核心内容,而谋略被认定为策略的根本。公共关系策划是一种谋划,讲究运筹帷幄,注重"时"(时间)、"势"(局势)、"术"(策略、方式)的有机统一,讲究深谋远虑之计、权宜之计、随机应变之计的灵活运用,增强公共关系活动的实效,降低风险性。

一、公共关系调查

公共关系调查就是在特定时空条件下,运用既定的调查工具和技术,收集公众信息和社会信息、分析公众意见的过程,包括制定调查方案、实地收集资料、分析调查资料、撰写调查报告等环节。

制定调查方案是开展公共关系调查的基础,包括确定调查目标与任务、确定调查选题、设计调查指标、设计调查阅卷与访谈提纲、确定抽样方法、选择调查方法、确定调查对象、确定调查实施的时间等。

实地收集资料是公共关系调查的核心环节,就是根据调查方案,在既定的范围和时间内,利用既定的调查方式、方法,向既定的公众收集信息资料,具体需要做好以下四项工作:第一,组织调查对象群体,即根据调查工作计划中的抽样方案,选择调查样本,把符合调查样本要求、具有代表性的公众挑选出来,作为本次调查活动的调查对象。第二,发放问卷,讲清填写问卷的注意事项,引导调查对象认真、如实地填写问卷、回答问题,提高调查对象填写问卷的主动性和规范性。第三,回收问卷,并进行初步的问卷整理,把不符合要求的问卷作为无效问卷清理出来,归档另外收藏。第四,观察公众的言行,收集公众在言谈举止中流露出的真实信息资料,并及时做好记录。

分析调查资料就是研究调查资料,客观得到调查结论,从纷杂的信息资料中判断社会组织公众关系和品牌形象的实际状况,发现存在的问题,初步明确公共关系的目标和思路。

撰写调查报告是调查工作的最后一个环节。调查报告是呈现调查分析结论与调查资料的一种应用文,强调主题明确、中心突出、材料典型、逻辑性强的要求,形式上要做到条理清晰,用词宜精练简短。

二、公共关系策划

公共关系策划就是根据调查结论、社会组织发展的需要和经费状况,确定公共关系目标,创造性地设计公共关系活动方案和宣传方案的构思过程,包括:进行目标决策、制定定位策略、进行公共关系创意、确定公共关系活动、制定媒介策略和确定公共关系活动的时机等环节。

(一)进行目标决策

公共关系目标是一个内容丰富而有机整合的体系,从不同的角度来划分,其构成要件是不一样的。

从时间角度看,公共关系目标分为长远目标、中程目标、短期目标和具体活动目标。长远目标是社会组织的战略性目标,希望通过10年甚至更长时间的奋斗才能达成的总体设想,是具体公共关系活动的努力方向和奋斗目标,强调相对稳定,不能随意更改。中程目标是长远目标的阶段化呈现,使公共关系在2—5年这样一个较长的时间内,有一个相对明确的目标。短期目标是公共关系的年度目标,用以确定年度的日常工作、定期活动和专题活动需要完成的具体任务,具有很强的约束、导向作用。具体活动目标是某项公共关系活动需要解决的具体问题。

从指向上看,根据顾客、中间商和销售员的不同,公共关系目标各有不同。其中,针对顾客的公共关系目标主要有九个:① 让顾客了解商品知识,熟悉操作方法;② 刺激潜在消费者尝试进而反复购买商品;③ 争取其他品牌消费者转向自己品牌的商品;④ 刺激消费者大量购买商品,提高购买频率;⑤ 高度认同企业品牌,强化品牌忠诚度;⑥ 积极向周围公众推荐商品;⑦ 毫无顾忌地消费品牌延伸的新商品;⑧ 淡季购买企业所推介的商品;⑨ 为商品的技术创新出谋划策等。针对中间商的公共关系目标有八个:① 提升商品展示位置,在商店显著位置陈列商品;② 提高货架陈列率,增加销售面积;③ 加强橱窗设计和POP广告,有效展示商品形象;④ 增加库存量,提高交易量;⑤ 在店内积极开展商品文化节、品牌专题公共关系活动;⑥ 强化品牌忠诚度,排除竞争品牌;⑦ 积极宣传和推介品牌延伸的新商品;⑧ 配合企业开展公共关系活动,提供公共关系支援等。针对销售员的公共关系目标有五个:① 树立首选介绍意识,优先向顾客推介企业的商品,频繁向顾客推荐企业品牌的商品;② 寻找潜在顾客,扩大顾客队伍;③ 积极向顾客宣传品牌延伸的新商品;④ 维护商品的品牌形象;⑤ 在淡季保持宣传和销售企业商品的热情,维持商品销量。

(二) 制定定位策略

现代社会的市场是一个追求个性、讲究差异性消费的时代,企业成功的关键之处在于寻找具有发展前途的市场空隙,开展错位竞争。这就需要公共关系定位。

公共关系定位就是运用市场营销的细分原理,根据自身实力与社会需求,明确目标市场和目标公众,进而确定品牌形象品质与品牌位置的过程。明确目标市场与目标公众是公共关系定位的基础工作,旨在清晰界定符合企业实力且具有成长性的市场空间,是城市市场还是农村市场,是高端市场不是中档市场还是低端市场,应该有明确的结论。确定品牌性格与品牌位置是公共关系定位的核心工作,旨在为品牌创造一个能够迅速进入目标公众心智的概念与想法,形成品牌刻板效应,使品牌在目标公众以心目中独树一帜,获得独一无二的专属位置。其中,确定品牌性格就是明确品牌形象的个性特色,是轻奢精致还是身份地位或是科技时尚抑或实用实惠等等;确定品牌位置就是明确品牌在竞争同行中的位序,是市场领导者还是市场挑战者或是"沉默的大多数"。

（三）进行公共关系创意

创意是公共关系和广告学科都十分强调的专业核心概念之一，对其内涵的界定虽不尽相同，但都强调创造性思维的运用。韦伯扬说："创意是商品、公众以及人性诸事项的组合，创意应着眼人性，从商品、公众与人性的组合中发展思路。"阿尔伯特·圣捷尔吉（Albert Szent-Györgyi）认为："创意就是发现人们习以为常的事物的新含义，是'旧的元素、新的组合'。"雪莉·波尔科夫（Shirey Polkoff）也说："创意就是用一种新颖而与众不同的方式来传达单个意念的技巧与才能。"关于创意的呈现形式，主要有两种观点，一种观点认为创意就是构思过程，是设计剧情、安排情节的过程，强调的是以写实化的意境来表达某种观念、思想；另一种观点认为创意是创新过程，是提出与众不同的活动方案、拟定出奇制胜的措施的思维过程，主要强调新颖问题，创意的结论往往是某种点子、主意。其实，创意既有构思的成分，又有创新的色彩，是创新与构思的结合体。

公共关系创意是创意技法在公共关系领域的特殊运用，是根据调查结论、企业形象特性和公众心理需要，运用联想、直觉、移植等创造性思维方法，构建富有吸引力的美好意境的过程。进行公共关系创意需要运用奥斯本创立的"头脑风暴法"，遵循暂缓评价、自由联想、数量产生质量和搭便车的原则，借助移用法、移植法、修改法、放大法、缩小法、替换法、重新安排法、颠倒法，以及组合法等，大胆构思，提出新颖想法。

公共关系创意是服务于公共关系活动需要的，必须实现创意与"创异""创益"的有机统一，既能以新异提高公共关系的注目率和吸引力，又能服务于企业的市场销售。在这方面，戴·比尔斯关于钻石与爱情的创意就颇具启迪意义。钻石最早开采于2 800年前的印度，当时被视为天赐的圣物，用于驱灾避邪，中世纪成为地位与权力的象征。1888年戴·比尔斯成立并逐步垄断了全球80%天然原钻的开采与购销，1929年金融危机后遭遇市场危机，于是推行"时尚计划"，但以失败而告终。1945年，公司决定再次赞助奥斯卡颁奖典礼，当24克拉纯钻石项链送到最佳女主角琼·克劳馥时，琼·克劳馥深受感动，惊呼"太漂亮了，是用什么做的？"，并问到"它有什么特别的意义吗？"公司代表微笑回答道："钻石有坚硬、亘古不变的品质，就是您的下一代、再下一代之后，它依然会保持今天的美丽和光鲜！"琼·克劳馥闻后，想到自己失败的爱情生活，伤感地说道："要是一个人能有像钻石一样的爱情，那该多好啊！"苦于找不到合适创意的公司代表突然得到启发：钻石是坚硬的，钻石是稳定的；爱情应该是坚定的，爱情应该是稳定的，不因时间变化而变化。于是，形成"钻石＝坚硬＋稳定＝永恒""爱情＝坚硬＋稳定＝永恒"的思维链接，并得出"钻石＝爱情＝永恒"的结论：A Diamond Is Forever。这样，爱情需要形式，品牌需要故事，经过持续多年的广告宣传与公共关系活动，戴·比尔斯被成功赋予了甜蜜幸福、美满爱情的产品形象。其实,钻石也就是钻石,与爱情没有关系。后来"A Diamond Is Forever"被翻译为"钻石恒久远 一颗永流传",更是演绎了其中的真爱永久内涵,为戴·比尔斯赢得实实在在的中国市场利益创造了扎实的品牌特色基础。

戴·比尔斯轻轻的一句"A Diamond Is Forever",打动了全世界的女性,全球一半的人口为之着迷。请您模仿戴·比尔斯"A Diamond Is Forever"的创意套路,为玉石进行创意设计。要有挑战戴·比尔斯的目标和勇气,万一实现了呢?

从上述案例中,可以看出,公共关系创意包括主题构思和创意表达两项基本工作。主题构思就是以公共关系活动核心概论为轴心,明确公共关系活动的中心思想、主题基调、核心内容的思维过程。在这个过程中,策划人员要善于把公共关系活动视为文学作品、影视作品、戏剧小品,进行编写、编导、编演,这样才能提高主题构思的水平,使公共关系活动既有明确单一的主题思想,又有丰富愉快、感性色彩浓的美好梦想,从而赢得公众的注意与好感。创意表达就是围绕公共关系活动的核心概念、中心主题,拟定宣传标题、标语、口号,编制活动表现情节、确定公共关系活动的图案与音响,让美好意境直观形象地呈现在公众面前。

(四) 确定公共关系活动

活动与媒介共同构成了公共关系的传播载体。公共关系策划的核心任务就是基于创意和公共关系的具体目标,构思公共关系活动,借助活动建构公众关系,塑造品牌形象。例如,一款早年被我国台湾译为"刁陀"(后译名更改为"帝舵")的瑞士表,为了提高知晓度,策划、实施了三项活动。第一项活动是"寻人启事",在台湾主要日报上刊标语为"从瑞士到台湾,刁陀表万里寻亲"的广告,告知大家寻亲的对象有:姓名叫"刁陀"或"刁陀表"的人;姓名的读音和"刁陀"或"刁陀表"相同的人;姓"刁"的人;知道刁陀表产地的人(能够说明是哪一国、哪一厂家的产品)。第二项活动是"潜水寻宝",举办单位将两只价值1万元新台币的刁陀表投入海中,应征者潜入海中寻宝,寻得者即拥有。第三项活动是"海边万人寻宝及趣味竞赛"。在活动的前一天,厂家委托海边某浴场,将400个多个装有奖品的小塑料袋分别埋藏在海边沙滩上事先划好的范围内。奖品有手表、双人用帐篷、瑞士皮夹、旅行袋、大浴巾、T恤衫等。当天下午3—4时,游客在沙滩寻找这些小塑料袋者,寻得者即可凭袋内的奖品单领取奖品。此外,当天还举办了多种趣味性游戏,如挑水比赛、滚瓜烂熟、堆沙比赛等。这些游戏活动,就是传播刁陀手表产品信息与品牌信息的公共关系活动。

实战

假如您是景德镇陶瓷某品牌的美国市场业务代表,请您根据美国人的国民特性,构思五项主题鲜明、前后连贯的公共关系活动。

(五)制定媒介策略

媒介策略主要是解决在什么时间和运用什么地方的哪些媒介按照什么样的组合方式进行什么内容的传播问题,这就是"五W媒介计划法",包含四个分配法和一个组合法,即媒介分配法、地理分配法、时间分配法、内容分配法和宣传阵势组合法。所谓媒介分配,就是确定使用哪些媒介(如哪些互联网传播平台、哪些报纸、哪些电视台等)进行公共关系传播;所谓时间分配,就是对公共关系活动广告、新闻作品、公益广告作品发布的时间和频率做出合理安排;地理分配,就是确定选择哪些区域的媒介开展传播;所谓内容分配,就是确定在相应媒介上刊载哪些方面的传播内容。所谓宣传阵势组合法,就是把上述四个分配决策结论,根据优化原则和层次原则,进行媒介整合,组合成公共关系的宣传阵势。

 **资料补充**

媒介的传播效用指数是择用传播媒介的核心标准,衡量媒介传播效用指数的维度主要有:

媒介的传播优势与劣势	媒介的 AIDA 效果
媒介的千人成本	媒介的符号机制
媒介的属性与地位	媒介的受众指标
媒介覆盖区域的质与量	媒介技术的时代性
竞争者的媒介策略	公众的媒介生活习惯

(六)确定公共关系活动的时机

时机选择得好,可以增强公共关系的效果。相反,时机不当,则可能影响公共关系的活动效果。一般地说,以下一些时间是开展公共关系活动的理想时机:节假日;重大社会纪念日;开业之际;新产品、新技术、新服务项目开发之际;企业转产、合并、合资、迁址之际;开展社会公共福利活动之际;产品畅销之际;企业荣获重大荣誉、证书之际;领导人、重要外宾参观企业之际;发生重大责任事故之际;采取重大决策措施之际等。这些时间是企业发展过程中的关键阶段,敏感度高,在这些非常时刻,适时地开展相应的公共关系活动,容易引起公众的注意和好感,形成公共关系的轰动效应,从而获得良好的公共关系效果。

三、公共关系实施

公共关系实施就是落实公共关系策划书的具体计划和要求,主要包括举办公共关系活动和开展公共关系传播两项工作。举办公共关系活动涉及的工作主要有：邀请与确认嘉宾、政府主管部门报批、规划与布置场地、制定预案、活动演练、主持活动、组织和实施具体公共关系活动。开展公共关系传播就是按照策划书的规划,围绕公共关系的开展,撰写新闻稿、策划新闻事件、召开新闻发布会、制作并发布符合技术参数要求的公共关系广告作品、启动网络新媒介传播,实现主流媒介与新媒介、新闻与广告的同频共振传播,扩大公共关系活动的社会影响力。

公共关系策划书虽然是前期调查与分析讨论的安排,但毕竟是一种先期预设性安排,与后期实施阶段的实际情形相比,尚存在一定的不确定性。因此,公共关系实施阶段,在原则上遵从策划书安排的基础上,还需要根据变化着的实际情形,调整公共关系策划书的局部内容,包括对原有公共关系活动主次地位的调整,放弃某些不合时宜的项目,补充一些原来没有设想的新项目,以便更好地达成既定的公共关系目标。

在公共关系实施阶段,社会组织直接面对公众,与公众打交道。因此,必须严格遵守交往礼仪,展现出现代公民应有的情怀与亲和力,借助难得的人际交往平台强化社会组织的良好形象。

四、公共关系评估

企业运用科学的检测方法,评估公共关系的效果,是公共关系的最后环节,同时也是后续公共关系的起点,为确定新的公共关系目标提供客观依据。

(一) 公共关系效果的评估标准

公共关系效果的评估标准是社会效益、心理效益和经济效益。企业公共关系的绩效路径应该是以社会责任绩效为形、以心理绩效为媒,最终结出经济硕果,因此在这三项评估标准中,社会效益是前提,心理效益是中介,经济效益是根本。

公共关系能否实现协调公众关系、塑造品牌形象的目标,取决于能否为社会与公众创造实实在在的价值,带来切实的利益。因此,评估公共关系活动的效果,首先要衡量其社会效益。评估公共关系社会效益的指标主要有：参与社会难点问题的解决,展示出浓烈的国家情怀;传播社会主义核心价值观,弘扬社会正气;参与社会重大事件特别是公共突发事件的处置,表现出企业的公民责任精神;资助社会公益、慈善事业,呈现企业的道德责任形象;弘扬民族传统文化与民族精神,展示企业的文化传承和文化自信形象;促成积极、乐观、奋斗、进取等健康社会心理的形成,表现出企业促人奋发向上的鼓动者形象;引导大众养成文明的生活方式;获得社会与政府的称赞。

为了争取公众的认同,公共关系强调取悦于公众,因此它又表现为影响公众心理的活动,旨在引导公众产生积极、正面的心理体验,在赏心悦目之中对企业产生好感与期盼。所以,评估公共关系活动的效果,还要衡量其心理效益。评估公共关系心理效益的维度主要有:引起公众对企业及其公共关系给予注意;引导公众产生兴趣和好感;引导公众产生参加公共关系活动的欲望;促成公众参加公共关系活动的行为;引导公众记忆,对企业品牌留下深刻印象,记住企业的核心竞争能力、经营特色和品牌个性;引导公众对企业和品牌产生美好联想与期盼,形成品牌依赖心理,使企业的商品成为其实物消费、身份消费、地位消费的基本对象。

企业不是公共部门,也不是心理健康教育机构,其社会使命在于创造财富,公共关系的社会效益与心理效益,最终应该体现为经济效益。因此,评估公共关系的效果,在评估社会效益、心理效益的同时,必须重点评估其经济效益。公共关系不是市场营销,但要服务于市场营销,因此评估企业公共关系的经济效益,不是统计其销售额,而是看公共关系在提高市场份额、提高经营利润方面的贡献,衡量指标主要有:立足商品推广消费观念,使商品成为新生活方式的一种标配;开辟新的市场,在新市场提高了商品的知晓度与美誉度,开拓市场领域;推介商品形象,特别是商品的技术形象、材质形象和身份形象;激发目标公众的消费需求与购买欲望;培养目标公众的商品消费乐趣;促成并固化目标公众的购买行为;引导公众进行口碑传播,借助公众的人际网络提高品牌影响力;提升品牌的竞争地位;开发并推介商品新的用途;等等。

(二)公共关系效果的评估方法

评估公共关系效果的方法,主要有以下四种。

1. 观察体验法

观察体验法就是评估人员亲临公共关系现场,直接了解公共关系的实施情况,观察收集公众的反应,估价公共关系效果,并当场提出改进、调整意见。

2. 目标管理法

目标管理法就是把公共关系活动的具体目标细化为公共关系绩效考核指标,用绩效考核指标评估公共关系目标的实现程度。

3. 民意调查法

民意调查法就是把公共关系效果评估的内容设计成问卷,通过问卷调查的方式,了解公共关系对目标公众的影响,如 AIDAC 效果,即是否引起了公众注意(Attention)、能否培养了公众的兴趣(Interest),是否激发了公众的欲望(Desire),是否促成了公众的行为(Action),是否赢得了公众的信任(Conviction),以及目标公众对公共关系的反映与评价,据此形成调查结论。调查结论就是公共关系效果的评估结果。

4. 舆论分析法

舆论分析法就是通过统计、分析媒介特别是主流媒介和自媒介对公共关系活动及其结果的评价与传播情况,来评估公共关系的效果。其具体做法有三种:第一,定性分析,即分析媒介传播的内容是正面报道还是负面报道,公众的跟帖是点赞还是吐槽,是谅解还是指责;第二,定量分析,即媒介报道的篇幅大小、持续时数以及版面位置等;第三,载体分析,即分析媒介自身的社会地位与社会影响指数(如纸媒的发行量、电视与广播的收视率、自媒介的粉丝量)。

(三)评估公共关系效果的注意事项

首先,坚持定性分析与定量分析相结合,以便从价值判断和数据事实两个方面综合评估公共关系活动的效果。

其次,坚持长远效益分析与近期效益分析相结合。公共关系强调战略思维,效果不可能马上全部得到体现,这是公共关系效益的特殊性。因此,评估公共关系效果时,除了考察近期效益外,还要利用动态模式方法分析长远效益,形成科学公正的评估结论。

最后,坚持标准性与变化性相结合。这就是说,一方面要有相对标准化的考评内容和考评项目,另一方面也要根据公共关系活动的特殊性和时间空间条件的变化,适当变通其中的部分测评项目,确保测评结论的科学性。

本章小结

基于强化公共关系战略意识的考量,介绍了 PEST 分析模型和行业生命周期模型、波特竞争结构模型的基本内容,以便分析公共关系宏观环境和微观环境的特性。公共关系需要切合社会组织的实际情况,所以本章介绍了 SWOT 分析法、价值链分析法、BCG 矩阵分析法和大前研一策略选择模式的基本主张及其公共关系启迪,以培育和发展企业的核心竞争力。为了提高公共关系运作的规范性,本章分析了公共关系四部曲的基本内容,指出:策划公共关系活动的基础是调查;运用定位理论,设计融公共关系活动与公共关系宣传于一体、既有创新色彩又富有可行性的公共关系活动方案,是公共关系策划的中心任务;公共关系方案真正产生效果还在于实施。出于实战需要,学生应该掌握开展公共关系调查和策划的基本知识和技能,既能撰写公共关系调查报告,又能撰写公共关系策划书。

学习重点

PEST 分析模型和行业生命周期模型、波特竞争结构模型的基本内容

SWOT 分析法、价值链分析法、BCG 矩阵分析法和大前研一策略选择模式内容及其公共关系启迪

公共关系四部曲

公共关系策划的步骤和内容

 语 录

美国哈佛企业管理丛书编纂委员会:"策划是一种程序。在本质上是一种运用智力的理性行为。基本上所有的策划都是关于未来的事物,也就是说,策划是针对未来要发生的事情做出当前的决策。换言之,策划是找出事物因果关系,分析未来可采取的途径,作为目前决策的依据,亦即策划是预先决策做什么,如何做,谁来做。……策划的步骤是以假定目标为起点,然后制定策略、政策和详细的内部作业计划,最后还包括效果的评估和反馈,而返回到起点,开始策划的第二次循环。"

 前沿问题

公共关系刚刚引入大陆时,主要是从公共关系原理与公共关系实务两个角度,阐述公共关系的基本过程、原则和技巧。后来发现公共关系作为一种内求团结、外求发展的特殊活动,策划至关重要,于是确定了策划在公共关系中的核心地位,聚焦探讨策划的方法与技法问题,并引入了创意的概念。当下,对公共关系策划的探讨,不仅从实战角度梳理公共关系运作步骤,以优化公共关系操作流程,而且特别强调战略观,以强化公共关系的正当性。

推荐阅读

《公共关系战略与策划》(刘绍庭编著,华东师范大学出版社,2014 年出版)

该书运用战略管理学、策划学、社会学、传播学等多学科的知识,全方位、多视角地对公共关系战略与策划的内在机理、作业流程和操作策略进行了系统分析和研究,兼顾理论性与实践性、知识性与应用性。

推荐理由:本书是目前国内唯一一本系统阐述公共关系战略与策划的专业著作。

白沙飞机送学子

望子成龙的心态使高考成为中国社会六月份最为关注的焦点。某年高考临近之际,湖南白沙集团公司决定借高考这一特殊的社会事件,塑造公司形象,开展"白沙飞机送学子"活动。

高考的前一天,该公司在《长沙晚报》上陆续刊登了两则广告,宣布白沙集团将包租飞机免费专送被北京重点高校录取的长沙学子赴京就读。广告登出之后,"白沙飞机送学子"的消息迅速传遍长沙,民众议论纷纷,公司名声大振。随后,该公司又召开了一个"新闻通气会",向各个新闻单位披露了有关举办这次活动一波三折的内幕消息,引起了媒介的极大兴趣。会后,电视、报纸、广播纷纷报道、评说这项活动,进一步扩大了公司的影响。

为了强化影响力,公司策划相继多个大型广告宣传,不断为此次活动推波助澜:7月中旬推出第三则广告"有利家国书当读,无愧儿孙事莫辞",正面宣传公司举办这次活动的良好动机;紧接着又推出第四则广告"荣损且当平常事,成败岂可论英雄",以抚慰和激励落选考生,升华公司的人格形象;第五则广告"世人多跟感觉走,口碑许必金杯强",强化顾客对白沙公司产品的认可心理,并成功推出一次免费品尝的活动;在第六则广告中,公司宣布以优惠供货价欢迎落选考生加入部分产品的直销队伍。

待到高考揭晓时分,活动进入高潮。8月28日,该公司买下《长沙晚报》和《湖南日报》的整个版面,刊登了题为"大风起兮云飞扬,腾空一去兮望君还"的广告。这则广告不但设计得气势恢宏,而且把即将免费乘机学子的姓名、母校及录取大学全部刊登出来。结果,报纸销量直线上升,许多考生家长买下数份分赠亲友。当晚,公司在湖南宾馆举行了大型酒会,公司领导亲自向"天之骄子"赠发机票。8月31日,长沙中央大道五一路上挂满了公司的宣传横幅及气球、彩旗,赴京学子乘坐的专车在此缓缓而行,然后直驶机场,湖南有关电视台和报社记者随机作了采访报道。

新生抵京后,该公司驻京办又安排专车将其分送到首都各个高校,活动圆满结束。

点评: 以一年一度的社会热点事件高考为依托,为赴京求学的学生提供特别服务,步步为营,环环相扣,在方便学生的同时,也创造了良好的舆论效应,有效塑造了公司的社会形象。

练习与思考

部分参考答案

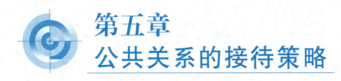

第五章
公共关系的接待策略

学完本章,您应该能够:
1. 了解接待在公共关系中的地位与作用;
2. 掌握公共关系接待的基本要求;
3. 掌握设计自我形象的基本技能;
4. 运用各种接待策略有效开展公共关系接待工作;
5. 熟悉各种基本的公共关系礼仪要求。

公共关系人员形象　语言感化策略　微笑表达策略　赞美贴近策略　情感交流策略　公共关系礼仪

本章讲述如何开展公共关系接待问题,涉及接待的基本知识和基本技能。接待在公共关系中具有极其重要的作用。从某种角度来看,接待是其他各种公共关系工作的基础,接待工作成效显著,能够有效地影响公众的心理,给公众留下良好的印象。做好公共关系接待工作是公共关系人员的基本职责。本章重点探讨公共关系接待工作的要求、公共关系接待方案的设计、公共关系接待人员形象的设计、开展公共关系接待工作的策略和礼仪,学习这些内容,有利于提高公共关系接待工作的实效性和艺术性。

第一节　公共关系接待工作的要求

接物待人是日常工作和生活中经常遇到的实际问题。但是,把接待引入公共关系领域后,便具有特殊的公共关系效应,同时也要遵循一些基本要求。

一、接待的公共关系效应

张小姐是毕业不久来到公司的大学生,颇具优越感和自尊感。公司安排其从基层接待工作做起,以便全面熟悉公司业务。在工作中,张小姐认为做好接待是"牺牲我一个,幸福千万顾客",工作态度时好时差,接待热情因人而异,影响了公众对企业的评价。假如你是培训教师,应该如何向张小姐分析接待的公共关系效应,向她说明接待在公共关系工作中的作用,引导她树立正确、科学的接待观。

接待是公共关系最基本的职能行为。国外公共关系人士认为,接待不是摆设,而是最基本的工作投资。接待直接作用于公众的首因心理和近因心理,使公众产生某些联想,因而在公共关系中具有特殊的作用。

(一)强化公众关系

建立持久、稳定的公众关系,是公共关系工作的目标之一。社会组织只具备优质产品和一流服务,在市场经济条件下,并不能完全有效地吸引公众、建立良好的公众关系。只有强化接待意识,提高以心换心、热情公正的接待工作艺术,才能永久性地吸引大量公众,扩大企业的合作性公众队伍。

(二)强化企业整体形象

公众对企业整体形象的判断,受制于首因效应、近因效应、晕轮效应等一系列的心理活动。接待主要是作用于人的这些心理机制,如果我们在接待工作中能自觉尊重公众,巧妙地运用接待技巧,始终把温暖和关怀送到公众心目中,使公众在首因效应、近因效应、晕轮效应的作用下,永久性地保持对企业的良好印象,就能达到强化企业整体形象的目的。

(三)展示企业的文化品位

接待工作虽是平凡、普通,但是也能显现出工作人员的内在素养和气质。具有良好的知识素养和文化品位的工作人员,在接待工作中能展现出端庄优雅的风姿,给人以文化品位感,进而使公众产生美好联想,形成对企业文化品位方面的良好印象。

（四）刺激公众的消费欲望

公众的消费欲望受制于很多因素，其中接待是一个很重要的制约因素。在服务接待中，如果我们的接待技巧一般，公众感到不舒畅，那么就算已经形成的消费欲望，也会顿时消失，不想购买商品。反之，如果我们能热情周到地接待公众，设身处地为公众着想，那么公众不仅会尽快购买物品满足自己的需求，而且还会产生新的需求。对社会组织而言，这就是公众市场的拓展。

二、公共关系接待工作的要求

问题思考

假如您是某企业的来访者，期待该企业公共关系人员在接待中达到哪些要求？

公共关系中的接待工作有一定的特殊要求，这些特殊要求集中体现在接待工作的基本原则之中。遵循这些原则，接待就能产生良好的公共关系效应。

（一）诚实和蔼

接待工作存在一个明显的态度问题，初次与企业交往的公众对接待工作的态度反应会特别敏感。公共关系人员态度诚恳，受接待的公众就会感到自己的人格受到尊重，也会觉得企业是一个温暖的集体，就容易接受企业传播的信息和倡导的价值观念。相反，如果公共关系人员态度不好，抱着轻视公众的不情愿情绪去接待公众，势必破坏公众的交往情绪，影响公众的积极互动反应。

接待工作要做到中肯诚实、和蔼可亲，最根本的途径就是要树立公众至上的公共关系意识，把公众当成企业生存与发展的"上帝"，急公众所急、想公众所想，这样就可以培养出对公众的敬畏情怀，不分公众社会地位高低贵贱，一视同仁地热情接待，这种诚恳的接待态度，必然能受到公众的欢迎。

要点提示

做到诚实和蔼，最根本的途径是要树立公众至上的公共关系意识。

（二）文明热情

在接待工作中，公共关系人员作为企业的代表直接与公众接触，他们的一举一动都影响着公众对企业的评价。因此，公共关系人员在接待中一定要做到文明礼貌、热情周到。尤其是对远道而来的公众，公共关系人员更应特别关怀备至、问寒问暖，帮助解决实际困难，消除公众对企业的陌生感和恐惧心理，造成良好的交往气氛，让公众感到宾至如归的温暖，给公众留下一个良好的第一印象。

（三）自然大方

在接待中，公共关系人员一定要做到朴实自然、举止大方，既注重基本的礼仪，又不至于过分做作。既不失现代人的洒脱风度，又端庄大方，从而赢得公众的好感。在待人接物过程中，如果公共关系人员过分矫揉造作、举止异常，一方面造成公众心理的紧张情绪，甚至提心吊胆，不利于形成交往的良好气氛，另一方面也容易引起公众的不信任心理，从而十分警觉地看待企业，不利于形成互相信任的和谐交往环境。

公共关系人员克服紧张不安、矫揉造作的交往心态，做到朴实自然、举止大方，主要途径就是经常性地参加待人接物的交往活动，在实际锻炼中提高自己的接待水平。另外，公共关系人员应树立社会组织与公众亲如一家的观念，而不要人为地在企业与公众之间划出鸿沟，自己给自己带来一种不必要的陌生感，把公众与自己对立起来，这样就容易形成陌生情绪，造成紧张而失常的举止。公共关系人员应把每一个公众，无论是新公众还是老公众，一律当成关系密切的老朋友，这样，大家一见面，行为举止就显得随和自然，形成一种利于交际的亲密感，促成公共关系接待工作的顺利进行。

（四）情真意挚

公共关系人员不能把接待工作看成是额外工作，应有这样的观念，即接待是整个公共关系活动中的重要环节之一，同样具有传递信息、沟通情感和影响行为的公共关系功能。因此，同样要求公共关系人员带着对公众的浓厚情感进行接待工作。没有情感的接待会给公众一种冷冰冰的感觉，这不利于创造和谐友善的交往环境，更不利于公众在情感上向企业倾斜，认同企业。情真意挚，这是接待工作的基本要求。

作为公共关系人员，待人接物不仅要情真，而且要公平，不应受社会地位、经济地位高低的影响，对所有来访的公众都要一视同仁、平等相待，而不能厚此薄彼，这是吸引公众和联络公众的基本条件。如果对公众不公平，公众就容易产生不信任，甚至对立情绪，从而疏远企业。

做好公共关系接待工作,至少应注意四个方面的要求。

第二节　公共关系接待方案的设计

公共关系接待工作分两种类型:一是日常性接待活动,即渗透在日常经营管理活动中的接待工作,表现为人际交往,一般不需要专门的接待方案;二是大、中型公共关系活动的接待工作,由于涉及的人比较多,事务性活动比较繁杂,一般需要根据公共关系策划书的总体规划,设计专门的接待方案。公共关系接待方案的内容主要包括以下八个方面。

一、成立接待工作领导小组

为了提高接待工作的地位,应该成立临时性的接待工作领导小组,一般由社会组织的高层管理人员担任组长,由相关职能部门的主管担任副组长,从机构上保证接待工作顺利进行。特别是接待工作的关键环节与重要场合,都应该明确副组长与专业接待人员一起负责,指导具体工作,使每一项活动、每一个环节的工作都能按统一标准与要求落到实处。

二、确立接待工作理念和基本思路

接待工作领导小组根据公共关系活动的规模和规格,集体商定接待工作的规格,确定接待工作"无缝对接,横向联动、纵向整合,理顺职责,形成合力"的指导思想,确定做好接待工作的基本思路,分解任务、落实责任,确定接待工作队伍的数量、选择办法与标准,拟定接待预算方案,制定细化的接待应急预案。

三、制定细节化的接待工作规范

从语言规范、肢体动作要求、服饰规范、化妆要求等方面,设计接待工作各个环节上的要求,包括迎宾姿态、签到姿势、导座方法、应答要求、倒茶要领、座次安排等方面,精心编写《接待人员培训手册》《接待岗位方案》《应急预案》《接待工作指南》,确保接待人员职责清楚、任务明白。

四、组建接待工作队伍

接待工作领导小组根据接待工作的要求,从素养形象、形体形象、神态形象等方面制定选任指标,挑选合适的内部成员组建接待工作队伍。如果内部成员达不到相关要求,应该从高校、演艺公司等外部社会组织中选聘接待人员,确保一线接待人员的质量。

五、明确接待小组职责和工作范围

根据接待工作需要,将接待工作队伍分为若干小组,明确各个小组的接待起止时间和时间段、工作范围和任务,最好细化到每个人的具体安排和要求,为每个接待人员制定具体文本方案,使接站、报到、开幕、茶叙、宴会、文艺演出、参观游览线路、礼品发放、医疗保健等活动都有专人负责,形成细化方案。特别是重点宾客、重点活动,应该精心安排,制定专门、详细的接待实施方案,专人负责,明确接待工作的时间、地点和陪员,并专门指定工作人员负责通知相关部门人员准时参加。

六、开展接待培训工作

根据接待工作的具体要求和接待队伍的素质状况,有针对性地从礼仪规范、口头语言、肢体行为、接待技能(如导座方法、倒茶事项等)、工作制度(如保密要求等)、心态调节技巧、公共关系活动策略等方面,开展培训教育工作,让接待人员知道接待服务忌语和用语,掌握接待工作技巧,做到"四个熟悉":熟悉本地情况、熟悉会议安排、熟悉会议场馆、熟悉接待服务对象。

七、安排住宿与交通事宜

针对需要住宿和交通安排的公众,应根据公众的要求,预先制定具体详尽、妥当周详的方案,安排专人负责陪同、接送,确保公众休息好、走得了。

八、开展接待演习与排练

通过预演，发现问题，大到接待工作的定位问题、部门之间的协调问题、突发事件的处置问题，小到主要领导的站位问题、桌签的摆放问题、姓名的书写问题。演习与排练时，应尽量抓错、及时调整，以优化活动方案。

第三节 公共关系接待人员的形象设计

> 公共关系接待人员的形象要素包括哪些方面？

公共关系人员的形象设计是一个系统工程，涉及的内容比较多，具有综合性特点。凡是在公共关系中所呈现出来的、为公众视觉所注意或影响公众情绪体验的言行现象，都是形象设计的具体指标，常见的主要有素养形象设计、姿态形象设计、神态形象设计、语言形象设计、服饰形象设计等。

一、素养形象的设计

人的素养形象由单一要素还是复合要素构成？

素养形象是公共关系人员展示其他形象的基础。素养形象好，往往能够给公众这样一种感觉：文化品位高、有修养，这对展示个体形象进而展示企业整体形象具有重要的点拨作用，恰似画龙点睛之效。从实用角度来看，公共关系人员有知识、有修养，不仅可以直接提高工作效率，而且为自己转向新的工作领域提供良好的基础，从而逐渐发展为懂业务、懂管理、懂经营的复合型人才。

素养形象不是抽象的，而是具体实在的，其构成指标主要有以下四个方面。

（一）行业专门知识素养

公共关系人员不是纯粹的"公共关系事务者"，应该熟知企业所属行业的专业知识,了解国际同行的先进水平,并对行业知识和技术的发展趋势研究具有一定的水平。因此,在设计素养形象指标时,应该设计专门的业务理论知识培训制度,强化周期性的轮训机制。同时,规定出公共关系人员在平时应该阅读的行业、专业方面的书籍,并设计相应的考核办法,引导自己不断学习新知识,成为某一业务领域知识方面的行家里手。

(二) 相关学科知识素养

现代学科知识呈现出两个看似矛盾、实则同一的发展趋势,即分工越来越细的专门化趋势和学科彼此渗透的综合化趋势。应该说,专门化是前提和手段,而综合化则是结果和目的。根据时代对人才的要求标准,在设计素养形象的时候,要引导公共关系人员广泛吸取相关学科的知识,完善自己的知识结构,扩大知识面,以全方位地塑造自己的素养形象。

(三) 现代高新科技知识素养

现代科学知识的发展可以说是突飞猛进,自我淘汰速度也很快,新的高新技术层出不穷,生物工程、光纤工程、海洋工程等学科的知识时时刻刻都有崭新的突破,新材料技术、卫星技术、信息技术的长足发展更是让人惊愕。在高新技术风行全球的时代背景下,设计素养形象时,应该经常邀请专家、教授作专题报告,给公共关系人员进行高科技知识方面的教育,更新自己的知识素养,掌握新的知识理论和技术,在理论修养方面站在时代的前列,保持良好的素养形象。

(四) 社会人文知识素养

设计素养形象时,不能只偏重硬件性专业知识素养的规划,而忽略软件性社会人文知识素养的规划。在这个问题上,科学的态度是:以专业业务知识指标为导向,以社会人文知识指标为保障,"两手都抓紧",从而推动公共关系人员素养的全面发展。

公共关系人员的素养形象,基础在于知识,核心在于终身学习。

二、形体形象的设计

形体形象由哪些要素构成?形体形象是天生的还是训练养成的?

形体形象是员工的一种外在形象。外在形象的美是人追求和欣赏的一种美。孔子曾说:"文质彬彬,然后君子。"英国哲学家培根也说道:"相貌的美高于色泽的美,而秀雅合适的动作的美,又高于相貌的美,这是美的精华。"美国礼仪专家威廉·索尔比说道:"当你走进一个房间,即使房间里没有人认识你,或者只是与你有一面之缘,他们却可以从你的外表对你作出以下十个方面的推断,即经济水平、受教育程度、可信任程度、社会地位、个人品行、成熟度、家族经济地位、家族社会地位、家庭教养情况、是否是成功人士。"可见,外在美、形体美是多么重要。

形体形象不仅可以满足公众的审美要求,而且还能传递信息。人的一个眼神、一个动作,都有一定的语言符号意义。所以说,在人的综合形象中,形体形象直观、实在,直接以图像的形式影响公众的感觉性判断思维,给人印象深刻而具体,对展示公共关系个体形象和企业形象具有重要的意义。

形体形象应该给人端庄得体、朴素大方、温文尔雅、干练精明的感觉。设计形体形象既要注意实用性准则,又要注意人体工程美学准则。常言道:"站有站相,坐有坐相。"这是对人体形体的基本要求。现代人主张形体应当"美如画、站如松、行如风、坐如钟",这是社会对美的形体的形象概括。

公共关系人员的形体形象应该给人端庄得体、朴素大方、温文尔雅、干练精明的感觉。

"以貌取人"的新证据

据《新京报》报道,美国联邦政府发行的"地区经济学家"中一项调查研究指出:长相与人生际遇息息相关,长得高高、瘦瘦又好看的人,不仅薪金比普通人高,而且升迁的可能性也大。该研究发现:长相丑的人待遇比一般人低9%,长相好的人待遇比一般人高5%。身材好坏也影响薪金,胖女人的薪金比普通人低17%;身材高挑者,身高每高出1英寸,薪金上涨2%到6%。

就一般意义而言,人体形体主要包括容姿、站立、行走、坐姿和间距美,这是体现公共关系人员仪表和修养的主要内容,也是进行形体形象设计的基本方面。

(一)容姿的设计

公共关系人员的容姿应该端正庄重、简约朴实、整洁干净、自然得体。容姿是个体形象最直观的形象,主要包括美发与美容两个方面。

美发的设计对展现公共关系人员的外在美具有重要的作用。美发的基本要求是干净、整齐、简明、长短适宜。设计美发形象时,应该根据企业形象的总体要求,选择合适的发型。发型设计时应注意以下四个要求:① 发型与自己的发质相协调;② 发型与自己的脸型相统一;③ 发型要与自己的体型和谐一致,一般而言,身材体型高者,应以中长发或长发较适宜,矮者宜用短中发;④ 发型要与年龄相一致,少女的发型应以简洁为主,以突出天真、活泼的自然美,青年人的发型应以新颖、美观、活泼为原则,中、老人的发型则宜整洁、文雅、大方。

美容的设计应以淡妆为原则。这样既可以减弱、遮掩自己的容貌缺陷,又可以突出自己的自然美。

公共关系人员的容姿应该端正庄重、简约朴实、整洁干净、自然得体。

(二)站立姿势的设计

良好的站立姿势能够给公众一种挺括、直立和稳重的美感,进入一种"亭亭玉立"或"站如松"的境界,给人以美的享受。

站立姿势的要求。① 头宜端正、下巴放平,双目正视前方。② 人体直立、头部伸直,抬头挺胸,给人一种开阔的感觉。③ 双肩放松、自然下垂,略略后倾但不能前倾后斜。④ 胸部(含全副肋骨)自然舒展挺起、背部伸直,但肌肉不要收紧。⑤ 腹部向内收缩。⑥ 臀部肌肉略微向上收、适当收缩,但不要后撅。⑦ 手臂在身体的双侧自然下垂,女性也可以双手在身前自然交叉。⑧ 两腿均衡受力、腿跟并拢,保持身体平衡。男子站立时,双腿宜略微分开,以显稳健、强壮之美。女子站立时,双腿自然并拢或呈丁字步,以显温顺、轻盈、典雅之美。

站立姿势最忌讳斜靠在柜台、门框或墙壁等物体上,因为这样显得有些懒散、疲惫。

公共关系人员的站立姿势应该给公众一种挺括、直立和稳重的美感享受。

(三)行走姿态的设计

良好的行走姿态应当洒脱稳重、轻松矫健、自然大方。

(1)行走姿态的要求。① 抬头挺胸,以胸带动肩肘摆动,提髋、膝,迈小腿,整个身体的摆动要自然、和谐而有节奏。② 手势方面,宜自然、贴切,与步姿协调一致。③ 在步伐上,男子宜有大步,以显洒脱之美;女子宜用小步,以显含蓄之美。如果陪同公众,步伐应以公众为准,步子太大,公众不易跟上,步子太小,公众又易产生不自然的感觉。④ 在步距上,总体而言应注意协调,相互间距离不能过大,关系密切者可以并肩同行,而地位上有差别者,可拉开一步左右的距离,以显示对公众的尊重。⑤ 在力量上,脚步要轻而稳重。

(2)行走姿态的忌讳。以下这些行走形体缺乏美感,影响接待工作的质量,是行走姿态中的忌讳:① 手插在裤兜或倒背着手,或叉着腰行走;② 行走路线歪歪斜斜;③ 跷起臀部,双肩前倾;④ 高耸双肩,腰部发僵;⑤ 弓腰驼背,左右摇晃;⑥ 相互之间勾肩搭背;⑦ 与人同行时,步伐不协调,步距过大;⑧ 高步阔视,目中无人。

公共关系人员的行走姿态应当洒脱稳重、轻松矫健、自然大方。

(四)坐式形体的设计

良好的坐式形体应当端正、稳重、直挺、舒适、大方,给公众以优雅、端庄、亲切之感。

(1)坐式形体的要求。① 坐序上的要求是先人后己。② 入座时,动作要轻而稳。③ 保持优美的坐相。正确的坐姿是背部有依托,肩部放松,双脚贴地。具体要求有:上半身端正挺直,略略向上提着,下半身自然放松,以显示精神饱满。在落座时,两腿收拢弯曲,膝盖自然靠拢、脚跟合拢。落座后,把右脚尖向前斜伸出,把腿斜放,这可以保持身段均衡与自然美。在随便场合,男性可以跷二郎腿,但不能太高,不可抖动。女性可以采用双腿垂直式、双腿斜放式和双腿内收式,或者小腿交叉,但不可向前直伸。入座后,手不要托着腮帮。④ 如果椅子有扶手,不要把双手平放在椅子的扶手上,因为这给人以老气横秋之感。⑤ 坐沙发时,不要坐得太靠里面。

(2)坐式姿态的忌讳。① 坐下时用力过重,使人产生惊恐之感。② 坐下后身体颤动,不断发出响声。③ 双脚张开,摆成八字形。④ 跷腿过高,上下抖动。⑤ 双腿向前直伸。⑥ 把脚搁在椅子上。⑦ 先走。

公共关系人员的坐式形体应当端正、稳重、直挺、舒适、大方。

> **资料补充**
>
> **坐姿 SOLER 模式**
>
> sit 坐着面对别人
> open 姿态要自然开放
> lean 身体微微前倾
> eyes 目光接触
> relax 放松

（五）间距美

间距既可以展示公共关系人员的形体美，又可以强化自己与公众的人际关系。一般而言，员工与公众的关系不同，其间距也应不同。美国人类学家爱德华·霍尔曾对人的间距"语言"和适用情形做过专题研究，结论详见表 5-1。这也是设计形体形象应该遵循的要求。

表 5-1 交往间距的"语言"内容

交往间距	性　质	适用情形
15 厘米以内	亲密区间	恋人、夫妻相处
15—45 厘米	亲密区域	好友相谈、恋人及夫妻相处
45—120 厘米	友好区域	朋友、熟人相处
120—210 厘米	社交区域	工作交往、社交聚会
210—370 厘米	庄重型区域	与身份、地位较高者相处
370—760 厘米	观赏型区域	演讲、表演性场所
760 厘米以上	开放型区域	与陌生人相处

三、神态形象的设计

> 神态形象由哪些内容构成？如何塑造自己的神态形象？

在人的形体形象中，外在姿态美固然重要，而内在神态美则更重要。古人说："山蕴玉而生辉，水怀珠而川媚。"古希腊哲学家德谟克利特说道："身体的美，若不与某种聪明才智相结合，是某种动物性的东西。"苏联著名作家奥斯特洛夫斯基说得更加直接:"人的美并不在于外貌、衣服和发式,而在于他的本身,在于他的心。"可见,以内在美为基础的神态在个体形象体系中具有多么重要的作用。

神态是一种心理性的感觉。当一个人以某种可视化的姿态、动作或可听化的发音出现在公众之中,人们就会自然而然地对其言行举止作出心理性判断,形成喜欢或厌恶的情绪体验,并透过其言行举止这些表象性的外部形象,作出概括性归纳。概括归纳出来的结论就是公众对于某个人神态判断,也就是一种神态形象。

公共关系人员神态形象的指标内容主要有以下四个方面。

(一) 美好的情操

美好的情操是内在美的根本,是神态形象的核心。在个体形象设计中,公共关系人员应该自觉学知识、学技术,树立崇高的理想,做到正直无私、廉洁奉公、遵纪守法、谦虚谨慎、勤俭朴素、热爱祖国、热爱事业、热爱集体,不断培养出良好的情操。

(二) 合适的气质

良好的神态是以良好的气质为基础的。一般而言,男子气质宜刚劲洒脱,女子气质应以高雅平和为中心。当然,气质是内在的,所以气质培养应以内在修养为主。为了塑造良好的神态形象,公共关系人员应该尽量多阅读些意境美好、文字优美、健康生动的精品性经典文学著作,如《莎士比亚全集》《红楼梦》《论语》等,以强化自己的文学素养,美化思想心灵。这是培养气质的根本途径。

(三) 友善的仪容

人在交往活动中,对仪容是比较敏感的。为了赢得公众的好感,并在员工之间创造和谐的气氛,公共关系人员应该时时表现并维持和善友爱、面带微笑的容貌。善于微笑是公共关系人员的基本素质,因为微笑是人际交往中最积极友好的表情,是友好、礼貌、合作的表示,也是自信、成熟的标志,不仅给人一种和悦的美感,消除公众的隔阂与疑虑,而且还能传递令人喜悦的信息和友好热情的情感。因此,公共关系人员应当始终和颜悦色、满面春风、常带微笑,做一个熟练驾驭微笑的专家。

(四) 动人的眼神

良好的神态还应包括眼神。充分发挥眼神的魅力也是良好神态的一个重要组成部分。因为眼睛是人心灵的窗户,折射着内心世界的活动。一双灵活机智、炯炯有神的眼睛,对公共关系人员来说是最重要的接待工具。运用眼神征服公众,消除企业与公众之间的陌生感和不信任感,这是优秀公共关系人员的基本条件。在实际工作中,公共关系人员应该避免出现色眯眯的眼神、勾魂眼、死盯眼、东睃丁望的张望眼、痴呆眼、瞳孔放大的兴奋眼。

　　公共关系人员不能使用的眼神。

四、语言形象的设计

　　语言是人类在劳动中交流经验创造的符号,是人们交流思想、传递情感的重要工具。古人说"言为心声""情动于中而形于言"。语言作为"思想的直接实现",是展示人的内在形象和外在形象的重要途径。因此,要高度重视语言形象的设计。

　　口头、书面语言方面总的要求是做到语言美,通过形象设计使公共关系人员认识到污秽语言、粗野语言、生硬语言的丑陋性,自觉地净化语言、美化语言,常用礼貌语言、文雅语言和热情语言,以美的语言强化自己的形象美。

　　设计口头、书面语言时,应该注意语言本身的科学性与规范性。一般而言,语言表达一则信息的完整内容要回答六个方面的问题,即谁、什么时候、在什么地方、发生了什么事情、为什么、怎么样,以便给人们得到一个全部的认识。这是设计公共关系工作用语时必须注意的。当然,在具体应用过程中,应根据需要进行选择,突出强调的部分。

　　公共关系人员使用口头、书面语言的基本要求,除了在内容上表述正确外,还应注意形式美,做到文明简洁、有条有理。不仅声音优美,而且言谈与措辞优雅动听。不仅速度适宜、节奏感强,而且动之以情,从而给公众留下一个良好的印象。

　　公共关系人员使用语言的基本要求。

　　在口头用语方面,应注意以下具体要求:要用准确的、标准的普通话,而不要用地方语言。要用简朴易懂平常的语言,而不要用深奥的语言。要用明确的语言,而不要用模棱两可的语言。要用文雅的语言,而不要用粗俗的语言。要用普通平常的语言,而不要用专业术语。要用亲切和蔼的语言,而不要用命令式的语言。要用尊重人的语言,而不要用轻视性的语言。要用简洁明了的语言,而不要用笼统晦涩的语言。要用有条不紊的语言,而不要用杂乱无章的语言。要用关心体贴的语言,而不要用质问讽刺的语言。用双向交流的语言,而不要用单向传播的语言等。

 **资料补充**

提高声音魅力的七大秘诀

日本的原一平先生根据自己的经验,总结出提高声音魅力有七个诀窍:

(1) 语调低沉明朗。

(2) 咬字清楚、段落分明。

(3) 说话的快慢运用得宜。

(4) 运用停顿的奥妙。

(5) 音量的大小要适中。

(6) 词句须与表情互相配合。

(7) 措辞要高雅,发音要准确。

五、体态语言的设计

在与人沟通过程中,您能运用体态语言强化口头语言表达的内容吗?

现代科学研究表明,人们传递信息、表达思想的途径除了口头、书面语言外,还有体态语言(又称肢体语言)。从某种角度来看,体态语言使用频率还高于口头、书面语言,作用也大得多。著名人类学家艾伯特·梅瑞研究发现:在一条信息传递的全部效果中,只有38%是有声的(包括音调、变音和其他声响),7%是语言(只是词),而55%的信号是无声的体态语言。

人类的体态语言十分丰富,大致包括面部表情、手势、身体动作、眼神等。由于公众对体态语言比较敏感,所以体态语言在表达友好或敌视、热情或消沉、进攻或防御、尊重或侮辱方面的内容具有特殊的优势。如果公共关系人员善于运用友好、尊重等褒义性体态语言,不仅有助于传递信息,而且有助于感化公众,使公众不自觉地进行情感沟通。因此,公共关系人员在待人接物过程中一定要善于运用体态语言。

体态语言的总体要求是适度得体、保持风度,既要举止自如、沉着稳健、大方洒脱,又要运作规范、美观动人、适应场合、文明礼貌、尊重对方,给人高雅品位感觉。运用体态语言时,应注意以下四个要求。

首先,要自然得体,而不能给公众产生莫名其妙、矫揉造作的感觉。

其次,准确表达内容。体态语言有时作为一种动作,有其不确定性的一面,不像文字、口头语言那么规范,若运用不准确,可能正好表达出相反的意思。

再次，注意公众的文化背景。由于历史等方面的原因，同样的体态动用语言，在不同的文化背景下会有截然不同的含义。例如，跷大拇指这个手势，在我国表示高度称赞，在希腊则是要对方"滚蛋"的意识，在另外一些国家又是"要搭车"的含义。

最后，注意与口头语言的协调与配合，争取两种语言的整合效应。就总体而言，体态语言可以对口头语言起辅助作用，为语言符号增添影响力，以强化口头语言的内容。

此外，运用体态语言时，应避免带有消极色彩、表达不友好信息的体态动作。表5-2所列举的体态动作，容易引起公众的反感，影响公共关系工作的质量，应该自觉加以克服，使自己的"体态语言体系"中，只有友好的体态语言，没有消极的体态语言，从而提高自己体态语言的影响力。

表5-2　部分容易产生消极意义的体态动作

体态动作	可能产生的消极含义
翘小拇指	贬低
掌心向上招呼人	看不起，贬低
伸出一两根手指指人	似有戳脊梁骨之嫌
捂嘴	撒谎
频繁摸鼻子	撒谎
揉眼睛	看到讨厌的东西
搔耳朵	阻止逆言入耳
搔脖颈儿	怀疑、犹豫
室内踱步	怀疑、犹豫
把手指、钢笔放在嘴中	遇到困难、感到威胁
双臂交叉	防御心态
两腿交叉	紧张、防御心态

公共关系人员运用体态语言的注意事项。

积极自信表达信息的十大秘诀

(1) 提高声音，尤其在群体场合要让别人很容易地听到。

(2) 尽量保持语言简洁，避免冗余。

(3) 尽可能用最佳方式去表达意思。

(4) 注意使用手势来强调关键点。

(5) 诚恳直接地面对听众，这应该成为自己的一贯准则。

(6) 与听众保持稳定的目光接触，吸引他们的注意力。

(7) 保持灵活的姿态，为表达信息增添活力。

(8) 停顿、集中思考，可以避免外来的扰乱信息的声音。

(9) 讨论问题时，聚焦于解决问题的方法。

(10) 保持真诚：人们对讲话真诚而有礼貌的人反应最好。

摘自《有效沟通》(马蒂布朗斯坦著，机械工业出版社，2004年)

六、服饰形象的设计

郭沫若先生曾说道："衣裳是文化的表征，衣裳是思想的形象。"服饰文化是现代社会中极其重要的大众文化，不仅可以满足人们御寒、防暑的要求，还能展示身份、地位、职业、成就、美感诸方面的社会心理要求。所以，人们历来都比较重视服饰，力图以整洁得体、美观大方的服饰，给公众留下美好的印象。

在公众看来，公共关系人员的服饰不仅体现了其个体的修养水准，还在很大程度上体现着企业的精神面貌，左右着公众对企业及其个体的评价，甚至影响到相互关系的建立与发展。因此，设计公共关系人员形象时，要高度重视服饰形象的设计。

在国外，服饰穿戴强调 TPO 规则。T 就是 time，即服饰要应时，既要注意时代特征，又要注意季节特点和早中晚的区别。P 就是 place，即服饰要应景，考虑工作场所的性质对服饰的要求，如去政府机关办理事务不宜穿时装、休闲装和便装，而应该穿正装。O 就是 occasion，即服饰要应事，注意事件内容对服饰的要求。

 记住

服饰穿戴的 TPO 规则。

服饰主要由色彩、款式和质地三个方面构成。服饰形象的设计，作为企业形象战略的一部分，首先要服从和服务于企业整体形象的需要，同时还要遵循服饰美学规律，讲究色彩美、款式美和配套美。

就服饰的色彩美而言，设计公共关系人员服饰时，应注意以下四个问题：① 注意色调、明度和色相问题，并进行科学的色彩组合。一般而言，同类色调让人感到稳重、和谐、安静，淡雅色调使人赏心悦目、轻松愉快，而对比色调则给人兴奋、热烈、华丽富贵、刺激强烈之感。② 注意服饰色彩与工作环境的协调。在通常情况下，室外工作服色彩宜以鲜艳为主，以渲染周围空间，减少空旷感。室内工作服则宜以淡雅或冷色调为主，淡雅色可选用的有米、驼、白、浅黄、浅粉、浅蓝、绿色等，冷色调可选用的有黑、灰、咖啡、蓝等，以保持室内的宁静气氛。③ 选择的服饰色调应该与企业标准色的色调相吻合。④ 还应注意与员工的年龄、性格、气质、体型、肤色相协调。

就服饰的款式美而言，公共关系人员服饰总的要求就是优雅美丽、大方得体、朴实整洁，既不能太新潮时髦，又不能太古板守旧，应给公众一种稳重的时代感和可亲可敬的信任感。整洁，即整齐清洁。合体包括衣服样式、尺寸与人的体型相一致，衣服的颜色、线条和人的肤色、脸型相统一。大方即整体上看起来洒脱美观，配色理想。

就服饰的配套美而言，设计服饰形象时，应该注意上、下装（上衣、裤子或裙子）的协调，内衣与外衣的协调，主体服装与辅助性物品（如鞋子、帽子、袜子、围巾、手套、提包等）、装饰性物品（如项链、饰花、胸饰、耳环、手镯等）的协调，以创造出服饰形象的整体美。

公共关系人员的服饰形象设计是一个系统工程，要综合考虑。

第四节 公共关系的接待策略

根据公众在接待过程的特别需要，为了提高工作效率与效果，应该强化接待工作的策略意识。公共关系接待工作策略主要有语言感化策略、微笑表达策略、赞美贴近策略、服务侍候策略和情感交流策略。

一、语言感化策略

请您描述一个"祸从口出"的实例。您知道语言感化策略的含义和要求吗？

松下幸之助深有体会地说："培养销售人员一套完整、合适的应对辞令，那就如虎添翼，一定能达到销售的目的。"公共关系离不开劝说和陈述，都要语言。因此，正确运用语言感化策略，对于完成公共关系任务就具有特殊的意义。松下幸之助曾经分析道："当公众走进你的店里，指定买某种商品，但该产品正好缺货时，你应该怎么办？如果只是说'对不起，这种东西卖完了'，难免使公众觉得不够亲切。如果你说

'很抱歉,刚好卖完。我立即向批发商进货,明天一定会有。'这样一来,公众肯定会比较满意,心里也就舒服多了。或许,也可以换一种方式说'我们这里没有了,但某家商店或许有',进而介绍公众前往附近的商店,或为公众打电话查询,那么公众一定会觉得'这家商店真亲切'。这样,不但不会由于缺货而惹恼公众,反而提高了自己商店的信誉。"公共关系工作情同此理,应该高度重视语言感化策略的设计与运用。

语言感化策略就是有意识地强化性运用友善、和蔼的体态语言和口头、书面语言,来感化公众,赢得公众的信任与好感。

记住

语言感化策略的基本含义。

运用语言感化策略的前提是设计规范而富有温馨色彩的"接待语言工程"。作为一种职业性要求,接待语言应该包括以下两个方面。

(一)规定详尽明确的接待服务工作忌语

人的语言表达有时受制于心态,自己心态不好、心绪不佳,容易出言不逊、恶语伤人。因此,在大力提倡文明、热情、亲切的服务语言的前提下,为了杜绝"恶语伤人六月寒"的现象,我们应把各种可能出现的不文明、不符合公共关系要求、有损企业形象的体态语言、口头语言,列举出来,作为禁语公之于众,要求公共关系人员坚决避免,做到不说闲话、直话、怨话、狂话、胡话和恶话。

在内容上,接待服务工作忌语包括两大类:一是禁止出现的体态语言,如禁止出现的眼神、禁止表露的面部表情、禁止出现的手势、禁止出现的姿态、禁止使用的声腔与音调等;二是禁止使用的各种口头用语。

记住

接待服务工作忌语类型。

(二)规定必须表达的接待服务工作用语

这主要是从正面严格规范接待、服务工作中各种情景用语,并使之成为公共关系人员的"口头禅","谢谢您""对不起""请原谅""早上好"等文明、规范用语不离口,从而使公众产生愉快的情绪体验。

在内容上,接待、服务用语也包括两大类:一是规定一系列的、在每一种工作情形中必须相应表露出来的各种姿态动作,即友善和蔼的眼神、面部表情、姿态、手势、声音等体态语言方面的系列要求；二是规定各种场合下必须使用的文明口头用语。

表 5-3、表 5-4 所列的商业服务用语、服务忌语，供设计规范化的商业用语参考、借鉴。

表 5-3 商业服务用语列举

> 您好！欢迎光临。
> 先生，您想买点什么？
> 小姐，您要的是这种吗？
> 慢点挑选，没有关系的。
> 很抱歉，这种货刚刚卖完，请您到别的商店去看看，好吗？
> 收款台在那边，请您那边去付款。
> 请您拿好发票。
> 请稍等，我帮您包装好。

表 5-4 商业服务忌语列举

> 不知道，那不是我管的！
> 不知道，自己去看导购牌！
> 买不买，不买就别问！少啰唆！
> 嫌贵，是吗？买不起就别买呀！一幅穷酸相，看什么？
> 没空，自己去包扎！
> 快交钱，下班了。
> 维修部在哪里，不知道，自己去找！
> 我们这种货会有质量问题？你不要自己触自己的霉头哦！
> 有意见，是吗！去找领导呀，我不怕！

二、微笑表达策略

请您面对自己最喜欢的同学，展示自己的笑容，并从中感悟微笑的技巧。

据专家研究，20 世纪 50 年代处于经济衰退时期，英国人平均每天笑 18 分钟，现在生活水平大幅度提高后，英国人平均每天笑的时间急剧减少到只有 6 分钟。现代社会的人们感到压抑的概率是 50 年代的 10 倍，虽然生活富裕了，但是与他人比较后，总觉得是失败者，所以觉得没有什么可高兴的，也没有理由笑，但是内心世界却本能地渴望微笑，不愿看到"苦瓜脸"。微笑成为赢得公众好感的重要途径之一。所以，美国的查尔斯·史考勃说："真正值钱的是不花一文钱的微笑。"美国的唐拉德·

希尔顿说:"缺少服务员美好的微笑,正好比花园里失去了春天的太阳与和风。""无论旅馆本身遭遇的困难如何,希尔顿旅馆服务员脸上的微笑永远是属于旅客的阳光。"雨果说道:"微笑就是阳光,它能消除人们脸上的冬色。"在公共关系接待中,利用微笑表达策略可以有效地改善公共关系人员与公众之间的心理关系。松下幸之助说道:"我认为亲切的笑容才是最重要的。虽然招待公众观光的方法不错,但只要随时以一颗感谢的心,用笑容接待光临的公众,那么即使没有招待旅游的活动,公众也会满意的。相反,如果缺少笑容,即使招待公众观光,也无法与公众维持良好的长期关系。"

(一)微笑表达策略的影响机制

微笑表达策略的作用机制在于"微笑效应"。在现实生活中,任何人都喜欢微笑。微笑具有特殊的效应,即显示出亲热、友善、和蔼、热情、礼貌,并引发公众产生愉快的心绪和美好的联想。这就是所谓的"微笑效应"。日本的原一平先生说:"微笑是非常重要的助手,至少有下列十个好处:① 微笑能把你的友善与关怀有效地传达给准客户;② 微笑能拆除你与准客户之间的心理隔阂,敞开双方的心扉;③ 微笑使你的外表更迷人;④ 微笑可以消除双方的戒心与不安,以打开僵局;⑤ 微笑能消除自卑感;⑥ 微笑能感染对方也笑,创造和谐交谈基础;⑦ 微笑能建立准客户对你的信赖感;⑧ 微笑能去除自己的哀伤,迅速地重建信心;⑨ 微笑是表达爱意的捷径;⑩ 微笑会增加活力,有益健康。"由于微笑表达策略具有无本万利的作用,所以在公共关系中得到了推广,"微笑表达"成为一种颇具市场生命力的市场推介策略和经营模式。

资料补充

最美八个微笑的内涵

被人误解时,能微微一笑:素养。

受委屈时,能坦然一笑:大度。

吃亏时,能开心一笑:豁达。

无奈时,能达观一笑:境界。

危难时,能泰然一笑:大气。

失恋时,能轻轻一笑:洒脱。

被轻蔑时,能平静一笑:自信。

功成名就时,能开怀大笑:真诚。

(二)微笑表达策略的运用技巧

微笑既是一门科学,也是一门艺术。在公共关系接待中,为了提高微笑的魅力,

强化微笑效应的影响力,企业应该构建"微笑表达工程",全方位地推行微笑表达策略。英国的洛特·福特说:"我们投下了大量的训练资金,目的是希望员工能以工作为荣,能对公众展开笑靥,殷勤大方。员工有没有这些能力,直接决定了服务质量的高低,而且也是公众是否再上门的关键所在。"

1. 强化微笑服务理念,培养微笑服务自觉性

人的行为一般都受制于自己的观念、理念。为了提高公共关系人员微笑表达的主动性和自觉性,企业应该开展培训活动,让大家在观念上把微笑也视为一项基本的工作,而且是必要的基础性工作,使之认识到微笑是卓有成效地开展公共关系接待的前提,树立微笑即工作的观念,从价值观上正确对待微笑,意识到微笑与公共关系工作的关系,养成正确的职业微笑价值观。

2. 善于自我调节,强化快乐意识

现代社会应该不断强化人们的快乐意识。快乐与生活水平、财富没有内在联系,只是一种自我感觉。某国际研究组织最近就"快乐指数"对亚洲进行调查,指出日本是亚洲最不快乐的国家,27%的受访者认为自己不快乐,5%的人甚至认为自己活得特别凄惨,其"快乐指数"在全球位居第95位,远低于第31位的中国。然日本却是亚洲最发达的国家,人均收入和财富是我国的几倍。由于市场经济机制的作用,人与人之间的收入差距将会不断拉大,人们往往会觉得自己是失败者。德国精神治疗专家迈克·蒂兹认为:"我们似乎创造了这样一个社会,人人都在拼命地表现,期望获得成功,达不到这些标准心理便觉得不痛快,产生耻辱感。"商品时代培养出来的商品情结,让人们变得越来越贪婪,需求越来越难以满足,心理世界越来越脆弱。为了提高接待工作水平,公共关系人员应该运用各种自我调节方法,引导自己养成"有所比有所不比"的心理思维,感受成功与满足,释放压力与压抑,提高生活的快乐指数。

记住

强化快乐意识,有利于提高幸福指数。

3. 时时欣赏公众,储备微笑心态

动人的微笑需要良好的心态,人的心绪不佳,其微笑是无法打动公众的。因此,公共关系人员应该时时要求自己欣赏公众、鉴赏公众,努力寻找公众的可爱之处、动人之处、闪光之处,引导自己产生愉快的心态,为"发自内心地微笑"准备起码的心态。正如美国的一位经营者所说:"我把所有的公众都看成是自己的亲人来接待。"有了这种亲人般的认同感,公共关系人员就容易"微笑"了。

蒙娜丽莎微笑的情绪成分

面对达·芬奇的名画《蒙娜丽莎的微笑》,我们总被蒙娜丽莎那带有三分柔情、七分迷离的美丽笑容所打动。2005年,科学家借助荷兰阿姆斯特丹大学和美国伊利诺伊州大学联合开发的"情绪识别软件",通过计算机处理了蒙娜丽莎的面部表情,得出结论是:蒙娜丽莎的微笑=83%的喜悦+9%的厌烦+6%的恐惧+2%的愤怒。

4. 熟练运用微笑技巧,提高微笑魅力

微笑具有一定的操作性,即存在方法艺术性的问题。公共关系人员除了养成科学的微笑表达理念、具备良好的心情之外,还应该掌握并熟练地运用各种微笑技巧。微笑技巧涉及的内容比较丰富,因人而异,常见的主要有运用"微笑口型"(即微闭双唇,口中发出轻轻的"Cheers"或"茄子"之声)、长久保持微笑、适当笑出声来、及时收敛等,这些方法可以使自己的微笑既自然,又动人,从而有效地提高微笑的心理感染力。

保持微笑是容易的事情,只要注意四个要求。

三、赞美贴近策略

送人玫瑰,手留余香。请您发自内心地赞美自己最喜欢的同学,然后观察这位同学的反应。您能从中感悟赞美的价值和要求吗?

美国《财富》杂志的名人研究会对美国年薪50万美元以上的企业界高级管理人员和300名政界人士进行调查以后,得出结论说:93.7%的人认为,人际关系顺畅是事业成功最关键的因素,其中最核心的课程就是学会赞美别人。

记住《财富》杂志的调查结论,并自觉运用于实践之中,您的事业就能够成功。

(一)赞美贴近策略的作用机制

从某种角度来看,人有赞美自己和接受赞美的天性。日本的推销专家原一平曾说道:"推销的秘诀在于研究人性,研究人的需要。我发现,对赞美的渴望是每个人最持久、最深层的需要。"发自内心的、真诚无私的赞美,可以获得公众的好感。通常而言,公众最喜欢的人是给他们积极评价、褒美称赞的人,最不喜欢的人是贬低公众的人。赞美公众,可以创造出融洽的交往环境,赢得公众的友善,这是做好公共关系接待工作的前提。日本一家国民素质研究会在分析日本战后迅速发展的原因时说:"我们日本国民的一个显著优点是对外人不停地鞠躬,不停地说好话。可以说,善于发现别人的长处,善于赞美别人是日本走向世界的一个重要原因。"被人们称为美国商界奇才的鲍罗齐深有体会地说:"赞美你的公众比赞美你的商品更重要,因为让你的公众一高兴,你就成功了一半。"

(二)赞美贴近策略的运用技巧

为了提高赞美的效益,赞美公众时,应注意以下七个要求。

1. 讲究赞美的针对性

公共关系人员平时应该注意观察,了解各种公众引以为荣的事情及其心理弱点和忌讳,据此选择好赞美的角度,从公众比较感兴趣的方面赞美公众,提高赞美公众的有效性。一般而言,赞美公众的角度主要有公众的兴趣、才华、人品、前途及相关人员(特别是伴随公众来店的家属)等。

2. 讲究赞美的真诚性

公共关系人员应该发自内心地赞赏公众、称颂公众,而不是虚情假意地向公众献媚。遇到公众比较感兴趣的话题,或者行业专家型的公众,公共关系人员应该虚心请教、真心赞美,这既能够丰富自己的知识,又可以满足公众的心理要求,建立良好的公众关系,为完成接待任务创造出良好的条件。

3. 注意赞美的可信性

赞美公众选用的语词要恰到好处、力求准确,绝对不能偏离事实,背离公众的实际情况,否则就会给公众留下溜须拍马的印象。

4. 注意赞美的流畅性

在赞美公众的时候,公共关系人员要善于利用各种偶然出现的情景,或者是公众无意之中表露出来、引以为荣的事,创造良好的赞美"情节",以此为契机,选择有效的赞美方式,十分自然地夸奖公众。

5. 注意赞美的亲切感

公共关系人员赞美公众时,应该注意语言艺术,从语言表达的构思到语音、语调的设计,都要力求温和、亲切,从语言方面强化赞美的心理感染力。

6. 注意赞美的专注性

为了提高赞美的渗透力,公共关系人员赞美公众时,不仅要向顾客表明自己由衷敬仰的赞美结论,而且要善于向公众陈述自己羡慕公众的理由,让公众不仅听到赞美的"论点",而且听出赞美的"论据",以此强化赞美公众的专注性,增强赞美的影响力。

7. 注意赞美的平凡性

任何公众都有自己引以为荣的事情。对于公共关系人员而言,应该善于从小事上赞美别人,挖掘小事的重大意义和精神价值,选用适当的语言,赞美公众,满足公众的心理要求。

 记住

赞美别人并不困难,只要注意上述七点要求。

四、服务侍候策略

在接待工作中,公共关系人员要有强烈的"仆人服务意识",在内心世界真正把公众视为上帝,一切以公众的需求为中心,把满足公众的各种需求作为自己最大的快乐,并把为公众服务的公共关系宗旨转化为具体的接待工作准则,强化侍候公众的观念,以进一步提高公共关系接待工作的感染力。

根据服务侍候策略的要求,在接待中公共关系人员应该主动为公众提供仆人般的服务,如帮助远道而来的公众领取、搬运行李,办理酒店入住手续,提供导游服务等,让公众确有宾至如归的感觉。

 记住

公共关系人员要有强烈的仆人服务意识。

五、情感交流策略

对照现代人的需要层次理论,公众的生理需要、安全需要、社交需要等较低层次的需要基本得到了满足,以情感需要为中心的高层次需要成为优势需要,在很大程度上支配着公众的行为取向。因此,在接待工作中,公共关系人员应该有意识地与公众进行情感交流与沟通,通过满足公众的情感需要来赢得公众的好感。

情感交流策略就是公共关系人员主动投入情感,有意识地进行情感投资,积极开展情感交流,并诱导公众给予情感回报,形成双向情感交流,从而建立良好的公众关系。

(一) 热爱公共关系接待工作

在实际生活中,主动与公众进行情感交流的前提条件是热爱公共关系接待工作。正如日本的阿部章藏说:"艺术家都热爱自己的工作。因为他们热爱工作,所以在作品之中会产生出感人的热忱,能够引起观众或者读者的共鸣。公共关系人员就热爱工作、以自己无比的热忱去感化公众而言,与艺术家一模一样。"只有把接待工作作为一项事业来做,公共关系人员才有可能创造无限的激情,萌发丰富的情感,积极与公众进行情感交流。

(二) 情感投入意识

情感交流需要良好的心理基础,这就是在心灵深处认同公众,把公众视为亲人,而不仅仅是服务的对象。对待公众,应该具备情感投入意识,主动把公众视为自己的亲人。在这个方面,日本的松下幸之助一直主张:"从事商业活动的人都应该认真考虑一下,自己是否把商品看作女儿,把公众看作亲家。"印度尼西亚的林绍良也说道:"做生意首先要注意的是为'公众服务',但这还只是第一步。更重要的是,对公众要视如亲戚、朋友,建立感情、热情服务,从公众需要的角度考虑问题,这样才能得到永久的公众。"

(三) 善于观察情感变化

情感生活具有较强的情景性和时间性,与公众进行情感交流存在一个时机问题。为了提高情感交流的有效性,公共关系接待人员要具有较强的情感观察能力,善于发现公众的情感需要,在公众需要情感的时候及时与公众交流情感。在这个方面,美国的西奥多·莱维特分析得颇为深刻,他说:"为了向公众推销一件商品或成交一项服务,必须能够做到想公众所想。而体察公众心情的能力,则是感受力的中心环节。因此,推销员必须具有丰富的体察能力。一个推销员应该善于体察公众的心情,并在适当的时候以适当的方式与公众形成强烈的感情交流。"这个道理对于公共关系接待人员同样是适用的。

（四）永远感激公众

对于公众，推销人员应该心存感激之情。关于这个方面，松下幸之助似乎颇有体会，他说："从表现上看来，做生意是出售东西，并收取货款。但如果仅仅是这样，就同自动售货机没有什么两样了。我认为对客人，也就是买我们东西的公众，要有一份感谢之情。据说古时候的商人即使睡觉的时候，脚也不能朝着客人的方向。如此以感谢之心对待公众，诚意自然能够感应公众。即使同样的货物，公众也会经常到这家来买。两者彼此的心灵相通，整个社会就会温暖。我认为做生意最重要的是'物心如一'。"他甚至还说道："向公众的背影衷心感谢地合掌。如果你的店铺保持这样的作风，就会吸引很多的公众。"

记住

情感交流策略的基本要求。

第五节　公共关系礼仪

公共关系礼仪是指公共关系人员在履行公共关系职责中，应该遵循的礼敬对方的规范。在公共关系中，礼仪具有特殊的效用，不仅展示着个体的素养形象，而且影响公众关系的发展。因此，公共关系人员应该掌握各种礼仪。

一、迎送礼仪

问题思考

假如学校派您去机场（或车站）迎接一位外地来您校讲学的教授，您要注意哪些要求？

迎接公众可以显示出对公众的尊重。做好迎接工作能够直接影响公众的首应心理效应，给公众留下良好的第一印象。对于远道而来的公众，无论其职别、地位高低，企业都应主动派人去车站、码头或机场迎接，这是沟通双方情感的重要步骤。

在接站工作中，应注意以下要求。

第一，了解公众到达的确切时间，并适当提前到达候客站台。

第二,为了便于识别要接的公众,事先应准备一块白底红字或者黄字牌子,写上"欢迎××单位××先生(女士)"字样,书写的字牌要工整、醒目,以便公众寻找。

第三,接到公众后,应主动给予问候,并真诚地前去欢迎,同时作自我介绍,递上名片。

第四,必要时给公众检验一下自己的身份证与工作证,以便打消公众不必要的疑虑。

第五,主动帮助公众提取行李,但不宜拿公众的公文包或手提袋,因为里面可能装有重要物品。

第六,陪同公众乘坐事先安排好的交通工具,一同前往企业或住宿之处。

第七,上车后向公众介绍活动的安排情况,并提示公众,如有需要企业将尽力满足其特殊要求。为了活跃气氛,应主动介绍本地的风土人情、气候、旅游胜地、地方特产等。

当公众达到企业所在地后,企业有关方面的领导人应该及时前去问候,表达欢迎之意。如果公众自己登门上访,企业一方的相关人员应该马上起立,向前迎接、热情问候。

在办公室,当公众表达离开之意时,企业一方的人员应该尽快结束话题,起身相送公众至门外,并握手道别。如果是外地公众,企业还应该派专人、专车将公众送至火车站、机场或码头,协助公众办理有关乘坐手续,并感谢公众的光临,请公众包涵、谅解接待工作中的不足之处,同时祝公众一路平安。

二、拜访礼仪

问题思考

假如您去拜访您的老师,要注意哪些要求?

在与公众交往过程中,离不开各式各样的拜访,其中主要是业务性拜访。拜访公众的时候,应该注意以下八个方面的事项。

第一,明确拜访的名义、目的、形式和要表达的内容。

第二,预约好时间与地点。

第三,准时或提前5分钟左右到达,以示遵守时间。

第四,到公众家里或单位拜访时,应客随主便,服从公众的安排。

第五,在交谈前夕,如遇到熟人则要主动打招呼,对陌生人可以点头示意,还要注意与公众的小孩亲热,对公众的宠物也应显示出友善温和的态度。

第六,不要主动提出参观公众庭院、房间的要求。

第七,不要触动公众的陈设物品、书籍。

第八,控制好时间,一般不宜超过15分钟,特别是在办公时间内,时间宜短。

三、握手礼仪

请您与邻座同学握手,然后感悟握手应注意的要求。

握手是大多数人见面、离别时的礼节,它可以传递对公众的欢迎、欢送之情,是友好的表达,同时还可表示感谢、慰问、祝贺或相互鼓励。

首先,应注意握手的先后顺序。一般而言,男女之间,男方要等女方先伸手后才能握手。如女方不伸手,男方应以点头致意。宾主之间,主人应向客人先伸手,以示欢迎。长幼之间,年幼的要等年长的先伸手。上下级之间,下级要等上级先伸手,以示尊重。

其次,应注意握手的方式。正确的握手方式是:① 公众来临时,要主动向前迎去,表示欢迎。② 双方接近时,要马上做出立定的姿势,上身略略前倾,同时伸出右手,注意大拇指与其他四手指适当分开,食指、中指、无名指和末指则自然合拢,做出握手的姿态。③ 若表示平等自然的关系,握手的两个人手掌宜呈垂直状态。若表示谦虚、恭敬,则可掌心向上同他人握手。若伸出双手去捧接,就显得更加谦恭备至了。绝对不可掌心向下与对方握手,因为这是傲慢无礼的表示。④ 根据双方的熟悉程度和对方的性别,确定用力程度和时间长短。若是相识公众,可略用力,持续时间可长些,以示亲切。若是新公众,用力宜轻,稍微一握并轻轻上下摇动,时间以三五秒为宜,不要太长。若为异性公众,男子只需握一下女性公众的手指部分,不必握满,也不宜太久。⑤ 行握手礼时,目光要自然地注视对方,微笑致意。

最后,应注意握手的忌讳。握手的方式比较讲究,通常忌讳以下情形:① 用力过大,上下使劲摇动。② 戴着手套与礼帽握手。③ 握手时与第三者寒暄或东张西望。④ 握着对方的手,海阔天空地神聊。⑤ 握手时握得太少(只握住几根手指)或太多(把对方的五个手指全部握住)。⑥ 对方还未伸手或无伸手之意,自己贸然伸出手。⑦ 对方已伸手,自己不接等。

四、介绍礼仪

> **实战**
>
> 您和老师在校园遇到自己的一位中学同学,您的老师并不认识这位同学。现在请您为他们两个居中介绍。您如何介绍?注意从中领悟介绍的礼仪要求。

介绍是结识新朋友的重要途径。一般地说,介绍可分为为他人做介绍、被人介绍和自我介绍三种。

把他人介绍给别人即做中间介绍时,应注意以下三个事项。

第一,注意介绍的方向。一般而言,应把男士介绍给女士,把年幼者介绍给年长者,把职位较低的介绍给较高的,把当地人介绍给外地人。在企业所在地作中间介绍时,通常先介绍企业一方人员的姓名与职务,以显示对公众的尊重。

第二,介绍语要简洁清楚、明白易懂,可用的介绍模式有:"张总,我来给您介绍一位朋友,这是长江公司的李先生。"

第三,介绍时,可简要提供一些被介绍人的个人情况,尤其杰出事件,但要注意尊重他人的隐私权。

自己被介绍给他人时,应该面对着对方,并显示出乐于结识对方的诚意。介绍完毕后,应主动伸手握手,并说"您好!""久仰!""幸会!",以示友好。

作自我介绍时,应诚挚热情、主动大方地通报自己的姓名和职务。介绍自己名字时要简洁干脆、吐字清晰,并用拆字法告诉公众写法,如"弓长张",以便公众记住。在自我介绍过程中,要洒脱自如、举止得体、彬彬有礼。

五、馈赠与回谢礼仪

馈赠礼物在人际交往活动中具有重要的作用。馈赠礼物的总体原则是"礼轻情义重",要注意以下事项:① 选择好时期,送礼一般宜在公众遇到喜事的时候。② 礼品不要价钱昂贵,但应该由送礼者亲自挑选。③ 注意礼品的包装,使礼物更加美观。此外,还应注意送礼的文化性忌讳,在我国,不能送手巾、扇子、剪刀、钟等物给公众,因为它们带有消极性暗示喻义,分别是痛苦、分手、一刀两断、送终,给人以负面化的心理联想。

我们常说：礼尚往来。如果我们得到了公众的礼品，也应在适当的时候回馈礼品给公众，以示友好。

> 馈赠礼物的总体原则是礼轻情义重。

六、鲜花礼仪

> 您的老师乔迁新居。同学们决定上门道喜，让您去购买鲜花。您打算选购什么品种的鲜花？为什么？

随着生活的逐步富裕后，人们对于鲜花越来越偏爱。因此，在公共关系过程中，要善于赠送鲜花，以示祝贺或安慰。赠送鲜花主要应该注意的事项有三个方面：一是注意鲜花的心理象征意义，花的象征性喻义见表5-5；二是注意花的枝数，现在花的枝数也逐渐被人们赋予了特殊的心理含义，如一枝花表示"爱"、3枝花表示"我爱你"、11枝花表示"无穷无尽的爱"；三是注意鲜花的忌讳心理，有些品种的花，由于社会历史原因或心理原因，在某些公众心目中会有不祥之兆，这是赠送鲜花时必须注意的问题。公众对鲜花的忌讳心理见表5-6。

表5-5　鲜花品种的心理喻义

品　种	心理喻义	品　种	心理喻义
荷花	纯洁	白百合花	团结友好
紫罗兰	诚实	水仙	尊敬
松柏	坚强	竹子	正直
铁树	严庄	梅花	刚毅不屈
橄榄枝	和平	紫藤	欢迎
康乃馨	健康长寿	万年青	友谊
郁金香	胜利、美好	长寿花	长寿
杨柳	惜别	白菊	追念

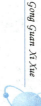

表 5-6　鲜花的忌讳心理

国家地区	忌讳品种	说明
国际交际场合	菊花、杜鹃花、石竹花、黄色花	不吉祥之物
德　国	郁金香	没有感情的花
日　本	荷花	不吉祥之物
意大利、南美洲	菊花	妖花,用于墓地、灵前
法　国	黄色的花	表示不忠诚
巴　西	绛紫色的花	用于葬礼

七、谈判礼仪

谈判是公共关系人员经常遇到的问题。在谈判中,如果公共关系人员拥有高超的谈判技能,既有原则性又有艺术性,对于协调公众关系、开拓业务市场具有重要的意义。为此,公共关系人员应该懂得陈述礼仪、洽谈礼仪、聆听礼仪、反应礼仪、拒绝礼仪、道歉礼仪、停顿礼仪、磋商礼仪、签订协议礼仪等,并加以灵活运用,使紧张的谈判工作变得礼貌而温和,在轻松之中实现企业的目的。

掌握谈判的各种礼仪后,在谈判中,应力求做到以下要求:阐述自己的观点时,态度要谦虚平和;对方陈述时,要认真、耐心听讲,不要随意插话;向对方提问时,语气要委婉,不要生硬;请示对方帮助时,态度要诚恳;劝服对方时,宜用协商、征询口吻,不要用命令式口吻;遇到需要双方商讨解决的问题,应彼此坦诚交换意见,以礼相待,尤其要避免冲突。对于达成的协议,要遵守诺言。即使谈判破裂,也要礼貌相送、告别,以给公众留下良好的印象。

八、会务礼仪

为了交流信息、集思广益,企业经常召集会议,除了企业内部性的会议活动外,还有大量外部性的会务活动,如企业经营发展战略研讨会、市场业务推广工作会议、招商引资大会、股东大会、展览会以及招待晚会等。为了提高会务质量,公共关系人员应该高度重视会务礼仪,具体而言,主要是应注意以下事项:

第一,营造会务氛围,从场地布置到座位安排,既要重视企业形象的展示,又要注意营造友好气氛,使会务活动显得隆重热烈而温馨友好。

第二,做好会务接待工作,准备好签名册、题词册及笔墨等物,让与会者签名、题词,以示对公众的尊重。同时,还要组织好礼仪队,做好导座、续茶工作。

第三,拟定会务基本程序,在发言安排中,应该把重要公众(如领导、来宾等)的发言放在前面,以示尊重。

第四,提供热情周到的会务服务,及时给与会者续水等。

第五,注意开会礼节要求。公众发言时,应该专心听取他人意见,不要随意插话;自己发言时,态度要谦和;讨论问题时,应该积极发言,不推诿、不抱怨,以群策群力、解决问题的态度发表自己的意见。

第六,会务结束时,应该以礼相送,并感谢公众的到会及其对企业各项工作的意见、建议。

公共关系人员组织会务活动应注意的礼仪事项。

餐 桌 礼 仪

(1) 自助用餐的规则是"少取、多次",且注意不同的顺序。

(2) 有人致辞时,应该安静聆听。

(3) 不要轻易为别人布菜。

(4) 聚餐时,应使用"公筷"和"公勺"。

(5) 就餐时,应轻声交谈,不要大声喧哗。

(6) 不要把骨头、菜渣直接吐在餐桌上,而应放在碟子里。

(7) 出入餐厅要按照一定的线路行走。

(8) 尊重饭店服务人员,不要频繁指使。

 本章小结

公共关系人员应该正确理解接待的重要性,掌握做好公共关系接待工作的基本要求,能够根据工作特点和自身形体实际,进行素养形象、形体形象、神态形象、语言形象、体态语言和服饰形象的设计,灵活运用语言感化策略、微笑表达策略、赞美贴近策略、服务侍候策略和情感交流策略,遵循基本的公共关系礼仪,卓有成效地开展公共关系接待工作。

 学习重点

公共关系接待工作的要求
公共关系接待人员的形象设计
公共关系接待工作的基本策略
公共关系礼仪

 语 录

孙岚:"接待的黄金原则:① 对朋友的态度要永远谦恭,要常常微笑着同别人交谈、交往;② 对周围的人要时时保持友好相处的关系,寻找机会多为别人做些什么;③ 当别人给介绍朋友时,你应该集中精力去记住人家的名字;④ 要学会容忍、克服任性,要尽量理解别人,遇事要设身处地为别人着想。"

 前沿问题

2005年之前,强调接待形象的似乎只有企业界。现在历来以严肃著称的公务员也开始讲究接待形象了,而且强调细节管理。2006年,某市政府出台"市政府办公厅工作人员行为规范",要求工作人员上班期间仪表整洁,对其着装打扮"管头管脚":不准穿拖鞋、无后帮鞋、短裤、背心、超短裙、吊带装,不准浓妆艳抹,不准奇装异服,不准染红色、黄色、绿色、蓝色等颜色的花头发,男公务员不准戴金戒指、项链、手链等饰物。同时,还举办公务员礼仪培训课,由专业礼仪培训教师带着全体公务员一起学习说"请""您""谢谢"等礼貌用语。这些举措的用意是用细节体现政府机关的精神面貌。为了化解政府的"四难形象"(门难进,脸难看,话难听,事难办),政府部门应该根据单位实际情况,参照《公务员法》《行政许可法》《国家公务员行为规范》《公民道德建设实施纲要》以及其他法律法规和行为道德标准,制定切实可行的行为规范,细化和规范接待礼仪、服务礼仪、办公室礼仪,引导公务员多用称呼语、问候语、答谢语、请求语等,必要时进行监督与稽查,使公务员逐步自觉遵守,不断提高个人素质与修养,真正表现出公务员的"公仆形象"。

 推荐阅读

《公关礼仪》(金正昆编著,北京大学出版社,2011年)
该书具体、详尽地介绍了从事公共关系活动时的各种礼仪。

推荐理由：该书具有很强的实用性和可操作性。

案　例

KD 机场开工仪式接待方案

根据市政府办发〔2014〕68 号文精神，按照 8 月 30 日协调会议要求，为切实搞好 KD 机场开工仪式的接待工作，特制定本方案。

一、工作方式

接待工作采取"统""分"结合方式进行。

统：统一组织指挥，统一质量标准，统一服务要求，统一划分宾馆，统一制定食谱。

分：分对象，分任务，分职责，分别安排住宿，包干到小组，责任到人头。

二、工作内容

本次接待工作主要有以下八项工作。

（1）确认相关数据：嘉宾人数 56 位，其中 40 位为男性、16 位为女士；国家民航局领导和工作人员共 6 人，省级政府领导 4 人，局级领导 16 人；外省嘉宾共 10 人，集中在 9 月 5 日乘坐航班到达成都双流机场。

（2）确定时间安排：2014 年 9 月 5—6 日。

（3）安排迎接：国家民航局领导和工作人员 6 人、外省嘉宾 10 人抵蓉后，接待小组安排就地安排入住黄丽大酒店，9 月 6 日上午 9:00 分专车大巴接送至金沙大酒店入住。

（4）安排住宿：国家机关、省级有关部门领导和其他特邀嘉宾安排入住金沙大酒店；其他单位来宾和新闻记者等安排入住红都饭店。

（5）安排就餐：9 月 6 日安排晚宴，地点金沙大酒店百合厅，主桌 18 人，安排 4 名服务员，准备席位卡、鲜花，副桌 3 桌，各 10 人，各安排 2 名服务员。另外，还需准备欢迎标语、台前的鲜花盆景、立式话筒。其他时间来宾就餐一律在金沙大酒店一楼餐厅用自助餐。所有接待点必须按统一审定的食谱供应食品，并在餐厅标明食品品名，设置自助调味台。

（6）安排车辆：根据嘉宾行程需要，安排车辆台数和司机，全程专职为嘉宾服务。

（7）安排会场：确认开工仪式会场主背景、主席台名单、主持人、讲台鲜花、话筒（有线、无线）、电脑、投影仪、祝贺单位名单、会场茶水、礼仪小姐、服务人员、签到处、签到本、文件袋、项目介绍影视片、导示牌、现场横幅的设计。

（8）安排送客。

三、组织机构

组　　长：朱某某　市委副秘书长、市接待办主任（手机号码，下同）

副组长：范某某　KD 机场办主任

1. 成都接待组

组　　长：范某某　KD机场办主任

副组长：乔某某　KD机场副总经理

成　　员：从KD机场办、KD机场公司中抽调

工作职责：

(1) 负责来宾信息的收集汇总，并及时报会务组。

(2) 负责机票的购买和在成都双流机场组织人员接送中央、国家机关来宾。

(3) 负责在成都安排来宾的报到和食宿工作。

(4) 负责仪式所需防寒、防雨、防晒等用具的准备工作。

2. 礼仪接待组

组　　长：李某某　市接待办副主任

副组长：张某某　团市委办公室副主任

成　　员：林某某　负责成都列车站迎宾的志愿者安排

　　　　　戴某某　负责随行服务的志愿者安排

　　　　　牟某某　负责酒店驻地服务的志愿者安排

　　　　　冯某某　负责重要来宾陪同服务的志愿者安排

工作职责：

(1) 负责志愿者所需的绶带、徽章、导游旗、服装的准备工作。

(2) 陪同市领导在成都双流机场和入住酒店迎接来宾，并搞好活动期间来宾的引领工作。

(3) 合理安排在各接待岗位上的志愿者人员数量，安排志愿者全程陪同重要领导。

(4) 做好太阳帽、雨衣、大衣、矿泉水等物品的领用和发放等服务。

(5) 配合搞好金沙大酒店的食宿安排工作，负责做好宴会及演出节目的衔接。

3. 酒店接待组

组　　长：董某某　市接待办工作人员

成　　员：周某某　市接待办工作人员

工作职责：

(1) 负责酒店房卡、菜单的收集和审查。

(2) 负责来宾在该酒店的住房安排。

(3) 负责在酒店入住来宾的车辆停放安排。

(4) 负责安排酒店举办的大型歌舞宴请活动，并做好平时用餐的安排。

(5) 负责监督指导定点接待单位完善接待设施，规范服务行为。

接待要求：

(1) 礼仪小姐佩戴白手套和"欢迎光临金沙大酒店"的绶带，面带微笑、亲切致欢

迎词(欢迎光临)。

(2) 确保客人安全下车,及时将客人行李放置行李车送至房间。

(3) 总台人员提前做好房卡、入袋。

(4) 客人进店后,电梯口安排专人,负责将客人引进房间。

(5) 总机人员负责叫醒服务:早晨 7:15 叫醒,午休 2:00。

(6) 房间里准备水果、点心、雀巢袋装咖啡、鲜花。

(7) 提前一天做好房内及过道的灭蚊、灭苍蝇工作。

(8) 对本次接待的所有用房提前做好通风工作,确保房内无异味。

4. 媒体接待组

组　长:王某某　市宣传部副部长

成　员:叶某某　市宣传部工作人员

工作职责:

(1) 邀请、接待新闻记者,与媒体记者沟通。

(2) 负责安排全程的摄像、录像、录音及整理工作。

(3) 负责大会新闻材料的准备,撰写新闻稿、向媒体提供新闻影视资料。

5. 物资组

组　长:杜某某　市接待办综合科科长

成　员:孙某某　市接待办工作人员

工作职责:

(1) 配合工程部确保本次接待的所有用房设施、设备完好。

(2) 检查所有用品是否齐全。

(3) 负责接待活动所需酒水、矿泉水、哈达、随车用品盒等物资准备。

(4) 协助来宾住房的安排,宴会席次的排定和席签的准备等工作。

(5) 开工仪式前两天进行现场车辆管理,确保活动当天来宾车辆能够有序停放。

(6) 配合市公安处做好安全保卫工作。

KD 机场开工庆典接待组
2014 年 8 月 18 日

点评:内容上,既有接待工作总的基本理念,又有细节化的具体要求,分工明确,职责清晰,融指导性和操作性于一体;形式上,结构完整,条理性强,表述规范。

练习与思考

部分参考答案

第六章 公共关系的大型活动策略

学完本章,您应该能够:
1. 理解大型活动相对于媒体传播所具有的特殊性;
2. 熟悉大型活动的构成要素;
3. 熟悉大型活动的基本类型;
4. 运用 SMART 法则进行大型活动的目标管理;
5. 分解大型活动的项目;
6. 开展大型活动的时间进度管理;
7. 进行大型活动的项目分析与策划;
8. 撰写公共关系项目策划书。

大型活动　工作分解结构图　项目分解　时间进度管理　甘特图　核心事件进度表　公共关系策划书　现场管理

公共关系与新闻、广告等皆肩负公共传播的使命,但在实现载体上存在重大差别。新闻与广告仅仅倚重媒体,其名词后缀基本为"作品"。公共关系的传播载体不仅有媒体,而且有活动,并且侧重活动,其名词后缀多为"活动"。当然,公共关系也倚重媒体,所以公共关系的传播载体是媒体与活动的融合。公共关系的多数情形是:先有活动的起意、创意与策划,然后是媒体的宣传造势,再后是举办规模或大或小的活动,创造新闻价值,最后是赢得媒体的报道,从而扩大社会影响。

第一节　大型活动的特质

准确理解大型活动的内涵、特质与类型，是策划与举办大型活动的认知基础。熟悉大型活动的构成要素，有助于深化对大型活动本质的认识，提高策划与举办大型活动的能力。

一、大型活动的内涵

大型活动，不同于一般语言学角度所界定的活动，是 Event 在公共关系领域的特别译文。从字面上讲，Event 具有活动、事件或重大事件、节庆或重大节庆的含义。但作为专业语词，有其特定的内涵。美国人罗伯特·加尼认为 Event 就是 Special Event，是指"那些不同于日常生活的事件"。这个说法被视为关于 Event 简单而经典的定义。约翰·艾伦认为 Event 是指经过精心计划而举办的某个特定的仪式、演讲、表演或庆典。乔·戈德布拉特则认为 Event 是"为满足特殊需求，用仪式和典礼进行欢庆的特殊时刻"。活动、仪式、专题、公共性、欢乐、程序、媒体等等，成为 Event 的标配。

课堂讨论

奥运会既是重大体育赛事，也是国家大型活动，其开幕式有相对固定的程式，由以下环节构成：欢迎贵宾特别是东道主国元首和奥委会主席入场，升东道主国国旗，奏国歌——主题文艺表演——运动员入场式（希腊首先入场，东道主最后入场）——奥组委主席讲话——国际奥委会主席致辞——东道国国家元首宣布奥运会开幕——升奥林匹克会旗，奏奥林匹克圣歌——各代表团旗手绕主席台形成半圆形，运动员、裁判员宣誓——点燃奥运圣火——歌舞文艺表演，燃放烟火。

请问：应该用哪些形容词来描述奥运会的特质？在运动员入场环节中，安排希腊首先入场，而东道主最后入场，是出于什么样的仪式考量？

（一）大型活动的定义

根据学科需要，我们把 Event 译为大型活动，以突出 Event 的动态、公共、创意等色彩。大型活动的主体可以是国家、政府、政党、学校、企业、社群甚至小区，大至奥运会,小到公司庆典晚会、新品上市,都是大型活动。但是,这样的研究视角过于宽泛。本书把大型活动的主体定位于企业,把大型活动界定为企业出于达成特殊公共关系目标需要,立足于吸引众多公众参与而策划、安排、开展的,具有仪式或程序色彩,给公众提供休闲或文化体验机会,需要专门营运管理的主题事项。

(二) 对大型活动的理解

大型活动承载特殊的使命,既有别于企业的日常工作,也不同于一般的社会活动。

1. 具有明确的目标

从总体上讲,企业策划和开展大型活动,投入大批资金,动用众多员工,目标极其明确,就是协调公众关系、塑造品牌形象,具有极强的功利特点。企业策划和开展大型活动,一般都会运用SWOT理论,把自己与竞争对手的项目进行比较,既要找出自己好于竞争对手的优势点,又要找出弱于竞争对手的问题点,并从宏观层面明确企业取胜的机会点,然后细化大型活动的具体目标,或者改善企业与社区公众的关系,或者改善企业与顾客公众的关系,或者展示企业的社会责任形象,或者展示企业的产品形象,或者强化品牌的亲和力,或者强化品牌的忠诚度,从不同角度为企业的发展创造良好的市场环境。

> **问题思考**
>
> 举办奥运会需要花费巨资,为什么各国还要争办奥运会?从国家公共关系的视角看,主办国希冀的目标是什么?

2. 拥有鲜明的主题

大型活动的主题,一般表现为标语与口号,文字不多,但具有统摄整个大型活动的效用。有了主题,大型活动便拥有了"魂"的性格,个性鲜明,富有吸引力。世界园艺博览会的宗旨是倡导人们尊重自然、融入自然、追求美好生活,但不同年份、不同城市举办的世界园艺博览会,就有不同的主题(表 6-1)。借助这些个性鲜明的主题,各届世界园艺博览会以自己独特的风格很好地传播了绿色生活的主张,弘扬了生态文明的思想。

表 6-1 部分世界园艺博览会主题

年 份	举办城市	主 题
1999	中国昆明	人与自然——迈向21世纪
2002	荷兰阿姆斯特丹	体验自然之美

(续　表)

年　份	举办城市	主　　题
2003	德国罗斯托克	海滨的绿色博览会
2006	泰国清迈	表达对人类的爱
2006	中国沈阳	我们与自然和谐共生
2010	中国台北	彩花　流水　新视界
2011	中国西安	天人长安·创意自然——城市与自然和谐共生
2012	荷兰芬罗	融入自然　改善生活
2014	中国青岛	让生活走进自然
2016	中国唐山	都市与自然·凤凰涅槃
2016	土耳其安塔利亚	花卉与儿童
2019	中国北京	绿色生活　美丽家园

3. 呈现欢快气氛

随着科技的进步和劳动交换的普及，现代社会的人拥有越来越多的闲暇时间，追求和分享欢快娱乐成为现代的生活方式。大型活动为了吸引更多公众参与，在或功利或严谨的主题统摄之下，十分重视欢快与休闲元素的策划与设计，或者设计富有美感的活动会徽标志、吉祥物，或者直接安排大量富有娱乐欢庆效果的节目，或者邀请社会明星到场助兴，或者借助装饰物品、色彩、音乐营造欢快的现场氛围，提升大型活动的观赏价值，满足公众的休闲需要，让公众在大型活动中充分感受快乐与满意。

4. 计划严密详细

大型活动牵涉的部门众多，一般涉及政府主管部门、市政管理部门、公安部门、酒店、交通运输单位、电力供应单位、电信通讯单位、合作组织、竞争组织等，往往融经济实惠与文化文艺于一体，活动内容十分丰富，能够吸引众多公众到场。为了确保现场安全与活动有序推进，大型活动往往都有严密、周详的工作计划，策划、设计形成了一整套的实施方案，从人员组成、项目运作模式、执行计划、安保措施到危机预案，都有章可循。

5. 展示主旨文化

大型活动的内核是功利的，但往往倾向于打文化牌，本着"文化搭台，经济唱戏"的思想，演绎主题文化，具有很浓的文化色彩。大型活动的主题内容充分展示着本土传统文化、行业特色文化或社会专题文化。大型活动的现场装饰，从主题色调的选择、饰物（如彩旗、鲜花图案、吉祥物等）的设计，以及工作人员服饰的穿戴，都强调主旨文化的演绎效果，大型活动的现场成为文化的海洋，充满了浓郁的文化韵味,具有浓厚的节日气氛,历经积累和流传,逐渐演化成当地多数公众的文化认同、文化记忆和文化行为,具有极强的参与性和互动性。

6. 媒体高度关注

经过专业策划与安排,大型活动一般具有较高的新闻价值,媒体往往给予高度关注,乐于报道。大型活动的新闻价值,主要来源于五个方面:第一,能够策划、举办大型活动的企业,实力雄厚,属于知名企业,影响指数高,从主体上看具有"明星就是新闻"的新闻价值效果;第二,大型活动不仅能够宣传举办企业的良好形象,而且同时也能宣传本地的形象,扩大本地影响力,从作用上看具有新闻价值;第三,大型活动策划时刻意运用文化元素,倾向于以行业主题文化或地区传统文化为根源,展示文化的神秘性、象征性,或者传承传统文化,或者演绎行业特性,具有节日气息,公众高度关注、积极参与,从内容和受众角度看具有新闻价值;第四,大型活动强调独特性,讲究创意,在表现形式上往往别具一格,从形式上看具有新闻价值;第五,大型活动一般邀请明星名流特别是一定级别的政府官员主持有关仪式、光临现场,这些特殊嘉宾本身就是媒体关注的对象,嘉宾队伍进一步强化了大型活动的新闻价值。

> 大型活动新闻价值的来源,也就是强化大型活动新闻价值的切入点与着力点。

二、大型活动的构成要素

大型活动由主办方、目标、目标公众、主题与内容、运作方案和传播方案六个基本要素构成。

(一) 主办方

规模较小的大型活动,主办方就是企业自身。规模较大的大型活动,主办方一般以团队形式出现,根据责任不同,分为主办单位、支持单位、承办单位和协办单位。主办单位是大型活动的承担者、策划者和实施者,总体负责大型活动的策划、组织、管理、运作、传播、推广和招商等工作,拥有举办权,承担法律责任。在实际工作中,有些主办单位仅仅是名义上的主办方,不参与具体工作。多数主办单位则是实质性的主办方,承担大型活动的全部或者局部工作。支持单位是指导或者支持大型活动策划、组织、管理、运作、传播、推广和招商等工作的组织机构,不承担法律责任和财务责任。有些支持单位是大型活动主办单位的上一级组织机构,其支持作用主要表现为指导;有些支持单位是与大型活动主办单位平级的相关利益者,其支持作用主要表现为提供服务。承办单位是直接负责大型活动策划、组织、财务、管理、运作、传播、推广和招商等工作的组织机构,是大型活动相关工作的执行机构,主要承担财务责任,也就是说,承办单位重中之重的工作是财务管理。协办单位就是协助主办单位和承办单位策划、组织、管理、运作、传播、推广和招商等工作的组织机构。

主办团队的搭建,核心是明确各自的职责与职权,有分工,有协作。

(二)目标

目标是主办方基于社会组织对社会发展大势判断和自身优势劣势判断而设定的、需要借助大型活动予以解决的实际问题。对于企业来说,大型活动的目标主要有以下十类:一是吸引投资,增强企业的资金实力;二是争取资源,谋求合作,理顺生产资源的供货渠道;三是提高企业与品牌的知晓度、美誉度、信任度、首选度、忠诚度与依赖度,塑造品牌形象;四是吸引公众光顾商业场所,提高人气,提升销售量;五是建构、维系公众关系网络,扩大公众关系的广度与深度;六是展示技术与管理创新成果,传播企业核心竞争力;七是展示企业历史与企业文化,提升企业的社会影响力;八是展示企业的社会贡献与公益贡献,塑造社会责任形象;九是推介所在行业的社会价值,培育行业的消费市场,发展行业顾客队伍;十是展示企业良好的雇主形象,吸引求职者,维持和发展企业的员工队伍。

在具体的一项大型活动中,锁定的目标数量应该多些还是少些?为什么?

(三)目标公众

目标公众是大型活动为了实现预设的目标而需要影响的主要对象,是实质性的作用对象。公众分为目标公众和非目标公众,目标公众是大型活动的重要公众、基本公众,如奢侈品展览会,其目标公众一般是收入颇高的公众,如私营业主、明星及其子女,普通工薪阶层则是其非目标公众。非目标公众对大型活动成败的影响不大,可有可无。

(四) 主题与内容

主题与内容是主办方为了吸引目标公众参与,根据社会、社会组织和公众三方的共性需求,而确定的活动主旨、基本题目和相关材料。主题是大型活动的灵魂,表现为主义、精神、理念、宗旨、理想、格言和誓词等,呈现形式是标语与口号。内容是大型活动的骨架,表现为话语材料与文献材料,呈现形式是传播作品、装饰设计、展演节目等。主题是内容的提炼与升华,内容是主题的演绎和展示。以2019年北京世界园艺博览会为例,其主题是"绿色生活 美丽家园",很好地体现了人类渴望自然、返璞归真的精神追求。立足这个主题,基本内容就定位于各国最新园艺创新资源的汇集,把各国的精品园艺融入北京天然的山水大花园中,让园艺融入自然的怀抱,让自然感动人类的心灵,让人类与自然和谐共生,展示出园艺、城市、自然与人类的和谐相融,进而反映出全球绿色创新、科技创新、文化创新的新趋势,以及各国人民追求绿色生活、建设美丽家园的新常态。

> 要点提示
>
> 大型活动一般倚重标语、口号表现主题,强调境界与高度;借助传播作品、装饰设计、展演节目表现内容,讲究生动与形象。

(五) 运作方案

运作方案是大型活动在什么时间什么地方以什么方式表现和演绎主题内容的方案,是大型活动策划的核心成果,一般表现为策划案,基本内容是"节目单"。策划案立足大型活动的主题和需要展现的内容,以某一项目为中心活动,配合选用多个附属性活动项目,形成主旨明确、先后有序、前铺后垫、相互烘托、高潮迭起、完美收官、贯通一体的系列活动。以奥运会闭幕式为例,其相对固定的仪式程序是:国际奥委会主席和东道国国家元首入场—升东道国国旗和奥林匹克会旗—文艺表演—代表团旗手入场,并在主席台后形成半圆形—国际奥委会主席为男子马拉松金银铜牌获得者颁奖—向奥运会志愿者致谢—升下届奥运会东道国国旗,奏其国歌—奥运会组委会主席致闭幕词,宣布奥运会闭幕,并邀请全球青年参加下届奥运会—降奥林匹克会旗,奏奥林匹克会歌—奥运会旗交接—下届奥运会东道国8分钟文艺表演—奥林匹克圣火熄灭—运动员狂欢。这前后相接的十三个节目,每个节目都有内容、形式甚至时间上的规定,被赋予了特定的含义,共同构成了奥运会闭幕式基本的运作方案,形象地传递了奥林匹克精神,有效地维持与扩大了奥林匹克运动会的影响。

(六)传播方案

传播方案是扩大大型活动影响而策划的宣传方案,主要解决事前、事中、事后如何传播的问题。事前的传播内容往往定位于大型活动的历史回顾、曾经的意义与当下的价值,相当于社会动员。事中的传播内容偏重大型活动整体的动态呈现与主体内容的渲染,偏爱细节化描绘与花絮运用。事后的传播内容倾向于总结与概括。

三、大型活动的类型

根据内容,大型活动分为社会服务活动、节庆、主题纪念活动、大众体育赛事、地方主题文化展演活动、商品推介活动、促销活动、大型会务和展览会等。

社会服务活动是企业基于社会责任理念和提高美誉度的需要,立足商业或者公益慈善事业而向大众提供特定帮助的活动,主要有两类:一类是售前、售中和售后服务,一般是商业附加服务,主要面向企业的目标公众;另一类是公益资助、慈善捐助、社会赞助,表现为爱心公关,主要面向贫困地区与困难群体、公益组织(如学校)与公益事业(如环保)、灾区疫区等,以提供财物为主。

节庆是企业等特定的社会组织在传统节假日(如除夕、春节、元宵节、清明节、端午节、中秋节、重阳节、腊八节等)、政府设定的节假日(如元旦、妇女节、劳动节、儿童节、建党节、建军节、教师节、国庆节等)和西方社会的传统节日(母亲节、护士节、感恩节、圣诞节、情人节等)中,选取与目标公众或行业极具相关性的节假日,立足企业特定需要,而策划和举办的节庆文化演示活动,仪式感强。

主题纪念活动是指企业在我国政府确定的主题日(如全国爱耳日、学雷锋纪念日、植树节、中国旅游日、抗日战争纪念日、抗日战争胜利纪念日等)或国际组织确定的主题日(如国际气象日、消费者权益保护日、世界水日、世界卫生日、世界地球日、志愿者日、世界电信日、护士节、国际家庭日、国际牛奶日、世界无烟日、世界环境保护日、世界人口日、世界粮食日、联合国日等),以及重大历史事件周年日和重要历史人物诞辰周年日,结合企业自身传播需要而策划和举办的大型活动,具有庆典、纪念色彩。

大众体育赛事是企业根据目标公众的体育爱好,立足全民健身主题,以普通大众为参赛选手而举办的体育比赛活动。例如，上海东方明珠元旦登高健康跑活动，借助"新年登高步步高"的国人迎新传统习俗，以"爱满东方、明珠汇聚"为主题，举办登高、长跑、骑行、全民健身展示等多项赛事活动，以全民健身的方式迎接新年的到来，深受市民喜爱。

地方主题文化展演活动是企业基于战略发展需要，立足企业所在地的传统文化而策划、举办的大型活动，民族性强，地方特色浓，往往冠以企业名称，如大白兔之美——上海弄堂文化展。

商品推介活动是企业开发出新式产品、提高主打产品的市场份额或开拓新市场区域时，向目标公众推广、介绍创新产品或主打商品的路演活动，往往呈现为展会或商品节。

促销活动一般是商业街或某个商业单位为了刺激大众消费而策划、开展的多种商品共同打折、具有让利色彩的大型活动，其核心内容是打折让利，公众能够从中直接感受经济实惠，而企业也因其薄利多销的商业机制而获益。

大型会务是企业为了统一利益相关者的意见，或者集思广益而召集利益相关者、专家进行专题讨论、研究的会务。企业面临战略转型或者克服特殊困难时，需要齐心协力，全力以赴，一般都需要召集大型会务，并借此创造新闻价值，开展传播沟通，为企业未来的发展创造良好的组织氛围和舆论环境。

展览会是企业借助实物展示、融媒体和人际沟通技术，向目标公众展示成就或者解决社会问题的大型活动。以展示企业显著成就或杰出贡献的展览会，可以有效建构公众关系、塑造品牌形象。以解决社会问题（如游客不文明举止、落后生活方式、制售假货、吸毒、消防隐患等）、促进文明发展为主旨的展览会，可以有效塑造企业的社会责任形象。博览会是展览会的升级版。当展览会规模庞大（如参观人次大于100万）、主题内容综合时，就成为博览会。

  大型活动的类型是不能穷尽的，生活中的各种活动形态，都是大型活动的原形。

第二节　大型活动的项目管理

大型活动的项目管理是由特定的管理运作团队，根据社会发展形势和企业的实际条件，针对特定项目的运作所进行的决策、计划、实施和绩效评估等工作的总称,强调的是立足于特定大型活动项目的有效运作和有序开展,合理分配人、财、物等资源。

一、大型活动的目标决策

大型活动不同于一般的社会活动,有明确的目标导向。进行目标决策,包括设定目标和调控目标两个方面。

设定目标就是明确大型活动的总体目标和具体目标,总体目标的设定强调高瞻远瞩,而具体目标的设定则强调缺什么补什么。无论设定总体目标还是具体目标,都应遵循 SMART 法则：具体化(Specific),即切中企业切实的需要,指标要适度细化或量化、随情境变化而变化;可测性(Measurable),即目标的构成指标尽可能行为化,具有可观察性,绩效数据或信息可以获得;可达性(Achievable),即只要努力,在大型活动期内是能够达到指标要求的,"有多大能量办多大事情";结果导向(Results-oriented),即设定的大型活动过程绩效和最终绩效是实实在在的,可证明、可观察;时限性(Time-bound),即使用时间单位设定完成指标的期限,绩效评估周期具有信度,关注绩效的时间效率。

策划大型活动,针对的是具有不确定性的未来环境。环境的不确定性,意味着不可能精准掌握未来环境。因此当环境发生出乎意料的变化时,必须修订大型活动的目标,即调控目标。

二、大型活动的机构管理

大型活动的项目管理,人是最为重要的因素。解决人的问题,实质是组织管理问题。明确了开展大型活动的意向和规模,项目管理首先需要解决的问题是机构问题,即由企业什么级别的领导挂职,召集哪些成员,搭建什么样的团队机构。

大型活动由于牵涉面广,需要决策的事项和需要协调的工作相当多,因此一般宜由决策层中的分管领导挂职,吸收相关业务部门的中层主管为成员,组成组委会。组委会可选用的组织结构有直线制组织结构、职能制组织结构、直线职能制组织结构和矩阵制组织结构等。大型活动需要根据环境变化做出迅速、一致的反应,因此其组委会宜采用矩阵制组织结构,其模式见图 6-1。矩阵制组织结构既有纵向的职能领导系统,又有为完成某一任务而组成的横向项目系统。纵向领导系统和横向执

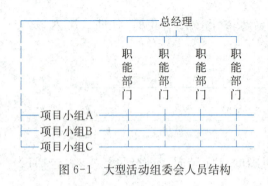

图 6-1 大型活动组委会人员结构

行系统有机结合,机动性强,便于协调与配合,及时沟通情况,加上各种人员集中在一起,便于攻克难题。

大型活动组委会建制完成后,就是分解项目,把大型活动分解为若干个小型项目,据此确定项目经理,组建项目小组,并招募志愿者队伍,构建完整的大型活动项目团队,开展项目团队培训工作和人力资源管理。

由于大型活动工作量大,专业要求高,有些工作是社会组织自身无力胜任的,需要求助于外部的专业团队力量,这些外部力量以项目形式与社会组织签订合同,按时、按量完成指定的工作,进而获得报酬。当然,这些来自外部专业团队的人员是企业的临时编外员工,因此必须加强合同管理。

三、大型活动的项目分解

大型活动的项目管理,主体是组委会,核心是对具体项目实施分工管理,必须对大型活动进行分解。大型活动项目分解的基础是目标分解,关键是活动排序,最终成果是工作清单,遵循"目标清单—项目绩效指标—子项目清单—任务清单—工作清单"的程序。

第一步,把大型活动相对抽象的总目标细化为明确、具体的目标清单。

第二步,把目标清单转换为具有可操作性和可测性绩效考核指标。

第三步,根据项目绩效指标的要求,规划大型活动的总体工作事项,列出大型活动的子项目,即活动子项目清单。

第四步,明确活动项目清单的具体任务,把粗线条的目标要求分解为便于管理和控制的细节化的可操作性任务,形成任务清单。

第五步,把活动项目清单进一步细化为一项一项的工作事由,即工作单元,根据需要把同类或者相关工作单元合并为工作包,形成既有逻辑关联性又清晰具体的工作清单。

大型活动的目标分解和活动排序,一般采用工作分解结构模型。工作分解结构模型(Work Breakdown Structure,WBS)是把大型活动的基本项目按照工作的程序或内在联系,逐级分解、细化为相对独立、内容明确、事项单一且易于核算的工作单元,完整而直观地展示各级工作从属关系的结构示意图(图 6-2)。

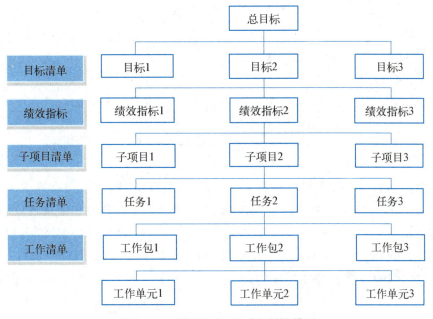

图 6-2 大型活动的七级分解结构模型

> **问题思考**
>
> 请你运用工作分解结构模型,建构今年上海东方明珠元旦登高健康跑活动的结构图。

大型活动项目分解的最终成果是工作清单,其表述工具一般采用工作流程表的形式,即借助表格,把工作包名称与编码、工作单元名称与编码、绩效指标、工作规范、起止时间、执行部门(含负责单位、参与单位和监督单位)名称清晰地陈列出来,形成工作清单表(表 6-2),以便操作实施。

表 6-2 大型活动工作清单

工作包名称	工作名称	绩效指标	工作规范	起止时间	执行部门		
					负责单位	参与单位	监督单位
1×××	1.1×						
	1.2×						
	1.3×						
2×××	2.1×						
	2.2×						
	2.3×						
……							

第六章 公共关系的大型活动策略

> **记住**
>
> 大型活动工作清单表的要素。

四、大型活动的时间进度管理

大型活动的组委会和项目小组,在完成项目分解的基础上,根据要求交付的成果、标准、工作任务的难易程度、实施规范、约束条件、资源能力和常规进度,逐项估算工作清单中每一项工作特别是具有阶段性标志工作的时间要求,得出时间进度表。制作时间进度表,主要有三种方式,即阶段式、核心事件法和日程表。

阶段式时间进度表,强调根据工作先后顺序,大致明确工作的开始时间和结束时间,一般采用甘特图(图 6-3)表述,具有简单、直观的特点,便于了解大型活动的全局进度。

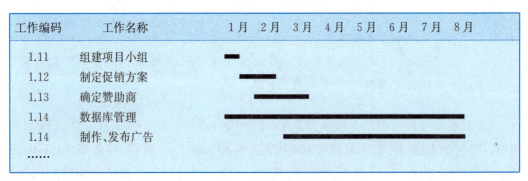

工作编码	工作名称	1月	2月	3月	4月	5月	6月	7月	8月
1.11	组建项目小组	▬							
1.12	制定促销方案		▬▬▬▬						
1.13	确定赞助商		▬▬▬▬▬▬						
1.14	数据库管理			▬▬▬▬▬▬▬▬▬▬▬▬					
1.14	制作、发布广告				▬▬▬▬▬▬▬▬▬▬				
……									

图 6-3 甘特图示例

核心事件法强调根据大型活动中具有里程碑意义的重要事件的时间节点制作时间进度表(表 6-3)。核心事件法具有重点突出的特点,但是由于弹性空间大,因此项目小组必须根据核心事件的时间节点,以倒计时的方式细化进度安排。从总体上讲,由于核心事件法推迟了远期安排的决策,从而增加了时间进度的准确性,提高了时间进度管理的质量。而且,强化了短期、中期和长期计划的相互衔接,使时间进度表既有目标导向作用,又有操作性,适用于大型活动的时间管理。

表 6-3 核心事件进度表(局部)示例

核心事件	5月1日	5月15日	8月20日	9月11日	9月12日
完成公司庆典审批	●				
成立庆典组委会		●			

(续　表)

核心事件	5月1日	5月15日	8月20日	9月11日	9月12日
"公司与我的成长"征文			●		
"明天更美好"寄语征集				●	
公司庆典晚会					●

日程表,是根据大型活动所有事件的先后顺序,逐日进行安排而得出的具体工作时间表,其表现形式参见表6-4。根据日程制作的时间进度表,包含的维度有日期、工作内容、地点、负责人和注意事项等,具有详细、精准的特点。

表6-4　某化妆品公司新品上市推介活动日程表(局部)

日期	工作内容	地点	负责人	注意事项
5月5日	召开项目小组会议	营销部会议室	王方云	
5月6日	联系客户代表		戴国丽	兼顾新客户
5月6日	邀请嘉宾 邀请媒体记者		张良善	态度诚恳
5月9日	召开客户座谈会	公司会议室	李毓芳	话语亲和
……				

 实战

请您运用阶段式、核心事件法和日程表三种方法,制作贵校校庆相关工作与活动的时间安排表。

时间进度表是一种特殊的计划,是开展时间管理的基本依据。时间进度表获得批准后,就应该得到贯彻,如期完成时间进度表确认的工作。当然,如果遭遇突发事件,时间进度表执行的条件发生变化,则应动态调整相关安排,根据原则性与灵活性相结合的原则,做出必要的调整,从而有效调控大型活动的进程。

五、大型活动的项目策划

大型活动的项目策划,旨在分析影响大型活动的内外条件,规划各项具体事务,完成创意与设计,最终提出大型活动实施方案与媒体传播方案,为开展大型活动提供文本指南。

（一）进行大型活动的调查分析

调查分析是大型活动策划的基础。当今社会已经进入大数据时代。在大数据时代，策划作为一种特殊的决策模式，与其他决策一样，建立在大数据基础上，强调借助数据开发与管理，来分析社会发展的大势，了解市场的基本态势和公众的消费模式，掌握竞争对手的基本情况特别是其大型活动的特点，运用差异化方法，创造出大型活动的特色与亮点。

数据库有些来源于他人的第二手资料，有些则是自己的第一手资料。二手资料、一手资料都是项目分析的基础数据，但最重要的还应该是自己获得的一手资料。所以开展调查，获得第一手资料是进行大型活动项目分析的基础。

针对大型活动项目进行的调查，分为宏观和微观两个层次，调查的内容各有不同。当企业进行商务类大型活动项目分析时，其宏观层次的调查侧重促销市场的总体调查，主要涉及三个方面的内容：第一，全面掌握市场的整体信息，包括促销市场的文化信息、竞争态势、国家的经济政策等；第二，全面掌握公众的信息，包括公众的消费能力、需求状况、消费方式、消费特点、消费习惯、消费周期等；第三，全面掌握商品的基本信息，包括生产企业的背景状况、商品的历史信息、个性信息、定位信息、功能信息、服务信息等，准确了解商品的质量指标、技术水准及其商业形象。

当企业进行商务类大型活动项目分析时，其微观层次的调查侧重促销市场的情景调查。公众的消费行为具有情景性，即在某种特殊的情景氛围中，公众产生相应的心理活动，做出消费决策。消费行为的情景性主要表现为心理活动。促销市场的情景调查主要表现为心理调查，涉及的内容主要是消费过程中的心理活动特点，表现为民族消费心理、年龄消费心理、性别消费心理、职业消费心理、价格消费心理、品牌消费心理、文化消费心理等。

立足促销市场的总体调查和情景调查，是为了明晰促销市场的基本格局，把企业置于具体市场之中，通过与竞争企业、市场特性和公众需求的相关比较，找出企业及其商品的优势点、问题点和机会点，为企业策划商务类大型活动，特别是形成大型活动的特色，提供基本的信息依据。

（二）开展大型活动的定位管理

1969年美国广告专家杰克·屈特（Jack Trout）最早提出定位思想，他认为"定位就是确定商品在市场上的位置"，"让商品在潜在公众的心里占有合适的位置、留下特定的印象"。定位适应了当时美国社会流行趋小众化的特点，因而受到业界广泛认同，并得以深入研究，形成了相当体系化的定位理论，主要有五个核心主张：① 定位的目标是让品牌在公众心中留下深刻的特殊印象，获得一个明确的认知据点，一个认定的区域位置。②根据目标公众心理,明确特定的传播目标,集中到与目标公众直接相关的媒体上进行传播。③传播应该表明品牌的独特位置,使目标公众难以忘记。④传播应该突出品牌与众不同之处,而不完全是商品的利益信息。⑤传播应把目标公众的消费愿望引向自己的品牌,提高品牌的忠诚度和依赖度。

我国正在步入小众化消费甚至"私人订制"时代,越来越多的顾客追求差异化消费。策划大型活动时,必须引入定位理论,自觉运用市场细分原理,找准目标市场和目标公众,根据企业文化的特质、品牌与商品的特性、目标公众的需求以及竞争对手的情形,提炼出与众不同的品牌核心主张,设计个性鲜明的大型活动现场,展示、传播富有特色的信息内容,安排具有特色的演艺节目,创造大型活动的品牌个性,使大型活动的品牌性格恰好满足目标公众的个性化需要,借助差异性强化大型活动的影响力。

> **问题思考**
>
> 美国企业咨询专家米歇尔·特里和费雷德·维斯马尔说:"想解决所有顾客的所有问题的人永远不会成功。那些选准一个突破点、那些为具有确切含义的市场提供用途更大的产品的企业,将成为市场上领先的企业。"
>
> 这个讲话对于策划大型活动有什么启迪?如何落到实处?

(三)进行大型活动的主题创意与演绎

创意就是基于调查和品牌性格以及目标公众的心理需要,运用发散、联想、直觉等创造性思维方法,构建大型活动主题的思维过程。创意不是臆想,前提条件是熟悉市场与目标公众,基本要求是忠于品牌性格。创意的结论是大型活动的主题,表现为主打标语与口号。

主题明确以后,还需要借助感性手法加以演绎,使大型活动的主题能够以具象的形式呈现在公众面前,变得可知、可感,具有视觉冲击力。演绎大型活动主题的途径主要有以下八种:第一,提炼大型活动的精神、理念、宗旨等,形成寓意深刻、便于传颂的标志性格言。"更快、更高、更强"短短三个词,就很简洁但又确切地演绎了奥林匹克运动会的主题。第二,创作大型活动的专题宣传片与平面作品。第三,确定大型活动的主题物品。第四,创作大型活动的主题吉祥物。第五,撰写大型活动的主题故事,特别是相关典故与历史趣闻。第六,创作大型活动的标语,设计标语的字体、字号和色彩组合,强化大型活动的语言意境效果。第七,设计大型活动的主题仪式。第八,营造大型活动的主题氛围,使大型活动的现场基调、音乐音响、装饰色调成为主题的有效表现载体。

（四）设计大型活动的标志

大型活动的标志是让自己与其他大型活动相区别、表明自身特征、具有明显差异的记号，借助单纯、显著、易识别的物象、图形或文字符号直观表达特定的含义，经过法律注册后便成为具有法律意义的商标，受到法律保护。标志是大型活动走向公众的通行证，设计意境美好、寓意深刻、色调鲜艳的标志，对于提升大型活动的影响具有特殊的促进作用。

大型活动标志的形态常见的有三类，即文字符号、图案符号和几何符号。设计标志需要遵循独特、简洁、准确、美观、合法、适用和通俗易懂的要求。

确定主题和演绎主题是触及大型活动灵魂层面的工作，既要懂得时代命题与公众心理，更要熟悉创意技法，前者保障公共关系的价值高度，后者保证公共关系的艺术魅力。

标志设计后，即可印制到大型活动的办公用品（如信封、信纸、证件、徽章、登记卡）、工作服饰、交通工具、会旗、吉祥物和各种广告作品中，利用各种传播工具强化大型活动标志的视觉冲击力，营造良好的大型活动氛围。

（五）开发大型活动的衍生产品

大型活动的衍生产品是企业基于商业规则，为了满足公众收藏纪念、赠送他人等需要，而设计、制作的印有大型活动标志、吉祥物图案或主题标语等专属标志性符号的用品。这些衍生产品可能是日常生活用品，也可能是特制品，虽然售价相对较高，但因为能够满足公众特殊需要，而深受现场公众喜爱。

为了提高衍生产品的传播效用，设计时应该遵循主题、标识、实用和精美原则。主题原则就是衍生产品应该明确蕴含大型活动的主题，载有主题专属文化。标识原则是指设计衍生产品的外部图案、包装盒（袋）时，刻意把大型活动的标志、吉祥物图案、标语等融入整体图案作品之中。实用原则就是衍生产品能够帮助公众解决某个方面的实际问题，具有实际价值，而不仅仅是装饰品。精美原则是指衍生产品的质料、设计风格和包装款式，具有精致、美观的特点，给公众以高雅亮丽之感。

（六）安排大型活动的节目

表现大型活动主题内容的要件包括静态载体和动态载体两个基本方面。其中，静态载体主要是大型活动现场的展示类作品,由平面传播作品、多媒体传播作品和展示实物构成。动态载体主要表现为活动,如开幕式、闭幕式、主题晚会、论坛会务、专项比赛、游览观光,这些活动有些是一次性举办的,有些是持续进行的,有些有明确的起止时间和运作时间表,有些只是相对宽松的大致安排。无论是哪一类活动,其基本单元是"节目",也就是说,大型活动由多个不同类别的节目构成,包括暖场节目、基本仪式、程式节目(如领导致辞、主办方演讲、嘉宾讲话等)、核心节目和娱乐节目。

策划大型活动的节目,应具备良好的"导演"意识,即情节创作、设计意识,善于谋划,通过对大型活动节目的巧妙设计和科学编排,确保大型活动既能有条不紊,又能高潮迭起。

策划大型活动的节目,基本准则是符合主题要求,忠于主题思想。节目应该是主题理念的逻辑演绎和生动展现,是主题理念的具象化表达。

大型活动的节目策划,在符合主题要求的基础上,特别强调要有兴奋点、娱乐性和炫耀价值。兴奋点就是大型活动应该拥有让目标公众感到心花怒放、欣喜若狂、情绪激动、精神亢奋的元素。娱乐性就是大型活动应该拥有让公众放松心情、尽情娱乐的元素。炫耀价值就是大型活动需要拥有让公众产生独特经历或特殊成就感进而满足其夸耀显示心理需要的元素。一般来说,策划暖场节目和娱乐节目强调的是娱乐性,安排基本仪式和程式节目强调的是端庄、规矩,策划核心项目强调的是唯一性、参与性,借助独特性和互动机制创造出核心节目的炫耀价值。

大型活动的安排,主要是根据大型活动各个节目之间的关联性,借助主持人的讲解词,把所有节目按照先后顺序串联起来,使之成为一个有机整体的过程。

要点提示

策划大型活动需要文艺素养,具备导演意识,能够进入导演境界。

(七)大型活动的传播管理

加强大型活动的传播管理,不仅有利于扩大大型活动的影响力,而且能够为大型活动的运作创造良好的舆论环境。

大型活动的传播管理,目标是建立融大众传播、组织传播与人际传播于一体,传统媒体与新媒体交相呼应的传播阵势,创造轰动效应。在大型活动运作前后,建立与维护官方网站(页)、撰写新闻稿、策划新闻事件、创作宣传广告、引导口碑传播与微博微信公众号传播、及时应对负面报道特别是舆情,是传播管理的基本工作。

(八)规划大型活动的场地

开展大型活动的场地分为室内场地、露天场地和临时搭建的凉棚式场地。选择场地需要考虑大型活动的主题性质、规模、地理位置、交通便捷程度、场地布局(如厕所、紧急出入口)与已有设施(如通风设施、电力设施、通信设备、餐饮设施)、公共基础设施(如公共厕所、停车场)等因素,尽量使场地与大型活动相匹配。

场地确定后,需要专业人员根据大型活动的需要,划分舞台与演示区域、商品展示与销售区域、观众活动区域、设施设备管理区域、后勤服务区域,确定场地总体布置模式(如剧院模式、教室模式、宴会模式、体育场馆模式、T 型舞台模式等),然后设计大型活动的现场总体平面示意图、舞台示意图、展台示意图、主席台示意图、观众席示意图、观光路线等,运用多媒体技术设计现场布景与特技效果,确保装饰设计不仅能够有效烘托大型活动的现场氛围,而且满足观众的休闲需要与舒适需要。

>
>
> 设计大型活动场地的关键是安全。大型活动现场人员多,安全是第一位的。

(九)开展大型活动的预算管理

大型活动的预算管理主要包括三项工作,即成本预算、收入预算和资金分配。

成本预算就是估计为开展大型活动需要支出的费用,大致包括以下项目。

(1)市场调研费用:问卷设计费、实地调查费、资料整理费、研究分析费等。

(2)宣传作品设计制作费用:广告作品(含宣传手册)印刷费、设计费、邮寄费、媒体租金等。

(3)工程费用:现场工程设计费、施工建设费、装饰费用等。

(4)办公用品费用:保险费、电话费、注册费、许可费、复印费、摄影费、活动节目单设计印刷费、项目报告编制与出版费、日常水电费、清洁费等。

(5)租赁费用:场地租赁费、现场办公家具租赁费、多媒体设备租赁费、汽车租赁费、照明设备租赁费、音响设备租赁费、饰物租赁费、道具租赁费等。

(6)嘉宾酬金:明星嘉宾酬金、普通嘉宾酬金。

(7)劳务费用:职员劳务费、志愿者费用等。

(8)运输费用:汽车补助费、材料运输费、宾客交通费、职员交通补助费等。

(9)奖品礼品费用:奖品费、奖项活动费,如旅游费用、纪念品设计制作费用等。

(10)咨询费用:法律咨询费、项目评估咨询费等。

(11)机动费用:用于预料之外的合理开支和应对可能出现的突发事件,约占总预算的 10%。

收入预算就是估计因大型活动运转而产生的收入,一般包括:广告收入、赞助收入、政府专项拨款、优惠销售收入、投资利息收入、票房收入、商业销售收入(如体育赛事的转播权)、大型活动品牌许可收入、纪念品销售收入、公众捐款、经销商佣金收入等。

资金分配就是根据大型活动的进度安排,确定各项预算的投入时间与规模,从资金上保障大型活动的正常运转。

(十)开展大型活动的风险管理

策划大型活动,要具有危机意识,懂得墨菲定律和海恩法则,既要提防"黑天鹅事件",更要严防"灰犀牛事件",加强风险管理。大型活动由于事务繁多,公众繁杂,流程环节多,时间长,不确定性因素多,因此总是存在一定的风险,当风险演化为显性的事件后,就成为危机事件了。加强风险管理,是确保大型活动正常运转的必要措施。

大型活动可能存在的风险主要有以下七类:一是政治类风险,即由于大型活动举办地的政治转向、政策调整所产生的风险;二是法律类风险,即大型活动举办地政府修改法律、法规,或接受国际法、国际惯例所产生的风险;三是文化类风险,即由于大型活动举办地的宗教、民俗、社会习惯、道德规范等文化因素所引发的风险;四是商业运作风险,即由于大型活动举办方在履行义务中产生的财务风险、信用风险、工程风险、广告风险、技术风险、人员风险、销售风险、品牌风险等;五是人身安全类风险,即大型活动举办过程中可能危及工作人员、观众或嘉宾健康、生命的风险,如食物中毒、人员拥挤、交通事故等;六是假冒类风险,即他人未经许可假冒使用大型活动的名义、商标所产生的风险;七是不可抗拒类风险,如蓄意破坏、恐怖袭击、天气突变、地震、洪水暴发、战争、疫情等。

> **问题思考**
> 在大型活动中,哪些风险属于"黑天鹅事件"?哪些风险更具"灰犀牛事件"的色彩?为什么?

大型活动的风险管理,主要有事前、事中和事后三个环节。事前强调制定风险预案,开展应对演练,提供风险防御能力,基本态度是防患于未然。事中强调风险监测,从定性和定量两个角度分析风险、识别风险,采取回避、转嫁、减轻、承认、调整等手段及时、有效应对风险,降低风险危机的损害,基本态度是正视危机,果断处置。事后强调改进相关工作,基本态度是有则改之,无则加勉。

(十一)大型活动的策划书撰写

把大型活动的策划成果以书面形式撰写出来,形成策划书文本,以便实施大型活动的项目管理。

大型活动的策划书由三个要素构成,即标题、署名和正文。其中,标题有两种写法:一是公文体,涵盖事由单位、事由和文体,如"全聚德160周店庆策划书",其中"全聚德(店)"是事由单位,"160周店庆"是事由,"策划书"是文体。二是复合体,一般为活动主题+公文体,如"超凡美食 匠心永驻——全聚德160周店庆策划书",其中"超凡美食 匠心永驻"就是店庆主题。署名主要标识策划单位名称和撰稿日期。正文是主体,呈现方式主要有条文形式和表格形式。条文形式就是按照条款的逻辑顺序,逐条陈述策划书的内容。表格形式就是借助图表来简洁明晰地表述策划书的内容。在一份策划书中,一般以条文形式为主要表达方式,少量运用表格形式。正文的内容比较复杂,主要包括以下十一个部分。

1. 前言

前言部分简要介绍确立大型活动主题的社会背景和组织背景,宜略写,但要写出社会高度和时代意义。

2. 市场状况与形象分析

市场状况与形象分析部分借助SWOT分析模式,比较详尽地介绍大型活动前期调查分析的结论,主要是陈述通过"三个比较"所得出的"三点结论",即公共关系主题内容与竞争对手、市场(目标公众)需要相比之后所得的优势点、问题点与机会点。在写法上,既要呈现论点(即主题句),又要提供论据,包括调查数据与访谈资料、文献资料。

3. 目标体系

目标体系部分比较概要性地介绍大型活动的目标设想,包括总体目标和具体目标两个部分。

(1)总体目标。介绍企业在未来某一较长时期内所追求的公众关系广度与深度,描述品牌形象、品牌地位。

(2)具体目标。明确表述本次大型活动应该实现的绩效指标,如到达现场的人次、媒体报道篇幅、销售额等。

4. 创意说明

创意说明部分主要介绍大型活动的主题理念、宣传文案,涉及的内容主要有:

(1)指导思想。

(2)活动主题。

(3)标志。主要陈列标志小样、吉祥物小样、各类VI(视觉识别,如专用办公用品、工作人员服饰、购物袋、纪念品等)小样。

(4)活动总名称。

(5)具体项目活动名称。

(6)宣传作品。主要陈述电视宣传作品的分镜头脚本、报纸杂志宣传作品小样、

POP 广告小样等。

（6）标语。

（7）饰物。介绍营造现场主题气氛所使用的装饰物，如气球、充气拱门、彩旗、现场色调、音乐、音响等。

5. 现场规划与设计

现场规划与设计部分主要介绍大型活动的现场总体平面设计图、舞台示意图、展台示意图、主席台示意图、观众席示意图、现场布景与特技效果、观光路线等。

6. 媒体策略

媒体策略部分主要介绍宣传媒体的分配规划（包括媒体分配、地理分配、时间分配、内容分配方面的内容）、组合方式，一般用表格形式陈述。

媒体名称	租用时间	宣传内容	规　格	注意事项

7. 日程安排

日程安排部分介绍大型活动从筹备到结束所涉及的各项准备工作、所有具体活动项目的进度安排。

日　　期	工作任务	负责人	注意事项

8. 活动方案

活动方案部分逐一介绍大型活动各项目的名称、时间、地点、负责人、实施方案、运作步骤、程序安排。其中，实施方案主要呈现各项具体活动的内容，如有奖征集活动的时间节点、作品要求、参赛条件、评审团队、评审过程与方法、奖项规格、公示办法等；运作步骤、程序安排一般表现为"节目单"，采用表格形式表述。

时间段（或序号）	节目名称	执行人	注意事项

9. 预案

预案部分主要介绍可能出现的突发事件及其责任人、应对程序和处置办法。

10. 预算

预算部分主要介绍大型活动的成本预算和收入预算，一般采用表格形式。

开支项目	支出细目	金额(元)	备　　注

11. 效果展望

效果展望部分简明介绍大型活动的理想化效果。

大型活动项目策划书的写作,不同于一般的文学创作,作为一种特殊的应用文,应该遵循简洁性、写实性和条理性要求。简洁性就是文字叙述要简洁、明确,朴实无华。写实性是要求内容表述要完整、周密、严谨,即使是细节性内容,也应有专门项目加以表述。条理性是要求策划书应该根据内容的逻辑关系和工作的先后顺序,借助数字序列分层次、分步骤安排写作结构。

大型活动项目策划书初稿完成后,应及时组织有关人员如创意人员、策划人员、执行人员、企业负责人、文学工作者、财会人员等,对策划书进行综合评估。评估大型活动项目策划书,关键是建立科学的"评估量表"。评估量表在内容上,应包括评估主题、主题分值、评估项目、项目分值和实际得分五个方面。评估主题是评估的主要对象,一般包括调查分析、目标决策、主题创意、文案创作、作品设计、媒体策略、活动计划、经费预算和策划书文体九个方面。主题分值是某评估主题经过权重方法处理后在100分中所得到的具体分数,评估量表的主题分值总和应为100。评估项目是某评估主题经过指标分解后所得到的具体评估对象。项目分值是某具体评估项目经过权重方法处理后在100分中所分到的具体分数,某一评估主题下的项目分值总和应与该评估主题的主题分值一致,所有项目分值总和应为100,具体参见表6-5。评估总得分达到优良级别,策划书具有较强的合理性与科学性,适当完善后,可投入使用。

表6-5 大型活动项目策划书评估量表

评估主题	主题分值	评估项目	项目分值	实际得分
调查分析	12	调查选题效用性	2	
		调查手段合适性	2	
		调查对象代表性	2	
		抽样方案科学性	1	
		收集资料真实性	2	
		分析方法逻辑性	1	
		分析结论可靠性	2	
目标决策	10	目标体系指标化	2	
		符合企业战略规划	2	
		符合形象定位要求	2	
		符合公众物质需要	1	
		符合公众文化需要	1	
		符合社会文化及其发展趋势	1	
		预见性	1	

（续　表）

评估主题	主题分值	评估项目	项目分值	实际得分
主题创意	14	主题鲜明程度	2	
		意境效果	2	
		准确程度	2	
		主题的吸引力	2	
		新颖程度	2	
		独特性	2	
		鼓动力	2	
文案创作	11	文化性	2	
		生动性	2	
		质朴性	1	
		真实性	2	
		独特性	1	
		优美性	1	
		鼓动性	2	
作品设计	14	表现力	3	
		美观性	3	
		画面有用性	2	
		图画风格个性	2	
		布局的视觉效果	2	
		音乐音响有效性	1	
		作品整体的感染效果	1	
媒体策略	11	媒体表达信息有效性	3	
		媒体的社会影响力	2	
		媒体与公众习惯的一致程度	2	
		媒体的组合阵势	2	
		可预见的新闻报道	2	
活动计划	14	主题性	2	
		系列性	2	
		情节性	2	
		连贯性	2	
		可行性	2	
		周密性	2	
		新闻价值	2	
经费预算	8	符合企业财力状况	3	
		估算准确	3	
		使用分配合理	2	
策划书文体	6	文字的简洁程度	2	
		结构的条理性	2	
		内容表述的翔实和准确程度	2	
分值总计	100		100	

六、大型活动的现场管理

大型活动的现场管理主要涉及以下四项基本工作：一是执行大型活动策划书，完成策划书所确定的各项工作，适时调整相关工作计划，确保大型活动的所有项目得以正常运作；二是开展后勤管理，为大型活动的工作人员和公众提供后勤保障；三是开展现场人员管理，使所有工作人员在各自的工作岗位上尽心尽责，根据岗位工作要求，完成自己的工作职责；四是做好保安工作，做好必要的安检工作和流动观察工作，及时处置突发事件，确保大型活动的良好秩序以及现场人员的人身安全和财产安全。

本章小结

1. 大型活动是公共关系的两个基本传播载体之一，以欢乐感和仪式感吸引目标公众参与，实现协调公众关系、塑造品牌形象的目的。

2. 大型活动由主办方、目标、目标公众、主题与内容、运作方案和传播方案六个要素构成，无论策划哪种形态的大型活动，都需要充分照应所有要素的基本要求。

3. 大型活动的项目管理是管理运作团队根据社会发展形势和企业的实际条件，就大型活动项目运作所进行的决策、计划、实施和绩效评估等工作的总称，涉及运作机构管理、项目分解、时间进度安排和项目策划四个方面。

4. 策划书是大型活动策划的文本成果，是举办大型活动的基本依据，核心内容由前言、市场状况与形象分析、目标体系、创意说明、现场规划、媒体策略、日程安排、活动方案、预案、预算等构成。

学习重点

大型活动的特质
大型活动的构成要素
大型活动的项目分解
大型活动的时间进度管理
大型活动的项目分析与策划
大型活动项目策划书的框架结构

 语　录

　　［澳］约翰·艾伦：大型活动——我们生活的基准。

 前沿问题

　　受国外关于公共关系传播说的影响，我国早期的公共关系也偏向传播，业界有公关从业者是半个媒体人的说法。在不断思索公共关系核心范畴的过程中，逐渐发现大型活动是公共关系需要特别强调的传播载体，大型活动、专题活动等概念涌入公共关系领域。消费主义或者环境主义甚至国家主义视域下大型活动的仪式、主题、呈现、安全、利益相关者等话语成为当下公共关系的探讨对象，公共与狂欢被认定是大型活动的主旋律，发展与共识被视为大型活动的价值取向，对话与共享被界定成大型活动的标配。大型活动成就着现代人朦胧而浪漫的想象。

 推荐阅读

　　《大型活动项目管理》（杨坤主编，南开大学出版社，2010年出版）
　　该书根据大型活动的要素结构，介绍了大型活动项目创意与策划、前期组织、范围管理、质量管理、进度管理、财务管理、沟通管理、人力资源管理、风险管理、采购与安全管理、收尾管理，以及大型文体活动、大型商业推广活动、大型会展活动和大型庆祝活动的项目管理理论和知识。
　　推荐理由：大型活动是一种专题性的活动。阅读这本书能够拓宽大型活动的策划视域，做到战略与战术相结合、理念与技法相结合，使大型活动宽宏的视野和细节化的实操成为现实。

 案　例

全聚德135周年庆典活动

　　1999年即将迈入新世纪之际，全聚德为了发扬"全而无缺，聚而不散，仁德至上"的企业精神，对外弘扬全聚德民族品牌，树立全聚德老字号的崭新形象，以店庆造市场，以文化兴市场，对内强化全聚德烤鸭美食精品意识，丰富全聚德企业文化内涵，激励全聚德集团全体员工以百倍信心迎接新世纪的挑战，决定隆重庆祝创立135周年。

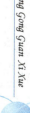

135周年庆典活动总体上由三个阶段的活动构成。

第一阶段：在1998年12月至1999年3月，安排了一主四辅共计五项活动。主体活动是与《北京晚报》、北京楹联研究会联合举办"全聚德杯"新春有奖征集对联活动，从发布征联告示、公示评委名单、选刊应征新春征联作品、公布获奖作品与名单到举行颁奖大会，获得了8次宣传报道。四个辅助活动："我与全聚德"征文活动；全聚德店史文物征集活动；整理资料，编辑、出版《全聚德今昔》图书；邀请权威评估机构评估全聚德的品牌价值。

第二阶段：在农历六月初六，即全聚德创建的7月18日举办"全聚德建店135周年店庆暨首届全聚德烤鸭美食文化节开幕式"。9:30—11:30点，国家内贸部、北京市委市政府、区委区政府的领导、媒体记者及全聚德成员企业代表200多人参加，主要议程有：唱《全聚德集团歌》—集团董事长致辞—北京市商业联合会致辞—向集团总厨师长、副总厨师长、各企业厨师长授聘书、绶带—首发《全聚德今昔》—举行135号全聚德冰酒珍藏仪式—邀请相关领导讲话—举行"打开老墙，重现老铺"全聚德老墙揭幕仪式—举行第1亿只全聚德烤鸭出炉仪式—举行第1亿只全聚德烤鸭片鸭仪式，获得包括境外媒体在内的多家媒体报道，其中第1亿只全聚德烤鸭的出炉与片鸭仪式，还成为中央电视台、南斯拉夫电视台、《北京晚报》、《香港商报》报道的重点内容。15:00—18:00点，举行特色菜品推出仪式，集团领导先介绍全聚德特色菜品的战略构想，然后总厨师长讲解全聚德特色菜品的制作与口味特点，并举行重新装修后的一楼大厅"中华一绝"揭匾仪式，最后邀请来宾观摩特色菜品的制作过程，并品尝用餐。在此后的一周内，全聚德还推出了以下六项活动：精品烤鸭优惠销售、国际烹饪大师巡回献艺、亚洲大厨与获奖名厨绝活表演、发放全聚德会员卡、赠送全聚德135周年纪念品、组织顾客趣味性烹饪竞赛与全聚德知识大赛。

第三阶段：在金秋十月，邀请中国商业经济学会、中国社会科学院、中国人民大学、首都贸易大学、北京工商大学等单位的专家、教授，举办全聚德品牌战略研讨会，借用学者智慧，完善全聚德品牌战略的规划与实施方案。

（摘自《公共关系案例》，涂光晋主编，辽宁大学出版社，2004年）

点评：立足全聚德历史底蕴，着眼品牌发展，策划三个阶段的多项大型活动，主题聚焦，创意独特，形式新颖，卓有成效地传播了全聚德的品牌内涵，进一步强化了全聚德品牌的社会影响力。

练习与思考

部分参考答案

第七章
公共关系的媒体传播策略

学完本章,您应该能够:

1. 了解经典传播理论的基本内容及其对公共关系的启示;
2. 掌握策划公共关系媒体传播的基本规范;
3. 掌握撰写新闻稿、策划新闻事件、虚构真实事件、策划搭乘传播、召开新闻发布会和安排专访的要领;
4. 掌握公共关系活动广告、整体形象广告、公益广告的创意技法。

议题设置论　使用与满足理论　沉默螺旋理论　整合营销传播理论　SIPS模型　新闻价值理论　框架理论　主体间性理论　后真相理论　公共关系新闻传播　公共关系活动广告　整体形象广告　公益广告

公共关系的传播载体包括媒体和活动,媒体传播是公共关系传播的基本路径,联袂活动传播,共同实现协调公众关系、塑造品牌形象的目标。当今社会是信息化社会,生活也日益媒体化,媒体不仅发挥 H.拉斯韦尔、C.赖特所指出的"监测环境、协调社会、传承社会遗产、提供娱乐"功能,而且还形塑着人的社会性格,呈现出媒体话语权力化的趋势,正如让皮埃尔·韦尔南所言:"话语具有压倒其他一切权力手段的特殊优势。"诺曼·费尔克拉夫也说道:"话语不仅反映和描述社会实体与社会关系,而且建造或构成社会实体与社会关系。"话语已经成为人类一种重要的社会活动,所以福柯指出话语"意味着一个社会团体依据某些成规将其意义传播于社会之中,以此确定其社会地位,并为其他团体所认识的过程"。因此,公共关系必须重视媒体传播,倚重媒体话语建构和谐的公众关系,促成相互理解,彼此信任,达成利益共同体,既成就企业的社会价值,也成就公众的自我价值。

第一节 经典传播理论的启示

传播过程是与公众进行信息传递与交流的过程,是特定的社会组织或个人根据一定的目的和公众的认知规律,利用媒体向公众传递信息,取得公众积极反应,改变公众态度,引导公众行为的过程。在西方公共关系界,十分重视引进传播学理论,尤其是传播模式理论,并加以消化,使"传播理论公共关系化",推动了公共关系的发展。西方传播学的研究,尤其是第二次世界大战以后,特别重视运用模式理论分析传播现象,解释传播过程,并由此而创造了许多传播模式理论。把经典传播学理论引入公共关系学科,有利于强化公共关系媒体传播意识,提高公共关系媒体传播的策划素养。

一、拉斯韦尔五W模式

问题思考
一个完整的传播行为应该考虑哪些问题?

1948年哈罗德·拉斯韦尔发表了《社会传播的结构与功能》,提出五W模式(图7-1),认为传播行为应该回答五个问题:谁传播(Who)、传播什么(Says What)、通过什么渠道(in Which Channel)、向谁传播(to Whom)、效果如何(with What Effect),对应的概念分别是传播者、信息、媒介、受众和传播效果。据此,他把传播学的研究内容分为五个方面:控制分析、内容分析、媒体分析、受众分析和效果分析,这就是传播研究的基本范畴。

图7-1 拉斯韦尔五W模式

后来,R.布雷多克从流程角度,认为必须弄清楚传播者在什么情况下、为了什么目的而进行传播,为五W模式添加了两个环节,即情景(Where)与动机(Why),五W模式发展为七W模式(图7-2),以进一步强调传播过程是目的性行为过程,具有企图影响受众的明确动机。

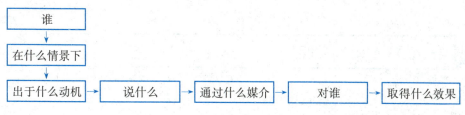

图 7-2　布雷多克七 W 模式

根据拉斯韦尔五 W 模式和布雷多克七 W 模式，策划公共关系传播的时候，应该全面分析传播的要素，针对传播者与受传者特定情景下的需要，选择合适的传播渠道和信息，谋取良好的传播效果。

> **记住**
>
> 拉斯韦尔五 W 模式的基本内容。

二、把关人理论

> **问题思考**
>
> 在传播过程中，什么人具有枢纽作用？

把关人这个概念出于库尔特·卢因 1947 年出版的《群体生活的渠道》，又称守门人，是指在信息传播中，对信息的提供、制作、编辑和报道能够采取"疏导"和"抑制"行为的关键人物，一般是指记者和编辑。把关人理论主要研究传播的运作机制问题。

把关人理论认为，在传播过程中，把关人发挥极其重要的枢纽作用，它处于信源和受众之间，有权决定中止或中转信息。他们认为，具有新闻价值、符合时代要求的信息则给予"中转"，即报道出去；否则给予中止，即不予报道。把关人的传播行为包括疏导和抑制两个方面，选择不同的传播行为，主要是出于自己的预设立场，特别是已有的新闻价值标准。

根据把关人理论，在公共关系传播策划中，应该重视新闻价值问题的研究，积极开展富有社会意义、符合优秀文化发展方向的公共关系活动，争取各种把关人的支持，借助大众传播媒体的报道，扩大公共关系活动的影响范围。

> **记住**
>
> 把关人理论的基本内容。

三、公众选择三 S 理论

问题思考
在接收信息过程中,公众的能动作用表现在哪些方面?

早期研究者发现,公众接收信息时具有选择性倾向,是一个自我选择过程。1947年约瑟夫·克拉帕将这种选择性倾向概括为选择性注意(Selective Attention)、选择性理解(Selective Perception)和选择性记忆(Selective Retention),简称为公众选择三 S 理论。该理论主要研究公众在接收传播信息中的心理现象。

公众选择三 S 理论认为,选择性注意是指在众多信息中,公众只对其中某些信息做出反应,倾向于接受那些与自己固有观念相一致的信息,回避那些与固有观念相抵触的信息。为了提高信息的竞争力,应该关注"对比、强度、位置、重复和变化"等因素的作用。选择性理解是指不同的人对于同一条信息会做出不同的理解,其影响因素主要有需要、态度和情绪三个方面。选择性记忆是指公众只记忆对自己有利或者愿意记的信息,容易忘记自己不喜欢的信息。记忆的过程分为输入、储存和输出三个阶段。

公众选择三 S 理论把公众视为信息加工的主体,而不是被动接收信息的消极对象,重点研究了认知主体的内部心理因素。根据其研究结论,在公共关系传播策划中,应该重视研究公众的需要和态度,组织传播信息时积极推行公众导向模式,根据公众的个性、需要和已有的观念,选择传播内容,以增强传播活动的影响力。

记住
公众选择三 S 理论的基本内容和启示。

四、两级传播模式

问题思考
您认为传播过程是一级、两级还是多级?

1940年,美国学者拉扎斯菲尔德针对片面强调传播效果的枪弹论、皮下注射论,通过分析影响人们总统选举投票倾向的因素,提出了两级传播模式。两级传播模式主要研究传播效果的强化机制问题。

两级传播模式指出:观念先从广播和报纸传向意见领袖,然后由意见领袖传向一般公众,认为信息传递是按照"媒体—意见领袖—普通受众"的模式进行的。在传播中,意见领袖属于消息灵通人士或权威专家,在引导舆论方面具有极其重要的作用,能够影响其他人的态度。

根据两级传播模式的理论,在公共关系传播策划中,应该高度重视意见领袖的作用,借助意见领袖的传播力量强化公共关系传播的影响力。

根据两级传播模式的理论,公共关系传播要巧妙利用意见领袖。

五、议题设置论

议题设置理论最早是麦库姆斯等人1972年提出的。1968年他们开始研究总统竞选中的传播问题,通过实证研究指出:大众传播对某些议题的强调和这些议题在公众中受重视的程度成正比,大众传播具有选择并突出报道某种问题从而引起大众关注的功能,突出地报道某一事件,公众就会积极议论这一事件,成为舆论。

议题设置论包括以下四个方面内容:① 各种传播媒体对信息具有过滤作用。只有大众媒体热情报道的新闻事件,才有可能成为公众关注的"议题"。② 面对过多的信息,公众感到无所适从,把关人的作用就是为公众选出值得关注的事件。③ 大众媒体时时刻刻都影响着社会发展的议题,大众媒体设置议题的过程,就是改造社会环境的过程,即"环境再构成作业"。④ 议题设置效果的形成,是一个持续、循环的过程,效果需要不断积累。一般而言,议题效果的形成,受制于议题自身属性、设置者的资源与能量、设置渠道和方法、社会公众的特征和属性等。议题设置有两种模式,即主动模式和借力模式。主动模式就是社会组织根据自身发展需要,主动设置议题,通过媒体宣传和公众互动,使之成为有利于组织生存和发展的公共议题。借力模式就是引导和控制社会议题(特别是社会发展中的重大议题),通过媒体宣传和公众互动,使之成为有利于组织生存和发展的公共议题。

开展议题设置,需要遵循创新性(即抓住热点问题,提出焦点意见,提高公众关注度)、公共性(即议题的内容必须是社会公众关心的话题,这是关键)、相关性(即话题内容与公众利益相关,与组织生存和发展相关)和系统性原则(即提出意见需要考虑社会各方面的因素,特别是历史因素、法律因素、社会阶层因素等)。

 记住

开展议题设置应遵循的原则。

从涉及的范围上看,议题设置包括三种形式:政策议题、媒体议题和公共议题。有效的媒体传播就是整合这三种议题,使之产生合力效应。美国在这个方面做得比较科学,其经验主要有:① 通过及时表态制造新闻。② 通过各地视察讲话这样的"行动"制造新闻。③ 围绕新闻性制定政策,如美国白宫一位前传播顾问说:"要成功执政,政府必须确定议程,而不能让媒体来为它确定议程。"④ 策划"今天的新闻台词"。

根据议题设置论,在公共关系传播中,应该重视策划新闻事件。当记者关注被策划出的新闻事件时,公共关系人员应该乐于在特定场合及时采用新闻语言表态,讲话要简洁、清晰、富有人性和新闻性,使企业及其产品与服务项目成为报道的热点,成为公众的"议题",成为舆论关注的对象,创造出轰动效应,谋取良好的传播效果。

 要点提示

议题设置论在公共关系策划中具有方法论意义。议题设置有两种模式,即主动模式和借力模式。议题设置有三种形式,即政策议题、媒体议题和公共议题。

六、沉默螺旋理论

 问题思考

如果面临公共事务的抉择,您能始终坚持自己的看法吗?为什么有时您会保持沉默甚至放弃自己的看法?

沉默螺旋理论是德国学者伊丽莎白·内尔纽曼提出的。在1965年的联邦德国议会选举中,她观察到一个非常有趣的现象:在竞选过程中,社会民主党与基民党的支持率一直不相上下,但是在投票之际,由于大众传播媒体预测基民党将获胜,大量选民认为这是社会上多数人的观点,于是改变原有意向,纷纷投票支持基民党,基民党的支持率突然上升,获得胜利。她认为这是"多数意见"产生无形压力的结果。

纽曼认为,在社会集体中,公众都有与社会价值观和目标保持一致的愿望,否则个人就会感到恐惧孤独,产生被排斥、受威胁的感觉。这种心理就会产生沉默螺旋现象:由于害怕被孤立,个人如果认为自己的观点与社会大多数人一致,就敢于表达自己的看法;如果相反,许多人就选择沉默。于是,就产生了强势意见愈强、弱势意见愈弱的螺旋现象,然后又对每个人形成心理压力。由于普通公众没有机会开展精确调查,所以大众媒体所营造的"意见环境"常常被看成是多数人的意见,对民意具有极大的影响力。大众媒体营造"意见环境"的途径主要有:多数媒体报道的内容具有高度相似性,能够产生共鸣效果;同类信息的传播活动在时间上具有持续性和重复性,能够产生累积效果;媒体信息的传播范围具有空前的广泛性,能够产生遍地效果。所以说,媒体意见往往是强势意见,当公众发现自己的观点与媒体意见一致时就不断发表,不一致时就隐藏自己的意见,选择沉默。

沉默螺旋理论告诉我们,当一种观点得到媒体持续宣扬,日益成为支配性、主导性意见时,持不同看法者便逐渐陷入沉默。这样,一方表述(越说越有劲,越说越有理)而另一方沉默的倾向,便开始了螺旋过程,螺旋过程把不断表述的意见确立为主要的、正确的意见,即说得越多越正确。因此,在公共关系传播中,社会组织应该积极策划新闻事件,经常召开新闻发布会,邀请专家开设专栏,持续宣传符合社会组织发展的观念,使之成为社会的主流舆论。

记住

沉默螺旋理论的基本内容和启示。

七、整合营销传播理论

问题思考

公共关系传播是否需要规模效应?如果需要,您认为如何取得传播的规模效应?

进入 20 世纪 80 年代后期,面对媒体高科技化和商业信息多样化的形势,有些学者提出了整合营销传播(Integrated Marketing Communication,IMC)理论。其中代表性人物是美国西北大学教授舒尔茨,他与人合著、出版了《整合营销传播》,认为 IMC"是一个业务战略过程,即制定、优化、执行并评价协调的、可测的、具有说服力的品牌传播计划"。此后,广告界高度重视 IMC 理论的研究,提出了多种定义,例如美国广告公司协会认为，IMC"是一个营销传播计划概念，在充分认识广告、促销和公共关系等手段所特有的传播附加值的基础上，将其加以组合，向社会提供明确的、连续的信息，使传播的影响力最大化"。汤姆·邓肯认为，IMC"是指企业或者品牌通过发展与协调战略传播活动，借助各种媒体或其他接触方式与员工、顾客、投资者、普通公众等关系利益者建立建设性的关系，从而发展和加强彼此之间具有合作伙伴特质的双赢互利关系的过程"。他认为，实现这些目的主要取决于企业文化。他还指出，企业的整合分四个层次，即统一形象、一致声音、好公民和世界级公民。舒尔茨认为，进行整合营销传播分七步骤，即建立用户资料库—细分用户（找出品牌忠诚用户、竞争对手用户和游离用户）—开展接触管理（营销传播时间、地点的决策）—制定传播战略（根据顾客的信息需求，确定最合适的传播信息）—明确营销目标—设计营销传播工具（包括广告、促销、公共关系、商品包装等）—确定营销传播战术的组合。

从本质上讲，IMC 就是通过传播手段的整合，达到关系利益者的整合，进而实现企业内外关系的整合，最终进入企业与社会协调、互动发展的境界。从现实角度讲，IMC 就是以顾客为中心，建立顾客资料库，分析顾客的特性，综合、协调地运用各种形式的传播手段，连续传递本质上一致的信息，积极与顾客沟通，建立顾客与品牌之间的互利关系，强化顾客的品牌忠诚度。

整合营销传播的本质。

从运作角度看，整合营销传播就是将与市场营销有关的一切目标与活动一元化，包括四个方面的要求：一是目标一元化，即通过建立动态的顾客资料库，不断分析顾客的商品需要和信息需要，积极与顾客沟通，全面满足顾客的要求，与以顾客为中心的公众建立双赢互利关系；二是营销传播活动一元化，把广告、公共关系、促销等营销传播活动加以整合，统一到 CIS 战略之中，创造出特色化的营销传播风格，并增加与顾客沟通的机会；三是广告宣传一元化，广告宣传围绕特定的主题理念，策划相对完整、体系化、系列化的宣传作品和传播活动，以"一个声音"传播信息，创造出自己的宣传特色；四是信息符号一元化，即用统一的信息符号向公众进行宣传，强化企业经营活动的整体合力。IMC 的核心内容就是顾客中心论、媒体组合化、信息一元化、符号特色化和品牌忠诚度，其目标就是建立良性互利的社会关系。

整合营销传播运作上的要求。

最近,舒尔茨等人又提出全球化(Globally)背景下的整合营销传播,形成 IGMC。IMC 理论的出现,有效地强化了传播活动的规模效应和持续效应,提高了传播的效果。

八、SIPS 模型

早期互联网技术上的局限性使得受众更多只是在海量信息中搜索信息,而分享信息相对有限。AISAS 模型主导下的传播样式的变化是有限的,本质上仍属于信息扩散。随着互联网技术的发展,移动互联网全面介入受众的社会生活,公共空间和私人空间、现实空间与虚拟空间的界限变得晦暗不明,受众的社会生活特别是行为习惯发生了巨大变化。为了打破受众对传播信息的冷漠,更好把握受众新的需求,更好促成传播使命,2011 年电通广告公司敏锐洞察并深入剖析了数字化时代受众社会行为的新发展,提出了 Sympathize—Identify—Participate—Share&Spread 自驱动模型,简化为 SIPS 模型。

> **资料补充**
>
> AISAS 理念是日本电通广告公司基于互联网时代的市场特征而提出的传播策划模式,强调传播应在引起公众注意(Attention)并产生兴趣(Interest)的基础上,满足公众自主搜索信息(Search)的需求,引导公众产生购买行动(Action),并给公众提供消费之后的信息分享(Share)平台,强调了互联网环境下搜索和分享的重要性,突出的是公众自主参与、即时沟通、实时共享的传播乐趣,而不是简单粗暴地向公众单向灌输信息。

Sympathize 即"共鸣"自驱动,认为传播的信息只有引起"共鸣"才能产生扩散效应。这里的"共鸣"是双向的,既指受众对传播者发出信息的共鸣,也指传播者对受众发出信息的共鸣。基于双向共鸣而形成的传播创意,能够使传播的信息更加真实可感,更加形象生动,从而突破受众的认知防线,吸引受众关注,启发受众思维,并对传播内容达成共识。有了共识,传播的信息更能打通受众情感隔阂,更能拨动受众心弦,更能感动受众心灵,更能触动受众情感,从而激发起受众源于心理深处的共鸣。

Identify 即"确认"自驱动,指受众利用所有手段"确认"已经引起自己"共鸣"的信息是否符合自己的价值观。基于"确认"自驱动而形成的创意,传播的信息更加具有号召力,让受众或者惊奇,或者兴奋,或者感动,产生认知"共振",获得广泛认同,并激发受众探究和参与的欲望,促进受众自觉实践,促成受众和传播者达成主题内容的共意。

Participate即"参与"自驱动,既指受众本人参加传播信息所主张的社会活动,更指主动带亲朋好友来参加,形成参与者涟漪效应。参与者由低到高依次分为理性思考的普通参与者、粉丝、忠诚受众和狂热信奉者四类,其中后两者最有可能产生持续性响应行为。受众轻松而愉悦地参与后,不仅主动扩散至朋友圈,而且容易促成其他受众给予响应,创造出流行景象。

Share&Spread即"共享与扩散"自驱动,指基于共享与扩散考虑的传播创意,更加强调喜闻乐见,激发受众介入热情,造成焦点事件,并利用受众的人际分享本能,引导受众根据自己愉悦的参与体验,自觉或不自觉融入各种新媒体"链接"与"联结"之中,实现信息共享和扩散,满足受众的互动需求,进而引起更多的"共鸣",实现"传播蝶化游戏"的目的,受众因而自愿而安静沉醉于传播"游戏",欣赏传播文本的所有内容,自觉领会传播内容的价值与科学意蕴。

SIPS模型是基于受众满意理念通过信息启动受众自驱动,进而形成自扩散的传播模型。从表象上看,SIPS模型强调深入受众生活,创造共鸣效果,诱发受众良好体验,产生满意感,借助网络交互机制强化传播张力。但是,其内核依然体现着福柯所认定的话语主体控制规则:"谁在说话?在所有说话个体的总体中,谁有充分理由使用这种类型的语言?谁是这种语言的拥有者?"在SIPS模型中,话语主题、话语主体和话语扩散进程的规定性,使得受众虽为话语主体,但却是受限制的话语主体。传播者通过话语主体的控制,实现话语传播的控制,最终达成自己的目标。

> **问题思考**
>
> 互联网改变人们生活的切入口是传播。在互联网已经延伸至城乡所有领域的今天,传播应该怎样转型,才能跟上时代的改变?SIPS带给公共关系传播的启迪有哪些?

第二节 策划公共关系媒体传播的准则

公共关系媒体传播是企业根据媒体性质和企业自身的形象定位、目标公众特性、目标定位以及经营管理需要,争取适合媒体给予企业新闻报道,或者在媒体上刊载公共关系广告的传播过程。主流媒体和新媒体是公共关系媒体传播的基本载体。公共关系新闻传播,存在公共关系事件能否被媒体认可为新闻的问题,媒体认定公共关系事件没有新闻价值,媒体传播也就没有可能。公共关系广告传播,存在争夺公众注意力的问题,不能吸引公众的注意力,刊载的广告也就没有传播的意义。因此,策划公共关系媒体传播,必须遵循科学规律与准则。

一、切中目标公众信息需求

策划公共关系传播,必须充分照应公众的信息需求。信息需求是公众基于自己的社会生活需求而形成的,期盼从媒体得到满足。社会生活需求是多方面的,按照马斯洛的理解,包括生理需要、安全需要、归属与爱的需要、尊严需要和自我实需要五大类。公众往往会根据自己的社会生活需求选择并接触媒体内容,并做出反应。公众的媒介活动是基于特定的社会生活需求动机来"使用"媒介,并使需求得到"满足"的过程。这是使用与满足理论的基本判断。

使用与满足理论起源于20世纪40年代,通过贝雷尔森、麦奎尔特别是卡茨等学者的调查与分析,形成了比较系统的理论框架,核心观点主要有四个方面:① 受众使用媒介是有目的的,他们基于心理或社会的需求,想通过使用媒体来满足需求。② 传播过程通过受众把媒体的使用与需求的满足联系起来,也就是说,受众是媒介的主动使用者,受众使用媒介来满足需求。③ 大众媒体能满足的需求,只是人类需求的一部分。媒体满足受众需求时,必须与其他信息来源竞争。④ 受众是理智的,能了解自己的兴趣和动机,并能清楚地表达出来。1973年卡茨等人通过调查,总结出受众使用媒介有35种需求,分为五类:认知的需要(获得信息、知识和理解);情感的需要(情绪的、愉悦的或美感的体验);个人整合的需要(加强可信度、信心、稳固性和身份地位);社会整合的需要(加强与家人、朋友等的接触);纾解压力的需要(逃避和转移注意力)。1974年卡茨把受众的媒介接触概括为"社会因素+心理因素→媒介期待→媒介接触→需求满足"的因果连锁过程,指出:① 受众接触媒体行为的发生,需要两个基本条件:一是媒介接触的可能性,二是媒介印象。② 受众根据媒介印象,选择特定的媒介或内容,开始具体的接触行为。③ 媒介接触行为有两种结果,即需求得到满足或者没有得到满足。④ 受众根据满足的结果,修正媒介印象与媒介期待,进而影响以后的媒介接触行为。

 记住

使用与满足理论告诉我们,受众接触与使用媒体是为了满足社会生活需要,公共关系传播策划者必须是受众生活的观察者,知晓公众的冷与暖,洞悉公众的实际需求。内容为王,价值为本。有用才是传播的硬道理。

根据使用与满足理论,策划公共关系传播时必须调查目标公众实际的社会生活需求,据此确定传播主题,筛选信息内容,构思呈现话语,提供恰好满足受众信息需求的传播作品,并借此培养公众对公共关系传播的信任感和依赖感,为后续公共关系传播打造品牌基础。

二、形塑新闻价值

公共关系传播的内容不仅要满足目标公众的信息需求,还强调吸引媒体报道与转播、转载。这主要取决于公共关系事件与话题是否具有新闻价值。

新闻价值是媒体视域下事实本身所具备的公共性价值意义,即从社会角度看有无报道意义。美国学者盖尔顿和鲁治认为有九个因素影响着新闻价值的大小。一是时间跨度,事件发生的时间符合媒体时间表,则易引起媒体关注。二是强度,事件越具震撼性,或者越具重要性,媒体越关注。三是明晰性,事件的意义越清晰,媒体越关注。四是文化接近性,事件与社会文化、公众兴趣越相近,成为新闻的可能性越大。五是预期性,事件越是符合既有期待与预想,成为新闻的可能性越大。六是出乎预料性,事件越是不同寻常,越容易成为新闻。七是连续性,能够引起公众持续关注的事实,容易成为新闻。八是组合性,与已有新闻能够构成整体感、平衡感或对照感的事件,容易成为新闻。九是社会文化价值感。

后来人们出于新闻工作需要,把新闻价值的构成要素界定为五个方面,即新鲜性、重要性、接近性、显著性和趣味性。新鲜性是指事件的内容是新颖的。重要性是指事件与当下的社会生活和大众的切身利益直接相关。接近性指事件的发生地接近受众的地理位置,或者能够引起受众的心理共鸣,即地理接近或心理接近。显著性是指事件涉及的单位、人物、地点具有较高的社会知名度,所以,名人+平常事=新闻。趣味性就是事件属于奇闻趣事。当然,新闻价值的五要素是建立在真实基础上的,真实是第一位的,是新闻的生命。

盖尔顿和鲁治认为,一个事件并不是只有具备以上全部要素才能成为新闻,新闻价值的判断机制有三种:一是附加性机制,事件包含的新闻价值要素越多,越可能成为新闻,例如,名人+不平常事=大新闻。二是补偿性机制,多个新闻价值要素平淡的事件,可因另外某个新闻要素特别突出而得到补偿,而成为新闻,例如,普通人+不平常事=新闻。三是排除性机制,事件所有的新闻价值要素都偏低,则没有新闻价值,即,普通人+平常事≠新闻。

课堂讨论

新闻价值九要素也好,五要素也罢,总之得要有些价值。由此,请大家讨论:当主题内容注定平平常常,如何增添形式要素的新闻价值?例如,如何让平平淡淡的新产品上市富有新闻价值,成为媒体热衷报道的对象?

为了争取媒体的关注和报道,公共关系必须加强创意,根据新闻价值五要素策划新闻事件,善于开展搭乘传播,以提高公共关系事件的新闻价值。

三、巧妙隐藏传播动机

公共关系传播是一种特殊的社会传播,既有新闻传播的公共性品格,又追求自身传播的功利取向。但是,公众对宣传特别是企业的宣传秉持高度怀疑甚至排斥的态度,为了获得公众的关注,策划公共关系媒体传播时,应该遵循框架理论的基本要求,隐藏传播意图,拒绝赤裸裸的宣传。

1974年,戈夫曼认定"人们很难完整理解自己所处的世界,需要借助'框架'来组织和演绎自己的社会经历",提出框架理论。他指出,在传播活动中,话语主体谋求的是框架效应。框架效应是一种被支配的主体性认知,"对手按照你所指定的方向走,而他却以为这个方向是他自己选择的"。框架就是话语主体隐藏关于事情性质、过程和重要性的见解而进行的选择、强调和排除行为,通过"一些组织性的想法或故事情节",使本来没有关联的资料勾连在一起,赋予社会事件特定的意义。文本的建构特别是素材的选取和事件细节的刻画,隐藏却不明示话语主体的动机与意图,暗含却不明言话语主体对该社会事件整体性的意义解释、归因推论、道德评估和处理建议,但是受众接触传播作品后,又能"感受、领悟"到话语主体的传播动机及其对新闻事件的态度与意见。

要点提示

传播可以很好地伪装自己,把鲜明的企图隐藏于图与文的处理之中,公众基于自己的框架思维能够轻而易举地"得出"结论,没有观点的背后是最有观点。

公共关系传播虽然强调公共性,但内核是自利性的,旨在借助公共性的迷人效果实现开明的自我发展。因此,策划公共关系传播必须基于企业战略发展需要和传播意图，挑选新闻事件中符合企业自身需要的某些元素、特征或环节加以呈现，然后给予隐秘化的特别处理，启动公众脑海里业已存在的认知与价值准则，使之"形成"对公共关系新闻事件的"理解与判断"。虽然这种"理解与判断"没有呈现在文本之中，但是早已被隐藏于话语之中，因此，公众对新闻事件的理解与话语主体的期盼将是高度一致的。

四、尊重公众主体间性地位

策划公共关系传播，需要端正公众地位观。关于公众地位，出现过客体论、主体论和主体间性三种见解。

受众客体论认为，传播的基本特性是二元相对性，传播者与受众相互对应，在这种过程中，大众传播可以无条件地改变受众的态度和行为，受众作为传播的对象是被动、消极的，媒体提供什么观点，受众就认同什么观点，媒体怎么叙述，受众就怎么接受。这就是20世纪20年代一度盛行的传播魔弹论或皮下注射论。沃尔特·李普曼1922年出版的《舆论学》是受众客体论的巅峰之作，分析了其作用机理。李普曼认为，大众传播日趋发达后，人们关于世界的看法主要不是来自接触外部世界而得到的直接经验，而是来自大众媒体所营造的拟态环境；反过来，受众又按照从拟态环境中获得的信息，去作用于现实世界。他还指出，虽然拟态环境根本不是现实环境的真实反映，但因为受众受制于新闻检查、自然界和社会的障碍以及自身认知水平，加上现实世界的复杂与模糊不清，无法检验虚构的东西，于是"我们总是把我们自己认为是真实的情况当作现实环境本身"，大众媒体的虚构意见演变成受众真实的思想，大众媒体可以强有力地进行"环境重构"。

1940年拉扎斯菲尔德等人跟踪研究美国总统竞选宣传对受众投票的影响，发现"大多数选民早在竞选宣传之前就已做出投票决定，只有约5%的人由于宣传而改变了投票意向，这些人之所以改变主意是受周围亲戚、朋友、团体中的意见领袖的观点所左右"，过去认为大众传播具有绝对影响的假设并不成立，提出了两级传播理论，即大众传播只有通过意见领袖的中介才能产生影响。这是传播学界首次指出受众的主体性作用。受此影响，此后相继出现了有限效果论、说服模型、使用与满足理论等，大众传播进入受众主体论阶段。

受众主体论认为传播的基本特点是双向性，受众在传播中具有主动性，是接受和处理信息的主体，强调"不是大众传播影响受众，而是受众为了满足自己的某种需求而使用大众传播"。其逻辑假设是：受众具有自觉识别科学和社会问题、运用科学论据解释并解决科学和社会问题的潜能，大众传播应该重点培养受众的主观能动性和积极性,充分培育其主体性。

互联网出现后,主体间性理论影响大众传播成为可能。在互联网环境中,人的主体性得到充分发展,自我意识与本性得以膨胀,自主权得以确认,传播者与受众双方均成为主体,原来的主客体间对应关系发展为主体间交往关系,因此网络空间成为各种不同的主体"与他人共在"的场域,主体之间在网络空间的双向与多向交互机制发展出了互动的新内涵:互动不是你有来言我有去语,而是站在对方立场思考问题,谋求共意与共同满意,进而生成观念共同体。在网络世界,传播的基本特性是交互性,不仅呈现着传播者与受众之间相互影响的态势,还大量展现着受众之间的交互作用,双向传播演变为多向沟通,淋漓尽致地演绎人的主动性、主导性、创造性和超越性,突出了主体间性作用,强调每个人都拥有"像科学家一样思考"的潜能,能够在海量信息的今天,从纷繁复杂、相互联系的客观世界中理性寻找和判断论据,得出结论,解决实际存在的科学和社会问题。

要点提示

当今的公众严格意义上讲已经不是传播学初期所认定的受众,不是海绵,什么水都吸收,而是与传播者地位平等、认知水平相差无几的主体,不仅是利益主体,而且是认知主体。大家互为主体,平等地通过交往、解释、对话、商谈,达成合作与协调,寻找共存互利的心理倾向、认知架构与行动取向,在传播交往中形成普遍共识。

在公共关系传播中,不仅要尊重受众的主体地位,不能诱导和蒙蔽受众,而且更要重视受众的主体间性作用,坚持以人为本、人格平等、生活世界、理性交往、互动共赢的原则,运用对话互动法、生活体验法、生命叙事法、多元话语法和团体学习法,积极主动地与公众构建"参与-合作"关系,充分利用"潮文化"交互生成机制,创造企业诉求与公众心愿融合的话语局面。

五、瞄准公众情感立场

从传播学角度看,社会正在进入后真相时代。后真相现象是指在互联网媒体环境下,公众对事件真相的认知和判断,往往忽视事件的真实状况,而情感、情绪的影响则越来越大,并倾向于表达情绪化的立场和观点。在后真相时代,客观事实影响舆论的作用不断变小,而诉诸情感和个人信仰则能产生更大的舆论影响力,主观情感比客观事实更能影响舆论。情感胜于事实，感性大于理性，成为媒体生活的常态。所以有些学者认为，后真相的本质是情感与信念优于事实真相，甚至屏蔽和取代事实真相。于是，情感、信念、理性、真相成为描写后真相时代的四个序列性词汇，位序不可更改，强调的是情感第一、信念第二、理性第三，而事实真相位列第四，变得不像从前那样重要，认为只要情感先行，事实可以忽略不计。必要时传播者甚至可以直接消解事实，另外捏造事实，奉行的是情感先于事实、立场决定真相的理念。

在传播领域，情感优先于事实的做法当然不可取，但公众强调情感的优先地位，要求策划公共关系传播时，应该预估公众的情感立场，准确了解公众的价值信念，在不违背客观真相的前提下，确保传播话语和公众情感与信念保持协同性，进而赢取公众的赞同与喜爱，实现协调公众关系、塑造品牌形象的目的。

六、整合媒体传播

信息化社会的直观表现是媒体众多，信息量大。为了争取公众的注意力，在有限的媒体展示平台扩大公共关系传播的影响力，应该整合媒体传播，扩大媒体呈现面积，创造出媒体传播的规模效应。整合媒体传播，包括战略和策略两个层次的整合。

（一）战略层次的整合

这是从宏观整体层面上谋求媒体传播的显著性和规模性，主要体现为策划公共关系传播选题、设计公共关系传播主题的公共性和匹配性要求。

公共性就是要求确定传播选题与话语主题时，做到以下四点。第一，充分照应社会、时代的话语命题，反映时代趋势话题、社会热点话题以及苍生苦难话题的主旨，以形塑企业的家国情怀。第二，充分体现行业文化，反映行业现状，引领行业发展，以扩大市场总需求为己任，展现企业的责任担当形象。第三，充分关照企业战略和经营目标的需求，使公共关系传播直接服务于企业的发展，彰显公共关系传播的实用价值。第四，充分演绎传播主题的内容，围绕既定的选题，从不同维度尽量拓展相关的话题内容，把话讲透彻，做大传播话语的体量，创造认知的累积效果。

匹配性就是要求策划传播选题与话语主题时，充分照应传播媒体的特性，实现内容为王与媒介为体的有机融合。这是因为不同类别的媒体，传播的生成机制是不同的，对事件内容的聚焦以及新闻呈现形式的要求均不尽相同。例如，在聚焦对象上，广播与报纸作为主流媒体，高度关注意识形态视域下的宏大事件与民生事件，充满正能量，而以互联网传播技术为基础的新媒体则更加热衷生活层面上的细小事件与负面事件，时时表现出"乌合之众"的特点。在话语的呈现形式上，广播讲究通俗易懂、节奏明快和口语化，报纸强调内容丰富、层次清晰和逻辑性，新媒体偏爱立场化宣泄、情绪化表达、图片呈现和碎片化。

（二）策略层次的整合

这是从操作角度追求公共关系媒体传播的规模性，具体要求有以下六个方面。第一，谋求公共关系活动与公共关系传播的整合，做到线下公共关系活动传播与线上媒体传播相互映衬。其中，公共关系活动倚重运营主题事件，强调新颖有内容，利用活动本身的主题效应、身份效应和情节效应向公众传播信息。媒体偏重讲故事，以图片、文字或视频、音频等形式，向公众描绘公共关系活动的现场活动，报道主题内容。第二，谋求主流媒体与新媒体的整合，既要尽可能地吸引广播、电视、报纸、杂志等主流媒体给予新闻报道，更要邀请新媒体平台介入，使公共关系传播的内容充溢于微信、微博、客户端，实现融媒体的数字化传播。第三，追求主流媒体的规模化，根据公共关系传播内容的特性和目标公众的媒体使用习惯，尽可能邀请多种主流媒体报道公共关系事件，创造新闻传播的遍地效应。第四，追求新媒体传播的规模化，尽可能邀请多个新闻网络平台介入报道，同时自建网络传播平台，发起社交传播，并鼓励公众转发公共关系传播作品，利用现代公众"新媒体原著居民和新媒体移民"的情结，扩大影响面。第五，讲究媒介传播与人际传播的整合，利用口碑效应与人际链接效应，强化公共关系传播的渗透力。第六，注意媒介传播与户外传播的整合，在充分进行主流媒体与新媒体传播的同时，重视各种户外媒体的综合运用，扩大公共关系传播的接触面。

第三节　公共关系媒体传播的策划

公共关系媒体传播主要有新闻传播和广告传播两种形式，均强调创意与策划，试图借助主流媒体和新媒体的传播机制，扩大公共关系事件的影响。

一、公共关系新闻传播的策划

相对广告传播，公共关系新闻传播能够打破公众拒绝认知的心理防线，借助新闻的客观性和公共性光环，通过特殊的主题诉求和新闻事实，让公众不知不觉地接受相关信息，并进入企业所设定的"思维圈"。

(一) 撰写公共关系新闻稿

公共关系新闻稿是描述企业具有一定新闻价值的专题事件的消息稿，一般来说，不仅总体上描述专题事件，还要含蓄表达对事件潜在的态度和观点，由企业主动提供给新闻媒体并希望媒体采用报道，同时也发表在企业官方网站以及微信、微博、客户端等新媒体平台。

新闻稿一般由新闻图片和新闻文字两个部分组成。

新闻图片主要有五种，即重现人、物、景原貌为主的新闻照片，根据统计数字制作出来的新闻图表，具有讽刺幽默效果、旨在借形表意的新闻漫画，速描新闻人物和事物瞬间动态形象的新闻速写，还有新闻地图。新闻图片以视觉图像来传达新闻信息，具有纪实性、证实性和实感性等"在场"特点。在被称为读图时代的当下，新闻图片能够确切而清楚地突出新闻主体形象，使读者与网民迅速集中视点。

新闻文字部分的总体框架包括四个方面：标题、导语、正文及新闻背景。新闻标题用以点明新闻事件，呈现公共关系活动的主题，并点明主题的公共性与社会价值。导语部分主要用最简洁的语言阐明公共关系活动的时间、地点、人物、事件、原因等信息，根据写作方式，导语分为直述式导语、发问式导语、引语式导语、评论式导语和描述式导语五种。正文部分主要阐述新闻事件的基本过程，旨在呈现公共关系事件的总体框架，再现其中的故事性情节。正文常用的行文结构有金字塔结构（即按照从小处落笔、向大处扩展的思路，以小故事、小人物、小场景或小细节为开头，然后过渡进入新闻主体部分，再和盘托出新闻大主题、大背景，重点深化主题，最后呼应开头，回归到开头的人物，从社会与人文角度升华主题）、倒金字塔结构（即按重要性进行排列，重要人物、重要事件置放在前面，而次要人物、次要事件置放在后面）、顺时结构（即按照事件发生的先后顺序安排写作内容）和并列结构（即把同等重要的人物或者事件进行归类，按专题形式予以安排）。新闻背景主要是交代与新闻事件有关的背景资料。

公共关系新闻稿肩负传播信息、塑造形象的重任，在写法上宜遵循确切真实、故事叙事、客观呈现、人文关怀、贴近生活和饱含信息的原则。确切真实强调的是公共关系新闻涉及的事件要真实存在、具体确凿，从根本上形塑公共关系新闻的真实感。故事叙事强调用文学描绘的手法讲述公共关系新闻事件，营造话语情景和在场效果，使新闻变得生动活泼、通俗有趣。客观呈现强调的是记录准则：一方面要客观描摹极具代表性的个案性人物故事，借助其动作、语言和感情，呈现其真实的生活状态和工作状态；另一方面要直接引用具体人物真实感人的鲜活语言，以新闻人物的话语表达对问题、现象的意见与看法。人文关怀强调的是新闻不能就事叙事，而是升华到人与自然、人与社会、人与人关系的高度。饱含信息强调的是新闻要有强大的信息释放功能,能够从具体的事件或人物展开出去,由小见大,引出一串数字或某个问题,表现出对人物命运和社会现象的思考。

假如您是学校宣传部的工作人员,请您以校友回母校探望教师、重温校园生活的活动为题,拟写一则旨在宣传学校人文精神、推送给本地晚报的新闻稿。

(二)策划新闻事件

策划新闻事件就是企业围绕某个公共关系目标而开展的,通过巧妙的策划与安排有意引起新闻媒体关注和报道的宣传方式。策划新闻事件,实际上就是以新闻事件为中介,引导大众媒体给予宣传、报道,实现公共关系目标,成功的关键就在于策划的事件确实具有新闻价值,使大众传媒感到确实有必要进行报道。因此,策划新闻事件必须尊重客观事实,善于创造新闻亮点,平衡媒体的报道需要与企业的宣传需要,并避开敏感话题,以生成事件的新闻价值。

假如您入职的公司成立十周年,请您以此为题,大胆创意,策划一则新闻事件,把公司原本平凡的庆典仪式,做出新闻亮点,让本地晚报主动采访并报道。

(三)虚构真实事件

虚构真实事件是策划新闻事件在网络背景下的新发展。其基本做法是:网络推手选择某些公共场所或大型交通工具,安排表演人员按照既定的"剧本",激情表演,激情陈述"台词",演绎具有冲突效果的个性化事件(如争吵或对骂等)或行为艺术,然后以视频纪实的形式,配上另类的标题,发布到互联网上,引来众多访客,甚至引来大众传播媒体转发。

虚构真实事件能否实现目标,取决于视频投放到互联网后的三个环节:第一步,借助拍摄视频,能够让公众相信事件是真实的,并在互联网上引起广泛关注。第二步,有意露出破绽,让公众发现视频内容并不是真实的。第三步,合理解释"虚构真实事件"的理由,洗白拍摄动机,争取公众的同情与谅解。

"真实事件"是虚构出来的,极易引发公众的反感心理,因此,虚构真实事件时,必须遵守公共秩序,符合善良风俗,不得挑战公序良俗和道德底线。

实战

请您立足本地非著名旅游景点的宣传需要,利用虚构真实事件策略,构思一个旨在吸引新媒体传播的活动方案。

(四)策划搭乘传播

社会重大活动,如大型体育比赛、重大社会事件、重要名人活动、重大外交活动等,本身具有较大的新闻价值,是新闻媒体的报道对象。企业只要通过巧妙策划,去参与或为其提供场地、人员、设备等方面的服务,成为整个活动的有机组成部分之一,就能够成为新闻报道的内容。策划搭乘传播,关键是选择参与的社会事件本身要具有极高的新闻价值,同时让企业有机嵌入社会事件之中。

 实战

假如您是日本某化妆品公司中国地区业务代表,请您构思方案,使公司出现在某届中国国际进口博览会的新闻内容中。

(五)召开新闻发布会

新闻发布会是企业召集媒体公众、政府公众等,宣布某一专题事件信息的一种特殊会议。当企业专题事件具有社会重要影响力,具有新闻价值时,应当及时召开新闻发布会,争取媒体报道。

新闻发布会的准备工作相当重要,需要做好以下工作:确定邀请媒体与记者的范围、确定地点和时间、确定主持人和发言人,预备记者参观路线,准备发言提纲、报道提纲和辅助材料,资料必须全面准确、简明扼要、主题突出。

新闻发布会的实施阶段,主要涉及以下五项工作:布置会场、接待来宾、发布信息、现场调控、组织提问与回答。

(六)安排专访

专访是邀请媒体就社会普遍关注、共同感兴趣的事件,采访新闻事件单位领导或当事人的一种报道形式。相对新闻发布会,专访的事件更加显著,往往是社会重大事件;访谈对象的级别更加特殊,或者是单位领导,或者是当事人;谈话的内容更加深入丰富,涉及事件本身的来龙去脉和处置事件的决策过程等,许多内容往往是首次发布。

为了充分扩大专访的传播影响力,在前期准备阶段,需要做好五个方面的工作:一是热忱接洽或积极邀请采访者,主动向采访者提供相关资料,同时请采访者提供专访的问题提纲;二是根据采访提纲,为被采访者提供访谈咨询,预测采访问题,并初步拟定回答要点与话语;三是明确回答的禁忌话语与不适宜公开的事实;四是培训被采访者,提高其应对媒体记者的综合素养和专项技能;五是组织仿真演练,立足实战,训练被采访者的话语表达能力和应变能力,确保被采访者善于讲真话,熟悉专访所涉及的工作,并能够始终保持亲民、轻松的态度。

在专访中期,需要做好三项核心工件:一是引导被采访者熟悉环境,并为被采访者减轻心理压力与负担。二是为采访者与被采访者提供基本的书面采访资料。三是按照预先的商定,安排足够的采访时间,供采访者与被采访者进行深度汇谈,充分交流。在专访过程中,公共关系人员应该全程坚守在采访的现场,时刻注意专访内容和走向,确保专访"不跑题"。

采访结束后,核实记者记录的采访稿,确保记录内容准确无误;征得采访者的同意,协商并修改采访者的新闻稿内容,并时刻与专访记者、编辑保持联系,确保在新闻刊发前获悉最终定稿内容。

要点提示

无论撰写新闻稿、策划新闻事件、虚构真实事件、策划搭乘传播,还是召开新闻发布会、安排专访,都是为了创造新闻价值,争取媒体特别是主流媒体和新媒体给予报道与转载,进行软广告传播,以媒体公共话语的本性,塑造企业的社会责任形象与拼搏奋斗形象。公共性是公共关系传播的内核,新闻价值是策划公共关系传播的关键。

二、公共关系广告的策划

公共关系广告包括公共关系活动广告、整体形象广告、公益广告以及公文式广告(如致谢广告、致歉广告、响应广告等),是提高企业知晓度和美誉度的重要途径,也是展示企业社会责任形象的基本平台。公共关系广告属于广告的一部分,因此也特别强调创意,策划公共关系广告,必须遵循 AIDA 理念、USP 理念、R.O.I 理念、品牌印象理念、品牌性格理念、品牌识别理念等经典广告创意理念的基本要求。

(一) 公共关系活动广告

公共关系活动广告是企业向目标公众传递公共关系活动主题、内容等信息的一种广告,旨在吸引目标公众参与相关的公共关系活动。公共关系活动的表现形态是多种多样的,如周年庆典、产品与品牌推介、产品上市路演、商品文化节、专题征集、大型会务、公益服务等等,只要能够实现企业公共关系传播的意图,任何活动都可以演化为公共关系活动。公众是否参与、深度参与还是浅度参与,直接影响公共关系活动的现场效果与传播效果。为了提高目标公众的参与人数与深度,必须借助广告来传播公共关系活动的信息。

公共关系活动广告的内容由标题、标语、正文和随文四要素构成。其中,标题用以点明公共关系活动的主题,标语用以渲染公共关系活动的主题,正文用以介绍公共关系活动的社会背景与企业背景、目标公众、时间与地点、主题、内容板块、精彩节目、流程安排、奖品奖项、受邀嘉宾、注意事项等,随文用以呈现联系办法,如官网、邮箱等。

公共关系活动广告的主旨是吸引公众参与,因此在策划中,除了遵循一般广告创意的要求外,特别强调鼓动性要求,激发公众产生参与愿望,继而付诸行动。例如,上海某制药厂为了在目标公众(老年人)中扩大品牌影响力,在重阳节前夕决定开展一项公共关系活动,其广告作品的标题是"活力钙评双星",广告标语是"夕阳无限好 百善孝当头"。广告正文是:"在年龄结构已呈老龄化的上海,有一群壮心不已、老当益壮的年老者在各种领域发挥着余热。/在社会主义精神文明蓬勃发展的今天,有一批孝敬长辈、任劳任怨的人们默默地付出一切。/他们不是为人痴迷的所谓'球星''歌星',但他们是社会发展的基石,是我们身边的明星。找一找,看一看,也许他们就在您身边,就在您的生活中。市妇联和我厂诚意邀您参加'活力钙评双星(寿星、孝星)'活动。/要求:寿星70岁以上,身体健康,积极锻炼或与病魔顽强抗争,生活积极向上,达观开朗,老有所为,对社会无私奉献的老者。/孝星年龄不限,尊敬长辈,孝敬父母之典范;在家境困顿中勇于担负责任,照料长辈的少年与青年;数十年如一日,悉心照料无亲缘关系孤老的普通公民等。/申报办法:① 自我推荐,将本人事迹和相关证明材料寄往指定地点;② 他人推荐,将身边感人事迹写成材料寄往指定地点;③ 组织推荐,由单位、居委或者各区妇联选择典型报送评审委员会。/评选办法与奖金:由主办单位组成评审委员会,对申报资料进行严格筛选、评定,评出寿星奖100名(其中入围奖99名,各奖500元,寿星典范大奖1名,奖4 999元)、孝星奖100名(其中入围奖99名,各奖500元,孝星典范大奖1名,奖4 999元)。"随文是该制药厂E-mail、通信地址、邮政编码、联系电话等。"活力钙评双星"这则公共关系活动广告,内容切中目标公众需求，创意质朴明了，表达清晰明白，在老龄公众中产生了很好的影响。

（二）整体形象广告

整体形象广告是企业向公众展示企业愿景与使命、经营哲学、管理宗旨、核心价值观、历史、实力与规模、社会责任、杰出贡献、发展远景等内容的一种公共关系广告，旨在塑造企业的整体形象，给公众留下全局性的良好印象。

整体形象广告的策划，需要立足企业发展历史与当下总体格局，挖掘富有文化底蕴、展现雄厚实力或美好愿景的主题，然后结合社会大势来整理、开发企业过去与当下的资料，以彰显企业灿烂辉煌的历史、气势恢宏的规模、超凡出众的品质、卓越出色的市场表现、享誉全国的品牌。因此，整体形象广告既要秉持宏大叙事风格，又要彰显个人视角。宏大叙事注重全面描绘企业拼搏的历史进程和波澜壮阔的当下奋斗。个人视角侧重收集来自员工、顾客等利益相关者自身的叙事材料，强调个人体验，亲身感受，让企业文化融入经营管理的现实情景，使广告话语饱含故事、情感和意义。融宏大叙事与个人视角于一体的叙事话语，既有人情事理，又有人性故事，能够激起目标公众的心理共鸣，体验到企业的家国情怀与责任担当。

图 7-1　广告作品 1

图 7-2　广告作品 2

图7-3　广告作品3

请您观摩《南方周末》的形象广告作品,如图7-1、图7-2、图7-3所示,关切民生的良知媒体形象跃然纸上,三件传统物件的照片,以具象的手法表达了广告标语的旨趣,而摘取反映民生事件的新闻标题而组成的正文,则以文献的形式呈现着广告标语的内核。

请你仿制三则广告宣传本地晚报的民生形象。

(三) 公益广告

公益广告是企业出资购买媒体使用权,向社会传播人文精神、科学精神,引导大众文明观念、形成健康生活方式的一种公共关系广告,旨在展示企业的社会责任形象。公益广告针对的问题往往是社会生活中公众普遍存在的错误观念与行为,因此其主题多是社会规训的内容,如节约用水、保护森林资源、保护矿产资源、保护土地资源、关爱残疾人、反对封建迷信、崇尚科学、反腐倡廉、关爱老年人、帮助失学儿童、讲诚信、珍爱动物、交通安全、消防安全、反吸烟、反吸毒、反赌博、家庭美德、慈善救灾、男女平等、全民健身、爱眼、打击盗版、珍惜生命、反对战争、渴望和平、保护文化遗产、关爱艾滋患者等。公益广告是以广告的形式进行思想教育,强调家国情怀,注重引领社会精神信仰,消解不良陋习,化解社会问题,因此具有鲜明的精神文明建设色彩。但是,它又借用了广告强调创意的特点,形式生动活泼。所以说,公益广告是教育的实质与广告的形式的有机结合,既能引领社会发展,又能展示企业关切社会发展的公共性品格。

策划公益广告,需要注意做到以下要求。

第一,在主题的选择方面,立意要高,善于捕捉社会关注指数较高的发展问题与趋势问题,作为公益广告的创意主题,以充分展示企业的社会责任担当形象。

第二,在内容取向方面,要善于设置情景语境,立足公众的原生态化生活情景,缔结广告主题与受众原生态生活的关系,把陈述的重点定位于广告主题与受众生活之间自然而贴切的默契之处,提炼广告主题的现实性,回归生活,贴近实际,以公众视角,用公众话语,用公众情怀传播广告内容,使公益广告与社会"零距离"、与受众面对面。

第三,在诉求策略方面,要巧妙运用恐惧诉求手法,形象展示出问题与后果的严重性,以引起社会公众的高度关注。

第四,在呈现形式方面,要善于运用具象手法,借助图与文,形象、生动地表现广告的主题内容。

图 7-4　公益广告作品 1

图 7-5　公益广告作品 2

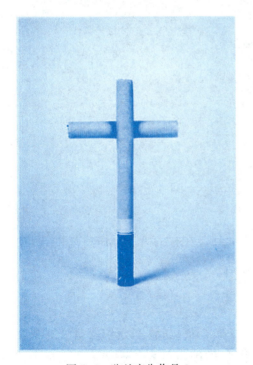

图 7-6　公益广告作品 3

作品讨论

反对吸烟的公益广告作品如图 7-4、图 7-5、图 7-6 所示,其中的恐惧诉求策略对烟民是否具有教育效果?为什么?如果是电商企业创作类似广告,能否塑造其关爱社会的情怀形象?为什么?

 **本章小结**

1. 简要介绍了拉斯韦尔五W模式、把关人理论、公众选择三S理论、两级传播模式、议题设置论、沉默螺旋理论、整合营销传播理论、SIPS等经典传播理论与范式的基本内容及其对公共关系传播的启示。

2. 基于公共关系传播策划的实操,概述了使用与满足理论、新闻价值理论、框架理论、主体间性理论和后真相理论,提出策划公共关系传播必须遵循切中目标公众信息需求、形塑新闻价值、巧妙隐藏传播动机、尊重公众主体间性地位、瞄准公众情感立场和整合媒体传播的原则。

3. 分析了撰写新闻稿、策划新闻事件、虚构真实事件、策划搭乘传播、召开新闻发布会和安排专访的基本规范,以促成公共关系新闻传播,建构企业的公共话语权力。

4. 分析了公共关系活动广告、整体形象广告和公益广告的创意框架,以提高公共关系广告的震撼力。

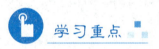 **学习重点**

经典传播理论的核心内容及其启迪
SIPS模型界定的公共关系新媒体传播框架
策划公共关系传播的规范
策划公共关系新闻传播的路径
策划公共关系广告传播的路径

 **语 录**

J.P.摩根:"舆论真是个奇妙的东西,每个人都会在它的脚下动摇。"

 **前沿问题**

公共关系学被定位于传播学与管理学的交叉学科,媒体至今依然是公共关系传播的重要路径。基于公共关系媒体传播的考量,借用经典的传播理论范式至今依然是公共关系学科建设的特色。公共关系学科建设与实际操作都启蒙于拉斯韦尔五W模式、把关人理论、公众选择三S理论、两级传播模式、议题设置论、沉默螺旋理

论、整合营销传播理论等,现在受到使用与满足理论、新闻价值理论、框架理论、主体间性理论、后真相理论、SIPS 模型的启迪,着眼点也发生了变化,试图把已经被传播化的公共关系转型为公共关系化的传播,着力探讨公共关系媒体传播的理论框架与范式。

《传播学原理》(第 2 版)(张国良著,复旦大学出版社,2009 年出版)

该书介绍了传播的类型、传播的结构与功能、传播技术的发展、媒介理论、大众传播媒介的自由与责任、现代社会中的大众传播媒介、传播内容的载体与表达、大众传播的受众、大众传播的效果等内容。

推荐理由:名家的代表性著作,结构紧凑合理,内容丰富翔实。

亚马逊中国的"书路计划"

北京师范大学中国公益研究院等单位针对中西部贫困地区儿童阅读现状的调查研究发现:74%的乡村孩子一年阅读的课外读物不足 10 本,超过 36%的孩子一年只读了不到 3 本书;超过 71%的乡村家庭藏书不足 10 本,一本课外读物都没有的孩子占比接近 20%;与此同时,由于父母外出打工,留守儿童比例较高,大部分乡村家庭或家长在儿童课外阅读中普遍缺席,89.9%受访儿童父母平时基本不读或只是偶尔读书,并未养成读书习惯,无法陪伴和引导儿童阅读。引导山村孩子课外阅读是当务之急。

为了帮助偏远地区的乡村孩子学习与成长,2015 年,亚马逊中国和中国扶贫基金会联合发起"书路计划"创新公益项目,决定运用创新的数字阅读科技改善欠发达地区农村小学的阅读现状,让偏远乡村孩子与城市孩子一样,能够受益于数字阅读的成果,决定向欠发达地区的偏远农村学校捐赠建立 Kindle 电子图书馆,为孩子们提供适合和丰富的课外书籍。每所 Kindle 电子图书馆的基本配置是:50 台 Kindle,每台 Kindle 预装 500 本适合孩子阅读的电子书,另外还配备一个储物柜,提供相应的充电设备。"书路计划"每 3 年进行一次图书管理与更新,以保证 Kindle 电子图书馆正常运转。

为了真真切切地发挥帮助乡村孩子的作用,"书路计划"为每个 Kindle 电子图书馆培养和发展一位"护路者"老师,免费向"护路者"老师提供阅读指导、写作指导、电子图书馆管理、学生成长教育等方面的培训服务,让他们更好地引导乡村孩子使用

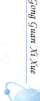

Kindle电子图书馆和阅读电子课外书,养成爱阅读的习惯。

"书路计划"在激发乡村学生阅读热情的同时,还有意激发他们的写作热情。每年组织所有已建Kindle电子图书馆的学校的学生参加《书路童行》作文评选,联合作家、写作老师、出版社等,甄选100篇优秀作文,结集出版《书路童行》电子作文集,并在亚马逊公司等平台义卖,义卖收入全部反馈给这100位小作者。乡村学生因此获得了自己人生的第一笔稿费。此举产生了鼓励更多乡村孩子阅读和写作的积极作用。

2017年,"书路计划"登上新台阶,发展成为中国扶贫基金会独立管理的公共筹款型公益项目,面向社会开放,任何社会组织、企业与个人都可以参与这个公益项目,直接通过中国扶贫基金会向偏远地区学校捐建Kindle电子图书馆。"书路计划"由此获得社会更多爱心人士和企业的支持,更多的乡村学校得以建成Kindle电子图书馆,更多的乡村孩子可以在Kindle电子图书馆阅读。

亚马逊中国总裁说道:"让更多偏远地区的孩子感受到阅读的魅力,树立积极的人生观,因此而成就更美好的生活。这是多年前我们发起'书路计划'的初衷。非常高兴我们能不断看到'书路计划'走进了越来越多的山区学校。亚马逊会继续发挥我们在创新科技方面的优势,我们也希望更多社会力量可以参与到'书路计划'中,让偏远乡村孩子和城市里的孩子们一样,都能平等地享受阅读的乐趣,开启更精彩的人生。"

中国扶贫基金会领导对此给予高度肯定,认为"扶智工作一直是我们当前扶贫攻坚的重要组成。'书路计划'作为运用创新科技践行教育扶智的典范项目,切实帮助许多偏远乡村的儿童接触到优质的图书资源。我们希望更多社会爱心人士和我们一起为更多儿童铺就这条扶智的书路,为他们创造更好的学习和成长环境"。

点评:在精准扶贫的大背景下,亚马逊中国以公益项目助力乡村振兴战略,着眼乡村孩子的阅读与成长,扶志与扶智,加上国际知名企业与偏远乡村的对比效果,"书路计划"就这样生成了新闻价值,成为记者关注的对象,赢取了媒体热忱报道,有效展示了公司的公共情怀,很好地宣传了公司的社会责任形象。

练习与思考

部分参考答案

第八章
公共关系的服务策略

学完本章,您应该能够:
1. 理解公共关系服务的含义和重要意义;
2. 掌握公共关系服务管理的要求;
3. 掌握策划售前服务、售中服务和售后服务的要领;
4. 掌握策划公益赞助、慈善资助和环保公共关系的要领。

公共关系服务　售前服务　售中服务　售后服务　公益服务　公益赞助　慈善资助　环保公共关系

随着社会的发展,公众追求服务享受的意识越来越浓,服务文化逐渐成为社会的主导文化。公益性组织(即政府)的服务主要表现为制度建设,即建立服务型政府。营利性组织(即企业)的服务既表现为商业服务,又表现为公益服务。根据公众的需求,谋划服务策略,通过优良、周全而富有个性的服务活动,是赢得公众的好评、塑造良好形象的重要途径。本章引导学生正确理解公共关系服务的特殊含义和重要意义,思考如何运用恰当的服务策略为公众提供优良服务。

第一节　公共关系服务的特征

完美的品牌形象离不开服务。影响企业品牌美誉度的核心要素是产品质量与服务。其中,来源于研发与生产环节的质量是企业拥有美誉度的基础,公共关系服务是企业不断提升品牌美誉度的重要举措。当今社会由于标准化生产技术设备的推广和作业流程的优化,保证产品质量的基础得以夯实。相比之下,公众的服务需求日趋旺盛,没有得到充分满足。因此,公共关系服务是品牌美誉度的"短板"。根据短板效应理论,改善公共关系服务,能够有效、迅速提升品牌美誉度,具有投资小、见效快的特点。

一、公共关系服务的内涵

公共关系服务是企业基于形象塑造和关系协调的需要,立足于道德伦理规范,有意识地向符合某些条件的特定公众无偿提供相关帮助、给予特殊优待的过程。公共关系服务既不同于政府以职责为主旋律的公共服务工作,也不同于伦理道德领域以无私奉献为主旋律的公益服务,更不同于经济学领域以等价交换为主旋律的服务产业。公共关系服务在行为取向上带有明显的利己倾向,在具体做法上具有明显的利他色彩,利他是手段、利己是目的,两者是有机统一的,是基于目的与手段相一致而呈现出来的利己与利他的完美结合。

(一)公共关系服务的目标

企业开展公共关系服务,主要有四个核心目标。

第一,提升社会美誉度。企业的形象外延由知晓度、美誉度和首选度等构成,其中美誉度主要取决于产品性价比优势和服务优势。性价比优势来源于研发、生产、管理和营销环节,服务优势来源于售中服务、售后服务和社会公益服务。售中服务、售后服务具有明显的外力强制色彩,强调的是遵守法规政策;社会公益服务具有明确的志愿色彩,强调的是自觉践行社会责任,因而特别能够提升社会美誉度。企业开展公共关系服务,核心目标就是提高社会美誉度,塑造自己完美的道德形象。

第二,强化品牌亲和力。大卫·奥格威指出:"品牌是一种错综复杂的象征,是产品属性、名称、包装、价格、历史、声誉、广告等要素无形的总和,是顾客对企业或产品全部经历的总和。"如果顾客在商品消费或与企业人员交往过程中,有愉悦快乐感觉,就觉得品牌拥有亲和力,容易成为企业的忠诚顾客。企业开展公共关系服务,表明企业存好心、做善事、说好话,品牌亲和力就强,公众的信任度就高。

第三,争取大众媒体报道和口碑传播。企业知晓度的提高,离不开媒体传播与人际沟通的作用。通过公共关系服务,企业为公众提供道义上的帮助、支持,不仅具有精神文明视角的新闻价值,从而赢得媒体报道,而且让受益公众心生感恩,口口相传,客观上使社会组织美名远播,从而提高知晓度。

第四,培育、开拓市场。这是公共关系服务的终极目标。公共关系服务对于企业来说,是一种特殊的投资行为,谋求的是经济效益。企业开展公共关系服务,最终目标就是培育和开拓消费市场,提高企业的市场占有率和销售份额,实现利润。

公共关系服务的目标定位。

(二)公共关系服务的对象

公共关系服务的对象主要有以下三类。

第一类,企业的目标公众。企业的目标公众就是实际顾客和潜在顾客。其中,实际顾客是已经购买企业产品的顾客,潜在顾客是具有消费愿望、拥有相应消费能力但目前还没有购买企业产品的顾客。针对目标公众,企业开展的公共关系服务,主要是搞好售中服务、售后服务和额外附加服务,提高他们的满意率。

第二类,社会弱势群体。社会弱势群体(如贫困人口、残疾人口、孤儿弃婴、无助老人等)是社会的特殊群体,由于各种原因,生活相对困难,暂时陷入窘境之中。企业为这些特殊群体提供公共关系服务,能够有效塑造自己的道德形象。针对社会弱势群体,企业开展的公共关系服务,宜定位于帮困济贫,给予经济资助或产品援助。

第三类,普通大众。普通大众不仅是社会人口的主体构成部分,而且是企业的潜在公众。企业为普通大众提供公共关系服务,有利于扩大企业的影响力。针对普通大众,企业开展的公共关系服务,宜定位于补充公共服务,如捐资修桥铺路、参与环境保护、资助全民健身活动、援助大型文化演出和体育竞赛等。

公共关系服务的三类基本对象。

(三)公共关系服务的理念

企业策划、开展公共关系服务,遵循的基本理念是感恩。

感恩是企业基于"信""法""义"而生成的自觉行为。"信"强调的是信仰、信念,即信仰市场、敬畏公众,属于愿景,是自我加压、自我提高的要求。"法"强调的是国家法律、政府政策的规定,属于义务层面的刚性要求。"义"强调的是正义,虽然没有法律、政策规定,但从道义上应该做到的要求。

企业能否创造辉煌业绩,虽然有自己努力经营、不断创新的因素,但主要取决于公众的认同。没有公众的宽容,企业的创新无法持续;没有公众的认同,企业经营上的努力将是徒劳的,投资不能转换为销售额,也就无法实现利润。从终极意义讲,是公众成就了企业。其他社会组织情同此理,没有人民的拥戴,政府将失去执政合法性;没有社会的重视,学校无法正常运转。因此,社会组织应该感恩公众,感恩的基本途径就是服务,向公众直接或间接输送有形或无形的利益,从而进一步获得公众的认同,为社会组织实现新的发展愿景创造良好的市场基础,实现"舍"与"得"的良性循环。

 记住

公共关系服务的基本理念。

(四)公共关系服务的核心路径

公共关系服务的核心路径是基于企业的社会责任意识,尽力为公众做好事、做善事。

做好事就是做善良之事,做对公众有益的事情。越来越多的企业认识到"心中没有公众,必被公众抛弃",破产的企业并不是被竞争对手搞垮的,而是被自己锁定的目标公众抛弃造成的,人心向背是企业存亡的决定性因素。企业应该经常自问:自己会不会成为下一个倒闭的企业?为了避免这种现象,企业必须塑造自己的道德形象,时时想到为公众多办实事,并且做到实事办实,从而取信于公众。立足目标公众的急事、难事、愁事、盼事,在开发富有性价比优势的产品的基础上,提供贴近公众需求的服务项目,优化为公众服务的流程,持续提高公众的满意度,从而让公众切实感受到企业的善良品质。

做善事就是做慈善之事,满怀同情心和关爱心,向处于某种困境中的公众伸出援助之手。如果说做好事侧重的是立足创造竞争优势、提供优质服务的话,那么做善事侧重的则是立足人道主义精神,帮助遭遇困难的公众,尽力扶贫济困,积极参与和发展公益事业,践行企业的慈善责任。因此,做善事主要是为公众提供物质或经济上的资助。企业做善事,现在还需要由小慈善发展到大慈善,即由帮助困难公众发展到补充公共服务。这种大慈善主要有四种形式:第一,参与特定的市政建设,如修桥、铺路、建候车棚等,担当公共责任。第二,参与社区公益事业,担当道义责任。第三,协助政府提供医疗、教育和文化类公共产品,担当文化责任。第四,保护环境,维护自然和谐,节约资源,担当环境责任。小慈善服务与大慈善服务整合起来,就是积极全面履行社会责任,倾力支持各种公益事业,从而使自己成为最有爱心和最具社会责任感的企业。

 记住

公共关系服务的核心路径。

（五）公共关系服务的形式

公共关系服务的形式有两大类型：商业服务和公益服务。

商业服务是立足于行业特性和业务范围，向公众提供的售前服务、售中服务和售后服务，其特点是伴随业务。只有购买企业相关产品或服务的公众，才能享受这类服务。国家为了保护顾客权益，制定了明确的约束性法律、法规，属于刚性要求。因此，商业服务强调的是合规与提升。凡是国家法律或政府规定的，一定严格遵守其基本要求；凡是法规要求不明确或者法规要求偏低的，应该自我加压，主动更新要求，提供高于现行规定的、趋于完美的服务。

公益服务是企业基于善良愿望与塑造道德形象的考虑，没有任何附加条件地向公众提供帮助的服务，一般定位于补充公共服务。这类服务属于法律规定之外的特殊专题服务，即企业自愿承担法律义务之外的社会责任，无偿资助和援助某些特殊社会群体。公益服务的基本模式就是献爱心，通过一系列的社会公益、慈善活动，向公众提供物质方面的援助与精神方面的慰问。

问题思考
商业服务和公益服务的区别是什么？

二、公共关系服务的意义

课堂讨论

美国的安瑞克说："只要你一心一意想着顾客，向他们提供所需要的服务，那么，其他的一切便会自然而来。"对于这句话，您是如何理解的？

公共关系服务的价值效应具有双重性，既能给公众带来实惠，又能给企业创造顾客、创造市场。在服务活动中，公众所得的利益是十分明显的。对企业来说，服务的价值效应也是多方面的，因此企业家都高度重视服务。松下幸之助曾说道："不论是多么好的销售，若缺乏完整的服务，就无法使顾客满意，并且也会因此而失掉商品的信誉。'服务'不管在生产或销售上，都应优先考虑。如果对于销售的产品无法做完全的服务，这时就该考虑是不是应该把销售的范围缩小。因此，在扩张业务的同时，也应该有这种责任的自觉。要常常自问生意做大，服务的范围是否扩大了。如果有能力扩张业务，但在服务方面仍没有信心，那就先不要扩充，免得到最后在服务方面无法面面俱到,引起客户的不满,而走向失败之途。"由此可见,强化服务活动的策划,提升经营的服务品位,对于塑造良好商业形象具有极其重要的意义,具体表现在以下几方面。

(一)增强企业吸引力

企业对公众的吸引力(用 A 代表)取决于三个方面,它们分别是质量(用 Q 代表)、管理(用 M 代表)和服务(用 S 代表),三者产生吸引力的效能机制表示为如下公式:$A=(Q+M)S+S$。从这个公式中可以看出,服务作为产生吸引力的一个方面,不仅本身具有效能,而且还直接影响着质量与管理的能量大小。所以说,服务在增强企业的吸引力方面,具有至关重要的作用。

> 企业吸引力公式:$A=(Q+M)S+S$。

(二)完善企业的道德形象

企业在塑造形象过程中,靠技术科研力量塑造自己的质量、技术形象,靠资产、实力塑造自己的实力形象,靠科学管理、规章制度塑造管理形象。这些形象都是十分重要、十分必要的。但是,一个企业如果只具备这些硬件色彩的形象,还是不够的。就如同一个人,业务工作能力很强,但是思想道德素质没有得到相应的发展,那么至少可以说他的成长是不充分的,人们对他的评价自然是有限的。因此,就如同人的发展必须有良好的思想道德修养一样,企业的形象也需要有道德指标。能够塑造企业良好道德形象的途径只有一个,那就是积极主动地为公众服务。服务本身是一种具有浓厚道义色彩的工作,能够给人一种善良的道德感觉,所以它能发展社会组织的道德形象。为了企业形象的完善与发展,应该树立正确的服务观,积极开展服务活动。

(三)提高服务商品的附加值

服务,作为一种劳动过程,本身也在创造价值,尤其是在科研生产技术普遍发达的情况下,服务创造的价值占有越来越大的份额。有些学者研究指出,时至今日,产品的价值来源有三个方面,即品质、品牌和服务,各产品在品质和品牌上差异已经不大了,而服务在其中起着至关重要的作用。于是,服务逐渐成为商家的必争之地,许多企业开始在产品本身或附带的"服务"上下功夫,在出售商品的同时还出售"服务",以此来提高企业的竞争力。正如松下幸之助分析道:"同样的商品别人卖 1 万元,我看情形,说不定会以 1.05 万元卖出。如此一来,顾客必定会问你,为什么比人家贵?于是,我将告诉他,产品相同,但是本店还附送了别的东西。顾客若问什么东西,我就回答:附送了我的诚意及售后服务。"他甚至主张:"将诚意和售后服务加到产品上,再决定售价的多少吧。"从这个角度看,服务不仅对公众具有功利功能,对企业同样具有功利的功能,属于附加值一类的价值。

> 产品价值的三个来源:品质、品牌和服务。

(四)刺激消费,扩大市场占有率

就市场意义而言,服务具有特殊的"扩容功能"。现代市场已经是买方市场,顾客有挑选的余地,他们购买物品时,除了受到个人需求、价格、质量等因素影响外,也越来越受到服务的影响。方便、及时的服务,能够给公众一种舒适感、满足感,因而容易产生新的购买欲望。此外,良好、方便的服务,还能够激发公众将一些潜意识的消费需求转化为直接的消费动机,从而扩大市场消费量。海外有一家杂志这样说:好的服务不只是被动地适应顾客需求,提供售后服务,还应"主动出击提供产品知识,引导顾客选择正确产品与使用方法,让他觉得不只是买了商品,还得到额外知识服务,通过这种教育渠道,创造消费需求,无异于替自己扩大市场"。

(五)密切公众关系

公众对企业形成良好的印象,需要其情感介入。有了情感介入,才能有情绪体验,进而才会形成好感。一般而言,良好的服务,尤其是那些无偿、道义服务,往往能使公众受到感动,并产生好感,进一步信赖企业。在实际的服务工作中,企业总是强调热情、亲切,这些带有情感色彩的语言、举止,能够诱发公众进行情感交流,进一步密切企业与公众之间的关系。

> 公共关系服务的价值效应。

三、公共关系服务的管理

> 在现实工作中,时常会出现服务倒退现象。您认为如何才能保持公共关系的服务水准?

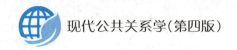

公共关系服务是一种特殊的工作,讲究规范性、科学性和艺术性,只有加强管理和培训,才能不断提高公共关系的服务质量。公共关系服务的管理、培训是一项系统工程,包括以下五个方面的内容。

(一) 服务教育

企业在营造服务文化的基础上,要经常开展服务教育,让员工理解顾客服务需求的绝对性,懂得"为顾客着想就是为自己着想"的道理,使员工充分理解"通过服务接近公众""通过服务赢得公众""通过服务推销商品""通过服务塑造形象"的重要性,把企业的服务文化、服务观念转化为自己的行为准则,树立强烈的服务意识,从思想认识上确保员工为公众服务的自觉性、主动性。

(二) 服务规则

企业应根据自己的行业特质和服务理念,制定一整套的服务规章制度,运用规章制度来激发、监督员工为公众服务。在这方面,国外一些服务行业就特别重视,几乎到了一举一动都"有法可依""有法必依"的地步,真正是"小到洗手有程序,大到管理有手册",使员工的所有作业环节都有统一、规范的依据。例如,麦当劳在员工卫生方面就规定:上岗操作前必须严格洗手消毒,用洗手槽的温水把手淋湿,并使用麦当劳杀菌洗手液刷洗指间与指甲,两手一起揉搓至少 20 秒,彻底地冲洗,用烘干机将手烘干;手接触头发、制服等任何东西后,都要重新洗手消毒;每个岗位的员工要不停地使用消毒抹布和其他清洁工具,以保证麦当劳餐厅里里外外的整齐干净;所有餐盘、机器都在打烊后彻底清洁消毒。有了这些规定,麦当劳的服务自然就容易达到一流水准了。

(三) 服务管理

为了搞好优质服务,企业应充分调动各种力量,实行内部管理与外部监督相结合的办法,确保服务规章制度的落实。在内部管理方面,党政工团齐抓共管,经常考察员工的服务行为,提出批评、奖惩意见,并同效益奖金和提薪、提职诸方面结合起来,强化管理。在外部监督方面,社会组织可以聘请社区公众代表作为巡视员,进行明察暗访,设立举报信箱、举报邮箱,等等。从外部形成管理机制,运用社会监督的力量,不断提高优质服务的水平。

(四) 服务培训

企业编写岗位服务教材,并摄制成录像片,经常组织从事服务工作的员工进行轮训,提高服务技巧。在培训过程中,要做到"三个结合",即正面教育与反面教育相结合,既提供、推广先进的服务典型,又对反面典型进行"曝光"、批评,使员工从正、反两方面领悟到服务的要领;服务理论与服务实践相结合;服务规则与操作示范相结合。

(五) 服务竞赛

在实际工作中,企业应分阶段提出服务工作目标,然后组织员工开展服务竞赛,利用奖励机制提高员工的服务积极性与创造性。这样做不仅能鞭策落后员工,提高整体服务水准,而且能激发员工精益求精,使企业的服务水平不断跃上新台阶。

公共关系服务需要从多个角度加强管理。

第二节　商业服务的策划

一、售前服务的策划

开展售前服务有必要吗?如果有必要,需要从哪些方面开展售前服务?

售前服务是指企业在公众购买商品之前,开展与企业经营项目相关的服务活动。就其实质而言,售前服务主要表现为"知识营销""观念营销"和"培训营销",其关键的功能就是创造顾客和发展市场。

售前服务的含义、表现和关键功能。

售前服务常用的形式有以下几种。

第一,积极开展消费文化教育,推行知识营销战略。日本的盛田昭夫说:"只有超凡的技术和独特的商品,并不足以维持企业的生存,还必须知道怎样把产品卖出去,也必须事先告诉潜在顾客这些商品的真正价值何在。"告诉顾客商品的价值是什么,这就是一种知识营销。盛田昭夫把它视为维持企业生存与发展的必要条件,可见他对知识营销服务是多么重视!

第二,及时开展消费操作教育,指导顾客正确消费。盛田昭夫曾经说道:"我们的责任是教育消费者,教他们使用我们的产品。"顾客不懂得使用商品的办法,自然不会购买商品。开展商品消费操作教育,应该是企业持久化的服务项目。

第三,认真为公众准备好方便的消费设施,引导公众的消费欲望和消费方向。

第四,事先准备良好的维修网络,消除公众的后顾之忧。

第五,设立专题服务热线和网络服务平台。结合企业经营特色和公众需求,以优秀服务明星为核心,设立具有个性色彩的专题服务热线和网络服务平台,如上海华联商厦以优秀营业员王震的姓名命名的"王震服务热线"、上海市第一医药商店陶依嘉的"依嘉医药热线"。这些服务措施体现了商业职工主动、真心、热情为公众服务的诚意,能够有效地吸引公众。

记住

售前服务的常见形式。

二、售中服务的策划

售中服务仅仅是态度问题吗?搞好售中服务需要注意哪些要求?

公众在购买、消费商品的过程中,我们提供的服务,就是售中服务。日本的佐川清说道:"客人之所以特地到百货公司,就是想,如果有中意的东西就买回去,可是也有不买就回去的。那是因为没有中意的商品,或者是不符合自己的预算。那不是客人不好,是因为我们百货公司没有将客人所喜欢的货品以符合他们预算的价格,将货品予以备齐的缘故,不好的是我们。因此,对不买而回去的客人,我们要比买了商品的顾客,以更大的感激和'对不起,没有能符合你的期待'的抱歉心情,恭恭敬敬地弯腰鞠躬说声'欢迎再度光临',然后郑重地将客人送走。这样的话,那位客人一定会产生下次再来这里的意念,渐渐成为商店的常客。"由此可见,售中服务不是空泛的,而是具体实在的。

售中服务的理想境界就是"优质服务",全面满足顾客的需要,其具体要求主要表现在以下六个方面。

第一,提高服务质量,以高超的服务树立良好的形象。优质服务最基本的途径就是与业务工作相结合,立足业务为公众服务,以业务范围为服务阵地,开展服务活动。从某种意义上讲,搞好业务工作,就是为公众服务的具体表现,而且是最为重要的表现。为此,在实际工作中,应该树立强烈的业务服务意识,端正业务服务动机,努力培养高超、优质的业务行为,切实有效地为公众服务。提高服务质量的关键在于引导员工精通业务。只有精通业务,才能为顾客提供优良的服务。法国的波里曾说道:"我们在掌握某些水果的成熟程度方面能够精确到半天的时间,当你购买梨子时,店员会问,是今天晚上吃,还是明天吃?然后按你的回答,为你送货。"如此精通业务,哪还会有顾客不满意的现象?

第二,对顾客诚实友善、和蔼可亲、热情接待,以良好的服务态度,赢得公众的好感。在公共关系活动中,应该要求员工认真准备商品,做好接待工作、样品出示工作、商品介绍工作、递交工作和送别工作,做到主动先招呼、主动出示样品、耐心解释商品性能与特点、礼貌道别。美国的唐拉德·希尔顿说:"对于顾客的心理而言,买一只提包与买几百万元的东西没有根本的区别,无论地区和民族,买者与卖者的想法大同小异,买者希望便宜,卖者希望赚钱。做生意的诀窍就在于你既要赚到钱,又要使人高高兴兴,并感到满意。"日本的原一平也说道:"我们诚心诚意地去服务别人、关心别人,此种服务与关心最后还是回报到你身上。"为了企业自身的发展,必须为顾客提供诚实、友善的服务。正如美国的山姆·华尔顿所说:"从今天开始,任何一位走进店里的顾客,都会受到我们的热情欢迎。不论我们正在做什么,都应该迎上去,给他关注的目光、亲善的微笑和热情的招呼。"

第三,服务要公平、公正,绝对不能欺骗、坑害顾客,哪怕是一分一厘,也不能侵占公众的利益。这是恪守信誉的基本要求。企业若能做到这一点,不仅能成功促销商品,而且能直接树立良好的形象。公平、公正,切实保护公众的合法利益,这是服务的本质所在。例如,顾客购买商品时,商品单价为 9.99 元,顾客递出一张 10 元面额的人民币,1 分钱要不要找给顾客呢?如果营业员不找零,顾客一般不会当面争吵。但是,他会牢记在心,经过理性概括提升后,人在脑海中将会形成"商店多收顾客钱"的印象,就是影响到商店的形象问题了。所以说,在经营活动中的 1 分 1 厘,不是简单的金额问题,而是企业商业形象的问题。

服务的公平、公正问题直接影响诚信形象。

第四,服务周全、细致。这包括:商品品种、规格、档次等要齐全;照顾到各种公众,包括残疾人的要求;运用多种经营方式,尽可能为公众提供方便、简易的服务。

第五,主动为公众出谋划策,做好贴心参谋,做到精心配置。公众在购买商品时,有时会犹豫不决,不知道究竟购买哪种规格。这时企业的员工要为顾客提供"专家"式服务,客观地向公众介绍商品,并主动站在顾客的立场上,帮助顾客出主意,确保顾客买到最合适的商品。

第六,注意环境卫生,这也是售中服务的基本内容。现代心理科学研究表明,人所在的环境对人的反应与判断有一定的影响作用。人都喜欢干净整洁的环境。卫生的环境不仅可以吸引公众,而且可以使置身其中的公众产生美好的联想。因此,设计出一个富有个性特色、幽雅、质朴、美观、整洁的服务环境,在公共关系服务工作中同样占有重要的地位,环境建设本身也是服务战略整体内容中不可缺少的组成部分。在国外的公共关系策划中,曾经出现了一项题为"厕所战略"的服务方案。这项策略的基本内容就是:当所有商业机构的经营场所都进行了维修、装潢后,有些经营者利用人的"厕所卫生效应"(即看到厕所干净,则会想到家庭所有地方都干净;看到厕所不太卫生,则会联想到整个家庭到处都不卫生),率先设计、装修经营场所原来只供内部员工使用的厕所,使厕所达到星级宾馆的水平,向顾客开放,以此吸引顾客光临商店,提高商店的顾客流量,许多商店因此而增加了市场竞争力。

 记住

售中服务的理想境界和具体要求。

三、售后服务的策划

美国的沃尔特·迪斯尼说:"对于顾客所要求的售后服务,应该以紧急事件来加以处理。"日本的松下幸之助也说:"在某种意义上,服务比制造、销售更为重要。售后服务不能做得完全、彻底,顾客就会越来越少。"所以说,在公共关系活动中,应该高度重视售后服务问题。

策划售后服务,最基本的工作就是根据《产品质量法》《消费者权益保护法》《广告法》《反不正当竞争法》等相关法律规定和 WTO 协议、ISO9000 国际质量认证体系等国际通行的规则,本着从严从高的原则,制定体系化的售后服务管理制度。

售后服务的关键是恪守诺言,其基本内容有以下七个方面。

第一,推行退货、换货制度。商店应该向公众明示:产品自出售之日起 7 日内,发生性能故障时,公众可以选择退货、换货或者修理;产品出售之日起 15 日内,发生性能故障时,公众可以选择换货或者修理;产品自售出之日 15 日至三包期内,修理两次仍不能正常使用的产品,凭修理者提供的修理记录和证明,由销售者负责调换同型号、同规格的产品,如无货可换则按售价退货。

第二,提供可靠、及时、优良的包修、保修和维修服务。包修的具体情形和时间要求,保修与维修的具体范围、时间条件和收费标准,均应该公示于众。"三修"服务没有保障,公众容易滋生不满情绪,并试图借助大众传播媒介予以发泄。这很容易引发不利的社会舆论,制造出危机事件。

第三,推行召回制度。当某种规格的商品出现设计失误、管理失误,引起较多产品存在相同的瑕疵、出现相同的性能故障时,企业应该主动召回商品,无偿更换零配件、予以修理。

第四,建立赔偿服务制度。如果顾客购买的商品出现性能故障,向企业的售后服务部门提出修理要求后,在约定的时间内没有给公众解决产品质量问题,企业应给公众赔偿一定的费用,弥补公众的损失。这种售后服务制度向公众明示后,实际上就是自我加压,引导员工及时给公众解决产品性能故障。

第五,经常向用户征询使用意见,定期为公众提供制度性的常规检测、保养服务。

第六,搞好特殊的维修服务。有些公众遭遇不幸,商品因此出现质量问题,按理说这与厂商无关,但是厂家应该本着人道主义精神及时向公众伸出援助之手,无偿帮助公众解决问题。这种特殊的售后服务能够有效地塑造企业的道德形象。

第七,推行文明的售后服务行为准则和语言规范。例如,要求上门服务的员工自带修理时摆放工具的塑料薄膜,以免污损公众地板;进门主动脱鞋;不得吃、拿、索、要,谢绝公众的请吃请喝;主动诚恳道歉;用语文明、举止礼貌等。这些细微的做法能够给公众留下良好的印象,从而更好地强化企业形象。

售后服务的关键和具体要求。

第三节 公益服务的策划

公益服务是一种特殊的公共关系专题活动,一般表现为企业提供资金或物品给某些弱势公众群体,或参与解决社会公共问题(如环境保护、市政建设等),是企业展示社会责任形象的核心途径,对于提升企业的美誉度、塑造道德形象具有重要作用,并因此增强企业的市场影响力,正如美国王安先生所言:"如果一家公司以服务于社区和顾客为宗旨,那么它就有忠实的顾客、和睦的劳资关系和积极的社会关系,从而得到长期的报偿。"

一、公益赞助的策划

公益赞助就是企业自愿拿出财物帮助其他社会组织所开展的公益性、公共性专题活动。公益赞助与慈善资助都具有"送人玫瑰手留余香"的效果，付出的是财物，得到的是社会赞誉，能够有效提升企业的社会责任形象。

（一）公益赞助的类型

赞助体育活动。大众健身体育活动具有广泛的群众基础，专业体育竞赛具有良好的新闻价值，因此企业应该赞助体育运动，以扩大公共关系影响的广度和深度。赞助体育运动常见的形式有：赞助专业体育训练经费、赞助举办体育竞赛活动、设立体育竞赛奖励基金、赞助大众健身体育资金与设备、赞助大众健身比赛等。

赞助社会公益事业。例如，参加市政基本建设：一方面可以为政府减轻建设压力，赢得政府公众的信赖；另一方面又能为广大市民公众带来方便，赢得市民公众的称赞。这不仅能树立企业的社会形象，而且能为企业的发展创造良好的条件。赞助社会公益事业的途径有很多种，常见的主要有以下四种。第一，独家捐资建设某项市政建设工程，如桥梁、道路、公共交通候车亭、公益性娱乐休闲活动场所、市政雕塑工程等。第二，与政府有关部门共同出资兴建某项具有特殊意义的市政工程，如市政性纪念碑、城市标志性工程等。第三，出资维护市政工程项目。第四，设立专项基金，供政府有关部门奖励市政工程项目设计、规划、建设与维护方面的有功人员。

赞助社会福利事业。为各种需要社会照料与温暖的人如革命军属、残疾病人、孤寡老人，以及社会福利机关如敬老院、儿童福利院提供物质经费赞助、开展服务活动，是企业向社会表明自己履行社会责任和义务的重要手段，是企业塑造爱心形象的重要途径。

赞助社会文化生活。这可以丰富公众的生活内容，增进企业与目标公众的感情，提高品牌影响力。赞助文化生活的方式主要有：赞助影视作品制作、赞助文化演出队伍、赞助文化演出活动、赞助文化演出建筑的修缮等。例如，乡村古戏台是明清以后当地农村的最重要的文化场所，是附近十里八乡的文化活动中心，也是整个村子的"闲话中心"，还是孩子们的游乐中心。但是，现在古戏台多数陷入困境之中，戏台建筑风化严重、演出人员缺乏，戏台维护资金长久缺失。建筑类企业如果安排一定资金，赞助修缮具有代表性的乡村古戏台，或者赞助乡村戏曲民间文艺队伍，这种保护乡村古戏台建筑文化的赞助活动，能够借助古戏台深厚而独特的传统文化底蕴，很好地塑造企业维护传统建筑的文化形象和精湛的工匠形象。

赞助社会节日庆典活动。这不仅可以渲染节日气氛，而且可以塑造企业的文化传承形象。赞助社会节日庆典的方式有：赞助举办节庆主题仪式，赞助节庆活动现场的装饰，赞助节庆专用建筑的修缮。

赞助教育事业。教育是立国之本，发展文化教育事业是一个国家的基本战略方针。企业自觉地赞助文化教育事业，如赞助学校建立图书馆、实验室、教学大楼，设立专项奖学金，捐建乡村学校，赞助乡村教师专业进修等，既可以促进教育发展，又可以塑造企业关心教育、关爱孩子的家国情怀形象。

赞助学术理论活动。如提供开会场所、资助会议的经费、设立学术研究基金等，企业既可以利用学术理论活动在公众中的影响提高企业的美誉度，又能直接得到理论工作者的建议，有利于改进企业的生产与管理工作。

要点提示

公益赞助的项目是多样的，只要有利于塑造企业的社会责任形象，都是公益赞助的创意原型。

（二）公益赞助的形式

企业开展公益赞助主要有三种基本形式，即资金赞助、产品赞助和人力赞助。资金赞助就是企业为请求赞助的对象单位提供部分或全部活动经费。产品赞助主要是向对象单位提供企业的生产产品。人力赞助就是免费为对象单位提供工作人员、服务人员等。就宣传效果而言，资金赞助有利于宣传企业的整体形象和雄厚实力。产品赞助具体直观，有利于宣传企业的品牌形象和商品形象。人力赞助形象生动，如果前去服务的工作人员佩有特色服饰，那么就容易引起公众的注意，展示企业形象。企业开展公益赞助活动时，应根据赞助活动的类型和具体的公共关系宣传目标，灵活选择赞助的形式，注意资金赞助、产品赞助和人力赞助的有机结合，集中各种形式的优势，力求收到综合的宣传效果。

（三）公益赞助的原则

企业开展公益赞助，应该秉承社会责任与投资回报理念，既要认识到参加公益赞助是塑造公益形象的核心路径，提高企业参与公益赞助的自觉性，经常想到做善事，同时又要认识到公益赞助是企业特殊的投资行为，是协调公众关系、塑造品牌形象的公共关系行为，必须确保企业从中获得社会形象与市场形象的回报。

开展公益赞助必须遵循社会效益原则、合法原则、实力匹配原则、相关原则和传播原则。社会效益原则强调开展公益赞助必须着眼于社会效益，优先赞助社会慈善事业、福利事业、教育事业和公共设施的建设，以获得公众的普遍好感。合法原则强调遵守党的政策和国家法律法规，切忌利用公益赞助搞不正之风。实力匹配原则要

求公益赞助应当量力而行,支出合理的赞助经费。赞助经费的数额,必须在企业能够承受的范围之内,同时又要达到一定的额度。金额过高会影响企业的资金流,过低又难以形成社会影响力。相关原则要求公益赞助的项目和对象应当与目标公众生活或企业的经营内容相关联。传播原则要求企业在公益赞助中,主动撰写新闻稿、摄制专题影视作品、创作广告作品和活动现场的宣传作品,巧妙策划传播方案,启动媒体宣传,把好事说好,使有限的赞助款项获得良好的公共关系效益。

基于以上原则,企业应该根据经营战略发展需要特别是市场开拓需要,兼顾现有实力,确定用于公益赞助的资金总额度和年度额度,设立专项基金,制定赞助基金管理章程,确保赞助资金规范使用,保证赞助额度正当(既不做铁公鸡,又不滥用)、项目正当(既符合企业战略需要,防止被动赞助,又满足公众的紧迫需求,产生满意感)、途径正当(防止出现违法乱纪现象),把好事做好。

要点提示

公益赞助应达到三好境界:信仰好+事做好+话说好。

(四)公益赞助的技巧

对于企业来说,公益赞助是一种投资行为,需要遵循最基本的投资原则,即投入最小化,收益最大化。为了最大限度地提高公益赞助的宣传效用,应注意以下六个要求。

第一,组建赞助专项基金会,以此获得持续的宣传效果。公益赞助的有些项目,如偏远地区的乡村建设、孩子阅读、古建筑保护、青年就业培训等,问题牵涉面大,一家企业难以解决,而社会对企业期望值却很高。企业应当联系相关企业如友好的竞争者、行业上下游企业等,共同出资组建专项基金会,以基金会这种团体方式资助某些重大的社会公益事业。这样,既可以减轻企业的资金压力,又可以塑造市场领导者形象,比单独出面更加具有集约化效应和宣传效应。

第二,强化公益赞助,积极参与社会问题的宣传与解决,以此建立社会—企业—市场联系的纽带,树立企业社会责任形象,彰显企业的公共情怀,表达关心社会命运的信念,进而开拓自己的市场。美国某商店在开业之初,经常赞助电台、报刊的节目和栏目,商店知名度迅速得以提高。但是,商品销售却相当不理想。他们带着"既然你知道我们商店,为什么不来购货"的问题做了调查。结果却是:"我们认识你,并不等于信任你。"公司恍然大悟,决定把在大众媒体上抛头露面的赞助费,用于定做垃圾箱,放在大街小巷,垃圾箱印有该店名称、销售的主要商品,还印有"请爱护公共卫生,把垃圾倒入箱内"的字样,群众相互传颂道:"这家商场舍得花钱办公益事业,讲道德,信得过。"市民对该商店的感激之情,转化为对商店及其商品的好感,商品销售情形大为改观。

第三,注重赞助的一贯性,寻找相对稳定的赞助对象,长期开展专项赞助,以公益赞助的持久性创造出公众认知的积累效应,使专项公益赞助成为企业品牌形象的一部分。

第四,寻找急待解决而又鲜为人知的社会问题,作为自己的赞助项目。这种公益赞助能够让急需帮助的公众及时分享企业的善意,具有雪中送炭的效果,而且能够给人企业嗅觉敏感、责任心强的印象。

第五,刻意赞助极具新闻价值的社会重大事件。社会重大事件的新闻价值高,媒体报道频繁,信息介绍篇幅较大,而公众又乐意收看,具有很好的公共关系宣传效用。企业安排巨资赞助社会重大事件,不仅可以获得较多的媒体报道机会,而且能够展示企业雄厚的实力和显著的社会地位。

第六,注重资助为社会做出过巨大贡献、但是现在生活比较困难的社会有功之臣(如英雄、劳模)及其家属。这既可以帮助他们解决生活难题,又可以利用这些特殊人物的新闻效用实现公共关系宣传的目的。

出于宣传效果的考虑,公益赞助也需要创意。这个创意既包含创意的原真内涵,又有创异与创益的考量,做到形式新颖,并为企业带来多种好处。

二、慈善资助的策划

慈善资助就是用财物帮助身陷困境的公众,其对象一般为孤寡老人、失去家庭温暖的少年儿童、丧失劳动能力的成年人以及有其他特殊困难的社会成员,如贫困学生、见义勇为致残者。客观地说,社会上的困难公众还比较多,企业不可能资助所有困难公众。企业应该选择具有典型色彩、富含新闻价值的困难公众作为资助对象,以引起社会对企业慈善资助活动的关注。

企业开展慈善资助,在观念维度上,应该坚持人道精神,即立足关怀博爱意识,自觉践行爱护人的生命、关怀人的幸福、尊重人的人格和权利的道德准则,尽可能接济困难公众,特别是社区的困难公众。

在事实维度上,企业应该立足解难题,拓宽慈善资助的视野,丰富慈善资助的方式,切实帮助困难公众解决实际问题,并且主动与公众进行沟通,引导困难公众纾解心理压力,提高生活幸福指数,追逐人生梦想。慈善资助的常见方式主要有:对于偶遇生活困境而能迅速摆脱困难的人,企业可以策划专题性的慈善资助,一次性捐助钱款或物资给困难者;对于短期内无法摆脱困境的人,如困难少年儿童、贫困老人,企业可以建立慈善工程,组织员工以企业名义与困难者结成帮困对子,长期帮助困难者;对于具有普遍意义的某一类需要资助的人群,企业应该积极参与,甚至发起、组织主题性的慈善基金会,以专项慈善资金的形式,定期开展慈善性捐资帮困活动。

在传播沟通维度上,企业有意进行专题策划,适度传播企业的爱心与善举,以增强企业慈善资助的社会影响力,塑造企业大爱无疆的公益形象。

> 慈善资助基本要求是三好:存好心+做好事+说好话。

三、环保公共关系的策划

人类赖以生存的空气、水、土壤等环境问题日趋严重,保护环境成为人类的共识。根据谁破坏谁负责的精神,企业是保护环境的第一责任人。根据社会责任理论,企业在打造循环经济、低碳经济、绿色经济、开展清洁生产的基础上,应该主动承担保护环境的责任。企业保护环境的有效路径就是环保公共关系。

环保公共关系就是企业立足可持续发展需要,自觉保护生态环境,用行动呵护"碧水蓝天",进而塑造良好形象的公共关系专题活动。

在观念维度上,环保公共关系坚守可持续发展理念。可持续发展是指基于人类未来和社会与自然的协调发展,而保护性开发、合理化利用自然资源的社会发展范式,是一种既满足当代人的需要,又不对后代人满足其需要的能力构成危害的发展模式。坚守可持续发展理念,就意味着企业接受"既要绿水青山也要金山银山,宁要绿水青山不要金山银山,绿水青山就是金山银山"的环境保护意识,自觉坚持发展底线:不把利润建立在破坏和污染环境基础之上,不从事导致土壤盐碱化、沙漠化,森林面积减少,臭氧层变薄,空气质量和水质下降的经营项目,使企业的发展成为企业与山水自然和谐相融的楷模。

在事实维度上,环保公共关系要求企业在日常管理和专项管理中,都能践行环境保护的理念。在日常管理中,企业践行环境保护理念,就是自觉推进节能减排,主动淘汰落后产能,提高资源利用水平,不断发展新能源,进而实现清洁生产、绿色发展。在专项管理中,企业践行环境保护理念,就是设置环保专项治理资金,启动"碧水蓝天"修补行动;赞助环保科研活动和新材料、新能源探索活动,共同探讨环保的新思路;资助环保民间组织;设置鼓励公众参与环保的互动基金,扩大环保队伍;开展环保英雄评选、环保摄影比赛、环保征文比赛、废旧物品交换、环保创意大赛等活动,在公众中唱响绿色消费主旋律;企业结合行业特性,创作宣传环保的公益广告,策划、组织"世界地球日""世界水日""世界环境保护日"等国际环保大型活动,设置环保议题,向社会传播环保意识,引导公众抛弃奢侈消费方式,倡导简单消费,养成节俭、理性的消费习惯。

在传播沟通维度上,环保公共关系要求企业创新环保理念,明确环保传播主题,整理企业的环保实践,撰写新闻稿,争取刊发到大众媒体和新媒体上,让公众了解企业在环保方面的杰出贡献。

 要点提示

全球关注空气、水质和土壤等基本环境问题,环保公共关系必然成为一种全新的公共关系范式。

此外,企业还可以参与以下公益服务:参与解决专题社会问题(如社会治安、农民工子女教育、野生动植物保护、市容市貌维护等)、开展公益广告宣传、推广科学的生活方式、资助举办社会文化仪式等,它们都能以自己特殊的形式展示企业热爱社会、关心公众、乐于奉献的良好形象。

公共关系服务的核心路径是基于企业的社会责任意识,尽力为公众做好事、做善事,通过商业服务和公益服务,实现提高社会美誉度、强化品牌亲和力的目的。

商业服务表现为售前服务、售中服务和售后服务,直接服务于企业的市场经营,提高品牌竞争力。

社会公益服务主要表现在公益赞助、慈善资助和环保公共关系领域,用以塑造企业的社会责任形象。

公共关系服务的内涵
公共关系服务的价值效应
售前服务、售中服务、售后服务的策划
公益赞助、慈善资助和环保公共关系的策划

松下幸之助:"如果您为顾客的满意而殚精竭虑、艰苦奋斗,您的事业肯定兴旺发达。"

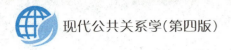 前沿问题

菲利普·科特勒认为,服务是一方向另一方提供的活动或利益,本质上是无形的。服务质量的高低由公众的满意程度来表现。对服务感到满意的公众能够带来新的公众。识别公众的不满意现象,降低不满意率成为公共关系服务管理的重要任务。当前,公共关系基于对服务质量的理解,越来越注重研究公众服务需求结构、公共关系服务评价模式、服务品牌量化立法和服务质量管理标准。

 推荐阅读

《服务营销》(第 6 版)(克里斯托弗·洛夫洛克等著,中国人民大学出版社,2010 年出版)

该书在强调了解服务市场的基础上,介绍了服务产品和顾客、建立服务模型、管理顾客界面和实施可盈利的服务战略等方面的内容。

推荐理由:反映了当今世界的现实,吸收最新的学术与管理思想,阐明了最前沿的服务理念。

 案 例

雅居乐发布公益主题"同理心" 诠释 27 年公益事业核心理念

2019 年 7 月 13 日,"同理同行——雅居乐公益主题发布会"在广州举行,近 300 名社会各界人士共同见证了"同理心"的发布。

在发布会上,雅居乐创始人陈卓林先生表示:"同理心"不仅是雅居乐 27 年来坚持履行企业社会责任的核心公益理念,也是雅居乐待人处事的第一原则,强调的是将心比心地尊重并接纳别人,然后通过自身一点一滴的努力,让社会更加美好。公司高层领导进一步阐述道:"同理心"不是"同情心","不是源自同情弱者而去被动地帮助,而是因为自身感同身受而去主动地行动;更不是施助者对受助者的高高在上,而是对身处困境中的人们心怀尊重,从而平等,然后接纳,互助与同理同行";"雅居乐希望大家一同感恩,一起传承,一路身体力行地在公益道路上走下去。希望通过一己之力,带动更多的人来弘扬'同理心'的公益精神,为社会增添更多正能量"。

发布会还举办了"同理心"公益论坛,就"同理心"的内涵以及如何体现在雅居乐日常的方方面面进行了深入探讨。

发布会最后,陈卓林先生现场向雅居乐公益基金会捐款 8 751 341 元,明确表示

将全部用于兴教助学领域,全力支持国家人才的培养与未来的科技发展。

"同理心"是雅居乐公司履行企业社会责任的主题提炼。该公司1992年成立以来,始终活跃在公益慈善领域,在兴教助学、救灾扶贫和可持续发展三个方面更是不遗余力。

2008年设立"雅居乐中华文化传承基金",捐款人民币8 000万元用于海外华文教育,提升了数千名海外华文教师的教学水平。

2008年向汶川地震灾区捐赠人民币1.56亿元,援建学校16所,成为震后捐款最多的地产企业。

2008年捐资1 000万元人民币设立"陈卓林伉俪教育基金会",促进家乡教育事业发展,至今已累计捐赠达5 000万元。

从2010年开始,连续10年赞助港澳地区"饥馑三十"活动,呼吁社会更加关注世界各地的饥民、难民。

从2011年开始,雅居乐联合"绿领行动",持续回收可再利用物资,累积生态效应相当于减少砍伐31 411棵树,减少239 998公斤的碳排放。

2012年捐款人民币8 500万元支持广东落后地区的扶贫工作。

2013年向中山市慈善总会捐款3 000万元,支持家乡基础设施建设。

2016年向海南热带海洋学院捐赠1亿元人民币。

2017年向中山慈善会捐赠1亿元,为家乡医疗事业做贡献。

2017年向中山大学捐赠1 000万元人民币,设立"中山大学-雅居乐慈善发展基金",同时还向中山大学第一医院捐赠5 000万元人民币,助力高水平人才引进和培养。

2018年举行"雅者善助,携手乐活"扶贫系列活动,首期捐赠扶贫资金1.7亿元,协助云南以及海南的脱贫攻坚工作。

2019年签署由商界环保协会发起的"低碳约章",支持可持续发展,协力应对气候变化问题。

至此,雅居乐各项公益慈善捐款累计超过17亿元。陈卓林屡次荣登"胡润慈善榜",多次荣获"中华慈善奖"。

(改编自2019年7月16日《中国建设报》)

点评:将持续近30年的公益事业精神提炼为理念,不仅宣示了雅居乐的社会责任追求,而且彰显了公司与社会的主体间性品格,公司的公益慈善事业更具人格魅力。

练习与思考

部分参考答案

第九章 公共关系的文化策略

学完本章,您应该能够:
1. 知晓公共关系文化环境的构成;
2. 知晓公共关系活动的文化元素;
3. 掌握文化类公共关系活动的策划;
4. 掌握提升公共关系文化品位的策略;
5. 熟悉策划公共关系跨文化传播的程序;
6. 运用公共关系的跨文化传播策略塑造良好的国际形象。

文化　公共关系文化元素　公共关系文化品位　跨文化传播

在现代社会中,公众在物质生活需要得到相对较好地满足后,开始注重精神生活需要,文化性消费心态日趋浓烈,在商品的消费过程中越来越强调文化品位和艺术格调。为了提高公共关系活动的有效性,需要从源远流长的民族传统文化和绚丽纷呈的现代文化中汲取营养,借助文化适应、文化融合、文化包装、文化导向等手法,使文化与公共关系有机地融合在一起,以有效提高公共关系活动的文化品位。另外,随着全球化的发展,公共关系也开始走出国门走向国际,公共关系面临着多样性的文化,需要科学的跨文化传播策略。本章引导学生正视公共关系所面临的文化环境,了解公共关系活动的文化元素,初步掌握文化类公共关系活动的策划思路,自觉运用文化策略提升公共关系的品位,同时了解策划公共关系跨文化传播的程序,有效运用跨文化传播策略为社会组织塑造良好的国际形象。

第一节 文化的公共关系效用

一、公共关系中的文化环境

文化是一个多义词,不同的学者往往有不同的理解。从一般意义上讲,文化就是人们在社会生产、生活活动中所创造的物质成果和精神成果,有时它表现为实体物质,如建筑物、商品等,有时它又表现为虚拟形态,如结婚仪式、待客之道等。无论是实体形态的文化,还是虚拟形态的文化,都是一种客观存在,是公共关系活动的外部制约因素,从不同的方面影响着公共关系活动的策划与运作,甚至决定着公共关系活动的效果。

> **问题思考**
> 公共关系所面临的文化环境由哪些方面构成?

根据文化形成的时间先后顺序,文化可以划分为两种类型。

(一)历史传统文化

这是一个民族在过去漫长的历史进程中创造的文化。中华民族的历史传统文化源远流长,体系庞大,涵盖了道德文化、政治文化、军事文化、建筑文化、服饰文化、经济文化等领域,这是策划公共关系活动的文化宝库。特别是中华传统美德内容颇为丰富,关于这个方面,已有专家进行了系统化的总结,具体概括见表9-1。中华传统文化有许多做人的主题:敬业乐群、公而忘私的奉献精神;天下兴亡、匹夫有责的爱国情操;先天下之忧而忧、后天下之乐而乐的崇高志趣;己所不欲、勿施于人的为人原则;自强不息、艰苦奋斗的昂扬锐气;富贵不能淫、贫贱不能移、威武不能屈的浩然正气;鞠躬尽瘁、死而后已的为政风范;厚德载物、道济天下的广阔胸襟;奋不顾身、舍生取义的英雄气概;大道之行、天下为公的社会理想;无为而无不为的人生智慧;等等。这些都是很好的公共关系活动文化主题,在市场经济条件下,对策划和组织公共关系活动仍有重要的指导、约束意义。

表9-1 中华传统美德内涵

项 目	内 容
尊道贵德	尊重道德,追求道德价值,重视道德教育,是中华第一美德。基本精神就是突出人格尊严,认为德性是人区别于兽的根本

(续 表)

项 目	内 容
律己修身	重视人格修养,强调向内探求的主体性道德精神,修身是人生根本
仁爱孝悌	"仁"的核心是"爱人",即重视人、尊重人、同情人、关怀人。在家庭生活中,"仁爱"以孝悌为根本,父慈子孝、兄友弟恭,强调家族亲情,推崇尊老爱幼的社会风尚
诚信好礼	以诚为基础,讲究为人的"诚实"、待人的"诚恳"、对事业的"忠诚",追求内心的光明真诚
精忠报国	爱国为"大节",崇尚气节,讲求情操、正义感和是非观,讲究民族的浩然正气
天下为公	天下和谐相处,人人"克己奉公"
以义制利	讲究道义,强调"生以载义""义以立生"的人生观,追求"富贵不能淫、威武不能屈"的道德境界
自强不息	自我超越、不断进取、不屈不挠、顽强奋斗

过去社会形态中创造出来的文化,自然有其深刻的时代烙印,也有囿于特殊时代而形成的机制性弊端。但是,一个民族之所以成为民族,主要就是它拥有自己所特有的历史传统文化。从整体而言,历史传统文化有糟粕,更有精华。它虽然形成于过去,但对现代人仍然具有巨大的行为教化的指令作用。因此,公共关系人员应善于挖掘公众的民族历史和传统文化,从历史传统文化中寻找公共关系活动发挥效能的突破口。

记住

中华传统美德是很好的公共关系活动主题。

(二) 现实大众文化

这是一种时代精神、时代意识,是由现实时代中的人在现实的活动和交往中创造的新文化,具有鲜明的时代特色。从来源来看,新文化有时可能是传统文化的时代化改造而形成的;有时可能是由中外文化交流,对外来文化进行民族化改造而形成的;有时则可能是把握时代特点而创造出来的全新的文化。在我国,以时代意识和社会思潮形式出现的现实大众文化十分丰富,现阶段常见的主要有知识经济意识、资本运作意识、可持续发展意识、时机意识(末班车意识)、创新意识、务实意识、自主意识(自强创辉煌意识)、企业家意识、高科技意识、科教兴国意识、素质教育意识、勤劳致富意识、绿色文明意识、品牌意识等。这些文化意识无论来源于何处,都是市场经济和新经济建设时代的标志,对人的作用更彻底、更直接、更具有现实导向作用。

> 选择现实大众文化作为公共关系活动的主题,有助于贴近公众。

二、文化在公共关系中的价值效应

企业之所以要把文化引入公共关系工作中,借助文化形式或文化主题开展公共关系活动,主要是因为文化在公共关系中具有特殊的价值效用,能对公众行为、公众消费生活和企业形象塑造产生积极的影响。因此,在实际工作中,不仅要善于进行文化形态开发,运用文化来包装公共关系活动,而且要善于进行文化功能开发,全面强化文化的公共关系效能。

(一)文化对公众行为的规范机制

从一定意义上讲,文化是一种"过程",是一种"动作"指令的运作,是一种意义的表达。例如,送人以刀、剑之类,可能不是简单的送东西,而是终结友情的象征。文化作为一种社会活动方式,主要表现在它对各种动作、做法规定了具体的规范要求,涉及人类的各种活动方式,从生产方式、经营方式到生活方式、社交方式等,都有文化色彩、文化禁忌。例如,在社交场合,要求"把年轻的同志引见给年长的同志""把男士引见给女士""把社会身份较低的同志引见给较高的同志",这就是一种文化,包含了对年长者、女士和德高望重者的尊敬。又如,在我国给老人祝寿时,规定吃面条时不要夹断面条,这也是一种文化,表达了对老人长命百岁的祝福。

> **问题思考**
> 您能举例说说文化对您自己的具体影响吗?

文化对公众行为的调控、规范效能主要表现在以下三个方面。

1. 思维定式作用

人生活在社会文化环境之中,不仅要接受社会文化教育,而且一刻也离不开文化的熏陶。久而久之,人们把文化内化为自己的观念,并以此为标准,来判断某种行为的合理性,分析某种行为的联想色彩。文化对人的思维角度、思维方式、思维取向和思维结论,都起着规定的作用。这就是它的思维定式功能。

文化对人的思维定式功能不仅表现在它左右着人们的思维过程,而且还决定着人们的思维联想。民族不同、文化不同,由于文化的思维定式作用,对于同一主题,往往得出不同的、源于各自深刻文化背景的结论,表现出显著的文化差异性。若以"大象"为主题,悬赏征文,英国人撰写《英国统治下非洲的猎象事业》,法国人写了一篇题为《象的恋爱观》、意大利人哼着《象啊!象啊!》的诗句,德国人作了《关于象的起源与发展研究》的序言,波兰人写了《波兰的主权与象的关系》的政论、瑞典人交出宣扬《象与福利国家》的倡议、西班牙人传授《斗象的技巧》、俄国人探索《如何把象送上太空站》、印度人阐述《铁路时代之前象是一种运输工具》、美国人编排出实用的《怎样培育出更大更好更优良象的品种》技术培训大纲、中国人则可能写《象与饮食文化》……此说虽属戏言,但确实揭示出在不同民族背景下,由于文化的思维定式作用,使人的思维过程和思维成果各显纷呈。

2. 行为指令作用

文化作为人类历史的产物、人类经验的总结,有两项最基本的内容,即禁止的文化和倡导的文化,它告诉人们什么可以做、什么不可以做、什么应该做、什么不应该做,这就是它的行为指令功能。例如,西方一些国家在摆放床的位置时规定:必须将床头朝东西方向放置,严禁朝南北方向放置。这里的"必须"和"严禁",就是文化对摆置床位这一行为的指令,不可违背,只能遵循。

文化的行为指令,往往具有至高无上的地位。虽然它不是直接下达的指令,但不容破坏。这样,由于文化的多元性,而文化指令又不可违背,在民族交往中有时就会出现善意的文化冲突事件。有一则民间笑话,就是这个结论的例证。说是一位保加利亚籍的主妇招待一位亚洲籍留学生吃晚饭,当客人把盘里饭吃完以后,这位主妇问客人要不要再添一盘。在保加利亚,如果女主人没有让客人吃饱的话,是件很丢脸的事。那位亚洲学生要了第二盘,紧接着又是第三盘,女主人忧心忡忡地到厨房又准备了一盘。结果,那位亚洲学生在吃完四盘时竟撑得摔倒在地上。因为在他的国家里,宁可撑死也不能以吃不下去来侮辱女主人。

3. 模式参照作用

无论是传统文化,还是现代文化,都为人们提供了一套完整的参照体系和行为模式。人类的许多活动往往可以从文化中找到具体的操作程序和操作要求,先做什么后做什么、哪个动作如何完成,在特定的文化体系中往往有明确的规定。例如,在某些西方人看来,在大街上行走时发现遗落在路上的钉子是件令人兴奋的事情:"幸运之神在向你微笑!"于是,要捡回家来并钉在厨房门框上。如何钉这枚钉子?西方人把它仪式化,并设计了一套相当规范的程序:① 钉入的位置大致要与自己的眼睛齐平。② 用钉子指点一下打算敲入的地方。③ 用铁锤去钉钉子时,嘴里要不停地念叨"为幸福敲一下、为爱情敲一下、为财富敲一下……"之类的话语。据说这样做,就可以给人带来幸运。从文化的角度而言,这种钉法不再是一件普普通通的事,而是一种文化表演和文化寄托,要求之规范、程序之严格、内涵之丰富,真令局外人难以置信。这就是文化的模式参照功能。

文化对公众行为的调控、规范效能的表现形式。

(二) 文化对企业形象的促进机制

文化对企业形象的形成和完善具有巨大的促进作用,这主要表现在以下四个方面。

1. 文化可以使企业形象获得长久的"扎根性"生存机制,而不是"盆景式"生存机制

花盆之中长不出参天大树。盆景虽然精致漂亮,但囿于范围,终难以长久。在公共关系之中,又何尝不是这样!精心塑造的企业形象,如果缺乏"文化基因",没有深厚的"文化营养",也是难以长久的。虽然一度颇有市场,但企业形象没有前景、没有未来,永远只能"小打小闹、小富即安"。实施形象战略时,一定要优先考虑文化机制,以文化的悠远历史赋予企业一种深层感,以文化的博大赋予企业形象一种宏伟感,以文化的强韧赋予企业形象一种顽强的生命感。例如,大家熟知的松下公司,在形象塑造过程中,把"产业报国、光明正大、和睦团结、奋斗向上、礼貌谦让、顺应同化、感谢报恩"作为自己的形象标语和公司的座右铭,甚至要求公司员工在年会上大声朗诵,从中感受到松下人的使命感,从形式上确保了松下形象的未来性与稳定性,追求着人类的一种理想境界。

2. 文化可以使企业形象特色化、个性化,给公众一种"闪亮"的感觉

企业在塑造自己的形象时,一般要突出个性、特色要求,忌讳盲目模仿、抄袭。雷同是企业形象的克星,而个性、特色则是企业形象的生命线。

企业形象怎样才能形成自己的个性与特色呢?用数字来展示显然是不可能的,因为数字具有一维性,只有量上的变化,无法表达个性或特色。文化则具有多元性,每一个字词都含有自己独特的意义,这就为创造企业形象特征提供了多种可能性。只要角度不同,择用不同的文化理念,企业的特色就很容易形成,即使是同一行业,也能轻而易举地创造差异、展现特色。例如,同是山川,如果我们用"海拔1 000米、2 000米"之类的数字,就难以表达山川的特质。用一些文化意念来形容,如泰山之雄、黄山之奇、庐山之秀、华山之险、莫干山之幽,有了"雄""奇""秀""险""幽"之类的文化意念,山与山之间的差异也就显著了,各自的特色也就鲜明了。企业的形象境界,情同此类,只有借助文化意念才能创造出自己的个性特征。

3. 文化可以使企业形象获得升华,演化成一种超越具体时空的理想境界、哲学境界

企业的形象稳定性、持久性从何而来?它来源于文化境界。文化可以使企业形象超越具体时空,升华为一种人类共有的境界,一种人类不断追求的理想境界,从而具有普遍的意义,可以跨越时空、跨越人种。这样,企业形象就更加具有市场竞争价值。例如,美国的IBM公司把"为职工利益、为公众利益、为股东利益"三原则和"尊重个人、竭诚服务、一流主人"三信条作为自己的形象理念,这种鲜明的文化理念,使公众、员工感到了浓厚的文化气息,企业形象就显得更加高大、更加有效。

4. 文化可以增强企业形象的认同力、说服力,便于公众接受,增强形象的感染效果

公众长期生活在文化色彩浓烈的现实之中,时时刻刻接受着文化的熏陶,逐渐形成了人类所特有的一种思维心态,即文化性心态。例如,人们在外面看到别人操办喜事,尽管互不相识,却油然而生喜悦心情,看到操办丧事容易产生伤感情绪,这就是文化性心态的作用。行为科学告诉我们,人们倾向于接受那些与自己认知体系相似的新内容。这样,既然人具有文化性心态,那么,如果企业形象也具有文化色彩,公众就乐于接受和认同。也就是说,文化间接地提高了企业形象的认同力、说服力。

> **记住**
>
> 文化有助于塑造企业形象,效用是多方面的。

第二节 公共关系活动的文化元素

> **问题思考**
>
> 公共关系活动存在文化元素吗?如果存在,这种文化元素包含哪些具体内容?

一、公共关系活动的文化元素

提升公共关系活动的文化品位,前提条件是准确了解公共关系文化元素。公共关系文化元素是指用于公共关系活动实体物品和程序之中、用以表达主题内容和特色、非体系性的某些文化要素,一般表现为主题物品、主题仪式、主题吉祥物(象征图案)、历史典故与趣闻,以及主题氛围(包括场地风格基调、音乐音响、装饰色调等)。

公共关系文化元素的基本含义。

（一）主题物品

公共关系活动，特别是商品文化节、社会节日庆祝活动，一般应有与活动主题相吻合的具体实物，如潍坊风筝节的"风筝"、大连国际服装文化节的"服装"、上海啤酒文化节的"啤酒"、温州杨梅节的"杨梅"等。这些物品就是主题物品，它们是整个活动的灵魂核心，承载着公共关系活动的主题内容。缺乏实实在在主题物品的商务促销活动，不能有效地影响现代公众的感性化思维心态，公众无法感知，无法"拥有"，就会觉得活动有些抽象、虚幻，因而产生不了购买欲望，活动的影响就比较有限。

（二）主题仪式

公共关系活动具有双重性，既有"物"（商品），又有"形"（活动），只有商品与活动有机结合，在活动中展示商品文化，借助商品演示公共关系活动，才能全面营造出公共关系活动的文化气息。因此，策划公共关系活动时，既要重视硬件，又要重视软件。硬件的策划主要是指商品形象的展示和商品的陈列，往往借助展览、展销形式来进行。软件的策划则指公共关系活动程序、仪式的设计。从某种意义上讲，活动程序、仪式的设计更加具有心理感化意义。

设计公共关系活动主题仪式要突出文化色彩。

（三）主题吉祥物

主题吉祥物或象征图案是表达某种文化主题内容的物品、图案，是经过深思熟虑、理想化设计的活动饰物。主题吉祥物或象征图案不是一般意义上的艺术作品，而是创作者基于公众审美情趣和思想境界所设计的专题作品，其中的构图、笔画技巧以及色彩组合都蕴含着丰富的内容，一经审定通过，一般就不再改动，具有相对稳定性，并可能成为"圣物"。吉祥物或象征图案的主要效用是标识活动存在、烘托活动气氛、展示活动主题，能够有效地诱导公众的心绪，让公众或心潮澎湃、或庄重严肃、或兴奋激动。

为了形象、直观地展示公共关系活动的主题、诱发公众的美好心理，在认真审视活动主题的前提下，应该根据公众的主题化审美情趣，创作具有文化韵味和形象特色的图画或实物,并将其定为活动吉祥物或象征图案。

(四)历史典故与趣闻

根据公共关系活动的主题,挖掘相关的典故或趣闻,有利于强化整个活动的历史悠远感和趣味性,从而提升活动的文化品位。公众对于历史典故或趣闻,一般都比较感兴趣。无论社会节假日或者是商品开发,都有自己的典故,如情人节,其典故就趣味横生,充满了人文色彩和理想。如果在公共关系活动中,将这些典故整理成为一个个完整的故事,并形象地展示出来,不仅可以烘托活动主题的文化品位,而且可以满足公众的求知心理,从而更好地实现公共关系的目的。

由于人文因素的介入,任何一种商品都有自己的趣闻,如商品与历史人物的关系、商品与历史事件的关系、商品与历史遗址的关系、商品开发历史中的趣闻等,这些内容故事性强,能够有效地吸引公众,增强活动的吸引力。

(五)主题氛围

公共关系活动的文化性,根本在于理念,而表象在于活动氛围,即基于某种企业文化理念而营造出来的场面特色,包括活动场地的基调、音乐音响和装饰性宣传作品等。

公共关系活动的基调应以欢快喜庆为主旋律,同时突出文化性。特别是借助节假日文化而策划的公共关系推介活动,应该充分展示节日文化,以节日文化的深邃与欢庆为突破口,开展节日传播活动。

音乐、音响和装饰性宣传作品,对于烘托公共关系活动的现场气氛、影响公众的欢快心态具有重要的意义。因此,在策划公共关系活动时应高度重视音乐、音响和色调的选择与策划。

记住

公共关系文化元素的基本构成。

课堂讨论

每届上海国际茶文化节,经常举办茶文化学术研讨会、中外茶道交流、社区茶文化一日游、茶乡三日游、新茶交易会等丰富多彩的系列活动,不仅展示了茶文化源远流长的内涵,在市民中普及了品茶、茶艺知识,而且培育了茶叶消费市场,茶文化也逐步成为上海旅游节的一个品牌项目。

请运用公共关系相关理论,分析上海国际茶文化节的文化元素。

二、文化类公共关系活动的策划

文化类公共关系活动常见的形态有社会节庆活动、商品文化节、企业文化节、知识营销活动、事件文化(如结婚仪式、结婚周年纪念、生日等)仪式、技术文化推广(宣传某种新型技术、商品知识、生活观念为主题)、人文精神推广活动,以及广场文化活动等。由于文化主题不同,内在机制不同,各种文化类公共关系活动的策划技巧也是不尽相同的。限于篇幅,这里仅介绍其中三种文化类公共关系活动的策划。

(一)公共关系节庆活动的策划艺术

由于公众文化性心理的作用,节假日越来越具有公共关系效用,这主要表现在两个方面:一是公众在节假日期间容易产生欢快、兴奋的心理,在这种心态的影响下,公众容易接受公共关系的宣传内容;二是公众在节假日期间一般会放纵自己的消费欲望,这为扩大促销成果奠定了良好的基础。因此,凡是盛大节假日,都是公共关系活动的最佳时机。只要策划巧妙,公共关系节庆活动往往是购销两旺的。

课堂讨论

描述您感觉最好的一项公共关系节庆活动,并找出其成功的特色;然后描述您感觉最差的一项公共关系节庆活动,并写出您认为改进该项公共关系节庆活动的办法。

公共关系节庆活动的策划,应注意以下四个方面的要求。

1. 精选节日时机

从理论上讲,丰富多彩的社会节假日都是开展公共关系活动的良好时机,中外节日、社会纪念日都是策划公共关系活动的素材,纷繁的节日种类多、时间分布广,对于策划公共关系活动极为有利。当然从实用角度来看,有些节假日并不适于开展一般意义上的公共关系活动,如清明节。因此,规划年度性公共关系活动时,应该根据公众的节日心态、消费态势等,从各种节日里挑选一些企业活动效用较强的节日,如中国传统的春节、元宵节、端午节、中秋节、重阳节、腊八节,具有现代意义的元旦节、三八妇女节、六一儿童节、国庆节,以及西方传播而来的情人节、复活节、母亲节、圣诞节等,挖掘其中所蕴含的文化思想,作为策划活动的主题。

2. 开发节日文化

每个节日都有一个美丽动人、充满神奇色彩的故事，节日诞生就是一个传奇的神话，蕴含着十分丰富的文化典故，如中秋佳节，就有嫦娥奔月、吴刚伐桂等神话故事，这些故事不仅增强了节日由来的神秘色彩，而且强化了节日的感染力。因此，在策划公共关系节庆活动时，应该认真查阅历史文化、收集相关素材、分析节日文化的精髓，以此开发节日文化的形象塑造价值。

3. 渲染节日气氛

在策划中，应根据节日文化的主题要求，运用现代美学手法设计具有艺术品位的宣传作品，布置公共关系的现场，通过音乐音响、造型来营造节日氛围，渲染欢快基调，从而强化公众的节日性欢乐心态。

4. 演示节日仪式

每一个节日都有自己的主题仪式，如中秋节的合家团圆、赏月、吃月饼，春节的全家年夜饭、拜年、贴春联、送压岁钱等。这些节日性文化仪式，不仅包含了浪漫丰富的内容，而且直接展示了人类祖先的期望，是节日文化中不可缺少的内容。在公共关系节庆活动中，应该借助现代电声光技术，夸张地演示特定的节日主题仪式，从根本上强化节庆气息。

> **记住**
> 策划公共关系节庆活动的注意事项。

（二）商品文化节的策划艺术

策划商品文化节是公共关系常用的一种策略，对于塑造企业形象、繁荣商业文化、提高商品销量等具有重要的意义。商品文化节活动的策划是一项融技巧性和艺术性于一体的工作，在实际工作中应注意以下四个要求。

> **问题思考**
> 您遇到过缺乏文化色彩的商品文化节吗？这种商品文化节，除了文化，几乎什么商品都有。这使您有什么感觉？您认为应该如何提升商品文化节的实际影响力？

1. 全面提升主题商品的文化品位

商品文化节活动的核心内容是商品，具有较强的企业性和实用性特征，容易引发公众的抵触心理。为了消除这些心理障碍，就要特别注意文化包装策略的运用，围绕主题商品的开发典故、历史趣闻（特别是历史名人与主题商品的关系）、时尚价值等，进行巧妙的创意,从历史与现实、商品发祥地与畅销地两个方面全面提升主题商品的文化品位,让商品文化节渗透出浓郁的文化气息,有效地影响公众的文化性心态。

2. 突出欢快娱乐主旋律

商品文化节对于企业来说是展示商品形象、完成促销任务的项目,对于公众来说则是融消费与娱乐于一体的社会活动。为了吸引公众踊跃参与商品文化节的各项活动,应该突出娱乐性项目(包括文艺表演节目、生活趣味比赛活动、体育文化活动等)的策划,使整个商品文化节呈现出生动活泼、欢快娱乐的色彩。

3. 强化活动规模效应

一般地说,商品文化节早期的几届活动其市场效果可能是不尽理想的,在公众心目中不一定具有特殊的地位。这是由于缺乏规模效应的缘故。但是,如果企业能持之以恒,从时间纵向角度定期举办主题相同、具有内在联系的商品文化节活动,从空间横向角度同时举办系列化的活动,使活动与活动之间相互配合、相互烘托,就可以借助活动上的一贯性、稳定性和形式上的多样性、轰动性,创造出商品文化节的规模效应,形成自己的"名牌工程"效应,从而无限扩大企业的市场影响。

4. 巧妙设置奖项

利益是公众孜孜追求的目标之一。在公共关系活动中,应根据公众的经济动因,设置较有吸引力的奖品、赠品以及相关证书(如宣布某一公众为第100万名公众,颁发幸运公众证书)等,充分利用公众好胜心理和"贪图小便宜""侥幸获大利"心态的驱使作用,引导公众出于获利而自觉地参与到商品文化节之中,接受企业宣传的影响。

此外,在策划商品文化节活动时,还应注意服务活动的规范化和活动安排的安全问题,以一流的服务水平和井然有序的安排给公众留下良好的印象,使公众流连忘返,从而不断地吸引公众,扩大商品文化节活动的规模。

记住

策划商品文化节的注意事项。

(三)知识营销活动的策划艺术

知识营销活动就是企业借助大众媒介、宣传手册和专家现场咨询活动,通过传播商品的科学依据、功效原理、结构知识、使用方法等,以及提供咨询意见、诊断意见等服务性项目,培养、启发潜在顾客的消费欲望,壮大消费市场的一种公共关系宣传活动。顾客的消费行为受制于自己的消费观念和知识水平。如果人们具有强烈的"玩物丧志"的生活观念,就不会给孩子购买儿童玩具。知识营销活动就是针对公众在观念上存在的"盲点",进行科普教育,改变人们的生活观念,通过观念的革新开拓消费市场。企业开展知识营销活动时,一般不在现场出售商品,在形式上这是一种纯粹的"科普"活动。但是,其根本用意在于引导人们接受企业所倡导的、与商品具有密切关系的消费观念与生活方式,然后去购买表现某种现代生活方式所必需的商品。所以说,知识营销活动的途径是科普宣传,意图则在于宣传商品、引导公众购买商品。

记住

知识营销活动的基本含义。

知识营销活动由于侧重于消费者的培养与启发,在功能上有自己的特殊性,这主要表现在以下三个方面:① 通过消费观念教育活动,借助消费观念和生活方式的宣传与灌输,可以有效地培育消费市场,使众多潜在的公众成为需求商品的有效顾客,从根本上扩大市场需求规模。② 企业率先推行知识营销活动,可以有效地树立企业的文化形象和科学形象,有利于吸引其他行业、品牌的消费者,转向购买、使用企业所提供的商品。③ 企业通过知识营销活动,可以充分向公众展示企业的科研实力,强化企业的科技领先优势,有效地抵御竞争者入市,巩固商品的市场获利能力。

课堂讨论

试着做公共关系活动的策划游戏,与同学们开展讨论,但要遵守规则:"借助文化适应、文化融合、文化包装、文化导向等手法,使文化与公共关系有机融合在一起,从而有效地提高公共关系活动的文化品位。"在最后的 10 分钟,讨论提升公共关系文化品位的难点和策略要求。

三、公共关系文化品位的提升策略

公共关系文化品位是指公共关系活动借助文化主题和文化形式,给公众留下的文化美丑感觉、文化类型印象和艺术情调。为了进一步强化公共关系活动的文化品位,在策划中可以应用以下五种策略。

(一) 强化文化韵味

丰富多彩的文化,为我们开展公共关系活动准备了用之不竭的资源,同时也要求我们善于把握文化的博大与深邃,无论在主题上、内容上,还是形式上都应遵循文化、体现文化、创造文化和发展文化,使公共关系活动具有深刻的"文化基因"、浓烈的文化品位和美好的文化境界，形成宏大的文化冲击力，从而有效地影响公众的文化性思维。

(二) 讲究民族色彩

人类文化既有世界性的一面，又有民族性的一面，世界性与民族性辩证统一，文化越是具有民族性，就越具有世界性，而世界性文化只有转化为民族文化之后，才有生命力。此外，在公共关系活动中，企业面对的是经过定位选择的公众，不可能是空泛的"世界公众"，一定范围内的公众总是以民族群体出现的。因此，在公共关系活动中要遵循民族性原则。

民族文化具有一定的民族个性特色。由于民族历史、所处的自然环境不同，往往有不同的文化理想、文化准则和文化标准。这样，同一动作，在不同的民族之间，往往就有不同的理解。在这个民族看来是没有任何意义的动作，在另一个民族看来，则是一种意义非常明确的文化动作。例如，在春节给朋友送几个面包、煤块、盐之类的东西，中国人体会不出其中的含义，只是把它们理解为一般的赠送动作而已。但是，在一些西方国家看来，它们则具有至关重要的文化含义，表达了一种美好的祝愿，依次为丰衣足食、温暖幸福、财运亨通。

既然民族文化在公众生活中发挥了主导性作用，并以民族特征来规范人的反应、行为模式，在策划公共关系活动时，就要充分理解民族文化，使公共关系活动完全符合民族文化的要求；同时，善于借助民族的历史文化、典故文化、习俗文化等开展公共关系活动，使之充分展现民族文化的境界和风姿，弘扬民族文化，从而赢得公众的好评。

(三) 遵循科学规律

一个社会、一个民族的文化，都有积极和消极之分。积极的、科学的文化得到社会的拥护，而消极的、落后的、愚昧的文化，由于种种原因，也有一定的公众市场，如封建迷信文化现在还有些人奉如圣旨。公共关系活动的主题内容，应该是积极、健康、文明的；否则，就会违反科学性原则，不仅不能有效地开展公共关系宣传，而且会产生破坏效用。

按公共关系活动的科学性原则，在进行文化定位、选择文化主题时，应达到以下四个要求：① 坚持马克思主义世界观和方法论的指导，根据马克思主义的文化观、文明观判断某种文化先进与否、内容科学与否；② 发扬民族优良文化传统，坚决摒弃封建迷信文化；③ 积极促进社会文明建设，使弘扬文化与端正社会风气结合起来；④ 站在中华民族的基点上吸收西方文化中适合我国文化的精华，进一步促进民族文化的发展。

> **要点提示**
>
> 运用于公共关系活动中的文化,必须是先进文化、科学文化。

(四)符合公众需求

符合科学要求的社会文化丰富多彩,究竟选用哪种文化内容作为公共关系活动的主题思想或表现形式,这就要遵循需求性原则,即根据公众的文化性需求、某种文化对公众的重要性来选择文化主题。从严格意义上讲,公共关系活动的文化主题并不是策划者"钦定"的,而是公众确定的,策划者不过是遵从了公众的合理需要而已。

根据需求性原则,当某种文化长期受到冷落而公众产生强烈需求时,或某种文化内容十分新颖、符合时代精神而公众又有追切愿望时,企业能及时提出相应的文化主张,开发热点文化的公共关系功效,开展宣传活动,以及时满足公众的文化需求,从而赢得公众的好感,扩大企业的公众队伍。

(五)讲究文化魅力

公共关系活动虽然带有文化宣传、文化倡导的功能,但它不同于一般的社会宣传活动,没有权威性,只有通过自己的创意,以亲切、新颖、独特的手法才能吸引公众。

讲究文化魅力,要求我们策划公共关系活动时,巧妙地运用新的文化包装手段,包括新的宣传提法、新的语言感觉、新的语句组合、新的宣传形式等,使文化内容的科学性和表达方式的生动性有机地结合起来,获得公众的认可,完成公共关系的宣传任务。

> 提升公共关系活动文化品位的基本策略。

第三节 公共关系的跨文化传播策略

公共关系跨文化传播是指社会组织到本土以外区域,面对不同文化圈的公众所进行的传播活动。文化圈就是在某种相似的文化生态基础上形成的文化类型,它们在文化特征、文化生存和发展机制、文化特质、文化品位、文化感觉等方面具有一致性,形成了相似的文化品格和较为明晰的文化区域。

一、公共关系跨文化传播的策划程序

策划公共关系跨文化传播,除了遵循一般的公共关系活动基本程序外,还应有自己的运作特点。

(一)调查东道国文化

您能举出一项我国公众特别欣赏而美国公众认为极不文明的公共关系活动吗?其产生的原因是什么?如何才能避免类似的错误?

调查东道国的文化,是策划公共关系跨文化传播的前提,其基本工作任务就是根据公共关系活动的内容特点和目标,调查东道国文化,了解东道国公众的文化特点,分析其文化的来龙去脉,理解东道国文化的实质内容。

跨文化传播的基本背景是经济全球化,21世纪是经济全球化的时代。在全球化浪潮下,跨国公司不断融入我国市场之中,而我国企业也逐渐融入世界市场之中,产品不断打入国际市场。以家电产品为例,我国家电产品已经出口到近200多个国家和地区。在全球化经营背景下,我国企业必然越来越多地开展涉外公共关系活动,开展跨文化传播,开展跨文化传播的基础就是了解海外文化。

跨文化传播的基本背景是经济全球化。

海外文化是一个外延很广的概念,主要包括五个方面的内容:一是国际发展大势(包括国际政治、经济和文化的变化及其发展走向)和人类社会共同面临的重大问题(如生态环境污染问题、恐怖主义、地区冲突与矛盾等);二是国际性的传统文化,特别是传统节日文化;三是国际性的流行文化,包括音乐文化、体育文化、服饰文化等;四是国际通行的规则与惯例,特别是国际性法规,如 WTO 协议、ISO9000 标准、《商标国际注册马德里协定》《联合国国际货物合同公约》《保护工业产权巴黎公约》《保护文学和艺术作品伯尔尼公约》《建立世界知识产权组织公约》《保护录音制品制作者防止未经许可复制其录音制品公约》《世界版权公约》《关于供注册商标用的商品和服务的国际分类的尼斯协定》《关于集成电路知识产权保护公约》等;五是公共关系活动东道国的政治、法律、经济、文化、制度、科学技术、教育、语言、宗教、价值观、社会习惯等。

记住

海外文化外延所包含的基本内容。

国际不准使用的八种环保广告语

国际标准化组织制定、指导公众绿色消费的《ISO14020系列标准》规定,不得出现下列八种广告用语:对环境安全;对环境友善;对地球无害;没有污染;绿色;自然之风;不会破坏臭氧层;所谓的"可持续性"。

(二)寻找结合点

这是公共关系活动产生效能的关键。其基本工作内容就是寻找公共关系活动与东道国公众文化的接口,找出切入点,使公共关系活动与当地公众文化在内容上和形式上有机融合、和谐统一。

(三)拟定文化影响策略

在这个阶段,主要就是根据东道国的文化特点和公众的文化心态,选择影响公众的具体文化策略。可供选择的策略主要有文化融合策略、文化包装策略、文化导向策略三种。例如,对于东道国优越性极强的公众文化,宜选用文化包装策略。在公共关系活动中,如果只停留在文化适应、文化融合阶段,还是不能充分吸引公众的。在适应公众文化的基础上,还应该积极引用东道国优秀的公众文化,运用文化装饰的手段,形成公共关系的文化包装氛围,以鲜明的文化特性赋予公共关系活动以明快的文化色彩。

要点提示

跨文化传播供选择的三种策略:文化融合策略,文化包装策略,文化导向策略。

(四)实施活动方案

根据既定的工作计划,运用各种媒介进行文化性标语、口号宣传,开展各种符合东道国文化的公共关系活动,以此影响东道国公众的文化性心态,刺激公众根据文化所包含的内容、要求作出积极的反应,使东道国公众不仅高度认可公共关系活动,而且产生相应的、源于文化需求的合作行为。

 记住

策划公共关系跨文化传播的基本程序。

二、公共关系的跨文化传播策略

 课堂讨论

您遇到过某位外国公众没有尊重我国某项文化的情形吗?您当时有什么样的感觉?您当时希望这位外国公众怎样做?假设您到美国宣传中国,将如何应对中美文化差异?

 **资料补充**

跨文化趣话

第一则趣谈:一群商人,分别有英国人、法国人、德国人、意大利人、美国人和中国人,在一条船上谈生意,船在航行时出了故障,必须让一部分人先跳下去,才能保证船不下沉。船长老于世故,知道这些商人的文化背景不同,必须采用不同的方式去说服他们。他对英国商人说"跳水是一种体育运动",英国人崇尚体育,听罢即跳;他对法国商人说"跳水是一种时髦,你没看见已经有人在跳了吗",法国人爱赶时髦,也跟着跳下;他对德国商人说"我是船长,现在跳水,这是命令",德国人严守纪律,服从了命令;他对意大利商人说"乘坐别的船遇险可以跳水,但在我的船上不准许",意大利人多有逆反心理,说不让跳他偏要跳,旋即跳下;对非常现实的美国商人,船长就说"跳吧,反正有人寿保险的,不亏";对中国商人则说"你不是家有80岁的老母亲嘛,你不逃命对得起她老人家吗"。于是,观念不同、想法各异的人全都按船长的要求做了。

> 第二则趣谈：有3个人结伴旅行，分别是中国人、印度人和美国人。一天，他们来到一个大瀑布面前，3个人同时感到惊讶，但却发出不同的感慨。中国人长期受强调与大自然和谐相处的儒家文化的影响，从自然美的角度去欣赏这一瀑布，感叹说："多么壮观的景色啊！"印度具有宗教神学传统，想到的是神的力量，面对从天而降的瀑布不禁肃然起敬，印度人说："神的力量真大啊！"美国人则从经济的角度去看待事物，另有一番感想地说："多么可惜的能源啊！这里本可以建一座大型发电站的。"

上述趣谈反映了文化的多样性。开展公共关系跨文化传播，特别要拟定科学的策略。

公共关系跨文化传播的基本策略是文化适应策略。跨文化传播的矛盾在于全球化规范与本土化文化之间的矛盾。文化不同，社会组织内部的人际关系、权力关系、信息关系、竞争关系、利益关系等也就不同，领导机制、导向机制、约束机制、激励机制、沟通机制，甚至娱乐机制也不同，管理理念不同，组织结构不同，管理模式、决策模式、计划模式、控制模式等都不同。从事跨文化传播，既需要本土化关照，又需要全球化视角。

要点提示

> 公共关系跨文化传播的基本策略是文化适应策略。跨文化传播的矛盾在于全球化规范与本土化文化之间的矛盾。

公共关系跨文化传播应该充分尊重本土化文化，突出本土化关照，首先就是要承认人类社会的多样性和差异性，主动关照和适应不同东道国的文化多样性和差异性，善于在求同存异的基础上开展沟通与合作，对东道国的文化和人民流露出真挚的兴趣和尊重，与东道国的人民融为一体。

在公共关系跨文化传播中，对于权威性极强的东道国文化，如政治文化、法律文化、宗教文化、语言文化等，一般宜选用文化适应策略。文化适应策略就是根据公共关系本土化原则，有意识地遵循东道国文化、适应东道国文化，与东道国文化融为一体。这就要求在公共关系活动中，充分尊重东道国文化的精神，并根据其文化体系修正公共关系活动的宣传作品，表现出足够的应变性，顾及东道国文化背景下公众风俗人情的不同，迎合公众的文化需求。

记住

> 文化适应策略的基本含义。

文化适应策略的基本要求是在主题内容、活动仪式、宣传用词、宣传图像、商标图形、品牌名称、颜色以及音乐音响诸方面符合东道国文化,与东道国文化融为一体。文化融合策略要求公共关系活动无条件地适应东道国文化,特别是禁忌性文化。关于这个方面的内容,具体见表9-2。另外,我国个别商品品牌如果直译成外文,有时也会与东道国的文化相冲突,见表9-3,根据文化融合理论,应该对其进行必要的改造,以便符合东道国的文化要求。

表9-2 公共关系文化禁忌列举

项 目	国家与地区	禁 忌 内 容	备 注
颜色	中国	白色、黑色	死亡、不吉利
	日本	绿色	不幸
	印度	黑色、白色	
	法国	墨绿色	纳粹制服色彩
数字	日本、韩国、新加坡	4、9	"死""苦"的谐音
	基督教国家	13	不吉利
	西方国家	666	"野兽数",不吉利
花卉	法国	菊花、核桃花、杜鹃花、纸塑花、黄色的花	吊唁死者
	日本	荷花	祭奠
		菊花	天皇象征,不可滥用
	意大利	菊花	吊唁死者
	英国	百合花	代表死亡
图案	英国	白象	大而无用
		山羊	不正经的男人
		孔雀	灾祸
	法国	仙鹤	蠢汉、淫妇

表9-3 我国个别品牌可能出现的文化歧义

品 牌 名 称	文 化 歧 义	国 家 与 地 区
"鹅"	蠢女人	德国
"大象"	呆头呆脑	英语国家
"芳芳"	毒蛇的毒牙	英语国家
"紫罗兰"	女性化的男人、同性恋者	部分英语国家
"金鸡"	下流话	英语国家
"飞鸽"	傻瓜、风流女子	英语国家
"414"	"死一死"的谐音	日本、我国港台地区
"帆"	假货、破烂货	英语国家
"AD"工具盒	工伤死亡	英语国家
"TB"食品	肺结核病人	英语国家
"OPD"食品	正式宣布死亡	英语国家

根据文化适应策略,当公共关系人员与外国公众交谈时,要注意外国公众谈话适宜和不宜的话题,具体参见表9-4。

表9-4 部分国家和地区交谈适宜话题和不宜话题

国家地区	适 宜 话 题	不 宜 话 题
英 国	历史、建筑、花园	政治、钱、价格
德 国	出国旅游、爱好、足球、国际政治	第二次世界大战、个人生活
法 国	音乐、书籍、体育、戏剧	价格、个人工作收入、年龄
日 本	历史、文化、艺术	第二次世界大战
奥地利	赛车、滑雪、音乐	钱、宗教、离婚、分居
墨西哥	家庭、社会关心的问题	政治、债务、通货膨胀、边境冲突

文化适应策略的基本要求。

本章小结

文化是公共关系的外部制约因素。在公共关系策划中,将文化整合到公共关系活动之中,有利于提高公共关系的品位和影响力。在跨文化传播中,只有适应东道国文化,才能影响东道国的公众。本章以提升公共关系文化品位、开展跨文化传播为核心,着重介绍了公共关系文化环境的构成,公共关系活动的文化元素,文化类公共关系活动的策划,提升公共关系文化品位的策略,公共关系跨文化传播的策划程序和策略。

学习重点

公共关系活动的文化元素
文化类公共关系活动的策划
公共关系文化品位的提升策略
策划公共关系跨文化传播的程序
公共关系的跨文化传播策略

汉斯·桑如丽:"文化间的相似性给制定具有规模效应和广度经济效应的标准

化营销战略带来了希望;另一方面,文化的差异性又要求营销人员考察、适应,并提高顾客导向的重要性。"

 前沿问题

基于文化是经济教科书的认识,在公共关系中注入文化元素,提升公共关系的文化品位,成为时尚。由此引起学术界关注以下问题:文化元素在公共关系中的地位与作用,文化与公共关系有机融合的方式,公共关系需要的文化元素是什么类型的文化(是通俗文化还是高雅文化,西方文化还是我国传统文化),公共关系注入文化元素的定位问题。此外,随着我国企业国际化进程的加快,公共关系也开始走上国际市场,面临跨文化传播问题。跨文化传播管理成为学术界的一项研究热点课题,当前讨论比较多的相关命题有:信息全球化与文化多样性的关系,国际交往活动中如何避免文化冲突,不同文明如何和谐共处。

 推荐阅读

《跨文化营销》(弗恩斯·特郎皮纳斯等著,经济管理出版社,2011年)

该书分析了营销环境中的文化差异、跨文化营销模式、跨文化品牌营销、跨文化特许经营、跨民族市场营销、跨文化网络营销的困境、战略营销的困境、开发协调困境的能力等内容。

推荐理由:切合多元文化和变化世界下的营销实践需要,化解营销困境的营销理论和能力模式。

 案 例

红星美凯龙 2013 年"木"文化节

2013年7月,刚过完自己的27周岁生日,红星美凯龙又准备给鲁班过生日。7月20—7月21日红星美凯龙携百大实木品牌,发起一场主题为"万众瞩'木',我爱鲁班"的文化节活动,纪念鲁班诞辰2 520周年,向先师鲁班致敬。

本次活动启动仪式于7月20日在中华艺术宫(原世博中国馆)盛大开启,主持名嘴汪涵和高晓松、娱乐明星大小S、文化名人钱文忠、艺术精英黄豆豆等齐聚一堂,上演国内首场名嘴跨界脱口秀,用最时尚的方式讨论鲁班、纪念鲁班。

红星美凯龙董事长发表主题演讲,阐述了自己对于"木文化"天人合一、创造源头、环保自然等内涵的深刻理解。

值得一提的是,活动现场红星美凯龙还携百大品牌点亮中国最大应用鲁班卯榫创意的建筑——"东方之冠"世博中国馆,此次"亮灯"是中国馆开幕仪式之后,首次用来纪念我国古代伟大的发明家。

"鲁班是中国的百工圣祖,纪念他一方面是倡导他所代表的创新、专注、一丝不苟、刨根溯源的鲁班精神,弘扬他所开创的'木文化';另一方面也是希望借这个机会用更多蕴含传统'木文化'的实木家具来感恩回馈广大消费者。"公司负责人表示。

除了大牌云集、形式新颖的启动仪式外,红星美凯龙联合百大实木品牌,以"木"为关键词推出系列回馈消费者的活动。

红星美凯龙负责人表示:"上半年我们全国商场所有家具品类中实木家具销售上升最快,木质家具所代表的品位、环保、自然得到消费者的追捧,但消费者对于如何选购实木家具、实木家具是如何选材制作的、蕴含了怎样的'木文化'等问题也十分关注,所以我们将通过活动让消费者了解'木'、体验'木'、选购'木'。"

红星美凯龙各大商场将各类木种材质一网打尽,集中展示最贵的木、最古老的木等。与之配合,现场还有专业讲师开设装修讲堂,帮助消费者了解实木家具,分辨实木家具的种类及优劣。部分商场还有技艺精湛的木匠现场展示木工,消费者可以亲身体验实木家具精雕细作的过程。

点评:创设木文化,向先师致敬,点亮"东方之冠",感恩巨惠,加上明星助阵,融文化、历史、实惠与明星于一体,富有创意,富有品位,能够有效强化品牌形象。

练习与思考

部分参考答案

第十章
公共关系的危机管理策略

学完本章,您应该能够:
1. 熟悉危机管理的理论基础;
2. 了解危机管理的宗旨和原则;
3. 熟悉危机管理的程序;
4. 理解处理危机事件的基本策略;
5. 应对不同类别的危机事件;
6. 掌握危机管理中的媒体沟通策略。

　　危机管理　危机事件　形象修复理论　情景危机传播理论　危机信任修复话语模型　危机应对　误解性危机　事故性危机　假冒性危机　灾害性危机　公共性危机　恶性危机　危机沟通

　　危机是市场经营活动的影子,也是公共关系活动的伴随物。一项调查指出,世界500强企业的董事长和总经理,约80%的人认为现代企业面对的危机就像死亡一样,是不可避免的事情。既然危机不可避免,那么有效应对危机事件,就成为公共关系的日常业务。本章引导学生树立科学的危机意识,掌握危机管理的三维范式,了解危机管理的程序,掌握应对危机的策略,从而清除危机的消极影响,并利用危机事件资源,有效塑造良好的品牌形象。

第一节 危机管理的内涵

不少依靠"千军万马、千方百计、千言万语、千辛万苦"精神步入发展轨道的企业,一旦遭遇危机事件,如果应对不当,被"青春危机撞了一下腰",便陷入困境,声誉大跌,甚至"一病不起",最终破产。在传播媒体高度发达、公众维权意识强烈的现代社会,企业应该高度重视危机管理。

一、危机管理的含义

> **问题思考**
> 传播学、管理学和公共关系学视野的危机管理,侧重点分别是什么?

随着经济一体化、信息全球化的发展和公众维权意识的增强,各种社会组织时常遭遇危机事件,危机管理成为管理者的重要职责,危机管理的研究成为显学,不同学科都聚焦研究危机管理,学者源于自己的学科视野,提出了很多定义。在传播学学者看来,危机管理(Crisis Management)就是危机沟通管理、危机传播管理(Crisis Communication Management),旨在立足沟通和传播来化解危机,关注的是社会组织在危机发生前、演进中和恢复期进行的信息沟通,强调通过设置沟通主题、建设沟通路径、选择沟通工具,谋求与利益相关者重建良性互动关系,设计的最高境界是"好事说好,坏事好好说"。在管理学学者看来,危机管理是危机应对策略的抉择,即社会组织为应对危机事件、降低或消除危机损失而进行的防范体系建设和应对化解处理。由此把危机管理分为两个部分:危机爆发前的防范管理和危机爆发后的应急善后管理,强调危机发生后"做什么"和"说什么",追求的最高境界是"顶层设计、举一反三"和"有则改之,无则加勉"。在公共关系学学者看来,危机管理即危机公共关系,强调运用公共关系策略处理危机,核心是强调协调关系、塑造形象。根据危机公共关系的界定,呈现出两种截然不同的做法:错误的做法是寻找对受害者具有影响力的受害者亲朋、官员、记者,甚至恶人,利用特殊的关系网,通过利诱、删帖、威逼、恐吓来平息事件;正确的做法是发挥公共关系监测信息、辅助决策、传播推广、协调沟通、提供服务的职责,聚集正能量,构建和谐的公众关系,期待的境界是"大事化小,小事化了",尽量缩小、淡化危机事件的影响。

从整合管理业务流程角度看,危机管理就是社会组织引导员工养成"居安思危""居危思危"意识,本着"谈透危机、谈出对策、谈求生存"的宗旨,认真研究危机发生机制,识别危机风险,明确可能遭遇的危机事件,建立管理预警系统,及时、有效化解危机事件,并利用危机事件、开发危机事件资源,推动经营管理登上新台阶的管理活动。危机管理始于危机意识的培养,止于管理机制的创新,中间蕴含着一系列的工作。

危机管理的含义。

在实践中,管理者对危机管理的认识不尽科学,导致危机管理存在多种误区,主要表现在以下七个方面:① 缺乏危机意识,即没有风险隐患思维;② 缺乏权益平衡意识,不能整合利益相关者;③ 缺乏危险与机遇辩证观,把危机简单理解为破坏或机遇;④ 缺乏危机管理与公关危机的一体观,只偏重做事或传播;⑤ 缺乏危机管理战略观,侧重应急管理,轻视危机预警、危机预控和恢复管理;⑥ 缺乏危机应急管理沟通的多维意识,倾向于悄悄与受害公众沟通,忽视与其他利益相关者的沟通和媒体沟通;⑦ 缺乏传播意识,宣传(Propaganda)意识盛行,倾向于选择性沟通,报喜不报忧。

 记住

危机管理存在的问题和根源。

二、危机管理的客体

危机管理的客体是危机事件。危机事件是指企业在经营管理中,由于内外各种因素综合影响而引发的、对企业经营活动和商业形象产生否定性评价、形成批评性舆论的事件。企业之所以要高度重视危机事件,首先是由于其巨大的破坏性,其次是由于其蕴藏丰富的形象塑造资源。从破坏性看,危机事件一旦出现,轻则影响市场经营战略的推行,降低促销活动的效果,重则摧毁企业的市场形象,断送企业的美好前程。从资源角度看,危机事件本来是件坏事,但是策划得当,也能利用危机事件充分展示企业形象。企业的经营者应该从公共关系和商业形象两个方面,正视危机事件所带来的负面影响以及所蕴含的机遇,树立科学的公共关系危机管理观和价值观。

危机事件具有以下八种特质:第一,损害公众权益,包括物质权益、健康权益、精

神权益。第二,面临多重危险,容易产生连锁破坏,先是引发关系危机,继而出现舆论危机,最后形成信誉危机。第三,往往事发意外。第四,需要紧急处置,既要尽快做,又要及时说。新媒体环境下,危机事件发生后,4小时内若无确切信息,猜测开始流传,6小时内猜测裂变为流言谣言,12小时后媒体开始评判,24小时后成为全国热点话题。所以说,企业遭遇时,沟通越早越主动。第五,舆论高度关注。第六,不确定性强,危机事件的走势和强度难以预料。第七,总是事出有因,危机事件的终极起因总是在企业自身。第八,具有双刃功能,危机事件既有破坏性功能,让顾客和企业受损,又有建设性功能,是发现问题的机遇期,是企业提升管理与品质的压力,同时还是深化关系的动力。

问题思考
根据危机事件的特质,顾客投诉是否属于危机事件?为什么?

从危机管理角度看,顾客投诉、消费纠纷初期属于"无感危机事件",经营者只要醒着,就有的是办法去解决问题、攻克难关,从而阻断无感危机事件演化为危机事件。

三、危机事件的归因

课堂讨论
在经营管理日趋科学的前提下,企业遭遇的危机事件为什么日趋频繁、日趋严重?

企业遭遇危机事件,既有自身内在的原因,也有公众方面的原因,还有社会方面的因素,但是主因在企业自身。强调引发危机事件原因的综合性,有助于明确危机管理方案的系统性和整合性;强调危机事件的主因在企业,有助于明确危机管理方案的重点和突破点。

(一) 危机病灶的组织归因

危机事件何时爆发,带有偶然性,但是病灶已经存在,危机发生则具有必然性。一般来说,企业危机的病灶体现为以下两个方面。

1. 企业文化建设偏差

企业竞争的胜利往往是企业信念的胜利,是顾客选择的结果,加强企业文化建设,从员工信念层面提升竞争力,成为企业的必然抉择。危机事件不断的企业,首先是在企业文化建设方面出现失误,偏离了企业社会责任理念。

企业的兴盛需要企业家带动企业的文化自觉。企业家没有文化自觉,会导致自己缺乏良心、感恩心、敬畏心、分享心、平常心、忧患心、谦让心和细心,形成为富不仁的价值观,面临"做商人还是做好人"的两难选择,因为做商人是一种道理,做好人是另一种道理。破解这个两难命题的切入口是培育企业社会责任信念,底线是良心和关爱之心,即不利用已向财富和权力倾斜的法律与制度,有意损害顾客利益,并人为地让弱势顾客维权之路漫长而艰辛。可以说,违背企业社会责任,是危机事件的根本原因。

企业社会责任强调在生产过程中关注人的价值,强调对消费者、对环境、对社会、对社区作贡献,自觉承担以保障员工尊严和福利待遇、保护职工生命健康为基本内容的员工责任,确保产品货真价实的产品责任,及时足额纳税的经济责任,引导职工养成社会公德行为的教育责任,参与和发展公益事业的慈善责任,谋求可持续发展的环境责任,力图以绝对的效率理念谋发展、以相对的公平精神谋和谐。对照这些基本要求,我国企业存在比较严重的社会责任问题,从一味逐利到贪得无厌、从生产不合格产品到破坏环境、从虚假宣传到排斥市场竞争、从不关心员工待遇到不关心社会公益事业,应有尽有,一直酝酿着危机事件。

企业出现社会责任问题,既源于企业历史与文化,更源于企业的"唯发展论",对各种内外各种因素考量不仔细、不严密、不成熟,迷恋跨越式发展,结果成为萝卜快了不洗泥的粗放式发展,导致质量事故频发、安全事故不断。违背企业社会责任理念的发展,一级结局是利润财富私有化,而代价损失社会化;终极结局则是社会普遍仇富,甚至引发社会动荡,危机事件如邀而至。

2. 企业行为失范

如果说企业文化建设存在偏差是危机事件的潜伏基因,那么企业行为失范则是危机事件的直接原因。企业行为失范体现在对内管理不当和对外经营不当两个方面。

对内管理不当,是指由于企业管理理念落后,导致企业运作机制紊乱,呈现出无效管理和错误管理。当前企业管理不当的表征主要有:第一,去制度化现象严重,既存在制度缺失和制度漏洞现象,又存在制度稻草人现象。美国大法官克拉克曾经说道:"摧毁政府最好的办法,就是让它不遵守自己制定的法律,特别是自己制定的宪法。"这句话对企业同样具有警示作用。许多企业发生危机事件就是"无法可依、有法不依"造成的。第二,日趋政治官僚化,帕金森定律现象严重,存在太多的空转与隔离,企业业务流程不能有效整合。第三,日趋军事专制型,"一支笔现象"严重,危机隐患不能及时消除在基层员工。第四,日趋运动突击型,形式主义严重。第五,日趋混乱失控,表现为持续的资源紧张、重点项目不断更换、时间进度有压力、过于依赖既往的成功经验、内部沟通不畅、压制不同的专业意见、缺乏社会全局意识。第六,部门选择性管理和员工选择性执行的现象严重。第七,日趋资本绩效型,企业管理呈现出明显的唯利是图动机,认为危机管理是亏本生意,忽视危机管理。

对外经营不当,是指企业经营理念陈旧,导致企业在市场调查、营销推广、售后服务、市场竞争、广告宣传、公共关系、品牌管理、客户管理、市场管理等方面出现偏差,进而引发危机事件。以减肥保健品经营为例,有些企业采取"游牧式"品牌经营方式,通过强势密集的广告,夸大宣传疗效,有意忽略产品的副作用,借此提升品牌知名度,促进产品销售,但顾客盲目跟风购买后,达不到预期效果,甚至影响了身体健康,从而不再信任减肥保健品,企业就放弃该品牌,重新打造另一新品牌。由于经营模式存在明显的误导倾向,这些企业必然遭遇危机事件。

无论对内管理不当,还是对外经营不当,均属于企业自身行为失范,往往引发以下问题:经营决策失误,管理制度存在缺陷,产品设计存在瑕疵,商品出现质量问题,宣传作品和促销活动违反社会文化,工作人员态度差、技能低,传播沟通无效,并导致新闻媒体误报。媒体介入后,最终发展为危机事件,主要表现为战略危机、信誉危机、管理危机、质量危机、财务危机、人力资源危机等。

(二)危机放大的公众心理归因

危机事件对组织形象的破坏作用,固然源于其事实本身,但是最重要的因素却是公众在危机事件过程中表现出来的消极心理现象,特别是晕轮效应、近因效应、防卫心理、流言心理、刻板效应和围观效应。由于现代大众传播媒体的介入,公众对社会组织的消极心理迅速得到传播,成为影响甚广的消极舆论。由于消极心理和舆论的影响,危机事件的破坏性作用将会被夸大,企业遭遇危机事件时,往往出现"雪中送炭者少而落井下石者多、伸手相救者少而冷眼旁观者多、同情怜惜者少而冷嘲热讽者多、善意建议者少而升级批评者多、知恩图报者少而秋后清账者多"的现象。因此,制定公共关系危机事件处理对策的过程中,既要以事实为依据,又要高度重视相关公众特别是目标公众、媒体公众的消极心理。

(三)危机影响增大的社会归因

相当多的危机事件,可以说是起因很小很小,但后果很大很大。危机事件影响不断放大,究其社会原因,主要有四个方面:第一,公众维权的基础在不断夯实,即公民社会正在诞生,公众的主体意识和平等愿望日趋强烈。第二,公众维权意识增强,投诉顾客增多。第三,公众维权背景凸显,即政府探索出了"法律法规＋专门机构＋领导批示"的公众维权模式,有利于公众维权。第四,公众维权的渠道畅通,由于传统媒体进一步发达,新媒体企业无法操纵,加上某些媒体的妖魔化动因,媒体倾向于报道危机事件,从而使危机事件的影响不断扩大。

第二节 危机管理的理论基础

进入工业文明,当今社会便成为"风险社会",人类承担着种种"现代性的后果",为了减轻危机事件的冲击,危机管理成为现代社会的当然选项。为了提高危机管理的科学性,学者们以公共突发事件、群体性事件或者企业危机事件为研究对象,探讨危机管理的理念形塑、职能定位、制度建设、流程搭建、应对执行和传播沟通的内在机制,得出了多种危机管理理论。

一、形象修复理论

威廉·班尼特(William Benoit)认为形象和声誉是社会组织最重要的战略性资产。任何社会组织必须从战略高度,尽最大限度维护声誉和形象。危机事件是形象的终结者,但正确运用五项战略方法,解决好"危机发生时该说什么话"的问题,可以维护甚至提升形象和声誉。基于以上理论假设,1997年威廉·班尼特提出形象修复理论。该理论主要规划了应对危机的五项策略方法,即否认、规避责任、减少敌意、纠正行为和自责策略。

第一项:否认。否认是组织在形象修复中可以首先使用的策略。班尼特认为否认分为三种形式:一是简单直接否认,即不承认并不存在所谓的事实;二是切割责任式否认(将组织自身与组织中涉及危机责任的个体区分开来,并指出个别成员与组织的价值观以及相应的行为规范是不相符合的,或是未经组织同意擅自采取的行动,从而减少这些个体对组织整体形象造成的损害);三是转移视线,即在发生危机之后,将危机的责任推诿于人。

第二项:规避责任。对于那些不能否认或者否认不掉的危机,社会组织为了减少公众的敌意,得到社会的原谅和宽容,可以通过合理的回避责任来维护自身利益,修复受损的形象。这一策略分为四种方法:一是"正当回应",即声明组织所犯的错误是因为在捍卫自己的正当权益。二是"无力控制",即申明危机事件产生是因为组织缺少相关信息或能力对危机进行控制。三是承认是偶发"意外",将危机事件或者组织曾经做出的不当行为归因于意外事故。四是声明"本意良好",可以向公众解释:虽然做了某些不当的行为,但是本来的意图是好的,不过是出于客观原因做了错事。

第三项:减少敌意。减少敌意是指危机发生后通过媒体和各种公关途径,减少公众心理的敌意,消除不良影响,最大可能减少对组织的损害。这个策略有六种不同的方法:一是"强化支持",加强公众对组织的积极看法或者组织解决问题的决心,增加公众的正面信心。二是"最小化危机",尽量减少社会损失,消除负面影响,特别对危机事件中直接当事人的影响。三是"区别化",将危机与损失重大的事件或者伤害更重的事件并列,加以区别,缓解公众情绪。四是"超脱",改变人们对事件的看法和视角,不能改变事实,但是可以改变视角,从而改变态度。五是反击。六是"补偿",对危机受害者进行必要和及时的物质补偿。

第四项:纠正行为。修订相关规章制度,采取适当措施,适时纠正不当行为,杜绝类似事件发生,并发表社会声明,承诺不会再发生类似事件。

第五项:自责,包括道歉、反思忏悔和争取公众宽恕。

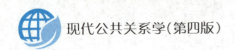

要点提示

1. 形象修复理论强调的是危机发生时该说什么话,但话语的基础是行为。
2. 该理论中的"否认"是否认策略,强调的在什么情形下对应用什么样的否认方法,并不是一般意义上的"否认"。

后来有些学者根据自己对危机应对的理解,对班尼特的形象修复理论进行的修补,如把五项策略调整为以表达歉意、调查真相、告知真相、修正行为次序性内容的四步策略,也有调整为以否认、逃避责任、形式上致意、降低外界攻击、承认道歉、修正行动、提供资讯和建构新议题为基本内容的八项策略。

二、情景危机传播理论

2002年蒂莫西·库姆斯(Coombs)根据心理学归因理论,提出了情景危机传播(沟通)理论(见图10-1),以分析危机情景中的变量项目,强调根据不同的危机情景选择合适的危机反应策略,从而影响危机责任归因,降低组织名誉和利益的损失。该理论包含危机责任归因演变模型和情境应对策略两部分内容。

(一)危机责任归因演变模型

情景危机传播理论的基础是Weiner的归因理论。归因理论认为,在生活中,人们总是在寻找事件发生的原因,特别是针对产生负面影响的突发事件。如果事件的发生源于当事人自身的原因,而且屡次发生,人们会认为当事人应当对危机负责,并产生愤怒情绪,且针对当事人采取负面行动;如果事件的发生源于当事人无法控制的外部因素,而且属于偶发事件,人们就会认为当事人是无辜的,并产生同情情绪,且针对当事人采取正面行动。可控性和稳定性是人们进行归因时的依据。

根据归因理论,库姆斯提出公众进行归因的两个依据:危机类型和危机历史。危机类型是媒体对危机的报道形成的框架,每个危机类型都强调危机的一个方面,比如:危机是不是由外部力量引起,危机是事故还是有意为之,危机原因是技术还是人为故障。这种框架提示公众如何判断危机的可控性。危机史会影响公众对于稳定性的感知。如果企业屡次发生类似的危机,表明企业没有为防范危机复发做出应有的努力,这必将增加公众对企业的危机责任归因,增加的危机责任归因会影响到企业的名誉。如果企业被认为是漫不经心地甚至有意地将利益相关人置于危机的风险之中,企业的名誉会遭到极大破坏,危机责任归因也会引发公众对企业的情感反应,比如愤怒甚至是幸灾乐祸。名誉破坏和情感反应都可能导致针对企业的负面行动,比如停止购买企业的产品、传播不利于企业的言论。

通过了解危机情境,危机传播人员可以评估危机造成的名誉威胁,继而决定何种危机反应策略能够最大程度减轻公众对企业的责任归因并最好地保护企业的名誉,同时通过影响利益相关人的情感反应继而影响其行动意向。

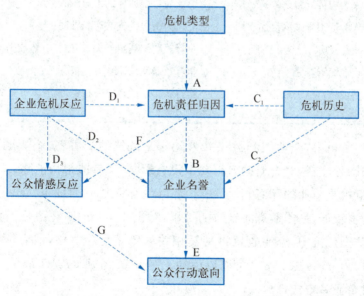

图 10-1 危机情景归因与演变模型

(二)危机情景应对策略

情景危机传播理论将危机责任作为联系危机情境与危机反应策略的连接,基于前人的研究,对危机类型与危机反应策略进行分类,并探索危机情境如何影响到危机反应策略的选择。

1. 危机类别划分

情景危机传播理论基于公众对危机责任归因的感知划分危机类别,分为三类:受害型危机、意外型危机、可预防型危机,见表10-1。

表10-1 危机类别及说明

		危机类别	说明
受害型危机	1	谣言	以攻击企业为目的的虚假信息
	2	自然灾害	自然发生的损害企业的突发事件
	3	产品破坏	企业外部的某人或某团体针对企业的攻击,如对产品进行投毒
	4	工作场所暴力	某些雇员或前雇员对现在雇员的攻击,如枪击同事
意外型危机	5	挑战	心怀不满的利益相关人指责企业运营中存在的不当之处
	6	技术原因导致的停产	由于技术或者设备故障引起的工业事故
	7	技术原因导致的产品召回	由于技术或设备故障引起的产品召回
	8	环境污染	由于技术原因引起的环境污染
可预防型危机	9	人为原因导致的停产	由于人为错误造成的工业事故
	10	人为原因导致的产品召回	由于人为错误造成的产品召回
	11	未造成伤害的企业犯罪行为	企业有意欺骗利益相关人,但没有造成伤害
	12	企业犯罪行为	企业有意违反法律或者规范
	13	造成伤害的企业犯罪行为	企业有意将利益相关人置于危险中,并导致其中一些人受到伤害

在受害型危机中,企业与利益相关人同样是危机的受害者,企业的危机责任比较轻微,即归因程度轻,对企业的名誉几乎没有影响,或者能很快消除。

意外型危机是企业的无意行为,并不是企业有意制造的危机,企业负有中度责任,即归因程度较低,是非蓄意而导致的结果,对企业名誉的破坏不是很大。

在可预防型危机中,企业故意将利益相关人置于危险之中,或者明知故犯地采取不合适的行为,或者犯下本来可以避免的人为错误,企业的责任最重,容易遭到人们的指控,对企业名誉伤害极大。

2. 危机反应策略的类别

危机反应策略关注的是"企业在危机发生时说了什么",也就是企业在面临危机时所使用的符号资源。库姆斯提出,危机反应策略应与危机情境特别是危机责任归属相匹配,企业的危机责任不同,反应策略也不相同,共分为三类:否认型策略、弱化型策略、重建型策略，见表 10-2。

表 10-2　危机情境反应策略的类别

		策略类别	说　　明
否认型策略	1	攻击指控者	直面攻击企业的人或群体，声称他们是错误的，表示与之对质、甚至起诉
	2	否认	声称危机根本不存在
	3	寻找替罪羊	声称应当为危机负责的是企业之外的某人或某团体
弱化型策略	4	借口	声称危机的发生并非企业有意为之，或者危机的发生源自企业无法控制的某些因素
	5	正当化	声称危机造成的损失和伤害很小，最大限度地减少人们感知到的危机造成的损害
重建型策略	6	讨好	感谢利益相关者，并提醒他们企业过去所做的好事
	7	关心	对危机受害者表示关心
	8	同情	对危机受害者表示同情、提供援助
	9	遗憾	表示为危机的发生感到遗憾
	10	道歉	声称企业将承担全部责任，并请求利益相关者原谅

否认型策略试图撇清企业和危机之间的关系。这类策略妥协性最弱，对于危机责任的接受程度也最弱。

弱化型策略致力于减少企业与危机的关联或利益相关人关于危机的负面看法，减弱危机对企业的负面影响。这类策略具有中等的妥协性，表示企业在一定程度上接受部分危机责任。

重建型策略的目的是在接受危机责任的同时，为企业创造新的声誉资产。在施行这类策略时，危机管理人员表示接受危机责任，提醒利益相关人企业过去所做的好事，并给受害者提供援助。这类策略妥协性最弱，完全接受危机责任。

3. 危机情境与反应策略的匹配

从以上的叙述中似乎容易得出这样的结论：最安全的反应策略是重建型策略，因为这一策略可以很好地安抚了公众。然而，最具妥协性的策略并非总是首选策略。企业在承揽危机责任时如果不谨慎，很有可能官司缠身；企业采取的反应策略越具妥协性，往往付出的成本越高，有时过分妥协的策略实际上会使局势恶化。如果企业过于主动地接受危机责任，公众将会倾向于认为危机比他们所预期的要严重。

情景危机传播理论认为，危机管理人员应当通过评估危机责任来决定采用何种危机反应策略，以帮助企业降低归因的程度，改变利益相关者对企业的态度，维护企业名誉。评估分为两个步骤：① 确定危机所属的类别，评估初始危机责任。② 评估危机史对于初始危机责任的修正作用。可供选择的危机应对策略中,否认型策略通常用于受害型危机,特别是"危机不存在、消除危机与企业关系"的情境。弱化型策略常用于意外型危机,特别是"危机处在控制之中,没有想象中严重,减少责任归因"的情境。重建型策略常用于预防型危机,特别是"由人为原因或企业过失所导致的危机"情境。库姆斯给出了一个简要的危机反应策略使用建议,见表 10-3。

表 10-3 危机反应策略的使用建议

	企业无危机史	企业发生过类似危机
受害者型危机	否认型策略(校正不实信息)	弱化型策略
意外型危机	弱化型策略	重建型策略
可预防型危机	重建型策略	重建型策略
补充说明	如果可行的话,否认型策略应当被用于谣言和挑战危机	
	企业应当持续一致地使用某种危机反应策略,混合使用否认型策略与弱化或重建型策略都将破坏应对的总体效果	

三、危机信任修复话语模型

基于"当危机发生时,原本缄默的信任问题变得异常活跃,社会组织如何以言取信尤为关键"的逻辑假设,福利(Fuoli)和帕拉迪斯(Paradisd)2014 年从语用学视角,围绕话语效果、交际行为及作为文本的话语三个层次构建了危机信任修复话语模型。在这个模型中,他们将信任细分为能力、品质和善意三个维度,指出危机语境下信任修复话语的效果在于重建社会组织的能力、品质及善意,告知受众"我们有能力解决危机""我们诚实可靠""我们关心、理解你们"。话语效果借助强调正面与中和负面这两类话语行为得以实现。强调正面就是进行积极自我呈现,以呈现社会组织的积极、贡献形象,一般通过形容词等评价资源实现。中和负面就是不否认负面信息,而是对其进行积极回应和商榷,以缓解其负面影响,一般通过言据标记等介入资源实现。

2019 年学者王雪玉等人基于管理归因模型,发展了危机信任修复话语模型(图 10-2),认为危机中话语行为应置于特定情境和社会文化语境下考察,以信任修复话语目的为出发点,该目的决定信任修复维度,借由"强调正面""中和负面""诉诸情感"话语行为实现,表现为评价资源、介入资源及移情话语的使用。

具体而言,主要在以下四个方面进行了补充与完善。第一,既然"目的是言语生成的原因",信任修复话语模型就应增加话语目的的考量;认为建构能力、品质和善意是信任修复的目的,话语行为是实现话语目的策略。第二,能力型信任修复一般通过提

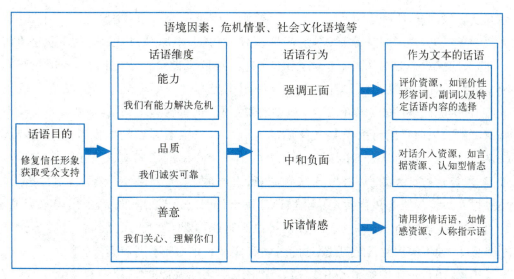

图 10-2 危机信任修复话语模型

供积极信息来实现,而品质型信任修复则可通过管理消极信息来实现。第三,既然"当受众的情感被打动时,说话人可利用受众心理来产生说服力",那么当信任已遭破坏、重建信任关系时,就宜表达善意、减少消极情感、恢复积极互动,因此需要的是"诉诸情感"话语行为。"诉诸情感"话语行为通过语用移情实现。语用移情是指在特定语境下需要说话人从对方的视角考虑问题,或从对方物质、心理或情感方面的需要出发,替别人着想,充分理解或满足对方的需求,在语言上表现为特定情感资源及人称代词的策略性使用。第四,明确了策略的作用指向,认为"强调正面"用于建构社会组织的能力,"中和负面"旨在凸显社会组织的品质,而"诉诸情感"则用以传达社会组织的善意。

第三节 危机管理的规范

危机管理既有科学性,又有艺术性,能否实现"转危为安、化危为机"的目标,需要遵循基本的危机管理规范。

一、危机管理的优先取向

企业在危机中面临的社会情形和舆论情形不同,考虑问题的出发点不同,危机管理的优先取向自然不同,主要有以下十种。第一,以顾客为中心,还是以企业为中心。以顾客为中心,主要有三个要求:尊重顾客意见,强调态度原则;满足顾客需求,强调实惠原则;解决顾客问题,强调实效原则。以企业为中心,主要也有三个要求:尊重领导意见,强调服从原则;尽量摆平顾客,强调维稳原则;尽快消除对企业的伤害,确保危机对企业的伤害不扩大,力求迅速治愈危机带给企业的伤害,强调效率原则。第二,承认,还是否认。否认有正当和不正当两种。不正当否认就是否认危机事件、否认危机事件的原因和后果,典型的说法有"这种伤害事件是极端情形下极小概率事件""长期服用可能给某些体质的人偶尔带来感觉不到的损伤",而正当否认就是及时、明确地否认公众的误解和扩大的损害。正确的取向应该是承认事实和客观损害,否认被扩大的损害,做到富有诚意、态度诚恳、为人诚实。第三,独自担当,还是拉人垫背。拉人垫背就是企业遭遇危机事件时,扯出政府部门、扯出国家标准、扯出行规、扯出同行、扯出上下游合作单位。第四,减少敌意,还是对抗。对抗就是选择恐吓、起诉等对立化的手段对待媒体和职业化的"麻烦制造者"。第五,顾客损失最小化,还是企业损失最小化。顾客损失最小化强调以捍卫顾客利益为底线,而企业损失最小化则强调讨价还价。第六,公了,还是私了。一般来说,公了有管理上的风险,即引来政府主管部门的追加惩罚;私了有代价,即赔偿的金额高于政府机关的裁断。第七,诉讼优先,还是市场优先。诉讼优先就是对于误解性、夸大危机的报道,优先考虑起诉,利用法律武器维护企业权益和名誉。市场优先则优先考虑尽量降低这类报道对品牌和目标公众的消极影响,采用内紧外松策略,通过协商,化解危机舆论。近些年来,我国企业界时常出现赢得官司输掉市场的现象,因此应该慎用诉讼维权策略。第八,客观标准,还是有利标准。裁断危机事件时,选择市场价格、以往先例、行业规则、国家标准、法院裁定、传统习惯、地方惯例和地方法规作为评判标准,往往对企业有利;选择伦理标准、国际标准、公平待遇标准和科学判断等客观标准作为依据,往往对受害公众有利。第九,温和,还是强硬。正确的态度是对事强硬,对人温和,即事实要清楚、态度要和蔼。第十,综合整顿,还是就事论事。就事论事的做法是:就事论事地总结,就事论事地修补,用就事论事的结论去检查经营管理,一事一议,不扩散议题,危机中暴露的根本性问题往往得不到解决。综合整顿则强调举一反三,由表及里,升华议题,必要时另造新船。

二、危机管理的宗旨

危机事件直接或间接地损害了公众的实际利益,伤害了公众的心理,因此危机管理必然存在利益博弈和心理博弈问题,确定正确的危机管理宗旨,有利于正确化解危机事件的利益博弈和心理博弈问题。

关于危机管理的宗旨,先后出现过摆平顾客论、搞定媒体论、善钻空子论、代价最小论和关系疏通论。摆平顾客论主张利用诱导、哄骗甚至恐吓的手段,使受害公众不敢提出自己的利益诉求,直接平息危机事件。搞定媒体论主张当媒体介入危机事件时,企业及时求助媒体主管官员、贿赂媒体相关工作人员、变相贿赂媒体(如投放广告)、购买当期媒体、直接在网上删帖甚至恐吓媒体,中止媒体关于危机事件的报道,缩小危机事件的影响。善钻空子论主张利用现行法律法规的漏洞,规避危机事件。当前某些外商在多国因产品质量缺陷实行召回,但召回基本上不涉及中国,改良产品也只在发达国家销售。面对质疑,这些企业表示,其产品完全符合中国国家标准。这就是善钻空子论的典型做法。代价最小论立足于博弈零和效应,主张通过针锋相对、讨价还价,以最小的代价赔偿受害公众。关系疏通论主张借助对企业有利、对受害公众有影响力的各种社会关系,疏通受害公众的心理,引导受害公众提出合理的诉求,从而以较小的代价化解危机事件。

　　上述几种提法不仅有失公允,而且不利于从根本上解决危机。我们认为危机管理的宗旨是拯救形象论,即引入顾客满意理论指导危机管理,做到"三立足三从严""五个不放过"和"十个安排好",围绕品牌形象的维护与提升,革新危机管理理念,创新危机管理机制,完善危机管理制度,优化危机应对流程,系统设计顾客赔偿方案、媒体沟通方案、工作改进方案,整合各种因素,最终实现转危为安、化危为机的目的。"三立足三从严"是指立足问题导向从严回头找差距,立足专项整治从严抓整改,立足建章立制从严定制度。"五个不放过"是指即事故过程没有查清不放过、事故原因没有查明不放过、责任人没有严肃处理不放过、整改措施没有落实不放过、员工没有受到教育不放过。"十个安排好"即安排好事故处理(包括结束危机和赔偿受害公众)、安排好伤员救治、安排好遇难者后事、安排好遇难者家属慰问活动、安排好受害公众生活、安排好信息沟通、安排好事故调查、安排好责任追究、安排好制度整改、安排好警示教育。

　　拯救形象论要求在危机管理中,不仅在乎公众怎样看,而且在乎企业自己怎样想、怎样说,更加在乎企业自己怎样做,强调危机管理的落脚点是多方满意联运理念,即受害公众满意—员工满意—社会(媒体)满意—股东满意—企业满意,基础是受害公众满意。由此,危机管理必须坚持三个善待,即善待逆意公众、善待危机事件、善待员工。善待逆意公众主要是善待投诉顾客和揭丑记者,基本理念是合法、合理、合情,基本要求是做到"四有":面对逆意公众的诉求先做"有理推定"、面对逆意公众的批评先对企业的经营管理做"有过推定"、面对企业的产品做"有疵推定"、面对逆意公众需要解决的问题先做"有解推定"。善待危机事件就是正面理解事件,立足化险为夷和转危为机,努力做到"五不",即:不侵犯公众的健康权、安全权,给公众提供的至少是无害产品;不违反市场的逻辑,提供性价比更显著、更有用的产品;不抱残守缺、安于现状,提供更优、更好的产品;不愚弄和误导公众,尊重公众;不违反

269

善良社会习俗和政策法规，尊重社会文化。善待员工就是尊重员工的主人地位和创造精神，引导员工巧渡应对危机的态度关、心理关和技巧关，使员工在危机中想当责任、敢于面对危机并善于应对危机。

> 记住
>
> 危机管理的宗旨是拯救企业形象，因此必须善待逆意公众、善待危机事件、善待员工。

三、危机管理的原则

由于危机管理涉及各行各业，危机管理应该遵循哪些原则，不同学者提出了许多看法，代表性的有危机公关5S说和危机管理6F说两种。危机公关5S说，强调危机公关时应该遵循承担责任（Shoulder the Matter）原则、真诚沟通（Sincerity）原则、速度第一（Speed）原则、系统运行（System）原则和权威证实（Standard）原则。危机管理6F说，强调的是事先预测（Forecast）原则、迅速反应（Fast）原则、尊重事实（Fact）原则、承担责任（Face）原则、坦诚沟通（Frank）原则和灵活变通（Flexible）原则。

危机管理是一项政策性极强的工作，公众极为敏感。因此，确定危机管理的原则，前提是明确危机管理的理念。危机管理的理念应该是用心做人，尽心做事。用心做人就是强调道德良心，坚守市场的逻辑，以维护公众权益为路径，实现维护自己权益的目的。尽心做事就是强调责任心，秉持务实的本性，排斥形式竞争力，提升本质竞争力，使企业走出依靠垄断、牺牲环境甚至伪劣欺诈等手段获利的陷阱，培育出诚信而理性、符合规律、负责任的企业品质，提高企业内生的、内源发展的本质竞争力。基于"用心做人，尽心做事"的理念，危机管理必须做到：第一，防微杜渐，尽量消除危机隐患；第二，花钱消灾，尽量满足受害公众需求；第三，除恶务尽，尽量直面问题，总结经验教训，整合创新。因此，危机管理应遵循以下十条原则，即制度保障预案先行原则、立足预防快速反应原则、统一指挥全员应对原则、公共利益与公众利益至上原则、战略谋划全局联动原则、主动面对勇于担责原则、坦诚相待原则、灵活应变原则和善始善终原则。

> 问题思考
>
> 关于危机管理的原则有多种说法，为什么？确立危机管理原则的逻辑出发点是什么？

第四节　危机管理的程序

关于危机管理的程序,学术界至少提出了以下四种理论:一是三阶段说,即危机管理包括事前(Precrisis)管理、事中(Crisis)管理和事后(Postcrisis)管理;二是希斯提出的四阶段说,即减少(Reduction)、预备(Readiness)、反应(Response)和恢复(Recovery),也称 4R 模式;三是芬克提出的四段论,即危机潜伏期、危机突发期、危机蔓延期和危机痊愈期;四是五阶段说,即信号侦测(识别危机发生的警示信号并采取预防措施)、探测与预防(成员收集已知的危机风险因素并尽力减少损失)、控制损害(成员努力使危机不影响组织运作的其他部分和外部环境)、恢复运作(尽快让组织运转正常)和学习总结(回顾、审视并整理危机管理措施)。危机管理是特殊的管理活动,不仅需要做好预警、处置工作,还需要进行情绪管理,因此其程序宜分为五个环节,依次是预防、预警、正视、应对和开发。

一、危机管理的预防阶段

危机管理的最高境界是不发生危机,预防就是实现这种境界的唯一路径。预防是管理的重要组成部分,强调防患于未然,基本取向是达成管理使命,即确保企业存续,在确保企业永续发展的前提下,做大做强。从预防角度看,危机管理的理念有一个演变过程,最初是扛病管理,后来演化为发病管理,再升格为发现管理,现在进一步发展为健康干预管理。这有些类似人的康健管理。在早期农业条件下,人生病基本上靠"扛",借助身体自身的修复能力战胜病魔,属于扛病管理。这种理念风险很大,容易"小病扛成大病"。后来,人生病就去医院,请医生诊断,明确病情,借助药物战胜病魔,属于发病管理,强调对症下药,见效快,但是比较被动,治疗成本较大。现在,进入一年一度的体检保健模式,人还没有生病的时候,定期开展多项身体健康指标检查,力求早发现早治疗,争取消除病灶,属于发现管理,健康成本低多了,而且主动得多了。但是,体检的重点是查找病灶,还是存在风险。因此,西方发达国家特别强调健康干预管理,干预生活方式,引导人们远离有毒有害食物,减少盐油摄入,养成科学的生活规律,同时发展体育运动,倡导全民健身,人人锻炼,天天锻炼,以健康的生活方式提高生活快乐指数,促进身心健康发展。企业危机管理也经历着类似的路程。扛病管理就是遭遇危机后,笃信"时间总会冲淡记忆",对危机视而不见,任由危机演变。客观上讲,有些危机确实随着时间的推移,淡出了人们的视野,但是更多的危机则是"熬"成了大危机,步入"起因很小很小,后果很大很大"的结局。接受教训后,现在大多数企业做到了"发病管理",一旦遭遇危机,立即着手危机应对,秉承"兵来将挡,水来土掩"的思路,力求化解危机甚至化危为机。

发病管理当然是必需的,但是还应该提升危机预防的境界,提倡发现管理和健康干预管理,从常规和专题两个场面开展预防管理。

> **问题思考**
>
> 人的健康管理,如扛病管理、发病管理、发现管理和健康干预管理等对于公共关系管理有什么启示?

常规层面的预防偏重技术创新、科学管理和员工培训,解决的根本问题是企业核心竞争力问题,解决的表面问题是质量控制与提升的技术问题和企业的经营管理制度问题,解决问题的立足点则是系统整合创新,解决问题的动力来自细节性隐患的发现,追求的理想境界是:科学设计生产工艺,科学配方,把好原料质量关,搞好生产调度安排,加强安全保卫工作和财务管理,完善销售服务制度等,使企业远离危机事件。

资料补充

黑天鹅事件——人们一般认为世界上只有白色的天鹅,但有人在澳大利亚偶尔发现了黑色的天鹅,学者还公布了黑天鹅存在的科学论证。现在用黑天鹅事件指发生概率极低但影响巨大的风险。这种风险因为概率极低而具有罕见和意外的特点,非常难以预测。但是,一旦发生后人们便为它的发生找出种种理由,进行合理化解释,引发连锁负面反应甚至颠覆,否定从前的一切成就与贡献,并污名化、妖魔化解读管理理念与制度安排,导致信任坍塌,产生重大社会影响。

灰犀牛事件——村民清楚看到河岸有头灰犀牛,也知道它会攻击人,开始还有些提防心理,后来渐渐麻木,放松了警惕,结果犀牛攻击村民时,因为毫无防备而造成重大伤亡。现在用灰犀牛事件指社会管理中发生概率高而且影响巨大的风险。这种风险因为概率高而给人习以为常的印象,大家都熟视无睹,无动于衷,坐视危机发生,并认定"爆发前早有迹象显现,当权者却有意忽视",完全无视大众的权益与安全,属于严重渎职和无能行为,于是否定涉事组织从前的积极作为与重要贡献,并怨恨化地解读其治理动机、制度理念与流程安排,引发社会仇恨心理,对涉事组织的仇恨瞬间成为大家唯一的澎湃激情,涉事组织迅速成为大家共同的敌人,被视为罪魁祸首而受到社会的普遍抨击,遭遇灾难性危机。

在危机事件中,更多的是灰犀牛事件。

专题层面的预防,核心是监测黑天鹅事件和灰犀牛事件特别是灰犀牛事件,核心是及时处理引发危机的隐患,其客观依据是墨菲定律和海恩法则。墨菲定律指出:"只要存在发生事故的原因,事故就一定会发生",而且"不管其可能性多么小,但总会发生,并造成最大可能的损失"。海恩法则是指:每一起严重航空事故的背后,必然有29次轻微事故和300起未遂先兆以及1 000起事故隐患。据此,可以说:平时只有精心,关键时才能放心;平时只有周全,关键时才能安全。为了实现这种境界,专题层面的预防需要做好以下九项基本工作。第一,建立警报制度,明确警报预判模式、预判负责人和处理程序。第二,培养危机管理意识,使每个员工具有立足岗位、果断消除隐患的观念。第三,建设危机管理体制和机构,即明确危机管理机构的使命,明确监测、识别、诊断、评估、预控危机的责任,组建包括核心领导、基本成员、外部力量和后备力量的危机管理队伍,明确危机管理机构人员的调整方案,明确危机管理机构的内部职责与权力、内部沟通与合作方式,建立危机管理机构成员的通信信息表,组织危机预演。第四,构建危机管理制度,使企业遭遇危机事件是做到五个不,即不混淆事实真相,不做无谓争论,不可小题大做,不可随意归罪他人,不可偏离企业经营理念与管理政策。第五,建立信息监测系统。第六,保障危机管理资源,明确包含危机管理机构维持和训练费用在内的经费来源,储备应对危机所必需的各种资源,明确危机应对物质的储备位置、购买地点、使用制度和维护制度,收集企业的专题信息资料和国家的相关法规政策。第七,训练危机应急队伍,培训危机应对能力,研习危机应对策略,开展危机事件应对演练、演习。第八,培训媒体沟通技能,确保危机应急人员熟悉境内外媒体,确保高层管理者礼貌、冷静地应对媒体采访,确保危机应急人员礼貌冷静且标准化地应对媒体、投诉顾客和员工亲属的电话询问。第九,建设危机管理案例库,发挥危机启示和情景训练和效用。

二、危机管理的预警阶段

危机管理的预警是预防的逻辑延伸,预防侧重从企业整体管理阻截危机,预警侧重危机信息的监测与处理,其核心要求是预警责任精细化、预警组织网络化、预警处置程序化、预警计划细节化、预警信息制度化,强调在识别危机风险的基础上,尽量规避危机风险,并提供危机管理手册。

(一)识别危机风险

识别危机风险就是收集、鉴别和分析危机的征兆信息。为了确实掌握危机风险,企业必须善待意见,因为忽视坏消息不会让它消失,它反而会使问题愈演愈烈。

如果投诉者一如惯例地被冷漠，举报者一如既往地被恐吓，意见者就会三缄其口，危机就会如邀而至。危机风险的来源，可能是企业内部，如缺乏学习型组织氛围、员工凝聚力和向心力偏低、基层员工执行力不高，也可能是企业外部，当企业直接面对的政治、经济、社会文化与技术环境逆向变化时，同样会使企业陷入危机之中。危机风险信息可以分为三类，即损害企业效益的信息、影响企业形象的信息和破坏企业运营生产的信息。其中，有些是行业信息、有些是顾客反馈信息和竞争对手捏造的信息，可涉及的具体项目有产品缺陷信息、服务缺陷信息、高层管理者大量流失、负债过高导致长期依赖银行贷款、销售额持续下降、多年亏损等。

识别危机风险，首先需要借助沟通技术收集危机信息，记录危机风险表。在这个过程中，客户、业务关键员工和基层员工的意见最为重要，因为客户最容易发现产品存在的缺陷和问题，而业务关键员工和基层员工最容易觉察到危机信号。因此，开展危机风险管理，首先应该主动授权基层员工发现和规范处理危机信号，引导员工正视和研究自己的岗位烦恼，始终警觉危机问题，并产生问题直觉思维；其次鼓励管理层倾听基层意见，整理"本周五大问题"，对潜在问题始终保持警觉，对警告始终保持警醒；再次设立企业危机情报中心，整合分析危机信息。在此基础上，应该经常与客户、关键员工和基层员工进行沟通，刻意收集细节信息，特别是制度层面衔接性的细节缺陷、员工操作性的细微问题、普通顾客的抱怨和投诉性的细小诉求、建筑与食品行业安全巡视员的警告、公司内部非正式群体的流言等，然后填写公司危机风险表，见表10-4。

表10-4 公司危机风险表

本月公司可能发生的最糟糕的十件事	当前的应对办法	应对策略的改进思路
1.		
2.		
...		
10.		

填写危机风险表后，即可借助信息六位合体技术透视危机根源。六位合体技术就是寻找危机信息要有上下左右前后六位方向，即根据经营理念、文化建设和管理制度的科学性，判断企业上层建筑存在的问题；根据员工理解力、执行力、凝聚力和向心力，判断下位基层员工存在的问题；根据部门之间的协调性，判断企业左位的整合性；根据企业与市场的依存度、与社会的和谐度，判断企业右位的生命力；根据行业国际发展趋势、前沿理念，判断企业前位的发展力；根据行业惯例与规则，判断企业后位的适宜性。透视危机根源是为危机管理决策提供事实依据。

(二) 预判危机事件

预判危机事件就是预测并指出企业可能遭遇的危机事件类型、性质、等级、影响范围、损失程度（包括直接经济损失、客户关系损失、销售渠道损失和品牌信誉损失）、发展走势、媒体敏感程度和社会介入的程度，并发出危机警报，中心环节是找出潜在的危机事件，明确企业经营的风险点和出血点。下列情形往往是企业经营的风险点和出血点：产品或产品碎片伤害顾客、产品造成顾客伤亡、产品质量差且服务不到位、原材料配件瑕疵、产量不足供货困难、媒体揭丑曝光、企业领导意外死亡或突然逃跑、员工复仇造成伤亡、生产发生死亡事故、损害企业信誉的诉讼、核心员工离职且加盟竞争对手。

(三) 评估危机风险

评估危机风险的核心工作是确定危机警戒线，测算潜在危机预估值，按轻重缓急排列潜在的危机。潜在危机预估值的计算公式是：潜在危机预估值＝危机损失费×危机发生概率。其中，危机损失费＝∑A（赔偿金额＋政府罚金＋产品损失费＋生产损失费＋市场损失费＋诉讼费用）＋∑B（品牌损失费＋关系受损费用＋股市损失额＋刑事责任损失费），危机发生概率以百分比形式出现。

(四) 管理危机风险

管理危机风险就是在预判危机发生可能性和危机损害程度的基础上，明确具体的危机应对思路。当危机发生可能性偏高且损害程度偏高时，危机的应对思路是揭短露丑、有效预控和切实改进。当危机发生可能性偏低但损害程度偏高时，危机的应对思路应该是常规监测、及时整改和注意细节。当危机发生可能性偏高但损害程度偏低时，危机应对的思路应该是加强监管、警觉危情和超越危机。当危机发生可能性偏低且损害程度偏低时，危机应对的应该是加强常态管理，谋求创新发展，夯实基础。

(五) 制定危机应对预案

制定预案就是假设危机已经发生，应该采取哪些应对的具体措施，因此预案的内容应该包括危机应对指挥中心设立方案、危机监测与信息沟通方案、危机预报方案、危机现场处置方案、媒体沟通方案、员工培训方案、危机应对演练方案、后勤物质保障方案和形象修改提升方案等。

预案的基本方案形成后，需要把预案研究成果撰写为危机管理手册。危机管理手册由标题、正文和签署三个部分组成。其中，正文是核心，基本内容包括前言、危机管理宗旨与理念、危机管理守则与政策、启用危机管理手册注意事项、危机定义和分级标准、危机预警与应对工作程序与路径、危机应对总体方案（包括面向所有部门和员工的基本要求、面向所有部门和员工的禁忌）、细目危机处理程序与实施细则、危机信息控制与新闻发布制度、危机信息沟通与管理方案、经费调配方案、物质保障方案和危机跟踪管理方案（包括责任追究与处罚方案、整改方案与提升方案）十二个部分。

> 要点提示
>
> 危机管理预警的精要之处在于细化。

三、危机管理的正视阶段

调查表明，在危机管理中，公众对企业最不满意的首项因素是态度不好、耍赖，用敌视的职业眼光预设恶意，由此导致公众感到"门难进、话难听、脸难看、事难办"。受害公众由于觉得自己利益受损，投诉企业时往往带有一定的情绪。情绪化的公众导致危机管理者也情绪化，进而导致公众更加情绪化。这样，由于心理互不相容，态度互不宽容，企业就会失信于公众，落入陀西塔陷阱，危机管理因为缺乏必要的心理基础而难以产生效果。因此，危机管理的正视阶段，核心任务就是引导员工端正态度、调整心态、面对现实、认真对待、正视危机，对危机事件不回避，对危机事件涉及的问题不避实就虚，对危机事件造成的后果不避重就轻，对企业应该承担的责任不推卸，为应对危机创设良好的心理环境。

> 在危机管理中，态度决定成败。

四、危机管理的应对阶段

应对是危机管理的核心环节，是危机管理产生实际效果的关键环节，包括处置危机事件和沟通危机信息两个方面。危机应对作为危机管理的一个特殊环节，可以细化为四个基本步骤。

（一）收集危机事件信息

企业出现危机事件后，应及时组织人员，深入公众，了解危机事件的各个方面，收集关于危机事件的综合信息,并形成基本的调查报告,为处理危机提供基本依据。

危机事件调查,不同于一般调查。在方法上,强调灵活性和快速性,因此主要运用公众座谈会、观察法、访谈法等方法进行调查。在内容上,强调针对性和相关性,一般侧重调查以下四个方面的内容:第一,迅速奔赴现场,收集现场信息,以便准确分析事故的原因。如果危机事件还在继续,应及时采取紧急措施,把损失减少到最低程度。第二,详细、细致收集危机事件的信息,包括发生的时间、地点、原因、人员伤亡情况,财物方面的损失情况,事态的发展情况、控制措施,以及公众在事件中的反应情况。第三,根据危机事件提供的线索,了解危机事件出现的企业背景情况、公众背景情况,找出企业、公众与危机事件的关节点。第四,调查受害公众、政府公众、新闻公众及其他相关公众在危机事件中的要求。危机事件的专案人员在全面收集危机各方面资料的基础上,应认真分析,形成危机事件调查报告,提交企业的有关部门。

(二)拟定危机处理对策

危机管理小组获得危机事件的专题调查报告后,应及时会同有关职能部门,进行分析、决策,明确应对危机的指导思想,并针对不同公众确立相应的对策,制定消除危机事件影响的处理方案。

应对危机的指导思想是果断结束危机事件,立足人道主义赔偿受害公众,秉持透明和快捷理念向媒体和其他公众沟通信息,如实向政府汇报情况,开展形象修补工作。为了确保危机应对措施的有效性,制定对策时应该坚持应急性与长远性相统一、诚恳性与责任性相统一、务实性与务虚性相统一、谨慎性与果断性相统一、主体性与全员性相统一、原则性与灵活性相统一。

在危机应对环节,最重要的工作就是决策,制定针对性强、行之有效的对策。

1. 针对企业内部的对策

公共关系危机的出现,与企业自身总有一定的联系,而且往往是"祸出有因"。解决企业内部存在的实际问题,这是消除危机事件影响、杜绝危机事件再度发生的根本。

针对企业内部的对策,主要包括以下七个方面的内容:第一,根据需要,对原来危机管理小组进行调整,组建权威性、高效率的工作班子。危机管理小组的成员应包括企业 CEO、业务主管、公关主管、法律顾问、财务主管、HR 主管、新闻发言人、行政后勤人员和意见领袖等。第二,即时召集员工大会,如实完整通报遭遇的危机事件,通报企业的基本立场和态度,明确告知员工什么该做、什么不该做、什么该说、什么不该说。第三,制定处理危机事件的基本方针和基本对策,明确原则性的应对方案,统一认识。第四,协调职能部门的相关工作,改进相关的生产、管理、服务工作,健全机制,强化企业的优化运作。第五,制定周密的善后措施,务求善后工作万无一失,赢得公众好感。第六,制定妥善的媒体沟通方案和与新闻公众保持联系的方式。第七,制定挽回危机事件影响和完善企业形象的工作方案与措施。

企业内部处理危机事件的对策。

2. 针对受害公众的对策

受害公众是危机事件中的首要公众,他们觉得企业损害了自己的利益,因而对企业心生怒火,成为危机事件的煽风点火者。由于他们以受害者身份出现,更容易获得其他公众的同情,其言行直接制约着危机事态的发展。因此,在维护企业利益的基础上,根据受害公众的要求,拟定能让受害公众满意的对策,就成为平息危机事件的关键。

针对受害公众的对策,主要包括物质赔偿和心理感化两方面。具体内容有以下十四个方面:第一,安排富有亲和力、熟悉法律和企业政策的员工,冷静、客观地接待、联络受害公众;第二,关心、重视受害公众,时刻牢记顾客是最重要的市场资源;第三,认真倾听、耐心接受倾诉,坚守"听七说三"的原则,让受害公众吐出全部抱怨;第四,准确定位受害公众的期望;第五,确立向公众致歉、安慰公众和领导慰问的方法,力求谦虚、诚恳,展示企业负责任的诚意形象;第六,在任何情况下,做到不推卸责任;第七,及时对受害公众的投诉作出反应,调查和追踪被投诉的问题,找出问题的真正根源;第八,制定善后工作方案,解决受害公众面临的难题,避免事态扩大;第九,果断解决问题,处理态度要认真,即在了解受害公众赔偿要求的基础上,兼顾生命健康价值和客观的第三方标准,制定有利于受害公众的赔偿方案,包括补偿方法与标准,并尽快落实到位,让受害公众获得安慰,感受到诚意,最高境界是让公众满意,而底线则是让受害者流了血后不再流泪了;第十,尽快明确责任方面的承诺内容与承诺方式,承诺既不能太低也不过度,在第一时间回应公众诉求,有效处理公众投诉,履行自己的承诺,答应的事情一定要做到;第十一,做不到的事情一定要清楚说明;第十二,及时沟通,在第一时间选择合适场合与受害者及其代表单独沟通,既要有分寸地让步,又要妥善拒绝无理要求;第十三,建立改善公众心理、情感关系的方案,明确做到不与受害公众争辩,更不利用法律漏洞、顾客不当使用、要求过分等话题进行狡辩,"打不还手,骂不还口",争取公众的同情和理解,切勿责怪他们;第十四,必要时提供适度的额外服务,化被动为主动,谋求不打不相识的结果。

针对受害公众的对策关键在于补偿。

3. 针对新闻公众的对策

新闻公众是危机事件的主要传播者,拥有传递危机事件信息、发起抨击性舆论的特权,具有较高的权威性,能在整个社会内产生巨大的影响。为此,制定恰当的针对新闻公众的对策,在危机应对中具有重要的意义。

新闻公众由于其工作性质、职业习惯的特殊性,在危机事件中对企业的要求也比较特殊。这是拟定针对新闻公众的对策时,应充分考虑的特殊情形。一般而言,针对新闻公众的对策,主要涉及以下六个方面的内容:第一,确定对待不利新闻报道和逆意记者的基本态度,确保对所有媒体都坦诚相待,做到一个态度。第二,选择理想的新闻发言人。第三,充分准备,撰写新闻稿,力争在第一时间召开新闻发布会,确保主动。第四,确立配合新闻工作的方式,对外传播需要统一口径,确保一个声音。第五,向新闻媒体及时报告危机事件的调查情况和处理方面的动态信息。第六,确立与新闻媒体保持联系、沟通的方式,新闻发言人的联系办法,召开新闻发布会的时间和地点,并事先通报新闻公众。

 资料补充

选择新闻发言人的标准

(1) 头脑冷静,思维清晰、敏捷。

(2) 积极解决问题,不卑不亢,诚恳稳重。

(3) 言辞审慎,表情严肃,态度坚决认真。

(4) 绝不说"无可奉告"。

(5) 不用否定性语言,不攻击和诋毁对手。

(6) 尽可能多地向媒体和公众提供其所需的背景资料,不放弃任何话语权。

(7) 将坏消息一次性地和盘托出。

(8) 不强求审查媒体的新闻稿件,但务必请关键性媒体记者发布客观、公正的事件报道。

(9) 尊重和听取外部专家的意见,包括公共关系顾问、法律顾问和保险顾问等专业人士。

(10) 能够机智地应对记者的"穷追猛打"。

摘自《危机公关》(游昌乔著,北京大学出版社,2000 年)

4. 针对政府公众的对策

迅速、如实、全面向有关部门汇报危机事件的基本情况、动态信息,处理危机事件的方式、方法和整改措施。

5. 针对合作公众的对策

及时、坦诚地向合作公众（包括投资方、债权人、供应商及经销商等）通报危机事件情况、处理危机事件措施和切实可行的整改方案。

此外，针对其他相关公众，如社区公众、竞争对手等也要制定出相应的工作方案，以期全方位影响公众，全面消除危机事件的影响。

（三）实施危机处理方案

危机管理小组会同有关部门制定出对策后，就要积极组织力量，实施初步既定的消除危机事件的活动方案。为了有效地消除危机事件的影响，在实施过程中，应注意以下四个要求：第一，调整心态，以友善的精神风貌赢得公众的好感。第二，工作中力求果断、精练，以高效率的工作风格赢得公众的信任。第三，认真领会危机处理方案的精神，做到既忠于方案，又能及时调整，使原则性与灵活性在工作中均得到充分的体现。第四，在接触公众的过程中，注意观察、了解公众的反应和新的要求，并做好思想劝服工作。

（四）总结危机应对工作

在平息危机事件后，危机管理小组应该从社会效应、经济效应、心理效应和形象效应诸方面，评估应对危机有关措施的科学性、合理性和有效性，实事求是地撰写详尽的事故处理报告，为以后处理类似危机事件提供参照性文献依据。

五、危机管理的开发阶段

奥古斯丁说道："每一次危机，本身既包含导致失败的根源，也孕育着成功的种子。"对企业而言，危机事件是一种特殊的管理创新资源、形象塑造资源和关系维护资源。危机事件的发生，自然不是好事。但是，它同样是企业宣传自我形象的良机，只不过这个宣传良机带有很大的风险，而且企业为此付出了巨大的代价。危机事件既已发生，就要正视现实，开发其中所蕴含的商业资源和形象资源，变坏事为好事，利用它来促进企业管理创新，完善企业的形象。具体而言，开发危机事件资源，有两种路径：第一，如果是无中生有的危机事件，如误解性危机、假冒性危机及灾害性危机，企业不仅要澄清事实，而且还要进一步强化形象、发展形象，通过危机事件的处理，使各方面的社会公众更加信赖企业；第二，如果确实是经营管理不当而引发的危机事件，企业不仅要主动承担责任，而且要采取果断措施，本着"有则改之，无则加勉"的态度，"闻过即改"，塑造一种脱胎换骨的新形象。

> **要点提示**
>
> 对企业而言,危机事件是一种特殊的形象塑造资源,是一种特殊的公共关系资源。

第五节 应对危机事件的策略与方式

在危机事件处理过程中,策略就是针对公众心态、需求的不同而进行的决策定位,既要为维护、恢复和发展企业良好形象服务,又要适应公众的心理特征、个性背景。

一、应对危机事件的策略

在危机事件中,企业主要面临四个方面的问题,即顾客利益问题、心理矛盾问题、社会舆论问题和工作改进问题,因此其处理策略相应地主要有利益倾斜策略、情谊联络策略、如实宣传策略和亡羊补牢策略。

(一)利益倾斜策略

> **问题思考**
>
> 企业赔偿公众损失时,应该遵循什么原则?补偿公众利益在处理公共关系危机中具有什么作用?

公众之所以反抗企业,给企业"制造"出危机事件,最基本也是最重要的原因就是公众感到在利益上受到了一定程度的损害,他们要运用新闻、法律武器,保护自己的合法利益。利益,是公众关心的焦点所在。因此,在危机事件中,企业如果能灵活运用利益倾斜策略,遵循人道主义原则,以公众利益代言人的身份出现,给公众这样一种感觉——公共关系人员是公众利益的保护者、争取者,是公众的利益代表——那么,对于整个危机事件的处理来说,就奠定了良好的基础。

在危机事件中,由于利益是公众最关心的问题,因此维护公众利益就成为最基本的要求。实施利益倾斜策略的前提是企业坦诚承认问题、确实改正错误、勇于承担责任。

在公众利益方面，有两种基本类型，即实际利益和心理利益。在实际利益方面，公众受到损害，如产品出现质量事故、高价购买劣质商品等，他们必然以种种手段抨击企业的经营管理活动，诋毁企业的商业形象。此时，企业若能在诚恳致歉的基础上，及时、适度弥补公众的利益损失，那么就可以赢得公众的谅解，重新获得好评。

在心理利益方面，如果公众感到受到愚弄、损害，同样也会对抗企业。有时，一则宣传口号、一个承诺未兑现，尽管公众没有利益上的付出，甚至没有花一分钱，但他们会觉得有关企业愚弄了自己的心理，同样是一种利益侵害。这种由心理利益而造成的危机事件，企业应该及时给予合理的精神赔偿，这样才能消除公众的怨恨，平息危机事件造成的不良影响。

> **要点提示**
>
> 维护公众利益是处理危机事件最基本的要求。

（二）情谊联络策略

> **问题思考**
>
> 情谊联络策略是处理应对危机事件必需的策略吗？您认为怎样才能理智应对危机事件中公众的不理智情绪？

在危机事件中，公众除了利益抗争外，还存在强烈的心理怨怒，他们要无情地砸烂给他们带来损失、灾难的商店，想疯狂地踏平企业，出现不理智情绪。对于企业，他们充满了仇恨心理。因此，在危机事件处理过程中，企业不仅要解决直接的、表面的利益问题，而且要根据人的心理活动特点，理智对待公众不理智的过激反应，巧妙运用情谊联络策略，解决深层次的心理、情感关系问题。

情谊联络策略主要为了配合利益倾斜策略而运用的，在解决问题的同时有意识地施加情感影响，从而弥补、强化企业与公众的情感关系。其实施的前提是企业做好人，即心正、真诚、善良和宽容。心正就是真心为顾客着想。真诚就是不说假话。善良就是要富有良知和同情心，强调善意表达。宽容就是宽容公众的过失和过激言行。在危机管理中，情谊联络策略的基本要求有六个方面：第一，表现出诚恳的态度，以诚意求理解，做到诚实不说谎。第二，在第一时间关心危机事件，先人员伤亡，后财产损失。第三，真诚表示同情、慰问，关注公众的健康权和生命权。第四，及时向受害公众表达深深的歉意，在先行致歉的基础上陈述事件。第五，使用富有人情味的语言,讲究温情表达。第六,尊重公众的心理感受。

要点提示

在危机事件处理中,情谊联络策略具有润滑剂的作用。

(三) 如实宣传策略

在危机事件中,尤其是事件的初发阶段,社会上的舆论往往是一面倒的,各种公众都抨击企业、指责企业,而且越是反对企业的信息,越是容易传播,公众越是容易接受。因此,企业在采取种种行为措施消除危机事件的基础上,还要针对不利舆论环境,采取宣传措施扭转舆论环境,通过针对性、真实性的宣传,使公众获得新的信息,改变自己的态度。

如实宣传策略,就是针对危机事件中的不利舆论,组织各种真实的材料,通过大众传媒广泛宣传,来改善企业的舆论环境。

在市场经营活动中,有些危机事件是由于公众误解而造成的,运用如实宣传策略就是解决这种危机的一种处理手段。向公众提供了真实的信息,流言、误解自然就会消失。常言道:事实胜于雄辩。企业如果能拿出最权威、最有说服力的事实,公之于众,就能直接消除危机事件的影响。

在其他危机事件中,如实宣传策略同样能产生较强的作用,这主要表现在它能通过公布真相、告知处理措施和手段,为解决危机事件创造顺意的、合作的、谅解的舆论环境。

(四) 亡羊补牢策略

从严格意义上讲,任何形式的危机事件起源于企业内部,与企业的科研、开发、生产、管理、市场经营行为有着千丝万缕的联系。危机发生后,各方面的问题暴露出来了,企业应该"亡羊补牢",本着"有则改之,无则加勉"的原则,及时从严审视自己,采取果断措施解决相关问题。只有解决了自身的问题,企业才能真正消除危机、远离危机。亡羊补牢策略是处理危机事件的根本方略。美国的约翰·兰高斯曾经说道:"我宁愿把钱投入新设施及服务上,而不愿花费每小时300元美元的律师费,聘请律师与监管机构打官司。"

对于企业来说,"亡羊补牢"不是简单的"修牢",而是以危机事件为事由,举一反三,全面整顿、改进企业工作。在实际运用中,主要涉及两个环节的工作。一是诊断,根据理想化标准和科学性原则,找出企业经营理念、内外经营行为存在的问题、隐患,以发现问题为目的而进行的自我剖析、比较分析过程。二是整顿,制定出行之有效、具体实用的规章制度。整顿工作的核心问题是全面设计、推行企业行为形象工程，从实用角度规划企业的科研、开发、生产、管理、市场经营行为，引导企业以一流科研、一流工艺、一流管理和一流营销，为公众提供一流的服务，从根本上杜绝危机事件，强化企业的可持续发展形象，为企业的发展创造出具有发展前途的可持续性市场卖点。常言道，发现问题就意味着解决问题。所以说，诊断即发现问题是推行亡羊补牢策略的关键，而整顿是亡羊补牢策略产生效应的保证。

> **要点提示**
>
> 亡羊补牢策略是处理公共关系危机的根本方略。其中，诊断是关键，整顿是保证。

二、应对危机事件的方式

企业遇到危机事件，应及时调查，迅速了解事件全貌，判明危机事件的影响、性质与来源，认真听取公众意见，选用恰当的方式，恢复、发展企业的良好形象。

（一）单枪匹马快速处理

有些危机事件主要是由于公众误解引起的，企业自身没有实质性问题，不涉及人身、财产等重大问题，影响范围比较小。这种危机，企业完全能够独立解决。这时，企业应该采用单枪匹马快速处理的方式。

顾名思义，单枪匹马快速处理，一则强调只依靠自己，通过企业自身的努力工作来消除危机事件的影响；二则强调速度上的"快"，"快"的要求有六个方面，即发现危机问题快、调查危机事件快、确认危机性质快、深入危机公众快、控制事态发展快、通报情况反馈快。

（二）协商处理

协商处理适用于出现了意见领袖或者涉及公共权益的危机事件。运用协商处理方式，关键是争取第三方组织和"意见领袖"的支持，核心是争取权威证实。具体要求有四个方面：第一，选择的第三方组织和意见领袖与危机事件本身有较大的相关性。他们应该直接与危机事件具有某种联系，或者是受害者，或者是发起者，能够给其他公众一种"当事人""代言人"的感觉，这样，其他公众才能相信他们、信任他们，在他们的引导之下改变自己的消极态度。第二，选择的第三方组织和意见领袖在公众中要有较高的威望，否则就不能有效说服其他公众。第三，充分尊重第三方组织和意见领袖。这样,他们就会倾心相助,充分发挥自己的积极性,帮助企业渡过危机。第四,切实改进工作。这是争取第三方组织和意见领袖支持的基本前提。

协商处理的实施路径有四条:第一,邀请行业协会表达意见;第二,邀请意见领袖演讲;第三,开展小组会见,即安排意见领袖与媒体异议者小规模会谈,通过沟通达成共识;第四,开展一对一交流,即安排意见领袖会见重要官员或媒体,随意回答质询。

(三)依托处理

依托处理适用于由于科技水平低下或不合理社会体制造成的危机事件。依托处理就是指依托市场机制的完善、科技的进步和政府的力量,逐步消除危机。这种处理方式强调"以静制动",但并不是消极等待。相反,它要求我们在"静"的表面下,一方面,努力改进企业的工作,加强管理,力求尽善尽美;另一方面,积极与有关部门、有关公众沟通联络、交流情况、改善关系,为最终从根本上消除危机创造条件。

由于科学水平的限制,有些产品目前确实具有副作用。这种副作用一旦被披露出来,自然会引起公众的恐慌,甚至围攻企业。这时,公共关系人员要沉着冷静稳住阵脚,主动承认问题,严格执行政策法令,同时加强科研工作,尽早实现技术上的突破,并加强沟通,争取重新赢得公众的支持。

社会管理体制不合理,往往表现在各自颁布的行业管理法规发生冲突,由此而造成的危机,看似简单,好像能速战速决,然而由于涉及政府管理部门,一般不宜图快,只能逐步解决,否则就会事与愿违。化解因法规冲突而引发的危机,基本途径有五种:一是游说,即通过直接接触立法者和政府官员,影响待决议案或法规的投票或决策;二是信息交换,即游说者向立法者和官员提供资料、数据,诉说利害关系,并从中了解议案讨论情况;三是款待,即与立法者和官员进餐,开展社交活动;四是开展写信运动,让官员了解民意对公共问题的看法;五是开展公共关系广告,创造民意。

危机事件出现的情形、背景、原因以及面临的逆意公众不同,需要具体问题具体分析,只有选择适当的工作策略、方式、方法,才能取得良好的效果。

第六节　不同类别危机事件的处置

在企业发展过程中,即使管理再科学、员工素质再高、工艺再先进,也会遭遇危机事件。企业需要时时监督环境,及时了解各种不利事件的发展与变化,果断采取相应措施,为企业的生存与发展创造良好的外部环境。消除危机事件特别强调艺术性。企业要善于判明情况,根据不同祸因、不同境况选择不同的应对措施。

一、误解性危机的化解

> **问题思考**
> 社会组织能信奉"人正不怕影子歪"的理念吗?公众误解企业实质是什么?

误解性危机是指企业自身工作或产品质量诸方面没有什么问题,没有出现任何损害公众利益之处,但是被公众误解而引发的危机,其实质是沟通不畅。由于沟通不畅或者流言影响,企业被公众尤其是新闻记者公众、政府公众误解了、怀疑了,公众无端地指责企业,企业就会陷入危机。尤其是,当企业在产品质量、原料配方、生产工艺、营销方式、竞争策略方面,有了新的进步、新的发展、新的探索,但是公众一时还不能适应,或一时认识跟不上,用老观念、老眼光,主观判断、草率下结论,弄出一些"危机事件"。事后虽说是个大笑话,但是在未澄清事实之前,有关企业将会厄运在劫。他人不明真相而人为制造出来的危机事件,对企业的形象也同样具有巨大的破坏作用。

公众误解企业的原因很多,如社会流言、不利社会舆论的导向、专家及新闻工作者的误报、竞争对手的误导及至造谣中伤,都可能引发公众的误解。如果进一步分析,就会发现顾客之所以轻易盲从他人的意见,主要由于企业选择性传播(如重产品宣传缺整体形象宣传、重促销宣传缺科技宣传、重商业广告缺乏公益广告等)和失信式宣传(如违禁广告、虚假广告、假冒广告、误导广告等)现象严重,而且平时沟通不够,加上部分科学素养较低,导致公众不了解具体情况,不信任企业。针对人格失信企业的谣言,最符合公众预设的企业形象,因而最容易得到传播。因此,误解性危机事件的处理,应把目标放在增加沟通、增进信任上。

在危机事件中,流言和谣言往往比较多,因此辟谣成为危机管理的基本任务。谣言得以流传的基础有三个方面:第一,危机事件中,不仅存在信息真空现象,公众缺乏正常渠道的信息来源,而且信息存在缺损现象,公众获得的信息不完整,加上信息口径不一致,公众容易产生疑虑,因此公众信谣有空间;第二,社会形势相对紧张,容易出现信任危机,由此引发身份信任危机和信息信任危机,这是谣言产生和传播的环境;第三,公众心理过敏,自我防卫心理和猎奇心理作祟,信谣传谣有动力。谣言不可怕,但是要讲究辟谣的策略。辟谣的基本思路有十条:第一,秉持透明理念,毕竟谣言止于公开;第二,理性分析谣言产生与传播的背景和影响;第三,选择与谣言传播范围匹配的权威媒体;第四,及时公布真相,发表声明,但声明要做到针对性强、不存遗漏、形式规范、结构完整(包涵概述内容、表达观点、陈述事实和表明态度四个部分)、语言严肃、基调感恩(即便公众误解企业,也应有人文关怀精神);第五,巧妙策划与声明内容一致的主题新闻事件;第六,善于借用意见领袖辟谣;第七,加强内部信息沟通管理;第八,主动参与公益事业,完善企业社会责任形象;第九,检讨广告宣传,加强企业诚信形象;第十,有意开展专业类科普活动,提升公民科学素养。

要点提示

引发误解性危机的原因,化解误解性危机的目标定位和举措。

二、事故性危机的处理

问题思考

事故性危机的实质是什么?应对措施的关键是什么?

在企业面临的各种危机事件中,事故性危机所占比例最大。事故性危机是企业由于管理体制、经营理念、工作失误等自身原因而引发的损害公众利益的危机事件,一般表现为产品质量问题、服务不到位的问题、环境破坏问题,其实质是侵害公众利益(包括物质利益和心理政治利益),引发关系纠纷。事故性危机祸因主要有:失信广告、生产性意外(如制造业安全事故、餐饮业食物中毒、运输业交通事故、商店出售假冒伪劣商品、银行业不正当经营、旅馆业丢失顾客财物、邮政业传送不畅、旅游业作弊等)、环境污染问题、核心员工离职、劳资争议与罢工、产品质量问题、股东失去信心、具有敌意的兼并、员工向大众媒体泄露商业秘密、未能适应政府新出台的制度、员工贪污腐化、与社会文化心理冲突、损害民族文化与尊严。这些原因绝大多数是因企业自身行为不当造成的。

事故性危机的责任完全在企业,处理事故性危机关键在于端正经营思想、维护公众利益、尊重公众选择权。在具体工作中,应组合运用下列4项措施以化解矛盾。第一,果断采取措施,有效制止事态漫延、扩大。第二,客观、公正调查危机事件的起因、演变过程、给公众带来的损失情况,以及引发危机事件的制度背景和业务流程背景,形成事故调查报告,提交危机管理中心,必要时发布到企业官网甚至提交给大众媒体。第三,立足人文关怀精神,妥善安排死难者的后事。立足法律法规,充分照应事发区域的社会经济发展水平和受害公众的特殊情形,协商理赔办法和救济标准,及时弥补公众的直接损失和精神损失,必要时给予经济援助。第四,以企业领导名义撰写致歉信,客观陈述危机事件,公开整改承诺,做到不狡辩、不争论,诚恳向公众道歉。必要时企业领导出面直接安抚慰问受害者,极端情形下企业还应该向受害公众提供心理干预服务。第五,公正惩治直接肇事者和间接责任人,在企业官网上公布处罚决定,平息公众的愤怒心理。第六,立足问题导向,认真审视并革新企业管理制度和业务流程设计,集中研究、解决引发危机事件的突出问题,切实做好改进工作,表现出敢担当的责任意识、敢创新的进取意识和善于突破的本领,使企业的管理制度和流程设计更加科学、更加完善,不断提升顾客的满意感。第七,邀请公众信任的非正式组织、意见领袖参与协商,共同谋划解决与受害公众的纠纷,彰显企业的公正品质。第八,邀请业界专家、管理学者参与企业专题研讨会,立足专项整治,检讨企业经营管理制度,顺应当代管理理念和行业的国际发展大势,从严抓整改,共同创新企业管理制度,优化企业业务流程,做到制度严、执行严、查处严,引领企业化危为机,登上更高平台,彰显企业"有则改之,无则加勉"的进取精神。第九,有针对性地开展员工培训工作,培养员工的职业操守和敬业精神,引导员工养成符合企业需要的工作理念和实际技能,获得或者改进与工作相关的知识、技能、动机、态度和行为。必要时设立警示仪式,培育员工的危机意识,激发员的进取精神。第十,适当宣传,公布整改方案和整改成果,或者邀请合作公众、受害公众以及媒体公众参观、考察,借此消除公众的疑虑,引导公众恢复对企业品牌的信任感。

三、假冒性危机的处理

假如您所在单位被他人冒用名义开展非法经营,请您列出可能采用的应对策略。

假冒性危机是指他人未经许可假冒企业的包装式样、商标、名义推销伪劣产品,致使企业形象受到损害的危机。受害性危机的根源在于制假贩假,其实质是他人违法经营,企业遭受损失。

有人戏言"没有买过假货就不是中国人",在一次抽样调查中,超过80%的被访者认为自己购买的商品中有假冒伪劣商品,可见假冒商品的猖狂。塑造和维护企业形象、保护公众利益,是执法机关的基本职责,打击假冒现象是其义不容辞的责任,同时也是企业经营管理中的一项基本内容,企业理应高举打假大旗。在具体实践中,既要认识到打假的长期性,不可能毕其功于一役,又要讲究打假的策略性,才能积极、稳妥地推进打假工作。

(一)认识打假的长期性

假冒他人商标、包装式样、名义推销伪劣产品,现在看来是一个全球性、涉及各行各业的问题,中国有,国外也有。据联合国有关组织调查表明,各国冒牌商品交易占世界贸易总额的5%,给各厂商造成巨大经济损失,是仅次于走私贩毒的第二大国际公害。

由于假冒经营能在短期内产生"损人利己"的销售效果,因此假冒者虽是人人喊打的过街老鼠,却总是打不尽、打不完,在有些地方甚至出现了"打假越打越多""假李向阳缴了真李向阳的枪"的现象。从某种角度来看,造假是人类经济活动的影子,或者说,假冒经济是市场经济的影子经济,只要人类进行经济活动,就会出现假冒伪劣现象,似乎是永远抹不掉的阴影,将伴随着人类的经济生活,具有长期性的特点。这不是危言耸听,因为假冒的存在有其深刻的社会原因。第一,市场经济在发展过程中,会存在结构性的不均衡现象,某些地区有些商品并没有因为全国性买方市场时代的到来而供大于求,相反却是供不应求,这为假冒商品预留了市场空隙,提供了一定的市场空间。第二,某些企业的商品虽然深受喜爱,具有良好的市场形象,但是其内部潜力还没有充分挖掘出来、管理还不尽科学、生产没有基本的规模效应,因此生产成本比较高。这就给造假者提供了钻空子的机会,他们能够以劣质原料,生产出低于正宗商品价格的产品,以低廉的价格行销消费市场。第三,某些品牌的"溢出效益"比较明显,借助品牌即可获得高额市场利润。第四,目前法制建设和司法制度尚不健全,对假冒现象打击不力,受处罚的比例较少,而且受处罚的程度较轻,造假成本比较低,存在有利可图的机会。第五,部分公众贪图便宜,明明知道是假冒产品,因其价格比较低廉而乐于购买。这说明社会上存在售假的市场机会。第六,现代科技高度发达,这为某些不法经营者提供了制假的先进工具,使他们能够在较高水准上"克隆"、复制正宗商品的商标和包装样式,达到了以假乱真的地步。

要点提示

假冒经济是市场经济的影子经济,出现假冒经济是正常的,但是假冒经济过于庞大是不正常的。

(二)讲究打假的策略性

认识打假的长期性和艰巨性,有助于我们从容、理性地审视打假工作,从而制定出行之有效的打假策略。

假冒经营，破坏了有关企业的市场形象。由于他人的假冒，有的企业陷入了困境。打击假冒，政府有关部门，特别是市场监督管理部门理应发挥核心作用，站在保护知识产权、维护我国经济形象、优化营商环境、创造公平竞争局面、推动经济可持续发展的高度，严格执法，对假冒现象做到出现一起查处一起。但是，企业作为受害者，对于假冒现象，也应有所作为，积极消除影响。有些地方假冒的势力比较大，靠某一家企业难以与之抗衡，市场监督管理部门应该组织有关企业成立地区级的打假维权联合会，由该民间组织负责协调企业与行政执法机关的关系，帮助被侵权企业得到行政救济、司法起诉、民事索赔和政策法律咨询；同时，协助有关机关打击侵权活动，如提供企业被侵权事实、协助调查和收集违法证据等。这样的联合会能够成为被侵权企业打假维权的坚强后盾。

从微观操作层面上看，打击假冒现象，主要有五种策略，当然这些策略是需要组合运用的，这样才能发挥更大的作用。

1. 法制打假策略

诉诸法律，利用法律武器来打击制假现象，维护企业的商业形象。我国的法制建设在不断健全，商标法、广告法、反不正当竞争法、产品质量法、消费者权益保护法等法律相继出台，这些都是我们依法打假、保护企业形象的保障。只要我们掌握了事实，借助法律渠道，理应能够澄清是非真假，打击假冒者，恢复企业的真实形象。

2. 科技打假策略

利用现代高新技术，构筑防伪技术，使假冒者无机可乘，能够有效地打击假冒伪劣现象。在这方面，较成功的就有网络信息防伪技术、核径迹防伪技术、光聚合物防伪技术、隐形防伪技术等。例如网络信息防伪技术，其具体做法是：在商品外部贴上防伪标识物，防伪标识物上印有电话提示和用特殊涂料覆盖的密码，消费者只需揭开标识物，按其提示打个市内电话即可知道商品的真伪优劣。每件商品的密码，其生成是通过电脑编程完成的，没有规律性，保密性强，且是唯一的，只能使用一次，若再使用即被视为废旧号码，商品将被认定为假冒商品。这种技术能够较好地遏制假冒现象。

3. 新闻打假策略

从广义上讲，新闻打假策略就是通过大众传播媒体，揭露假冒经济的危害，让公众特别是地方政府认识到假冒经济"局部受益整体受害，当前受益后患无穷"的作用机制。有些地区假冒经济之所以猖狂，一个重要的原因就是地方干部把制假理解为"致富之路"而予以容纳、保护。有些地方官员认为，假冒经济"是本地经济的增长点""有利于本地经济的发展""是地方财政收入的重要来源"，因而对假冒现象采取睁一只眼闭一只眼的态度，纵容甚至公然支持制假售假。针对这种错误认识，大众传播媒体应该解剖一些具有典型教育意义的制假地区经济发展的轨迹，展示假冒经济对地区形象和地区所有企业形象的破坏性影响、降低外商投资意愿、降低本地品牌的市场开拓能力等，让地方政府官员看到假冒经济因"蝇头小利"而形成的地区经济灾难性影响，从价值观上端正对假冒经济的认识，提高打击假冒经济的自觉性。

从狭义上讲，新闻打假策略就是借助大众传播媒体，通过新闻揭丑达到打假的目的。在这方面，美国的做法颇具借鉴意义。在美国，有个以新闻媒体为主体的"哈巴德奖委员会"。哈巴德是美国历史上一个靠造假、贩假谋生的小商贩，在当地可谓臭名昭著。他逝世约20年后，当地新闻媒体为了维护消费者利益，借其名成立了以打假为主旨的"哈巴德奖委员会"，后来发展为一个较大的打假社团组织，企业若被认定制作、贩卖了假冒商品，该委员会即在大众媒体宣布向其颁发"哈巴德奖"。"哈巴德奖"自然没有哪个企业敢领，但是其打假效果却十分显著。在我国，大众传媒是党的喉舌，是人民利益的保护者，也是打击假冒伪劣的重要阵地。由于它具有公正性、客观性、权威性特征，因此在打击假冒伪劣、维护企业形象方面能发挥很大作用。

4. 降低成本打假策略

所谓降低成本打假策略就是指强化产品个性形象，同时增加产量，以创造规模效应为手段，进一步降低成本，使假冒者无利可图，从根本上杜绝假冒现象，维护企业形象。不法商人之所以假冒企业的产品，主要是因为有利可图。一般而言，假冒商人的生产规模相对较小，如果我们能强化生产管理，改进生产工艺、厉行节约，同时扩大生产规模，使企业的生产成本不断下降，完善市场营销网络和服务。这样，小规模生产的假冒商人无利可图，便会自动退出假冒行列。

5. 中间阻截打假策略

假冒商品制造者和经营者，特别是假冒商品经营者是假冒经济的关键。如果没有商店的参与，造假者也会出现"产品积压"现象。打蛇应该打七寸，打假应该打商店，即售假者。中间阻截打假策略就是利用公众对假冒伪劣商品的痛恨心理，策划专题性打假活动，通过巧妙设计与包装，设立有奖举报热线与网址，调动社会公众、企业员工甚至造假贩假者的力量，针对制造、销售假冒商品的商店，共同打假，维护企业的商业形象。我国台湾地区市场上曾有一种畅销药品，遇到许多冒牌假冒药品。为了消除假冒药品，一家广告公司成功地策划了一个题为"双边赠奖"的打假活动，使假冒药品在一年后完全绝迹。这个活动的内容是：① 由厂家对消费者和台湾地区所有西药房举办双向赠奖，消费者、西药房均可中奖；② 消费者购买时，把包装盒拆开，让西药房在盒盖上加盖药房名称和地址的图章，然后将空盒寄给厂家，消费者及西药房两方面就各获得赠奖券一张；③ 厂家由专人详细检查消费者寄来的空盒。由于真货的空盒上换了印有暗记的新盒子，所以很容易查出。凡查出假药空盒，立即函告消费者：这次买的是假药，同时请治安机关追查。这样，出售假药的药房，由于受到消费者、治安机关和正宗产品厂家的三重责问、查询，直接影响着商家自己的形象，于是就不敢卖这种假药了，市场上的假药被迫自行消亡。从表面上看，"双边赠奖"是一个商务促销活动，其实是一个打假活动，由于包装巧妙，有关贩假的商店没有看出其中的打假意图，竟也参与其中，贩假者成为打假的一股力量，因此打假活动取得了良好的效果。

> **要点提示**
>
> 企业打击假冒现象至少有五种策略。

四、公共性危机的处理

> **问题思考**
>
> 公共性危机与前四类危机的根本区别是什么？您能描述并评价本地政府应对公共突发事件的措施吗？如果还存在不足，您认为还需要从哪些方面完善政府的应对方案？

公共性危机是在社会运行过程中，由于自然灾害、社会运行机制失灵而引发的，可能危及公共安全和正常秩序的突发事件。公共性危机不同于误解性危机、事故性危机、假冒性和灾害性危机，根本区别在于公共性，即其指向对象是特定区域的所有公民，每个人都是危机侵害的对象。公共性危机往往威胁所有公民的人身安全，容易引发社会恐慌，加剧破坏性。因此，处理好公共性危机，成为考验政府执政能力的重要指标。

公共性危机的祸因主要有六种，分别是自然灾害（包括火灾、风暴、地震、洪水）、公共安全突发事故、恶性刑事案件、恐怖事件、疾病传播（即公共卫生问题）、自然环境恶化。公共性危机的实质是危及公共安全，破坏社会秩序和生存空间，侵犯人身安全和财产安全。社会在一定历史时期内无法根除这六种祸因，难免就会遭遇公共性危机。处理好公共性危机，对于构建和谐社会、提高社会幸福指数具有极其重要的意义。

> **记住**
>
> 引发公共性危机的原因。公共性危机的实质。

国外高度重视公共性危机管理的研究，提出了著名的 4R 模式，认为管理公共性危机由缩减（Reduction）、预备（Readiness）、反应（Response）、恢复（Recovery）四个环节构成，取其英语的第一个字母，成为 4R 模式。缩减就是减少危机情景的攻击力和影响力，在这个环节强调进行风险评估，注意破坏性因素的整合，力图排除危机发生。预备就是做好处理危机情况的准备，具体工作包括建立预警机制和培训计划，开展救生圈操作演习、潜水与急救训练。反应就是尽力应对已发生的危机，涉及的工作主要有进行影响分析（包括潜在影响的分析和机会性影响的分析）、制定处理计划、开展技能培训（即通过必要培训提高相关工作人员的沟通技能、媒体协调技能、与具有进攻性的人打交道的技能）和审计。其中，制定处理计划包括撤离计划、反应管理计划、处理心理创伤与压力计划三个方面。关于撤离计划，国外提出了有效的ACCCE 方案，即注意警报（Attend）、关掉所有设备（Close）、关闭所有空闲电器设备并收拾纸物（Cover）、收拾伸手即可触及的个人物品（Collect）、按指挥撤离（Evacuate）。恢复就是重建家园，具体工作包括影响分析、制定恢复计划、培训形象管理技能和审计。4R 模式对于我国开展公共性危机管理具有借鉴意义。

 记住

处理公共性危机的 4R 模式和 ACCCE 撤离方案。

在具体工作中，应对公共性危机，需要注意以下七种措施的组合运用：第一，建立应急指挥中心，尽快调集相关专业人士和各种社会力量，及时、有效地开展营救、抢救工作，并启动专题科研工作；第二，行政首长立即亲临现场（注意形象和语言设计），安抚受害者和相关工作人员，缓和紧张气氛，激励工作人员的士气；第三，建立应急团队，主动与相关部门沟通，争取社会各界投入营救工作，确保信息畅通、设备到位、人员不缺，快速化解危机；第四，及时建立政府专题发言人制度，确保提供真实的一个声音、明确的一个观点；第五，及时了解公众损失，制定政策性补偿方案。如果出现公职人员伤亡，应给予名誉追认，并制定相对从优的抚恤方案；第六，推行事故问责制和引咎辞职制，及时追究相关人员的行政、经济，甚至法律责任；第七，举一反三，改革现行管理制度和机制，从根本上研究解决问题的方案，杜绝类似危机发生。

五、恶性危机的拯救

恶性危机是指企业经营理念错误，导致企业经营管理机制紊乱，无法适应公众需求，甚至无法正常运作的系统性危机。改革开放 40 多年来，曾经被用作 MBA 案例的中国优秀企业，现在已经几乎倒了80%。这些企业遭遇的危机，不是常态上的危机事件，而是恶性危机。恶性危机主要包括战略失误性危机（如因盲目扩张而引发财务危机）、道德缺失性危机、恶性欺诈性危机、宏观周期性危机（即因社会经济危机而引发的企业危机）、违反政策性危机、涉嫌司法性危机（如因偷税漏税、行贿、涉黑等而引发的危机）、生态机制性危机（企业经营所需的环境发生根本性逆变而形成的危机）和亚健康性危机。在这些恶性危机中，亚健康性危机尤其具有代表性。亚健康性危机是企业没有同时考虑核心业务、崛起业务和新兴业务这三个层面业务的综合发展，而渐入困境的危机。由于是渐入困境，企业开始没有感觉，但一旦发现，形势往往相当险恶。企业持续发展的秘诀是同时考虑三个层面的业务发展：第一层面是核心业务，它能为企业带来大部分利润和现金流，没有它，企业很快就会垮掉；第二层面是崛起业务，它具有快速发展和创业的性质，成长性好，但需要大量资金，这种业务已引起投资人注意，获得巨额利润则在4—5年后，但已有市场，代表了公司未来发展方向；第三层面是新兴业务，是企业研究的课题，需要试点，从中找出"种子"项目加以培养，中期（如8年之内）可能看不到利润。企业不能同时考虑这三个层面的业务，往往会遭遇六种亚健康情形：拥有核心业务但缺乏崛起业务和新兴业务、拥有崛起业务但缺乏核心业务和新兴业务、拥有新兴业务但缺乏核心业务和崛起业务、拥有核心业务和崛起业务但缺乏新兴业务、拥有核心业务和新兴业务但缺乏崛起业务、拥有崛起业务和新兴业务但缺乏核心业务。

拯救恶性危机，需要的是战略管理，立足长远和全局，审视企业经营思想，从根本上解决引发危机的问题，具体的思路有四条：第一，转型式拯救，即收缩业务或者进行业务转向；第二，消亡式拯救，即注销旧的企业，注册成立新的企业；第三，赎罪式拯救，即主动回报社会和顾客，争取市场的谅解和认同；第四，整合式拯救，即通过业务战略整合，让企业不断创新、不断变革，形成新陈代谢机制，拥有一条连续不断更新企业业务组合的链条，从而确保企业永续发展。

拯救恶性危机的逻辑起点是战略管理。

第七节　危机管理中的媒体沟通

危机事件是媒体高度关注的对象，媒体既能放大危机事件的负面影响，也能成为化解危机事件的积极力量。在妥善处理危机事件的基础上，主动与媒体沟通，争取媒体支持,是危机管理的重要组成部分。

一、危机社会议题化现象的缘由

企业遭遇危机后,媒体和公众往往表现出异乎寻常的热情,争相报道、纷纷议论,危机事件最终成为社会关注的议题。危机社会议题化是指媒体和公众倾向于把各类危机设置、提升、渲染为影响人类命运、影响社会文明、关乎良心正义、关乎民众权益的社会议题,以博得大众关注。危机应该说是企业经营管理中的一种意外事件,但是被社会议题化后,负面影响就会被不断放大。危机社会议题化现象是媒体正义使命倾向、议题设置倾向和媒体妖魔化倾向共同作用的结果。

(一)媒体正义使命倾向

媒体作为一种特殊的社会存在,具有极强的公共性和社会性,高度的社会责任意识导致媒体高度关注危机事件,刻意挖掘危机事件的内幕,主动充当惩戒危机肇事者的公共管理者。媒体秉持改造社会陋习、追求伦理正义、矫正社会不公、倡导人际公平、张扬公共精神的动机,倾向于描述企业的黑心、揭露企业的短板、宣扬企业的丑行。企业的危机事件正好为媒体提供了实现社会责任的机遇,因此在危机事件中倾向于煽情,客观上扩大了危机事件的影响范围。

(二)议题设置倾向

媒体改造社会的基本途径就是设置议题,借助议题引起社会重视危机事件背后问题的存在,借助议题推动社会问题的解决。通过长期的探索,媒体的议题设置倾向已经模式化,报道危机事件往往采用"讲故事"的方式,即"定位立场+预设主题+修辞言语+情景概括+细节描述+背景衬托+预测趋势+公正评论",主题有高度、言辞犀利,具有相当强的感染力,在一定程度上强化了危机事件的负面影响。

(三)媒体妖魔化倾向

从西方媒体发展历程可以看出,媒体不仅具有公共性特质,还具有自利性倾向,为了实现自身的利益目标,特别是广告收入,必然追求发行量、收视(听)率和点击率。提高发行量、收视(听)率和点击率的最有效的途径就是"爆料",走妖魔化道路,这种现象在市场化媒体中相当普遍。当前,媒体妖魔化现象比较严重,主要有四个原因:第一,媒体妖魔化有条件,即企业对媒体特别是新媒体、外地媒体和境外媒体日趋失控;第二,媒体妖魔化有素材,即民营企业存在一定程度的原始资本原罪、国有企业存在不

当经营现象,这些容易引发社会仇富心理的做法,往往成为妖魔化写作的对象;第三,媒体妖魔化有动机,即实现媒体的市场盈利目标;第四,媒体妖魔化能免责,即言论自由、满足公众知情权、合理质疑权、舆论监督权、客观评价权这些社会理念,能够在一定程度上宽容媒体的失误。媒体的妖魔化倾向,必然会损害企业的良好形象。

危机舆论公式是:危机舆论＝重要性×清晰性×批判性×反常性×求解性。由于媒体上述三个倾向的共同作用,危机舆论的这五个变量都会被放大,牢骚类声音、指责类声音、批判类声音、误解类声音和宣泄类声音纷纷出笼,客观上提高了危机事件的影响程度。

危机事件的影响本来有限,但是被社会议题化后,后果往往极其严重。对此,企业应该积极应对而不是应付,而应对的前提则是善待负面报道,而不是对抗媒体,正如《财富》杂志主编斯特拉特福德·谢尔曼先生所言:"向媒体宣战,虽然听上去很诱人,但实际上却是一场无法打赢的战争。"

二、危机管理中的媒体沟通程序

在危机事件应对过程中,沟通的对象是利益相关者,包括投资者、企业员工、政府、行业组织(即社会中介组织)、媒体、顾客、供应商和经销商等,对外沟通的重点对象是媒体。企业与媒体沟通的价值取向是发言人、企业、媒体记者和社会共同满意,其中发言人满意和企业满意是前提,媒体记者满意和社会满意是目标。实现多方满意的根本是企业主动提供基于积极应对的真实信息、基于整合创新的向善信息、基于危机潜伏期—危机爆发期—危机延续期—危机痊愈期全过程的情节信息,使信息内容充满反思、感恩、情感和爱,而不是自夸、捏造、傲慢和荒诞。媒体记者据此撰写的新闻,既能讲究结构,又具备冲突;既提出问题,又能有结局;既有情节起伏,又能有始有终。这样,媒体叙事的要求得到全面满足,危机事件得以解决,稿件富有新闻价值,最初实现多方满意。

危机管理中的媒体沟通主要有两项核心任务,即舆论引导和关系维护。舆论引导需要诚实精神,具体要求有四个方面:充分告知真相(在认真查证的前提下充分告知,杜绝谎言)、主动提升议题、巧妙转移话题、有效规避舆论黑洞。关系维护需要信任理念,主动顺应媒体要求、积极发展媒体关系、自觉践行公民精神,并且善待调查记者。

立足多方满意目标和两项核心任务,危机事件中的媒体沟通需要依次做好以下十个方面的工作。第一,组建沟通小组,成员包含企业 CEO、业务主管、公关主管、新闻发言人和法律顾问。第二,确定并培训发言人,使之熟悉业务运营、掌握沟通技巧并富有媒体缘。第三,建立树状结构的信息联络图,确保危机信息上下左右通畅。

第四,明确信息沟通的具体规则。第五,确认、分析媒体信息关心点、基本态度和联系方式。第六,确认危机事件的关键信息,撰写新闻稿。第七,进行媒体应对预演,特别是有针对性预答记者的刁钻提问。第八,确认信息沟通途径,明确通过新闻发布会还是邮件方式发布信息。第九,冷静发言、沉着应对,做好新闻发布工作。第十,分析媒体的报道情况,总结媒体沟通的得与失。

> **问题思考**
> 危机事件中的媒体沟通时常出现失语现象,起因是新闻发言人素质问题还是企业管理制度问题?为什么?

三、危机管理中的媒体沟通准则

在危机管理中,与媒体沟通应注意哪些事项,许多学者进行了有益探索。

福莱灵克咨询公司设计的危机传播公式是:(3W+4R)·8F=V1 或 V2。其中,3W 是指危机出现后,传播者尽快知道三件事,即我们知道了什么(What Did We Know)、何时知道的(When Did We Know about It)和对危机做了什么(What Did We Do about It);4R 是指危机中四个角度的态度定位,即表示遗憾(Regret)、刻意革新(Reform)、给予赔偿(Restitution)和恢复信誉(Recovery);8F 是指与媒体沟通应遵循八大原则,即事实(Fact,向公众说明事实真相)、第一(First,率先对问题做出反应)、迅速(Fast,处理危机果断迅速)、坦率(Frank,沟通时不躲闪,力求真诚)、感受(Feel,与公众分享自己的感受)、论坛(Forum,公司建立可靠的信息来源,获得全面信息)、灵活(Flexibility,沟通内容不应一成不变,而应关注事态变化,酌情应变)和反馈(Feedback,企业对外界关于危机事件的信息要及时作出反馈。他们认为,如果 3W、4R 和 8F 做得正确,企业就成为 V1(Victim),即勇于承担责任者,公众认为企业很负责任,会想办法解决问题,并让公众满意,公众因此会谅解企业。如果 3W、4R 和 8F 做得不好,企业就成为 V2(Villain),即小丑和恶棍,公众认为企业避重就轻,不上心、不负责任,导致员工意志消沉、股东抗议、顾客投诉。

杰斯特提出危机事件中与媒体沟通时应遵循 3T 原则,分别是:Tell Your Own Tale,即以我为主提供情况,主张"主动者越主动",强调企业主动告知,牢牢掌握信息发布主动权;Tell It Fast,即尽快提供情况,主张危机管理黄金 2 小时法则,强调迅速告知,尽快不断地发布信息;Tell It All,即提供全部情况,主张真相公开与猜测质疑成反比,强调全部告知,发布信息要全面、真实,特别是危机诱因、损害和发展趋势方面的信息,必须实言相告。

立足于公共关系三维模式,我们认为,在危机管理中与媒体沟通时,应该坚信"传播力决定影响力、话语权决定主导权、时效性决定有效性、透明度决定公信度",面对媒体要做到先说话、敢说话、说真话,不要捂信息、躲采访、瞒真情、防报道、堵记者、压消息。同时,必须遵循以下九项核心原则。第一,尽心担责原则。立足于岗位职责,真心为顾客着想,忠于企业、心系大局,尊重公共利益、坚持公共精神,向媒体提供负责任的危机事件信息,不否认企业存在的问题,不辩解、不辩护,直面问题,切忌左顾右盼、左推右卸。第二,第一时间原则。讲究速度,开展即时宣传,力求在2小时内提供已经掌握的危机事件信息。第三,公开透明原则。注重事实真相,务求绝对真实,做到不封锁消息、不阻挡记者、不删除帖子、不捂不藏,主动奉告、有问必答。第四,内容相关原则。发布的信息要有针对性,切合媒体和公众在危机事件中的信息关注点,特别是有效回应棘手的问题。第五,留有余地原则。企业一把手不要在第一时间充当发言人,对媒体的负面报道反应不过度,对负面事件不要马上一口否认,而且不做过度的承诺。第六,权威证实原则。邀请具有公信力的专家、非利益相关者、政府机构、民间机构,甚至国际组织等第三方力量见证或发言。第七,态度诚恳原则。面对问题富有诚意、尊重公众感受,对公众不理智的言行,也不要作出过度的反应。第八,专业水准原则。在不断提高自身媒体素养的基础上,以职业化的水准策划和运作危机事件的新闻发布会,以专业化的技能应对媒体的提问。第九,双向沟通原则。切忌单向宣传,不仅要公布而且要回应,不仅要告诉而且要说明。

问题思考

危机管理中,与媒体沟通应遵循九大核心原则,其取向是什么?

四、危机管理中的媒体沟通思路

危机管理中的媒体沟通,基本任务是舆论引导和关系维护,前者的重点是与媒体沟通信息,后者的重点是与媒体建立相互信任的关系。

(一)危机管理沟通中发布信息的要求

企业遭遇危机事件后,媒体急于了解情况,企业应该给予信息服务。在提供、发布信息的过程中,应注意以下事项。

第一,冷静谋划,建立沟通预案制度。具体要求是:确定与媒体沟通的宗旨(明确是与媒体共享信息,还是影响媒体;是对媒体的报道作出反应,还是给予互动);确定与媒体沟通的语言风格与基调；确定与媒体沟通的形体语言与情绪调控；确定应对不合作媒体提问的基本思路；有意识地开展刁难式媒体的应对训练；预备媒体可能提出问题的详细材料。

在重大安全事故中，媒体关注的问题清单

事故作业平台在什么地方？ 事故是何时发生的？
引发事故的原因是什么？ 出现事故时，多少人在作业平台？
现有多少人伤亡？ 受伤员工在何处抢救？
采取什么方法疏散人员？ 现在设施有无危险？
作业平台是否已经关闭？ 如何赔偿遇难者？
如何安置员工家属？ 公司过去的安全记录如何？
公司总部在何处？ 公司总有多少员工？
作业平台已经运营多久？ 公司经营范围？

第二，统一口径，建立统一的信息发布机构。首先应指定新闻发言人，对内确保危机信息快捷共享，对外确保一个真实的声音。做到：不提供非正式的信息，只提供经上级认可的消息；不猜测事故，不假设任何事情；不轻易答复任何询问，除非已有确切信息。

第三，充分准备，预先撰写新闻稿。危机事件新闻稿应包括四个层次的内容：第一层次的内容是陈述危机事件本身的情况；第二层次的内容是分析危机事件的原因；第三层次的内容是陈述危机事件应对与处理的措施；第四层次的内容是陈述危机事件的善后处理结果和受害者的意见。危机事件新闻稿的基调是告知真相、直陈失误、表明态度、明确措施、不藏信息、不添信息，不拖第三方组织下水。

第四，诚实传播，充分披露信息。坦诚告知危机事件的真相，不做选择性传播，更不隐瞒、歪曲事实，不可说谎，更不可死扛假话。

第五，主动出击。及时向新闻媒体报告危机事件的调查情况和处理方面的动态信息，适度引导媒体的报道角度，有效引导媒体议题。

第六，适时控制。当媒体发布不实报道时，应接洽媒体，指出失实之处，并提出更正要求。如果媒体持有异议，应安排当事人接受媒体采访，争取更正机会。当媒体拒不更正时，企业可以发表正面声明，必要时走司法途径。

第七，提供服务。时刻为记者考虑，向记者提供各种服务，全方位配合记者采访，主动告知企业新闻发言人的联系办法、召开新闻发布会的时间和地点，建议媒体

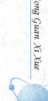

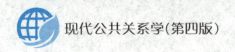

主动再来电询问危机事件的最新信息。

第八,全息监管。危机事件的新闻发布办公室应该实施 24 小时工作制,全程、全面监视和跟踪各种媒体关于危机事件的报道。

第九,规避忌语。在向媒体沟通信息时,至少不说以下十二种有损危机事件应对实效的话:推卸责任的话、违背常识的话、指责顾客的话、带出同行的话、扯出政府的话、人格担保的话、霸道的话、有失礼节的话、情绪失控的话、给他人乱戴帽子甚至上纲上线的话、答非所问的话和未经查实的话。

面对媒体时的大忌

保持沉默	掩盖事实
推诿他人	对记者反唇相讥
态度不愠不火,漠不关心	没有统一的信息源头
企业最高领导人过早出场	

(二)危机管理沟通中建立信任关系的要求

利用危机事件与媒体沟通的机会,与媒体建立相互信任的关系,既有必要,也有可能,但需要讲究方式方法。做到以下九项要求,有助于企业与媒体建立相互信任的关系。第一,建立媒体名单与记者通讯录。第二,定期与媒体沟通,尽量发布真实的信息,有效消除公众疑虑,确保向媒体陈述的每句话都真实,确保每句话都可公布。第三,端正态度,对境内外、各级别和各种报道的媒体应一视同仁,并根据媒体的报道给予对等反应。第四,尊重他人生命和利益,尊重新闻价值规律。第五,只承诺做得到的事件,禁止激情承诺。第六,了解各类媒体的特点与需求,了解舆情走向、倾听各方声音、掌握各种诉求,有针对性地与媒体沟通和交流信息,均衡满足媒体的期望,赢得多数媒体的谅解与支持。第七,积极与公众信任的社会组织和意见领袖合作。第八,主动与持挑剔、批评态度的媒体谋求合作。第九,控制情绪、平静镇定,做到解释冷静、表达自信,以冷静的心态淡定应对质疑、非议、谩骂和攻击。

危机管理的客体是危机事件,危机事件的出现,既有企业自身的原因,也有社会与公众方面的因素。

关于危机管理的理论范式,目前主要有形象修复理论、情景危机传播理论和危机信任修复话语模型。

为了实现转危为安、化危为机的目标,需要明确危机管理的优先取向和宗旨,遵循制度保障预案先行原则、立足预防快速反应原则、统一指挥全员应对原则、公共利益与公众利益至上原则、战略谋划全局联动原则、主动面对勇于担责原则、坦诚相待原则、灵活应变原则和善始善终原则。

危机管理依次分为预防、预警、正视、应对和开发五个环节,基础是预防与预警,核心是以危机处置与危机沟通为主要内容的应对,关键是开发危机资源。

综合运用利益倾斜、情谊联络策略、如实宣传策略和亡羊补牢策略,根据具体情形,选择单枪匹马快速处理、协商处理或依托处理的方式,才能有效应对危机事件。

危机性危机、事故性危机、假冒性危机、公共性危机和恶性危机,因为性质不同,处置方法也不尽相同。

在妥善处理危机的基础上,主动与媒体进行沟通,积极应对网络舆情,争取媒体创造有利舆论环境,也是危机管理的重要内容。

 学习重点

危机事件的特点
危机管理的理论基础
危机管理的宗旨
危机管理的原则
危机管理的程序
事故性危机的处理
假冒性危机的处理
危机管理中的媒体沟通准则
危机管理中的媒体沟通思路

 语　录

奥古斯丁:"每一次危机本身既包含导致失败的根源,也孕育着成功的种子。"

 前沿问题

关于危机公关的认识,我国在理论上和实践上都取得了长足的进步。以前立足于维护社会组织形象运用补救理念在法制范围内来研究公共关系危机管理模式,现

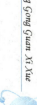

在立足于企业社会责任感运用以人为本的思想来研究公共关系危机管理机制特别是预警机制，在认识上跨出了很大一步。但是不同地区、不同行业关于公共关系危机管理的认识尚不整齐，存在差距，还需要持续培育公共关系危机管理意识。关于公共关系危机预警机制特别是公共危机预警方案的研究尚需深入展开。对于媒体在公共关系危机中的作用、对待媒体报道的理性策略、识别和判断公共关系危机的方法，也还需要学术界进一步探讨。

《世界500强风云：战败启示录》（[美]哈特利著，中国人民大学出版社，2009年出版）

该书收录了波音、福特等世界500强管理失败经典案例，生动再现了诸多世界著名企业相关决策的来龙去脉，并对其中的成败得失给予了深刻的点评，既为管理之鉴，亦为生存之鉴定。

推荐理由：重版9次，历经26年长销不衰。

桂林航空应对女乘客进入机长驾驶舱事件

2019年1月4日，桂林航空GT1011（桂林至扬州）航班机组在执飞时，一位着非航空制服、未带任何证件的年轻女乘客，利用特殊关系进入飞机机长驾驶舱，坐在机长位置上，非常兴奋地打出V形手势，然后堂而皇之地将照片上传到社交平台，发图朋友圈，并配文表示"超级感谢机长，实在是太开心了"，从图片可以看出：在精密的飞控显示器前的小桌板上，还摆有3个喝茶用的茶具。

2019年11月3日晚，此事被网友爆料公开，立刻引发网友热议，除了机长之外，人们愤怒于女乘客的洋洋得意、机组人员的无作为，并愤怒于桂林航空毫不知情。桂林航空深陷舆情危机，因为航空安全无小事，容不得半点违规操作。

11月4日，桂林航空作出回应，发布《关于乘客进入飞机驾驶舱的事件说明》，称对此高度重视，随即成立调查小组并启动内部调查程序。声明称，经核实，该事件发生于2019年1月4日桂林航空GT1011桂林—扬州航班。桂林航空时刻将旅客安全放在首要位置，对于任何有可能威胁航空安全的不当且不专业的行为均坚持"零容忍"。根据中国民用航空局及桂林航空的相关管理规定，针对机长违反民航规章让无关人员进入驾驶舱的行为，桂林航空决定对当事机长处以终身停飞的处罚，对于涉事的其他机组成员处以无限期停飞并接受公司进一步调查。声明称，针对此次事件，桂林航空将深刻反思、认真改进，严格遵守中国民用航空局的各项规章制度，做好内部整改，切实增强全体人员的安全责任意识及规章意识，加强树立严谨的安全运行工作作风，杜绝类似事件的再次发生。

不久，桂林航空《关于给予桂林航空乘客进入驾驶舱违规事件责任人处分的通报》，再次表示，此事严重违反民航局相关规定，并给公司造成了恶劣影响，"鉴于此，为严肃纪律、警示他人，根据《桂林航空有限公司奖惩管理规定》及相关暂行管理手册规定，经研究"，决定处分相关责任人。至此，除涉事机长被终身停飞并建议吊销飞行执照外，相关机组成员、公司多名高层也被处分并扣罚工资。通报最后表示："'安全运营'是公司的首要任务，公司对任何有可能威胁航空安全的行为持'零容忍'，全体干部员工须严格遵守中国民用航空局的各项规章制度，加强树立严谨的安全运行工作作风，坚决杜绝类似现象再次发生。"一场危机得以平息。

点评： 直面丑事，依法依规，从严从快处理，态度坚决，处置果断，终于获得谅解。

练习与思考

部分参考答案

第十一章 公共关系的促销策略

学完本章,您应该能够:
1. 理解促销的实质;
2. 了解促销的类型;
3. 掌握策划各种促销活动的基本知识和技巧。

促销　竞赛促销活动　抽奖促销活动　附加赠送促销活动　折扣促销活动
分期付款促销活动　以旧换新促销活动　贸易展览促销活动

企业公共关系是一种商业行为,无论是协调公众关系,还是塑造良好形象,都要服务于开拓市场的经营目标。公共关系与促销活动结合起来,服务于促销,才能更好地表现出自己的价值。本章引导学生正确理解促销的基本含义,了解不同角度的促销类型,初步掌握竞赛促销活动、抽奖促销活动、附加赠送促销活动、折扣促销活动、分期付款促销活动、以旧换新促销活动和贸易展览促销活动的策划技巧。

第一节　促销的实质

促销在创造市场消费需要、倡导消费流行、引导公众消费方向、维持销售繁荣局面,特别是实现企业的市场可持续发展战略诸方面具有特殊的价值,因而成为企业征战市场的利器,备受商界青睐。

一、促销的含义

> **问题思考**
> 请您描述印象最深的一次促销活动。您能说说促销的定义吗?
> 您同意"促销就是引导人们购买可要可不要的商品"这一观点吗?

促销的英文是 Sales Promotion,简称为 SP,意思是销售促进或销售推广。促销就是企业为了创造消费者的消费需要、活跃销售氛围、激励公众迅速购买商品,而策划出来的让利性、优惠性、服务性、公益性商业信息传播与市场推广活动的总称,是一种以消费者、分销商和售货员为基本对象的销售技巧,是企业获得市场持续性认同,进而实现可持续发展的市场战略。

(一)促销的宗旨

促销活动的宗旨是创造顾客、激活市场。

由于现代科技的发展,生产力水平大幅度提高,现代企业向市场提供的商品不仅数量多,而且质量好,达到了"经久耐用"的境界,消费者出于生存而产生的绝对需要基本上得到了满足,用不着频繁购买商品。因此,现代社会从总体上讲正在由卖方市场向买方市场转型,买卖双方的关系呈现出供过于求的态势。由于公众的需要得到了较好地满足,缺乏购买欲望,市场就不太可能出现普遍性的购销两旺景象。但是,如果对公众施加必要的刺激,影响公众潜在消费心理,如追求时尚、追逐名牌等,使公众的需要心理由"绝对满足"发展为"相对满足",就可以开发出崭新的消费市场,为企业的发展创造出广阔的公众市场。

> **要点提示**
> 促销活动的宗旨是创造顾客、激活市场。

(二)促销的对象

促销活动的对象一般涉及三个方面,即消费者、中间商和销售员(包括推销员)。

消费者是促销活动的终点,是最主要的促销影响对象。在有些商品购买过程中,消费者所起的作用是不同的,根据其扮演的角色,可以把消费者分为消费行为的倡议者、决策者和支付者。倡议者提议购买商品,决策者决定购买或者不购买商品,而支付者则履行交款手续。消费倡议者、决策者、支付者所起的作用是不尽相同的,在促销活动中对他们的刺激策略也应有所差异。因此,在促销策划过程中,应该认真研究消费者的消费习性、心理特性和购买模式,制定针对性较强的影响策略。

在促销活动中,除了针对消费者策划促销策略外,还要设计旨在影响中间商和销售员的策略。中间商和销售员是推行促销战略的基本依靠力量,他们是商品走上市场、走近公众的纽带,是商品转换为公众用品的中介,也是企业与公众保持联系的桥梁。

促销活动的对象包括消费者、中间商和销售员,其中消费者是最主要的促销影响对象。

(三)促销的工具

促销需要一系列媒体工具才能把商品信息和活动信息传达给公众,刺激公众的消费心理。促销的工具比较繁多,可以分为两大类:一类是实体型工具,主要表现为媒体,如POP广告、印花券等;另一类是虚拟型工具,主要表现为活动,如售前培训活动、知识营销活动、公益服务活动、展览会等。促销的基本工具,具体见表11-1。

表11-1 促销工具表

对象	实体型工具	虚拟型工具
消费者	赠送样品、优惠券、免费赠品、酬谢包装、POP广告(售点广告)、派送广告单、派送小册子、印花券(商业贴花)、购物卡(消费卡)等	竞赛、抽奖、价格折扣、试用活动、附加赠送、退款消费、分期付款、现场演示、以旧换新、新品发布会、消费者培训、服务活动、消费者意见领袖推广与示范、消费者俱乐部、展销会等
中间商	POP广告、销售手册、企业刊物、合作广告作品、纪念物品等	旅游、招待、交易折扣、销售竞赛、贸易博览会、派员驻店、业务洽谈会、参观活动、销售培训活动等
销售员	推销手册、销售用具、POP广告等	销售业务培训、销售竞赛、销售会议等

促销的工具分为两大类,即实体型工具和虚拟型工具。

二、促销的前提

> 策划促销方案能随心所欲吗？促销的边界是什么？

促销的前提是遵纪守法。促销涉及多种利益关系，为了推动市场经济的健康发展，国家制定了一系列的法律、法规管理、指导、约束促销活动。法律、法规是促销的边界。策划促销活动需要科学的法制观作指导。

关于促销的管理方面的法律、法规比较多，在我国最主要的有《产品质量法》《反不正当竞争法》《消费者权益保护法》《广告法》《合同法》等。这些法律、法规规定，是策划促销活动的法律基准，绝对不能违反。例如，关于生产者的产品质量责任和义务，《产品质量法》规定，生产者应当对其生产的产品质量负责，产品质量应当符合下列要求：不存在危及人身、财产安全的不合理的危险；具备产品应当具备的使用性能；符合在产品或者其包装上注明采用的产品标准；符合以产品说明、实物样品等方式表明的质量状况。又如，关于销售商的产品质量责任和义务，《产品质量法》规定：销售者应当执行进货检查验收制度，验明产品合格证明和其他标识；不得销售失效、变质的产品；不得伪造产地；不得伪造或者冒用他人的厂名、厂址；不得伪造或者冒用认证标志、名优标志等质量标志；不得掺杂、掺假；不得以假充真、以次充好；不得以不合格产品冒充合格产品。再如，关于消费者的知晓权利，《消费者权益保护法》规定，消费者享有知悉其购买、使用的商品或者接受的服务的真实情况的权利，即消费者有权根据商品或者服务的不同情况，要求经营者提供商品的价格、产地、生产者、用途、性能、规格、等级、主要成分、生产日期、有效期限、检验合格证明、使用方法说明书、售后服务，或者服务的内容、规格、费用等有关情况。还有，关于有奖销售，《反不正当竞争法》规定，经营者不得从事下列有奖销售：采用谎称有奖或者故意让内定人员中奖的欺骗方式进行有奖销售；利用有奖销售的手段推销质次价高的商品；抽奖式的有奖销售，单项奖最高奖的金额超过5 000元。在促销活动中，如果主办单位违反了这些规定，将会承担法律责任。

 要点提示

策划促销活动需要科学的法制观作指导。

零售商促销行为管理办法(节选)

第四条 零售商开展促销活动应当遵循合法、公平、诚实信用的原则,遵守商业道德,不得开展违反社会公德的促销活动,不得扰乱市场竞争秩序和社会公共秩序,不得侵害消费者和其他经营者的合法权益。

第五条 零售商开展促销活动应当具备相应的安全设备和管理措施,确保消防安全通道的畅通。对开业、节庆、店庆等规模较大的促销活动,零售商应当制定安全应急预案,保证良好的购物秩序,防止因促销活动造成交通拥堵、秩序混乱、疾病传播、人身伤害和财产损失。

第六条 零售商促销活动的广告和其他宣传,其内容应当真实、合法、清晰、易懂,不得使用含糊、易引起误解的语言、文字、图片或影像,不得以保留最终解释权为由,损害消费者的合法权益。

第七条 零售商开展促销活动,应当在经营场所的显著位置明示促销内容,促销内容应当包括促销原因、促销方式、促销规则、促销期限、促销商品的范围,以及相关限制性条件等。

对不参加促销活动的柜台或商品,应当明示,并不得宣称全场促销;明示例外商品、含有限制性条件、附加条件的促销规则时,其文字、图片应当醒目明确。

零售商开展促销活动后,在明示期限内不得变更促销内容,因不可抗力而导致的变更除外。

第八条 零售商开展促销活动,其促销商品(包括有奖销售的奖品、赠品)应当依法纳税。

第九条 零售商开展促销活动应当建立健全内部价格管理档案,如实、准确、完整记录促销活动前、促销活动中的价格资料,妥善保存并依法接受监督检查。

第十条 零售商开展促销活动应当明码标价,价签价目齐全、标价内容真实明确、字迹清晰、货签对位、标识醒目。不得在标价之外加价出售商品,不得收取任何未予明示的费用。

第十一条 零售商开展促销活动,不得利用虚构原价打折或者使人误解的标价形式或价格手段欺骗、诱导消费者购买商品。

第十二条 零售商开展促销活动,不得降低促销商品(包括有奖销售的奖品、赠品)的质量和售后服务水平,不得将质量不合格的物品作为奖品、赠品。

第十三条 零售商开展有奖销售活动,应当展示奖品、赠品,不得以虚构的奖品、赠品价值额或含糊的语言文字误导消费者。

第十四条　零售商开展限时促销活动的,应当保证商品在促销时段内的充足供应。

　　零售商开展限量促销活动的,应当明示促销商品的具体数量。连锁企业所属多家店铺同时开展限量促销活动的,应当明示各店铺促销商品的具体数量。限量促销的,促销商品售完后应即时明示。

　　第十五条　零售商开展积分优惠卡促销活动的,应当事先明示获得积分的方式、积分有效时间、可以获得的购物优惠等相关内容。

　　消费者办理积分优惠卡后,零售商不得变更已明示的前款事项,增加消费者权益的变更除外。

　　第十六条　零售商不得虚构清仓、拆迁、停业、歇业、转行等事由开展促销活动。

　　第十七条　消费者要求提供促销商品发票或购物凭证的,零售商应当即时开具,并不得要求消费者负担额外的费用。

　　第十八条　零售商不得以促销为由拒绝退换货或者为消费者退换货设置障碍。

　　第十九条　鼓励行业协会建立商业零售企业信用档案,加强自律,引导零售商开展合法、公平、诚实信用的促销活动。

　　第二十条　单店营业面积在3 000平方米以上的零售商,以新店开业、节庆、店庆等名义开展促销活动的,应当在促销活动结束后十五日内,将其明示的促销内容,向经营场所所在地的县级以上(含县级)商务主管部门备案。

　　第二十一条　各地商务、价格、税务、工商等部门依照法律、法规及有关规定,在各自职责范围内对促销行为进行监督管理。对涉嫌犯罪的,由公安机关依法予以查处。

　　第二十二条　对违反本办法规定的行为,任何单位和个人均可向上述单位举报,相关单位接到举报后,应当依法予以查处。

　　第二十三条　零售商违反本办法规定,法律、法规有规定的,从其规定;没有规定的,责令改正;有违法所得的,可处违法所得三倍以下罚款,但最高不超过三万元;没有违法所得的,可处一万元以下罚款;并可予以公告。

三、促销的类型

　　促销是现代社会所特有的商业文化现象和市场开拓策略,外延十分庞大繁杂,根据不同的标准,可以得出多种结论。

(一) 对象意义上的促销类型

根据促销的影响对象,促销分为消费者型促销、经销商型促销和销售员型促销三种类型。

问题思考
针对消费者型、经销商型和销售员型的促销,目标定位存在哪些差异?

消费者型促销活动的对象是潜在消费者和准消费者(即具有购买欲望、打算购买但是目前还没有购买商品的消费者)。这种促销活动的目标就是开展知识营销、主题营销和服务营销活动培育消费市场,或者运用让利机制刺激消费者在短时间内迅速或者大量购买企业提供的商品。

记住
消费者型促销活动的核心目标是刺激顾客快速、大量购买商品。

经销商型促销活动的对象是批发商和零售商,即经销商。经销商是商品由生产者的产品形态转换为消费者的物品形态的中间企业,它们从生产企业批发、批购商品,然后销售给消费者,通过商业服务谋取商业利润,所以具有双重性,既购买商品,又销售商品。当然,它们购买商品不是为了使用,而是为了向消费者销售商品。经销商型促销活动的基本目标就是运用合作机制引导经销商大批量进货,重点展示、宣传和推销企业生产的商品,把企业生产的商品置于显要位置,突出企业的品牌形象,把企业生产的商品作为明星商品重点向公众推荐。

记住
经销商型促销活动的核心目标是刺激经销商大批量进货。

销售员型促销活动的对象主要是营业员和推销员,其目标在于运用竞争机制和奖励机制激励营业员和推销员的积极性与创造性,提高服务艺术,优先把企业生产的商品推销给消费者,使企业进入购销两旺的理想境界。

记住
销售员型促销活动的核心目标是刺激销售员积极推荐。

(二) 商品意义上的促销类型

从商品角度来看,促销分为生产资料型促销和消费品型促销两大类型,其中消费品型促销又细分为日用品促销、选购品促销和特购品促销三种形式。

课堂讨论

生产资料、日用品、选购品和特购品的特点分别是什么?促销目标应如何定位?

生产资料型促销的商品是生产资料,即企业为了生产商品、维持业务运作而购买的设备、原材料、零配件、消耗性物品等。企业购买生产资料,不同于一般个体意义上的消费者购买商品,其特点是专业性强、数量大、理性色彩浓、关系比较持久。这种促销活动的目标有三个方面的内容:一是运用公共关系战略,巩固和发展良好的业务关系和人际关系;二是通过展览会、商品性能演示会,理性化、专业化地向用户展示商品的优越性和特色;三是通过培训教育活动,向专业用户传授新知识、新技术,帮助用户提高操作技能和劳动生产率,走共同发展之路,使这些受益企业更加信赖自己,成为稳定的购买者。

消费品型促销的商品是市场意义上的一般消费品,包括日用品、选购品和特购品三种。

日用品促销的商品是日用品。所谓日用品就是消费者日常生活中经常需要的商品,如毛巾、食品、洗涤用品、保洁用品、餐具等。这种商品的特点是单价较低、消耗较快、消费者就近购买,同类商品品牌之间的可替代性较强。因此,日用品促销活动的目标主要有两个方面的内容:一是通过让利机制和游戏规则,利用价格杠杆和趣味有奖活动,引导消费者经常购买企业提供的商品。二是通过POP广告宣传品牌形象,营造消费氛围,在激活消费市场的基础上,巩固企业的品牌地位,强化公众的品牌忠诚度,引导消费者反复购买企业的商品。

选购品促销的商品是选购品。选购品是消费者经过多番挑选、反复比较之后才购买的商品,一般都属于"商品大件",如金银饰物、大件服饰、电视机、音响、电脑、家具等,这种商品的特点是单价比较高、使用时间比较长,消费者在购买中比较注重品牌形象。选购品促销的目标主要有四个方面的内容:一是利用广告战略和POP广告强化品牌形象。二是开展知识营销活动和售前培训活动,帮助消费者掌握商品知识、提高操作商品的技能,消除消费者的疑惑,建立消费者的消费信心。三是开展售后服务活动,赠送服务联络卡,解除消费者的后顾之忧;四是设计抽奖活动,强化公众选购企业生产的商品的欲望。

特购品促销的商品是特购品,如艺术收藏品、商品房、轿车等。这类商品的单价特别昂贵,消费者可能终生享用,因此在购买过程中特别注重生产商和经销商的信誉形象。

第二节　促销活动的策划

促销活动是一种艺术化推介商品的活动,发挥机制性效能的关键在于运用利益倾斜策略和欢快喜庆的现场氛围,品位化地刺激、影响公众的消费心理,是科学性和艺术性的有机统一。每种促销活动的对象、目标、动机有所不同,策划模式亦有所不同。

促销十戒

(1) 先确定目标与预算,然后才能启动促销计划。
(2) 只有选择正确的促销活动,才能达到特定的目标。
(3) 促销对象务必针对目标顾客群体。
(4) 促销活动的宣传文案不得模棱两可、复杂难懂。
(5) 消费者参加促销活动的购买条件切勿要求太多。
(6) 广告若有利于促销推展,就应该搭配使用。
(7) 任何新品牌的重大促销活动务必先进行测试,然后才能执行。
(8) 举办促销活动不要到火烧眉毛才做计划。
(9) 构建并严格遵循简洁、易懂的销售理念。
(10) 策划促销活动时,务必请教令人信服的促销专家。

——[美]尤金

一、竞赛促销活动的策划技巧

现代公众生活在竞争比较激烈、竞技文化比较丰富的社会环境中,争强好胜的心理比较浓。因此,利用消费者的好胜之心,策划竞赛促销活动,容易激发消费者的参与欲望,能够取得较好的促销效果。

(一) 竞赛促销活动的含义

竞赛促销活动就是企业诱导消费者参加与经营商品、经营活动有关的竞赛活动,消费者发挥自己的才华,解决某一特定问题,根据比赛成绩,领取奖品、奖金的促销活动。

实战

假如您是汽车公司策划师,决定开展竞赛促销活动,能列出可以采用的竞赛促销的形式吗?列出的形式越多越好。

(二) 竞赛促销活动的形式

竞赛促销活动的形态比较繁多,凡是能够刺激公众竞技欲望的活动,都是竞赛促销活动的原型。在实际运用中,常见的形式主要有以下六种。

1. 有奖征集活动

设定奖品、奖金,公开向广大公众征集品牌商标、广告标语、广告作品以及经营点子之类的方案。海尔集团为了宣传抗菌冰箱,在报纸上刊登了"海尔冰箱开创抗菌新时代""海尔抗菌冰箱从里到外的革命"等八条广告语,让消费者投票排列优劣顺序,消费者的排列顺序位于第一条的广告语与最终结果相符,就可参加幸运大抽奖。这种征集消费者广告意见的做法,就是有奖征集活动。

2. 游戏竞赛

根据某种游戏文化,诱导公众完成游戏程序,根据游戏程序的完成情况,给予相应的奖金、奖品。游戏竞赛的形态有拼字游戏(游戏答案往往是企业名称、品牌名称或者行业术语)、拼图游戏(游戏答案通常是企业商标、企业吉祥物或者商品造型)、收集游戏(积累包装袋内或贴在包装袋上的小卡片,利用它们完成某种图案,如商标的拼组)。

3. 消费竞赛

消费竞赛活动主要有两种做法:一是定量竞赛法,即在特定场所和特定时间内,要求消费者在限定时间内耗费既定数量的商品,达到指标即可获奖;二是相对竞赛法,即在限定时间内,比较消费者的实际耗费量,从大到小排列耗费量,数量最大者为最高奖获得者,其他以此类推。

4. 体育竞赛

根据全民健身活动的安排、企业的经营项目和目标公众的体育兴趣,举办具有游戏色彩的大众化体育竞赛活动,以此为载体,开展促销活动。

5. 生活情趣竞赛

充分开发日常生活模式的商务价值,精选较有吸引力的生活情趣,开展比赛(如厨艺比赛)活动,推销商品。

6. 操作技能竞赛

围绕商品,组织商品操作技能竞赛活动,实现商品与品牌形象的宣传目的。

> **记住**
>
> 竞赛促销活动至少具有六种形式。

（三）竞赛促销活动的策划技巧

竞赛促销活动的策划包括两个方面，即活动规则的设计和活动形式的策划。

竞赛活动规则的设计，涉及的内容主要有：竞赛活动的起止日期；评选方法；公布答案的办法；参赛条件、有效证件要求；奖品等级、金额、奖品形式、相关资料；中奖名单的公告时间、媒体名称与方法；奖品赠送方法等。

竞赛活动形式的策划应该突出趣味性、游戏性，难度适中，奖品、奖金的价值比较大，具有一定的诱惑力。此外，还要注意安全问题，确保竞赛活动得以顺利推行。

二、抽奖促销活动的策划技巧

抽奖促销活动就是利用公众消费过程中的侥幸获大利心理，设置中奖机会，利用抽奖的形式，来吸引消费者购买商品。

（一）抽奖促销活动的形式

抽奖促销活动的形式，常见的有以下五种。

1. 一次抽奖形式

消费者凭借购物发票或者其他凭证，参加抽奖，根据预先设定的方案，中奖者领取奖品。原来购物发票或者凭证参加一次抽奖活动后，就失去抽奖效用，消费者不再享有参加抽奖的资格。

2. 多次抽奖形式

消费者凭借购物发票或者其他凭证，可以多次参加抽奖活动，兼中兼得。

3. 答题式抽奖

根据广告宣传作品或者其他介绍材料，甚至社会读物，回答企业设置的问卷表，所有问题回答正确的公众，即可凭借编号问卷或者电话号码，参加抽奖活动，中奖后到指定地点领取奖品。

4. 游戏式抽奖

预先设置某种游戏项目，消费者完成游戏项目后，获得参加抽奖活动的资格，中奖者领取奖品。

5. 连动抽奖

消费者凭借优惠券、贵宾卡等，自动享有资格参加抽奖活动。

（二）抽奖促销活动的策划技巧

问题思考
请您描述自己印象最深的一次抽奖促销活动。这项活动的什么特点让您牢记在心？

为了提高抽奖促销活动的效果，策划时应注意抽奖方案的科学设计，特别注意中奖率、奖品价值的设计。在奖金总额既定的前提下，在法律允许范围内，有两种设计办法：要么降低中奖率，提高单项奖的奖金数额；要么降低单项奖的奖金数额，提高中奖率。这样，抽奖活动对消费者才会具有吸引力。

三、附加赠送促销活动的策划技巧

在消费生活中，消费者有一种特别明显的消费心理，就是生活成本最低化心理，期望以最少的支出购买最好的商品。消费者极为恒久的愿望就是物美价廉。根据消费者的这种消费心理定式，企业可以策划附加赠送活动，刺激消费者的欲望，影响消费者的购买方向。

（一）附加赠送促销活动的实质

附加赠送促销活动的实质就是"加量不加价"，是消费者购买一定数量的商品后，按事先公开的比例，获得企业赠送的同类或者相关类型相应数量商品的促销活动。在这种促销活动中，消费者同样的支出，获得了比较多的商品，等于以较低价格购买到了如意的商品，充分满足了自己的生活成本最低化需求心理。因此，促销效果比较理想。

（二）附加赠送促销活动的策划技巧

实战
海狮牌食用油制造公司决定开展附加赠送促销活动，请您策划运作方案，您认为该方案应该包含哪些内容？

附加赠送促销活动直接作用于消费者的消费心理、利益心理，为了强化其市场冲击力,策划时应注意赠送形式、赠送比率、赠送品种和标识等项目的设计。

1. 赠送形式的策划

附加赠送促销活动的形式主要有两种:一是增大包装或容器,按照既定比率,把赠送商品与非赠送商品置放在同一个包装袋或者容器中,消费者购买商品后自然得到了赠送的商品;二是不改变包装,采用"购买大包搭送小包"的策略,向消费者赠送相应数量的商品。前一种形式便于管理,可以有效杜绝随意赠送现象,适用于固定比率的赠送促销活动。后一种形式便于操作,营业员可以根据消费者购买商品的数量,按照增速比率决定发放相应数量的赠送商品,一般适用于增速比率的赠送促销活动。

2. 赠送数额的策划

附加赠送促销活动的数额策划,主要涉及两个方面的内容,即赠送价值和赠送比率的设计。

在附加赠送促销活动中,对消费者能够产生影响作用的因素是"赠送价值",赠送商品的价值比较大,消费者容易"心动",进而"行动"决定购买;如果价值比较小,消费者感到无所谓,一般就不会购买商品。一般来说,赠送商品的价值应相当于购买商品总价的 15%—25%,其中较为理想的是 20%。

赠送价值确定以后,还要进行赠送比率的设计,赠送比率主要有固定比率和增速比率。固定比率就是不论消费者购买多少商品,赠送比例都是"购一送一、购一送二、买二送一"之类,固定不变。增速比率就是根据消费者购买商品的数量或者价值,按照既定方案,通过函数计算,确定赠送系数,发送商品,其特点就是消费者购买商品的数量越多,享受的赠送比例越高,得益率越大。一般而言,固定比率适用于选购商品、特购商品,而增速比率适用于日用商品,能够有效地刺激消费者大批量购买企业提供的商品。

3. 赠送品种的策划

在附加赠送促销活动中,可用于赠送的商品主要有两种:一是同类商品,主要适用于无须与其他物品搭配使用的商品,如洗衣粉"买一送一",就是指消费者每购买一大包洗衣粉,即可获得一小包洗衣粉;二是与促销商品相关的商品,主要适用于必须与其他物品搭配才能使用的商品,其中消耗量比较小的商品可作为赠送商品发给消费者,如剃须刀片"买一送一",其具体内容可能就是指购买一大盒刀片,赠送一把刀架。

4. 标识的策划

在市场上,商品品种比较繁多,信息量比较大,如果缺乏必要的标识设计,消费者可能看不到附加赠送的信息,自然无法接受促销影响。因此,在策划过程中,必须高度重视附加赠送活动的标识设计。在这个方面,涉及的具体内容有三个方面:一是创作具有鼓动性、能够比较贴切地表现附加赠送信息的宣传方案,特别是标题与标语;二是改变包装设计图案,色彩的对比性宜强烈些,在"买100送20"等字体上可使用齿轮状、折线型图案作背景图,强化赠送信息的视觉影响力;三是设计POP广告与店堂导示牌,现场传递附加赠送信息,引导消费者选购企业促销的商品。

要点提示

附加赠送促销活动的策划包括赠送形式、赠送比率、赠送品种和标识等项目的设计。

四、折扣促销活动的策划技巧

折扣促销又称"降价促销""打折促销",是企业在特定市场范围和经营时期内,根据商品原价确定让利系数,进行减价销售的一种方式,是现代市场上最频繁的一种促销手段。由于它给消费者的利益比较直接,能够有效地引导消费者的消费方向,对于增加商品的市场销售量、提高商品的市场占有率具有促进作用。

(一)折扣促销活动的利与弊

问题思考

有人说"打折是找死,不打折是等死"。您同意这种说法吗?为什么?

折扣促销活动是一把"双刃剑",它的作用机制、客观效应具有两面性。

从好的影响方面来说,折扣促销活动由于给消费者以较明显的价格优惠,可以有效地提高商品的市场竞争力,争取消费者,创造出良好的市场销售态势。同时,刺激消费者的消费欲望,鼓励消费者大批量购买商品,创造出"薄利多销"的市场获利机制。

从不良的影响方面来说,折扣促销活动的消极作用表现在以下四个方面:① 企业给以较为明显的折扣幅度后,消费者可能会期望更有利的折扣率,容易萌发观望等待心理,消费者并不购买打折的商品,从而影响商品的销售。② 某一阶段或者某一个企业成功的折扣促销活动,引导消费者大量购买商品后,造成未来市场需求的相对饱和。由于未来市场已提前得到满足,经营形势难以转变,因而不利于消费市场可持续发展态势的形成。③ 采用降价销售,容易降低商品的品牌形象,不利于品牌延伸商品的促销。④ 降价销售的关键在于让利于消费者,也就是把企业应得的利润部分地送给了消费者,其结果是降低企业的市场获利能力。近年来,有些地区的市场,持续性地出现销售额增加、商业利润却不断下降的反常现象,与大规模推行降价促销有直接的关系。商业利润不断下降后,有些企业甚至选用劣质原料生产商品,最终又会危及消费者的利益。

记住

折扣促销活动有利也有弊。

(二)折扣促销活动的策划技巧

折扣促销活动既有优势,又存在缺陷,因此在策划中应该特别重视科学性和艺术性。

1. 折扣主题策划

折扣促销活动虽然只是一种让利促销活动,如果有意识地引入主题内容,拟定较有品位的促销标题、宣传标语和口号,不仅可以强化促销活动的个性特色,而且能够有效地提升促销活动的文化品位,从而刺激消费者的文化性需要心理,提高商品的销售数量。

2. 折扣类型策划

折扣促销活动的类型不同,其操作模式、作用机制也不尽相同。确定折扣促销的类型,是策划工作的基础环节。根据规划与否,折扣促销分为规划型折价与应急型折价。规划型折价就是企业根据市场推广战略需要,事先计划在未来某个市场、某个时期内推行出来的折价促销活动。应急型折价促销就是经营者根据市场的临时性特点,特别是竞争形势的需要,出于应急需要而推行的折价促销活动。

3. 联合打折策划

为了推动折价促销活动的顺利进行,创造出规模效应,商业经营单位应该主动向厂商说明折价活动的意图,争取厂商让利,以便给商品折价留下较大的空间,更好地吸引消费者。

4. 折扣幅度策划

在实际工作中,我们发现折扣幅度如果比较小,如九折、九五折,对于消费者是没有多大吸引力的,促销效果不太明显。如果折扣幅度定为八五折特别是八折,对商品的影响作用就会比较明显。

5. 助兴活动策划

折扣促销活动的主题内容、基本形态和折扣幅度确定下来以后,还应该根据主题内容和商品文化,策划一些游戏性、娱乐性的现场促销活动,活跃气氛,强化促销活动的感染力。

此外,在策划过程中,还应加强价格折扣促销广告宣传作品(包括大众传播媒体的宣传广告作品和POP广告等)的设计,以便制造声势,扩大影响范围。

五、分期付款促销活动的策划技巧

分期付款,就是指消费者购买商品时不用一次全部付款,而是先交商品售价的一部分款项,余下金额在未来双方约定的时间内按照约定的方式分期支付。分期付款促销从表面上看,是企业设定方案,让消费者提前消费某种商品,即先享受后付款。从实质上讲,它是企业占领未来市场、强化资本回笼能力的经营手段,虽然有利己性色彩,但是客观上又具有利他的效应。

(一)分期付款促销活动的适用条件

假如海尔空调酝酿在上海开展分期付款促销活动,您认为这种做法合适吗?请说说理由。

分期付款促销活动给消费者提供了先享受、后付款的机会,能够有效地影响那些具有消费欲望,而暂时没有消费能力的公众。但是,分期付款并不适用于所有企业、所有商品的促销,策划前应该全面审视有关方面的条件,确保促销活动得以顺利推行。

分期付款促销活动的适用条件,主要有以下三个方面。

第一,从商品角度来看,分期付款促销活动适用于价值相当大,而消费者在日常生活中具有实用价值的超前型贵重商品,一般属于豪华型的选购品和部分特购品。"价值相当大"是一个相对系数概念,从分期付款促销活动来说,主要是指商品的价格相当于或者超过了目标公众的平均年收入。针对这种价位的商品,推行分期付款促销活动,公众容易"心动",能够有效地刺激公众的购买欲望。

第二,从合作者角度来看,商品经营单位、金融合作机构等合作者的商业信誉特别良好,能够恪守信约,合同履行率相当高。对这种经营单位,商品的生产者和消费者,都会感到比较放心。因此,由它们实施、组织分期付款促销活动,有利于提高活动的美誉度,强化其市场冲击力。

第三,从消费者角度来说,目标公众有收入比较稳定的职业,超前消费意识比较浓,具有较强的享受欲望。

分期付款促销活动的适用条件。

(二)分期付款促销活动的策划技巧

为了强化分期付款促销活动的市场效应和金融安全性,在策划过程中,应该强化整体运作方案、申请管理和后期管理的设计,注重规范性,加强合同管理和过程管理,确保及时、足额地回收到出售商品的款项。

六、以旧换新促销活动的策划技巧

在现代社会,科技发展可谓突飞猛进,带来了消费领域中所特有的"科技相对过剩"现象,即商品还具有使用价值,但是其款式已经落后于时代。从消费者角度来说,如果弃之不用,总觉得有些于心不忍。从经营者角度来说,如果消费者一直使用款式陈旧,但是具有使用价值的商品,势必影响商品的市场容量,解决这个"两难问题"的有效办法就是开展以旧换新促销活动。即企业向消费者折价回收款式过时但是尚有使用价值的商品,折价款供消费者选购企业提供的新式商品,消费者只要支付差价款项,即可获得新式商品。由于以旧换新满足了买卖双方的利益要求,因此颇有促销效用。

(一)以旧换新促销活动的效用

以旧换新促销活动的市场特性比较明显,主要表现在以下三个方面。

第一,有效地巩固消费者关系,扩大企业的消费者队伍。在以旧换新促销活动中,消费者享受企业让利的前提条件是"换新",即购买企业推介的商品。因此,无论是同一品牌的以旧换新,还是不同品牌之间的以旧换新,对于企业来说,都是一种寻找准消费者的有效途径,能够在较短的时间内壮大消费者队伍,为企业的发展奠定良好的公众基础。

第二,刺激公众需求,扩大市场消费容量。消费者愿意拿来"以旧换新"的商品,虽然还具有使用价值,但是在款式、功能诸方面已经落伍,相对于新式商品使用价值已经不太充分,只是弃之可惜。企业推出以旧换新活动后,给消费者购买新式商品提供了一个很好的"台阶"。在这种情形下,消费者会利用这个"台阶",及时更新商品。从市场角度来看,消费者人为地缩短了商品的使用寿命,多消费了商品。对于企业来说,这就激活了消费市场,扩大了市场的有效需求。

第三,强化企业的科技进步形象。企业开展以旧换新促销活动,往往意味着商品已经更新、发展,推出了更新、更好的商品,因此能够有效地宣传企业的科技创新形象、进取形象。

> 以旧换新促销活动具有多重效用。

(二) 以旧换新促销活动的策划技巧

> 海尔为了推销平板液晶电视,决策在上海开展以旧换新促销活动,请为该活动策划具体运作方案,并请问该活动方案包括哪些基本内容?

以旧换新促销活动的策划,除了符合一般促销活动的要求以外,还要注意以下内容的策划与设计。

1. 对比宣传的策划

以旧换新促销活动的前提是新旧商品具有对比性,新商品明显超越了旧商品。只有让消费者充分了解新式商品的进步性,消费者才有可能来"以旧换新"。因此,在"以旧换新"促销活动的策划中,要高度重视新旧产品的对比性宣传,把新商品的进步之处淋漓尽致地渲染出来,这样才能充分影响消费者"喜新厌旧"的消费心理。

2. 以旧换新"折价"方案的设计

以旧换新促销活动是一种互利互惠活动,其折价方案直接影响着消费者的参与热情。折价方案的制定,主要表现为拟定出具体化的旧商品折价额度。如果以旧换新"折价"方案的内容比较复杂,宜用表格方式加以陈述。

3. 爱心包装的策划

以旧换新促销具有较强的商业性。为了塑造企业的人格形象,在以旧换新促销活动策划中,应该注意爱心包装。例如,胜家在以旧换新促销活动的宣传广告中,声明"感谢上海市民政福利事业管理处协助本次活动,将所收购的彩电捐赠给敬老院的老人们",让人肃然起敬。更高层次的爱心包装,往往将以旧换新活动与献爱心活动有机地结合在一起,融为一体。在这个方面,浙江三保皮件公司策划、开展的"手拉手书包交朋友"活动,就颇具借鉴意义。这次活动以旧书包换新书包为由头,一方面,让小朋友将污损不用的旧书包折价卖给浙江三保皮件实业公司,同时以低于市场价向该公司购买一只具有保安、保健和保险作用的"凯归"牌三保书包;另一方面,由三保公司将旧书包消毒修整后以小朋友和公司的名义捐赠给贫困地区小朋友。通过一来一往,两地的小朋友结成"一对一"的"手拉手好朋友"。这项活动,把引导少年儿童奉献爱心融于"手拉手书包交朋友"之中,深受公众欢迎。

4. 注意事项的设计

为了确保以旧换新促销活动的顺利进行,应该注意时间、地点的安排。除此之外,还要对旧商品作出质量、性能、或者品牌方面的要求。例如,彩色电视机的以旧换新活动,一般应该声明"任何旧彩电必须有正常图像,无故障"。

七、贸易展览促销活动的策划技巧

企业通过举办贸易展览促销活动,能够有效地吸引公众,实现商品促销的目的。所谓贸易展览促销活动,就是企业通过实物展示、示范表演来宣传企业形象和商品形象的一种促销活动。由于贸易展览促销活动直观形象、图文并茂、说服力强,具有特殊的轰动效应,能够充分利用公众的现场感染心理和从众心理强化宣传、促销效果,因而成为企业进行商品促销的基本策略之一。

课堂讨论

回想一次您认为颇具水准的贸易展览促销活动,它有什么特色?然后再描述一次您认为糟糕的贸易展览促销活动,它有哪些不足?请您列出能提高展览促销水准的注意事项和要求。

贸易展览促销活动是一个系统工程,其总体运作方案的设计内容很多,主要包括以下十个项目。

第一,确定目标。贸易展览促销活动的目标体系涉及两大方面:一是提高商品的销售数量;二是展示、宣传企业的品牌形象,强化企业的品牌忠诚度。

第二,确定主题。这主要表现为替贸易展览促销活动拟定一个鲜明、富有特色的标题和相关系列化的标语。

第三,确定竞争策略。贸易展览促销活动云集了行业或者相关行业的众多企业,竞争态势比较激烈。在方案设计过程中,应该根据前期关于贸易展览情形和市场形势的科学分析,拟定科学的竞争策略,确保企业从竞争中赢得市场优势。

第四,设计展台。拟定好展台布置的施工草图,包括商品和办公用品的陈列布置图、展台的基本色调，以及展台周围的装饰物品等。

第五，策划销售活动的基本方案。要对方案开展培训教育，让参展员工明确展览活动的基本要求，掌握科学的现场销售技巧，从而提高贸易展览促销活动的业绩。

第六，设计辅助性、后援性促销活动方案，活跃展览会现场气氛，提高消费者光顾率。

第七，确定服务活动项目，以实效性、娱乐性的现场销售服务活动提高展台的吸引力。

第八，拟定、制作现场宣传文稿、宣传手册、宣传单，以及赠送礼品、礼品兑换券等媒体型促销工具，以最大限度地扩大企业的影响。

第九，预备接待消费者的登记用具与场所。

第十，确定摊位和日程表。

贸易展览促销活动方案包含的内容。

促销就是促销销售，能够有效激活消费，是打通生产与消费环节的推进器，是活跃营商环境的重要力量。

消费竞赛、抽奖、附加赠送、退款、折扣、分期付款、现场演示、以旧换新、贸易展览以及销售竞赛，都是促销活动的形式，只要符合消费者的性价比消费心理，都能有效吸收目标顾客，在火爆的销售过程中实现建构公众关系、塑造品牌形象的公共目标。

促销的定义
促销的前提
促销的类型
各种促销活动的策划技巧

唐纳·邦伦："没有正确的促销观，生产力的提高只会造成浪费。"

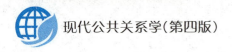 **前沿问题**

当前我们已经认识到:消费是决定国家宏观经济运行状态是否健康的最为重要的变量;公共关系运用促销策略来刺激社会需求,对于国民经济的发展具有重要的拉动作用,属于营商环境的呈现指标。但是,关于运用什么方式开展促销还存在些许分歧。有些学者强调净化市场环境,营造放心购物环境,侧重法制管理,但是实践中往往是"一管就死",缺乏应有的市场气氛。有些学者强调激活市场需求,利用各种手法诱导公众购物,侧重策略谋划,但是实践中往往是"一活就乱"。如何将这两种意见统一起来,在法律边界之内,灵活运用各种策略,开展"阳光促销",确实还需要学术界深入研究。

 **推荐阅读**

《促销管理实务》(徐惠坚,科学出版社,2019年出版)

该书在分析促销工作过程的基础上,具体讲述优惠券、折价、赠品、样品、竞赛、抽奖、演示、主题促销及针对中间商的通路促销和针对企业销售人员的内部促销等促销形式的主要流程。

推荐理由:内容全面,有理论介绍,有实用技巧,能够引领学生培养促销策划与实践能力。

 **案例**

唯品会419品牌特卖节

唯品会是目前全球最大的特卖电商,专注为3.3亿用户提供品质大牌商品与愉悦购物体验。于2019年4月19日—21日推出"419品牌特卖节",主张回归性价比本质,通过活动让利给消费者。为此,对"特卖"进行了自我加压式的界定,强调特卖不是传统意义的大甩卖模式,也不是一般商品的纯低价促销,而是"新价值特卖",即通过特卖,在上游改造供应链,提供连贯的商品生命周期解决方案,帮助品牌找到传统模式外的第二条增长曲线;同时在下游为用户提供高价值商品,满足他们对品牌和品质的需求。

"419品牌特卖节"是唯品会创立十年来首次以"品牌特卖"作为节日主题词,精选服饰、美妆、鞋包、体育用品、家居、数码家电等海内外知名大牌,专门打造人气大牌、国际大牌专区,甄选一线专柜大牌及畅销商品,严格比价,提供差异化的、全方位的应季独家物品,坚持以最实惠的方式让利给消费者,助力大家享受高品质生活。消费者足不出户即可逛遍各地奥特莱斯。

在确保商品品质的前提下,唯品会"419 品牌特卖节"的价值优惠更具影响力,设计了三款促销方案。第一款方案是"419 领券中心(红包馆)",4 月 13 日开始到活动结束,会员进入领券中心可领取优惠券,所有优惠券即时充入会员账户中;会员每日可参与抽奖 3 次,奖品包括 419 元优惠券(满 800 元可用)以及明星大额品牌红包等。第二款方案是"跨品牌满减",顾客购买"4.19 全球好货狂欢节"非击穿底价品牌专场的商品,即可享受对应满减活动的优惠,折后跨品牌满 998 减 120,满 498 减 100、满 298 减 80、满 199 减 100,满 158 减 30,上不封顶;购买"4.19 全球好货狂欢节"1 件 4 折专场商品,即可享受 1 件 4 折优惠,但不重叠享受满减优惠;购买"4.19 全球好货狂欢节"99 减 50 专场商品,即可享受 99 减 50 优惠,上不封顶。第三款方案是"惊喜官特劈价",顾客购买"惊喜官特劈价"活动的商品,享受特批价后仍满减折扣优惠,并可参与唯品会的其他优惠活动。

秉持新价值特卖的承诺,为顾客和品牌商不断提供超预期的体验和服务,创造出了更大的价值,在活动中,消费者能以更低的价格买到更高品质的商品,用更大的品牌满足个人最小的生活愿望。品牌商则能更直接地触达新户,以更快的周转,创造更高的销售,唯品会的"419 品牌特卖节"异常火爆。

点评:立足打通消费链,创造性提出"新价值特卖"理念,既打动了品牌商,又感动了消费者,因此得以三方共赢。

练习与思考

部分参考答案

第十二章 公共关系的CIS策略

 学习目标

学完本章,您应该能够:
1. 理解CIS的含义、基本结构和特点;
2. 了解CIS的发展趋势和应用领域的拓展;
3. 掌握策划MIS的基本要求和技巧;
4. 理解BIS作为一种制度建设所应该包含的指标;
5. 掌握VIS的设计对象和基本方法。

 基本概念

CIS MIS BIS VIS 经营理念 标志 标准字 标准色

CIS是公共关系的核心策略之一,公共关系只有在科学的CIS指导下,从内容主题到形式风格形成强大的整体感,才能创造出公共关系的规模效应,持续而深刻地影响公众,实现公共关系的终极目的。因此,在公共关系中应该自觉引入CIS理念和CIS方法,积极探索CIS指导公共关系、公共关系CIS化的模式。本章引导学生正确理解CIS的含义、基本结构和特点,初步了解CIS的发展趋势和应用领域的拓展,掌握策划MIS的基本要求和技巧,理解BIS作为一种制度建设所应该包含的指标,掌握VIS的设计对象和基本方法。

第一节 CIS的含义

CIS是英文Corporate Identity System的缩写,意思是企业识别系统。作为一种

朴素的社会现象,可以说古已有之,如古代军队统一着装,这多少带有些CIS色彩。但是,作为一种科学的经营策略,CIS最早出现在20世纪初,而得以广泛推广则是20世纪50年代的事情了。当时,美国的IBM公司率先推行了以统一视觉形象为中心的CIS:提出"IBM意味着服务"的经营理念,开展"24小时限时售后服务"制度,设计全新的"IBM"标志。推行CIS方案后,IBM获得了巨大的发展:20世纪60年代的年营业额迅速上升为60多亿美元,70年代的年营业额飞跃为200多亿美元,80年代的年营业额高达600多亿美元。由于IBM的巨大成功,美国企业纷纷看好CIS的商业效用。所以,20世纪60、70年代美国企业界出现了人类第一个CIS热潮。此后,CIS作为一种经营思想和策略,传向欧洲各国、日本等,然后再传向中国,CIS热此起彼伏,影响颇大。CIS由于其特殊的功效,而成为现代市场经济条件下一种全新而极其重要的策略。国外专家研究现代企业发展后认为:20世纪70年代是商品质量的竞争,80年代是营销与服务的竞争,90年代则是品牌形象的竞争,而品牌形象竞争集中体现为CIS的竞争。

一、CIS的含义

正确理解CIS的含义,是强化CIS意识、发展CIS文化、完善CIS技术的基础,也是在公共关系工作中科学运用CIS的前提。

> **问题思考**
> 您能说说可口可乐的视觉印象吗?注意其不同商品之间的标志、字体和色彩的共性。然后,再从理论角度说说CIS的含义。

CIS就是将企业理念和企业文化通过同一的视觉识别设计,予以视觉化、规范化、个性化和系统化,通过整合营销传播(Integrated Marketing Communication, IMC),使公众产生一致的认同感和价值观,从而创造出最佳的经营发展环境。

CIS的基本含义。

(一)CIS的核心:建立企业的文化式市场运作机制

根据形式,企业的市场运作机制分为三种,即生产式、经营式、文化式。

生产式市场运作机制受传统推销观念支配,其运行模式是:企业生产出产品后,交由市场拓展部门进行广告宣传和促销,企业的中心工作是生产,推销部门的中心

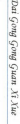

工作则是推销产品。如果企业盲目生产的产品正巧符合公众需求，促销任务就能顺利完成，这种成功取决于偶然。大多数的情形是：企业盲目生产的产品不符合公众要求，因此产品严重积压，这种市场运作机制主要适用于市场经济不发达、商品总格局是供不应求的社会。

经营式市场运作机制受现代营销观念指导，企业积极开展前期调查，针对公众需求特性设计、生产产品，然后开展宣传和促销。这显然是市场观念的巨大飞跃，依次强调了公众意愿在产品开发、设计中的决定性作用，提出了"顾客就是上帝""顾客永远是对的"等口号，这无疑是极其重要的。但是，在市场宣传作业阶段依然以推销商品为己任，带有明显的现场劝购色彩，针对的只是公众的功能需求，缺乏文化色彩和心理意义上的消费氛围，所以有时营销也难以奏效。

文化式市场运作机制的基本依据是CIS。CIS包括三个基本要素，即MIS（Mind Identity System，理念识别系统）、BIS（Behavioral Identity System，行为识别系统）、VIS（Visual Identity System，视觉识别系统）。CIS在吸收了现代营销观念中"公众至上"等思想的基础上，提出了一整套以文化为中心、力求全方位整合的主张，这主要体现在MIS、BIS和VIS三者的有机统一上，在操作上它表现为整合性，如图12-1所示。也就是说，在CIS的构成要素中，MIS具有指导作用，规范着BIS和VIS，BIS和VIS则分别从管理制度、视觉宣传作品两个角度表现着MIS。

从图12-1可以看出，企业的所有方面都受制于企业文化，都在表现着企业文化。这样，在CIS指导下，企业的所有行为，尤其是市场运用行为，都带有浓厚的文化性特色，力求创立"文化美的企业、文化美的经营、文化美的公众、文化美的社会"四联机制。这样，企业的市场行为不仅可以满足公众的功能性需求，而且可以满足公众的心理性需求。不仅可以淡化纯商业色彩，而且可以渲染商业领域中的文化氛围，在展示企业文化的同时，向社会输出了一种全新的文化形式，从而创造出良好的消费文化氛围。公众在文化氛围中受到感染，就会产生出"以消费某种牌号、某种商品为荣"的心态，进而增加市场需求量，为企业创造出良好的宏观经营环境，企业文化式市场运作机制如图12-2所示。

（二）CIS的目标：塑造企业的整体形象

企业形象是一个整体。如果说，一般意义上的公共关系因人力、物力限制，而局限于某一个方面的话，CIS则在"大设计观"指导下，运用"大思维""大手笔"全方位地塑造企业形象，强调整体性。这主要表现在它的"两个追求"和"一个归口"上。所谓两个追求，是指追求企业内在形象与外在形象相统一，追求企业视觉形象与非视觉形象相统一。所谓"一个归口"，是指CIS的所有努力，最终归口于BI（Brand Identity）上，即品牌形象的统一上，以创造出新的驰名品牌。CIS目标的作用机制，如图12-3所示。

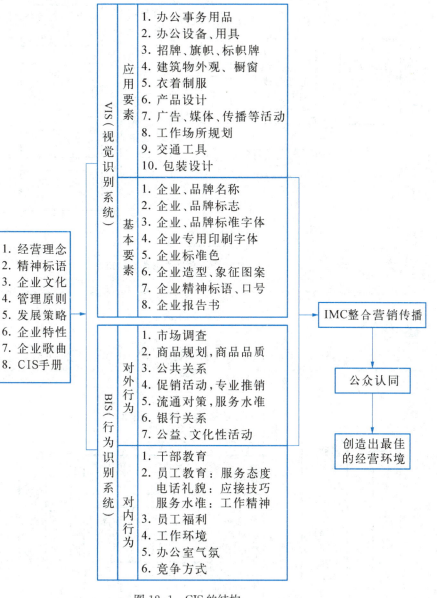

图 12-1　CIS 的结构

 记住

CIS 的结构图。

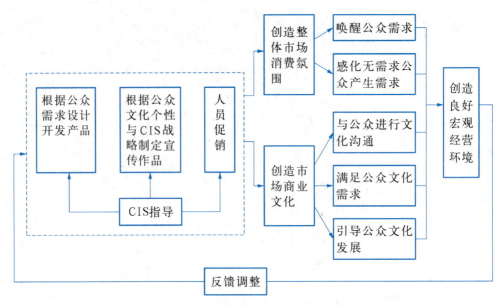

图 12-2 企业文化式市场运作机制

生产式、经营式、文化式市场运作机制的指导思想是不相同的。

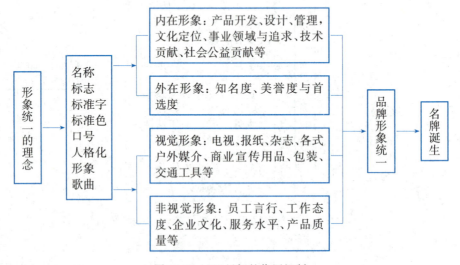

图 12-3 CIS目标的作用机制

CIS的目标定位于塑造企业整体形象。

(三) CIS 的心理机制：强化记忆与引发联想

CIS 具有深刻的心理机制，主要表现在强化记忆与引发联想两个方面，并由此而产生巨大的市场感染力和冲击力。

在强化记忆方面，CIS 充分利用了人的"视觉认知优势"和"简单多次重复"的深刻机制。在心理学看来，人们接受和识别外界信息，大约 85% 依赖于视觉感知。根据这个理论，可以得出这样一个结论：相同的宣传费投入，假设策划水平一致，如果用于视觉型媒体，如电视、路牌、印刷品，产生的宣传效能远远大于纯听觉型媒体。正因为这样，CIS 为了充分吸引公众的视觉，历来都强调图案、字体和色彩的运用，这是 CIS 成败的重要环节。在"简单多次重复"方面，人们对于比较简单和多次重复的内容往往记忆牢固。在 CIS 中，反复突出宣传企业的品牌形象，自然能给公众留下深刻的印象。

引发联想有两个方面：一方面在 MIS 中，CIS 运用文化美学原理提出了一整套具有内在联系的文化性口号，描绘的是一幅符合文化美学要求的意境，能够引导公众由此而产生美好的联想，对企业产生好感；另一方面在 VIS 中，CIS 运用设计美学、应用美学知识，制作出了符合美学要求、赏心悦目的作品，无论字体、图案，还是色彩运用都能给公众一种美的享受，这样也能引导公众产生美好联想，对企业及其产品产生好感。

由于 CIS 既能有效强化公众的记忆，又能有效引导公众形成美好的遐想，具有良好的心理机制，因而能产生巨大的市场冲击力。

二、CIS 的特点

问题思考

请您运用实例说明 CIS 的特点。

从宣传的角度来看，CIS 与一般的公共关系策略不同，在操作上形成了自己的基本特质。这些特质是进行 CIS 策划的基本规范，也是运用 CIS 指导公共关系必须遵循的要求。

(一) 差异性

CIS 强调以独特鲜明的个性，远离竞争者，无论在 MIS、BIS，还是 VIS 或其他方面，均强调自己的特色。忌讳雷同或相似，突出个性化，以便公众在琳琅满目的企业、商品中迅速识别出企业及其商品,力求以个性赢得公众、赢得市场。

在实际运用中,CIS强调差异性,但并不是主张"稀奇、离谱",这是一种基于科学判断的"差异性思维"。也就是说,CIS的差异化、个性化有特殊的前提,即符合行业形象特性和产品形象特性,符合公众的正常心态和社会文化的要求。如果一味地追求新奇,背离了社会正态思维,那么公众是无法接受的,CIS也就不可能产生实际效能。

(二)规范性

严格意义上的CIS,无论名称、名称简化、字体书写款式、字体布局、图案色彩,以及员工言谈举止、生产管理诸方面,都要严格按照《CIS手册》的技术参数、标准和样本进行,按章办事,不容许随意篡改。

(三)一致性

CIS要求企业系统(包括分支机构)的各个方面,都采用同一的理念、同一的造型、同一的形象,创造出较大的一体感,通过文化上、行为上、视觉上的有机整合和科研、生产、营销、服务、管理整个环节上的一致规定,强化社会组织的整体形象,并以此协调企业内部部门关系、员工人际关系以及企业与外部公众的公众关系。一致性特征是企业发挥"(1+1)>2"效应的保障,也是企业以强大的整体气势震撼公众的基础。

(四)文化性

美国一位企业专家考察世界上许多著名公司后,撰文指出:"优秀公司之所以优秀是因为它们具有一系列独特的文化特性。"在现代经营观看来,文化与经济是互动的,企业文化与企业盈利是相关的,以打文化牌为手段来开拓市场的方式,已被一些知名公司所采用。

CIS区别于一般经营策略的一个显著标志,就是它的文化性。在CIS的三个基本组成部分中,MIS是核心,它创造了企业的文化境界和哲学境界,而BIS和VIS则发挥着规范、指导作用。这样,整个CIS就表现出浓烈的文化色彩,而以CIS为指导的公共关系也因此颇具文化品位和文化韵味,能够有效地作用于公众的文化心态和文化需要心理,产生出强大的文化冲击力。

(五)美学性

爱美之心,人皆有之。美的图案、美的意境、美的行为、美的色彩,都能引起人的关注,给人以愉快的享受,并能以美引导人们产生美好的联想,进而对企业形成好感。所以，CIS特别强调美学方法的引进，尤其重视技术美学（如设计美学、劳动美学、行为美学、商品美学等）和文化美学的应用。在美学方法指导下，CIS根据公众文化思维和审美情趣，力求把产品形象、企业形象的标准化与审美形态的独特化结合起来，创造出对外而言具有个性色彩、对内而言具有同一机制的文化境界，以及融真、善、美于一体的品牌美学形象，以此开拓公众市场。

除了上述五个特征以外，CIS还具有传播性、心理性等特点。所谓传播性，就是指CIS的所有方面都要可视化、可知化、可感化、可传化，无论是MIS、BIS还是VIS都能够转换成视觉符号和形象符号，直观、形象地展示在公众面前。所谓心理性，就是指CIS从形式到内容均力求"赏心悦目"，符合人的心理思维，并能引起公众的心理快感和心理美感。

三、CIS的发展趋势

CIS是不是只有企业才能运用的策略？为什么？城市能够成为CIS的设计对象吗？

从CIS的产生契机来看，它主要是作为强化广告、公共关系专题项目活动的宣传效能而出现的，是作为市场经济格局发生重大变革条件下的广告新生长点的形式而登上时代舞台的。因此，在CIS得以推广的初期，其设计对象就是企业视觉形象，力图通过标准色、标准字、标准图案的艺术化运用，强化宣传作品的冲击力。这是CIS的第一个发展阶段，即视觉形象阶段。

视觉形象作品虽能引起公众一时的高度注意，具有较强的视觉效能，但并不能解决公众对于某一个品牌的信赖问题。为此，CIS的设计人员跳出局部性设计的视野，重点进行品牌形象的塑造，CIS由此进入品牌形象设计阶段。

在实际工作中，对于企业整体而言，品牌形象并不具有根本性的规范效应机制，不能带动企业所有商品、服务的行销，于是人们又开始探索具有规范效应的企业形象宣传方式，形象设计的对象涉及了整体形象，从目标战略形象、文化理念形象、企业行为形象、员工形象到视觉形象，为企业进行全方位的形象策划与宣传服务，CIS进入企业识别形象设计阶段。

随着市场竞争的日益激烈，人们认识到企业的竞争优势，不仅依赖于企业自身，而且还取决于企业所属特定行业。如果某一行业不能为公众所接受，那么企业无论如何也是难成气候的。在这种背景下，CIS 设计的视野也就随之得以拓展，其设计对象又有了新的延伸，即行业形象成为 CIS 的设计内容，CIS 进入行业形象设计阶段。相对于企业形象，行业形象是一个中观性的形象问题，其设计对象是某一个特定的行业。在设计行业形象的过程中，设计人员力图挖掘出该行业的共同特点，对行业形象进行总体定位，并设计出相应的行业整体营销策略、整体质量、整体服务水平等，使本行业在公众心目中具有较大的存在价值，进而达到维护行业形象、保护本行业所有企业利益的目的。

从发展趋势来看，企业的竞争实力直接依赖于企业所在地的"地区形象""地区优势"。为了推动地区经济、科技、社会的综合发展，一些颇具战略眼光的政府官员率先借助现代 CIS 理论策划地区形象、区域形象，地区形象、区域形象成为 CIS 设计的新对象，CIS 进入区域形象设计阶段。地区形象就是关于一个地区整体化的风貌和精神。塑造独特的地区形象，不仅有利于推动社会主义精神文明的建设，强化所在地区的内聚力、外引力，而且有利于提高所在地区、城市的知晓度、美誉度，进而从整体上增强所在地区所有企业的市场竞争实力，推动社会全方位、立体化的发展。

地区的发展是不平衡的，地区形象是需要"龙头"的，"龙头"就是地区内的重大城市。"龙头"城市作为地区形象的代表，是地区形象的主要标志，只有拥有"龙头"形象的地区形象才能真正具有现实意义，才可能深入公众的心灵。从某种意义上看，"龙头"城市形象就是地区形象。例如，说及华东地区，我们就会想起上海、南京、苏杭，而说及西北地区，我们就会想起西安、兰州等，说及珠江地区，我们就想起深圳、广州等，这些城市已成为所在地区的形象代表。在范围上，地区形象是十分广泛的，不可能进行全方位策划。为了节约投资，为了集约化效应，在策划地区形象时，人们开始把地区内的重大城市作为策划对象，即城市形象成为策划的重要对象，这进一步扩大了 CIS 策划的范围，CIS 进入城市形象设计阶段。

CIS 设计的对象从视觉形象、企业品牌形象、企业识别形象扩展到行业形象、区域形象、城市形象，在不断发展中呈现出多元化的发展趋势。但是，CIS 设计的主体对象仍是企业识别形象。

第二节　MIS 和 BIS 的策划

CIS 策划的实质性作业程序涉及三个方面的内容，即 MIS（理念识别系统）策划、

BIS(行为识别系统)规划和 VIS(视觉识别系统)设计。

一、MIS 的策划

> **问题思考**
> 您能说出自己单位的核心理念(如校训)吗?它是从哪个角度定位的?还可以从哪些角度进行定位?

企业理念识别系统主要由经营理念、精神标语两个方面构成。经营理念是社会组织根据自身特性和历史,高度概括出来的经营思想,或者是社会组织所追求的哲学境界、思想境界、文化风格,一般表现为精神标语。

> **记住**
> 企业理念识别系统的构成,经营理念的基本含义。

(一) MIS 的定位

企业既需要科学精神,又需要人文精神。MIS 可以从科学精神和人文精神两个角度进行定位。

1. 从科学精神角度进行定位

社会的进步取决于科学技术的发展。在人类发展历史上,就曾多次出现过"科学救国、技术救国"的思想。对于企业来说,科学技术是第一生产力,是企业的立业之本。虽然在现代市场竞争中,技术优势已不是企业制胜的唯一法宝,但是始终是最基本的竞争武器。因此,谋求技术优势总是现代企业家的首要战略。

为了创造企业的技术优势,形成重视技术、强调革新、不断拓新的企业氛围,应该从科学精神角度来定位企业的理念文化。

从理论上讲,科学精神是人类理性化认识、解释各种自然现象和人类现象的探索精神,它以物为尺度,追求真实、崇尚理性,相对人文精神而言,具有解构性、真理性、客观性和积累性的特点。由于物质世界本身的宽泛性,使得科学精神也变得丰富多彩。对于一个企业来说,在企业理念文化策划与构建过程中,不可能也无须全面吸纳人类科学精神,而应该选择适当角度,确定出具有行业特色、企业特点的科学精神。

具体而言,企业的科学精神作为一种特殊的价值观,具有五个方面的内在构件,即价值认识、价值取向、实现价值的行为准则、价值评判的准绳和价值理想。策划企业理念文化时,应该围绕这五个方面分别进行指标设计,并提炼出相应的精神口号与标语,使企业精神本身体系化、指标化、规范化,形成企业文化一体化的市场冲击力。

> 企业的科学精神包括价值认识、价值取向、实现价值的行为准则、价值评判的准绳和价值理想。

2. 从人文精神角度进行定位

人文精神是相对于科学精神而言的。在我国古代,"人文"一词是指诗书礼乐。在国外,"人文"这个词的内涵比较丰富,涉及的指标性内容有:仁道、仁慈、慈爱的行为;人道主义,对人关心,热衷人类的福利事业,博爱等。在现代,"人文"的内涵大大拓宽了,凡是相对于自然科学而存在的、有关人本身的各种现象都属于"人文景观"。

人文精神涉及的内容十分丰富,人的多重属性,如自然属性、社会属性、精神属性,以及人的多重关系,如人与人、人与社会、人与机器、人与自然,都是人文科学的研究对象,当然也是人文精神的基本构成指标。根据企业的市场需求,策划、设计企业的人文精神时,可以从以下四个角度来定位。

第一,从人与人的相互关系角度进行定位。人是世界的主宰,也是构成社会最为基本的因素。构建一个人人平等、互尊互爱的人际关系网络,是人们内心的一种渴望。从一定意义上讲,人文精神的根本任务就是协调、处理人与人的相互关系。为了接近公众,使公众对企业产生好感,企业应该本着团结互爱精神、集体主义精神和革命人道主义精神,策划具有独特意义的企业人文理念。这不仅可以提高企业文化的感染力,增强商品的市场冲击力,而且还可以强化企业的文化色彩。

第二,从人与社会的关系角度进行定位。人与动物的区别就在于人的社会性。人既然是社会性动物,处理好人与社会的关系便构成了人类社会的重要内容。基于这种背景,企业应该在尊重个人利益基础上,本着个人利益服从集体利益、国家利益的原则,提出具有鲜明民族特色、社会特点的企业理念,指导企业在为国家、为社会作贡献的同时,追求合法的商业利益。

第三,从人与自然的关系角度进行定位。人类生存在大自然之中,从20世纪

60、70年代开始,人们就十分重视自然保护问题,谋求人类社会、经济与自然环境的协调发展。因此,在现代社会,如何处理人与自然的关系就成为一个全新的课题。这为策划企业理念系统提供了一个绝好的入口。企业应该以绿色文明、环境保护文化为指导思想,设计旨在保护自然的企业理念文化,勾画出保护自然、珍惜地球、人与大自然和谐发展的美丽画面。

第四,从人与机器的关系角度进行定位。人与机器的关系是现代文明需要重点研究的课题之一。现代科学技术成果在许多领域中的运用,虽然提高了劳动生产率,但是也使人类付出了代价,人成为机器的一个"零配件",服从于机器的需要,出现了异化现象。在这种背景下,如何处理好人与机器的关系,便成为企业经营管理中需要解决的一个重要问题。从人与机器的关系角度进行企业理念定位,本着以人为本的原则,策划出人与机器和谐化、机器服从于人的企业理念文化,对于强化企业的文化品位具有重要的作用。

> 企业的人文精神可以从四个角度进行定位。

(二)MIS的策划

MIS的构成项目主要包括两个方面,即经营理念和精神标语。

经营理念是MIS的核心。在MIS中,企业经营理念的确定,具有至关重要的作用。经营理念是一种简化了的经营思想,包括经营宗旨、经营方针和经营价值观三个方面,反映了企业最高经营决策者的世界观与方法论,是其人生文化的一种体现。企业所有的经营方式、经营策略都围绕经营理念而展开。可以说,经营理念是企业发展的导向仪。在CIS策划中,要善于观察社会,积极思索人类、社会与环境的哲学问题,并归纳、提炼自己的思想火花,以确定企业的经营哲学。

> 经营理念包括经营宗旨、经营方针和经营价值观三个方面。

建立了经营哲学理念之后,就可以确定企业的精神标语。精神标语是经营哲学、经营理念的具体展现,是企业最高经营决策者理想追求境界的简化描述。有时精神标语表现为口号的形式,有时则表现为经营准则、企业纲领、"企业箴言"之类的形式,像"座右铭""守则"一样规范着员工的思想与言行。策划企业的精神标语时,从内容上应涵盖最高经营决策者的理想追求与企业目标,符合行业特性;从形式上应谋求特色和文化感召力,力求直观而规范、简短而朴实,做到意蕴丰富而又朗朗上口,以便员工记诵,充分发挥MIS的文化渲染作用和教育规范作用。

二、BIS的规划

> **问题思考**
> BIS属于制度建设,包括哪些基本方面?

BIS表现为岗位管理制度。制定BIS就是从制度方面围绕MIS来设计管理企业职能行为、企业公益行为和员工行为的基本制度,然后通过教育、培训,使员工全面遵循BIS要求,以此来塑造企业的行为形象,直观展示MIS的文化境界和企业风貌。如果说,MIS带有较大的抽象性的话,那么BIS则直接以员工具体、实在的举止形象作用于公众,在塑造整个企业形象中具有特殊的意义。MIS规划的内容、提出的理想追求无论多么动听,如果缺乏员工相应的行为展示,那是没有说服力的,当然也不可能产生形象效用。

BIS是一个系统工程,由多个元素构成。从行为发生地来说,企业行为分为内部行为和外部行为。从属性上看,企业行为分为职能性行为和非职能性行为。其中,职能性行为主要是指企业为达到创造市场利润而必须履行的行为,包括生产管理行为和市场经营行为两大类。生产管理行为可以说是一种内部性企业行为,它们围绕企业的生产工作而演绎出来,主要有市场调查、科研开发、产品生产、质量管理、人力资源管理与开发等。市场经营行为的发生地主要是在市场,是一种外部性企业行为,以占领市场、赢得顾客为中心,其需要解决的关键问题是销售商品,主要有市场营销、广告宣传、公共关系、接待、竞争、服务和危机管理等。非职能性行为是企业出于社会责任心和人类爱心而选择的公益性行为,这种行为虽然不能为企业创造利润,但是能够有效地塑造良好形象,影响公众的购买心理和消费心理,为企业占领更大的市场、赢得更大的利润奠定市场基础。企业行为系统的各个要素彼此影响、相互作用,构成为一个有机的整体,其模型如图12-4所示。

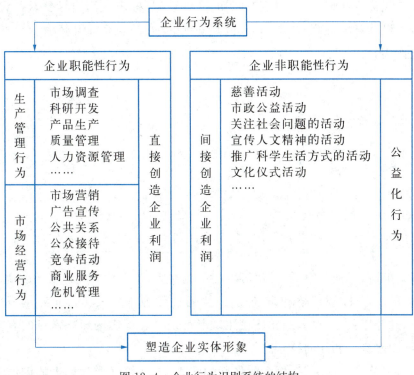

图 12-4　企业行为识别系统的结构

BIS 表现为岗位管理制度,涉及企业内外所有方面。

第三节　VIS 的设计

VIS 即视觉识别系统,作为一个整体主要包括标志、标准字和标准色三个基本要素,它们在形态、功效上是存在鲜明差异的,因此,其设计模式、技巧也不尽相同。

一、标志的设计

标志是社会组织根据自身特性,借助线条和颜色组合,用以表示某种寓意,并区别于其他社会组织的图案或字体。企业标志经过法律注册后,便成为具有法律意义

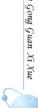

的商标。现代公众在消费方面存在鲜明的品牌意识,标志成为引导公众购买商品的重要符号。设计意境美好、寓意深刻、色调鲜艳的标志,对企业开拓公众市场具有特殊的促进作用。

记住

标志的基本含义。

(一) 标志的基本形态

问题思考

标志分哪几种?您能分别举出实例吗?

从理论上讲,任何图案、符号都可以加工为企业的标志。但是,由于标志强调实用功能,力求表意化、注目化和市场化,期望通过标志符号表达企业经营项目、引起公众注意,并开拓公众市场,因此比较注重形态设计。标志的形态常见的有三类,即文字符号、图案符号和几何符号。

所谓文字符号,就是直接用企业名称的中文、英文符号作为标志的创作素材,进行适当艺术化加工后所形成的标志,如"SONY"标志。这种标志就其实质而言,是企业名称及其第一个词、字、字母的简化或变形,可以有效地提高企业知晓度,其常见的形式有单字型(如"雄"牌标志)、词组型(如"永久"标志)、单字母型(如"V"牌标志)、双字母型(如"KK"标志)、多字母型(如"YKK"标志)等。

所谓图案符号,就是根据公司名称所包含的自然环境造型、动植物图案、人物图案、矿物图案、产品典型原料图案、典型用户图案和企业所在地的图案,进行适度抽象、加以简化后所形成的标志,如"熊猫"标志,主要是取材于"熊猫"图案。

几何符号是企业根据行业、产品的性能、用途与理念,借助几何图形,如三角形、四方形、圆形、椭圆形等加以变换组合,艺术化地创作某种寓意化的图画作为标志。这种标志具有简洁、明快的特点,富有个性、艺术感强,因而深受企业界欢迎。

要点提示

标志的常见形态有文字符号、图案符号和几何符号。

(二) 标志设计的程序

标志的设计,一般包括以下五个环节:

第一,分析企业所属行业的传统文化、代表性文化,找出标志行业的特色指标。

第二,审视企业的经营理念,确定出企业自身的文化理念形象。

第三,提取创作素材。为了更好地接近公众生活、展示企业形象,设计标志时,本着实用的原则,善于从公众的实际生活、心理需要(特别是公众情感需要)、企业经营理念与行业文化中提取创作素材。

第四,进行创作设计,把素材简化、抽象为某种图形、图案。

第五,对图案、图形进行着色,以强化标志的视觉影响力。

(三)标志设计的基本要求

问题思考

请您评价"复旦卓越"品牌的标志(见本书封面)。它给您印象最深的特点是什么?

标志设计是一项技巧性很强的工作,在操作中应该遵循以下八项原则。

第一,独特,使标志从主题创意、创作题材到图案形式、色调组合等方面,均区别于其他行业、企业,新颖独特,鲜明而有感染力。例如,中国银行的"中"型标志,取材于我国古钱币的图形,使人从直觉上便能识别出这是与钱有关系的单位,是某个银行的标志。

第二,简洁,力求单纯、简练、概括、明快,一目了然,以便公众识别和记忆。例如,"李宁"牌运动标志,以"李宁"的英文首写字母"L"为设计定位,这既代表"李宁",又似一只运动鞋、一条飘逸的领带,寓意这是一个与体育运动、服装有关的企业。"L"被放大、强调、渲染、夸张后,显示了一种列形的力量与气势。"L"下面设计了一排以李宁名字的拼音字母组成的斜体空心字和"L"相呼应,便于公众识别和记忆。这个标志个性强、时代色彩浓,对"李宁"牌系列产品的市场促销,起到了很好的促进作用。

第三,准确,做到寓意准确、名实相符,让公众从标志中直接分辨出企业的经营内容和服务项目。

第四,美观,标志应该具有一定的艺术气息,造型美观、巧妙精致,满足人的审美要求,尤其是要符合公众色彩心理、线条心理要求,给公众以美的享受。

第五,合法,标志的主题、题材和表现形式,都要符合法律、宗教等社会文化的要求,包括国家法律、国际商业法律等。

第六,实用,即企业的标志设计要符合企业理念的要求,突出企业形象的宣传与展示。

第七,稳定,标志不能经常更换,应有一定的持续性,以便持久地影响公众,形成标志在市场宣传方面的规模效应。

第八，通俗。标志是一种大众性设计艺术，只有取得公众的认同，才能产生实际意义。因此，在设计标志时应该面向大众，遵循通俗化设计原则，以最大限度地扩大公众范围。

二、企业标准字的设计

在现代消费市场上，对于企业来说，知名度就意味着市场占有率，代表着企业及其产品受欢迎的程度。企业有了一流的产品，还应该策划、设计与产品、公众消费心理相吻合的、稳定化的名称，即标准字。企业标准字的策划与设计包括两方面的工作：一是确定企业名称，二是设计具体字形。

 记住

企业标准字的设计包括确定名称和设计字形两个方面。

（一）企业名称的确定

确定企业名称，常见的方式主要有以下六种。

第一，行业法，从行业文化、行业典故中提取字眼作为企业、公司的名称，如"百草堂"药店。

第二，地理法，直接用企业、公司所在地的名称或简称、地理特征来给企业命名，如北京饮料公司。

第三，信念法，从企业经营理念、经营宗旨、企业文化中提取字眼，来确定企业的名称。

第四，创始人法，直接用企业、公司的最早创造人姓氏姓名，或者为企业发展做出过特别杰出贡献的员工姓氏、姓名来作为企业、公司的名称，如松下电器公司、迪斯尼乐园。

第五，产品法，直接用已经具有市场知名度的产品名称来做企业的名称，如春兰集团。

第六，文字法，选择富有个性色彩、吉利祥和、联想美丽的汉字、数字、外文及字母，进行适当组合、处理后，作为企业、公司的名称，如长虹电器、柯达公司。

确定企业名称至少有六种方式。

问题思考

请您评价"复旦卓越"品牌的名称和字体(见本书封面)。它给您印象最深的特点是什么?

企业名称和产品名称的确定是一项融技巧性、实用性与法律性于一体的工作,在具体工作中应该注意以下基本要求:

第一,准确,即语意准确,名称要与企业的行业特点、事业领域、经营内容和产品特性有密切的联系。

第二,新颖,即名称要富有时代感,符合社会发展潮流,特别是公众的消费文化潮流。

第三,个性,从词汇选择到字体造型应力求独特而有个性,切忌雷同。

第四,品位,产品名称既要有诗意美感、富于故事和典故色彩、寓意深刻,又要表现企业理念,具有较高的艺术品位,使名称成为经营哲学意境的生动展示和形象化的表达。

第五,易记,产品的名称应力求易读易认、易写易记、单纯简短,以便公众记忆和传达。

第六,吉利,产品的名称要给公众以吉祥、吉利之感。

第七,力度,产品名称的用词要卓越而有气魄,响亮而朗朗上口,以振奋人心。

第八,合法,产品的名称要符合我国各项法律规定和国际上的商业法规,同时还应考虑民族风俗和涉外文化问题,为企业开拓各种公众市场奠定良好基础。

 记住

确定企业名称和产品名称应该注意多方面的要求。

(二)标准字体的确定

企业名称确定后,就要确定书写字体,即进行字形设计。企业标准字形设计的内容,除了企业、品牌名称外,还有诸如精神标语、口号等。应该说,凡是企业常用的、用于宣传的文字字形,都应规范其书写字体。

从一定意义上讲,字形设计就是选择标准字体或规范字形书写名称等文字内容。可供选择的字形,有很多种,汉字主要有楷书、草书、隶书、篆书、行书等,在此基础上,又演化出印刷体和美术体,字形比较丰富。英文字体也比较多。

设计企业标准字字形时,应该充分考虑企业的行业特性和产品的主要特色来选择字体。选择字体时,应该注意到每一种字体的结构和形态特点,在此基础上,借助

象征、寓意手法对字形进行简化、变形或夸张等艺术化处理，加以布局、组合后，使字体大小、字形方圆、线条粗细等呈现出美感效果，从而恰到好处地展现企业的风采。常用字体的形态特征，具体见表12-1。

表 12-1 常用字体的形态特征

类 型	字 体 特 征
老 宋	横细竖粗、笔画严谨、字形方正、典雅、严肃大方
仿宋体	笔画粗细一致、讲究停顿、挺拔秀丽
小 篆	笔画横竖粗细等匀、布局均匀对称、整体结构环抱紧密、章法平正划一、排列方正、横竖成行，给人以整齐美
隶 书	字体灵活多样、厚实严谨
楷 书	体势呈长方、笔画丰满、章法多直行纵势、结构紧密、用笔变化多端、端正工整、通俗明了，给人以大众美
草 书	体势放纵、变化多端、飘逸灵秀、或春风拂柳、婀娜多姿、或沙场征战、万马奔腾、或风起云涌、波涛翻滚，给人以豪迈美
行 书	既有楷书的体势点画，又有草书的简易、形体灵活多变，给人以洒脱美
黑 体	笔画单纯、庄严醒目、视觉效果强

设计字体要考虑不同字体的心理特性。

三、企业标准色的设计

企业标准色是企业视觉形象体系中最具有视觉效果的部分。因此，根据色彩原理和公众的色彩心理，设计好富有企业个性的标准色，就成为CIS策划中的重要任务。

（一）企业标准色的设计原则

企业标准色的设计不是单纯的艺术用色，比较强调视觉效果和市场促销效果，在具体操作中，应遵循以下四项原则。

第一，突出企业风格，直接用色彩、色调展现企业的行业性质、经营宗旨、服务方针等企业文化内容。

第二，制造色调差别，以特色化的色彩组合方式来展示企业的独特个性。

第三，符合公众色彩心理需要。

第四,符合国际化潮流。在国外,企业一般都有自己的企业色。所谓企业色,就是用标准色号把企业常用的主色和辅色按照一定的面积百分比和色彩技术参数固定下来。在通常情形下,主色以1—2个高纯度色为多见,辅色由1—3个或更多低纯度色或白色构成,老企业多选用红、白为企业色主色,现在则强调差异感,多以蓝、绿、棕作为企业色的主色,由红色系转向蓝色系。

　　设计企业标准色应该遵循四项基本原则。

(二)企业标准色的设计策略

　　企业标准色的设计是一项策略性很强的工作。为了提高企业标准色的市场刺激效应,应该讲究设计策略。在设计企业标准色方面常用的三种策略:① 鲜明化策略,即选用的色彩多以高亮度色彩为主,有些色彩亮度比较低,则采用提高纯度的方法来强化企业标准色的视觉效果;② 专业化策略,即选用与原料色彩、产品色彩相同的色彩,进行组合和变形后作为企业标准色,以突出专业性;③ 大手笔策略,即选用单一的大面积色彩,组合出大格调的色彩布局,来作为企业的标准色,以强化标准色的鼓动效果。

　　设计企业标准色至少有三种策略。

(三)企业标准色的设计步骤

　　企业标准色的设计,具有很强的创意性和创造性,其操作程序的六个步骤如下:
　　第一步,透视企业理念和企业文化,从文化的角度理解好标准色的立意与主题,使标准色富有文化品位。
　　第二步,解剖企业形象,根据公众对企业的期望形象和实际形象,理解标准色的设计意图,组合色彩的布局。
　　第三步,设计色彩,包括选择主体色彩、辅助色彩,进行颜色搭配、组合、对比,明确主体色彩与辅助色彩、背景色彩与标准色彩之间的面积比例,创作出具体的标准色作品。
　　第四步,把标准色作品指数化、标准化,使企业标准色的构图成为可复制的设计图,以便批量化地印制。

第五步，规定出不可违章使用的色彩图案，并按章进行标准色管理。

第六步，进行市场反馈调查，了解公众对企业标准色的基本评价，并进行适当的修正，使企业标准色更加符合公众的心理需要，提高企业标准色的市场冲击力。

四、VIS的应用要素

VIS基本要素（即标志、标准字、标准色）确定以后，即可进入应用要素的制作、推广阶段。在这个阶段，实际上就是根据标志、标准字和标准色的设计样式、技术参数，围绕经营系列、制服系列、产品系列、管理系列、广告宣传系列等十一个基本方面，制作各种具体的应用要素，把企业视觉形象设计作品转换为视觉冲击媒体。

VIS的应用要素内容很多，其构成一览表见表12-2。

表12-2 VIS应用系统要素一览表

基本类型	应用要素
办公系列	名片、识别证、信封、信纸、便条纸、邀请函、贺卡、文具用品、公文卷宗、公函、笔记本、资料夹、单据、发票、证书、奖牌、明信片、书笺、旗帜、入场券、文件夹、贵宾卡、工作证、介绍信、公章、通讯录等
经营系列	商标、合同文本、财务单据、产品目录、陈列品、印花券、优惠券、贵宾卡等
管理系列	生产计划图表、调度表、生产进度表、物质卡、质量卡、信息资料卡等
产品系列	产品外观、产品装潢、产品造型、产品标贴、说明书、质量保证书、专用箱包等
广告宣传系列	报纸广告、杂志广告、DM广告、车船广告、墙壁广告、日历广告、挂历广告、海报广告、户外广告、户外指示牌、手拎袋、电视广告、电台广告、样品模式广告、厂区宣传画、标语牌、板报专栏、刊物手册等
运输系列	运输车、工程车、客车、货车、轿车、旅行车、飞机、火车、集装箱、传送带等
制服系列	工作服系列、运动服系列、休闲服系列、礼仪服系列、服饰设计、公文包、领带、纽扣、厂徽、领花、帽子、帽徽、胸卡等
装潢系列	建筑物装饰、雕塑、盆景、门面装饰、办公室设备、室内装饰、橱窗布置、标示牌、部门牌、会议牌、记事表牌、公告栏等
展示系列	会场设计、展示牌、指示牌、线路标志等
包装系列	胶带、即时贴、封套、包装纸、瓶、罐、盒、品质标签等
用品系列	桌子、椅子、水桶、热水瓶、茶具、毛巾、烟灰缸、废纸篓、文具盒、报架等

VIS的应用要素遍布企业内外各个方面。

第四节 CIS 的内容体系及导入

一、CIS 手册的内容体系

> **问题思考**
> CIS 手册由哪些部分构成？

CIS 手册作为策划结论的记录，一般包括以下四个部分的内容。

第一部分 前言

主要介绍推行 CIS 的必要性、重要性和注意事项，具体内容有：
董事局主席、董事长、总经理的致词；
推行企业形象战略的背景介绍；
企业形象定位；
使用 CIS 手册的注意事项。

第二部分 MIS

主要阐述企业追求的文化境界、经营理念、价值观念以及企业特色文化等，其具体内容有：
企业理念；
经营哲学思想；
企业发展目标战略文化；
企业文化特质；
企业价值观体系；
企业精神标语、口号。

第三部分 BIS

BIS 以各种规章制度的形式，来规范企业的生产管理行为模式、市场经营行为模式、社会公益化行为模式。CIS 手册中，这部分的内容是十分重要的，应该表述的具体内容如下。

1. 生产管理行为模式

市场调查规则；

科研开发规则；

生产管理制度；

质量管理制度；

人力资源开发、管理制度。

2. 市场经营行为模式

市场营销模式；

广告宣传模式；

公共关系模式；

竞争模式；

商业服务制度；

危机管理模式。

3. 公益行为模式

慈善活动模式；

市政公益活动模式；

宣传人文精神的活动模式；

推广科学生活方式的活动模式；

文化仪式活动模式。

第四部分　VIS

主要借助各种参数图、样本图，准确地介绍企业视觉形象，具体表述的项目如下。

1. VIS 的基本要素

标志及其变体设计图、释义；

企业标准字及其变体（含简体、繁体、外文）设计图、释义；

企业标准色及其应用变体设计图、释义、色彩管理模式；

标志、标准字的技术参数体系、制图方法；

标准色的技术参数体系、组成方法；

附属基本要素（含字体、企业造型、象征图案、版面编排样式法）的技术参数体系；

基本要素的组合规定、变体设计，以及每种组合样式的具体运用情形；

禁例，包括禁用的变异标志图案、变异标准字体形式、变异标准色图例。

2. VIS 的应用要素

办公事务用品样式及禁例，如信封、名片、办公用品、通讯录、旗帜、证章、证件、标牌；

经营用品的样式及禁例,如合同文本、单据、发票等;

管理用品的样式及禁例,如调度表、物质卡、质量卡等;

产品形象设计的样式及禁例,如外观造型、产品包装图式、产品责任标签等;

广告媒体样式及禁例,包括内外用印刷广告主题及样式、内外用视频音频广告主题及样式、户外广告样式、POP 广告样式等;

员工制衣样式及禁例,如工作服、运动服、休闲服等;

企业运输工具外观的外观样式及禁例;

环境形象设计样式及禁例,如标志性建筑物、雕塑、室内装潢等;

导示系统样式及禁例;

礼品样式及禁例,包括礼品及其包装的设计、礼品管理条例。

从上述内容可以看出,CIS 手册的内容是十分丰富的。当然,在实际运用中,究竟需要多少内容,应根据 CIS 的具体要求来确定,可以有所取舍,也可以根据具体情形适当增加一些内容。

二、CIS 的导入

CIS 手册编制结束后,即可进行 CIS 实施的动员、教育工作,同时组建 CIS 执行委员会,全方地推行 CIS。在实施过程中,既要发挥 CIS 执行委员会的主导作用,又要充分调动所有员工的积极性,严格执行 CIS 手册的规定,推动企业健康发展。

本章小结

本章阐述的 CIS 策略,在公共关系中具有特殊的意义。理解 CIS 的含义和基本构成,掌握 MIS、BIS 和 VIS 的策划、设计技巧,有助于在实践中协助完成公共关系塑造社会组织良好形象的目标。BIS 的内容是企业制度建设问题,属于管理范畴。因此,MIS 和 VIS 的内容是本章学习的重点,学生应该结合实例加深理解 MIS 和 VIS 的策划和设计技巧。

CIS 的含义和特点

CIS 的基本结构

MIS 的策划技巧

BIS 的内容指标

VIS 的设计技巧

 语 录

中西元男:"CIS 已发展为扩大的设计——Plan,其设计并不局限于形和物,而是要用设计这种形式改变产业、社会、生活和文化,设计出一种全新的生活方式、社会价值,以企业理念、组织行为为轴心与公众进行文化交流,提高经营中美的价值,从而把生意型企业和社会转变为知识型、文化型企业和社会。"

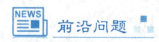 前沿问题

在导入 CIS 的过程中,我国已经走过 VIS 的设计和执行阶段,标志、标准字和标准色已经被广泛运用。但是,这仅仅是 CIS 的表层问题。MIS 的策划在某些社会组织也已展开,理念识别系统初具形态。这也是比较容易解决的问题。但是,如何将 MIS 转换为员工的工作意识、如何根据 MIS 来完善和健全社会组织的管理体制,如何根据 MIS 开发新的事业领域,如何运用 CIS 使社会组织保持持续性的发展动力,这些问题还有待学术界进一步研究。

 推荐阅读

《企业形象策划:CIS 导入(第 3 版)》(叶万春等著,东北财经大学出版社,2011 年)。

该书总结了策划与导入 CIS 的成功案例,阐述了企业形象策划的兴起与传播、创意、全程操作系统,以及企业理念识别系统、企业视觉识别系统和企业行为识别系统的策划等。

推荐理由:理论联系实际,实例丰富,总结了 CIS 诞生以来中外企业策划与实施 CIS 的诸多经验。

 案 例

川池集团 CIS 手册(简略版)

前言

第一部分　川池企业理念

一、企业本质:提高大众生活品质的社会功能性组织

二、企业定位：高品质产品的生产者，高品位生活的缔造者

三、企业哲学：顾客为尊，市场为首，人才为源

四、企业信条：诚信，勤劳，敬业，开拓

五、企业道德：尽忠企业，敬守职业

六、企业目标：产业报国，奉献社会

七、企业精神：燃烧自我，永耀川池

八、企业口号：酿造品质，超越平凡

九、经营方针：高品位，大品牌，大众生活潮流的缔造者

十、广告语：品味人生，人生品位

第二部分　川池企业行为规范

一、员工社会行为规范

1. 员工的仪容仪表：

生活化。以寻求与社会大众的共同点，使人容易亲近。

品位化。在生活化的基础上突出川池人审美的品位。

2. 员工语言：

日常用语规范。

3. 员工的对外行为：

员工的行为符合法律准则。

员工的行为符合道德标准。

主动献爱心，助人为乐。

二、川池窗口行为规范

川池集团股份有限公司承担对外接待的部门统称为"窗口"，如集团办公室、直销部、销售部、电话总机、招待所、餐厅等涉外部门。这些部门的具体行为：

1. 热情，体现出川池人对每一位顾客的尊重，体现了川池人真诚的本性。

2. 注意每一个细节。细节最能体现职业素质和职业修养，也是川池人关心顾客，关心朋友的集中体现。

3. 体现时代精神。客人、朋友的来临，尽量采用简单的接待方式，不提倡铺张浪费。

三、公共关系行为规范

1. 新闻宣传。川池新闻工作应注意新闻性、真实性和企划性。

2. 文体活动的参与。对于文体活动，我们必须注意：社会影响力的大小；目标消费者的参与程度；费用；可操作程度；预期效应评估等等。文体活动必须与市场活动紧密地联结在一起，否则，参与活动没有任何意义。

3. 赞助公益活动。依企业实力,有选择地进行。

4. 赈灾济困。可以发动员工参与,激发员工的美德。

四、营销活动行为规范

1. 针对经销商的营销活动行为规范:

让利于商。

以诚待商。

服务于商。

2. 针对消费者营销活动的行为规范:

促销活动、市场调研活动以及各种类型的终端活动。

诚恳。

简洁。活动以易于操作为重,避免因烦琐带来的各种不利影响。

企划组织。任何的活动都必须在一定的组织工作下开展。

3. 针对学术活动的行为规范:

格外谨慎。

尊重。

注意格调。

造势。

五、广告活动的规范

1. 广告的专业性不可替代,广告活动应有专业的广告公司介入,以避免不科学决策带来的广告费用浪费。

2. 广告中固定元素的权威性。如广告语、企业标志、标准色、标准字体等等,必须严格依照VIS手册的规定进行应用,不能因个人的喜好随意更改。

3. 广告活动的艺术性。

4. 广告活动的生活性。

5. 广告活动的连贯性。川池的风格是典雅、豪放,所有的广告活动必须连成整体,并一直保持。

第三部分 川池VIS系统提纲

一、基本设计系统

标志。

标准字。

标准色。

辅助色。

吉祥物。

标志标准组合。

二、应用系统

广告宣传类：大型户外灯箱、店招、超市灯箱、横幅、巨幅、宣传海报、POP挂旗（桌旗、企业形象旗帜）、传单、产品手册、促销布景、专柜形象、展览形象、新闻形象、电视标榜。

产品：贡酒系列、豪酒系列、美酒系列、其他系列。

包装：贡酒系列、豪酒系列、美酒系列、其他系列。

办公系统：信封、文件夹、专用笺、传真纸、导引牌、名片、邀请函、办公室形象。

礼品、纪念品类：打火机、化妆盒、其他小礼品、年历（贺年）卡、烟灰缸、茶具。

车辆：专用车辆、公交车身、出租车广告。

服装：业务员服装、促销小姐服装、展示礼仪服装、酒厂工人制服。

整体形象类：总部环境、分公司形象、办事处形象、专柜形象、区域总经销展示形象、橱窗形象、展览形象、公关形象、企业刊物、网页界面。

练习与思考

部分参考答案

参 考 书 目

1. 《公共关系的本质》,[美]道·纽森等著,于朝晖译,复旦大学出版社,2011年。
2. 《有效的公共关系》,[美]格伦·布鲁姆、艾伦·森特、斯科特·卡特里普著,明安香译,华夏出版社,2002年。
3. 《卓越公共关系与传播管理》,[美]詹姆斯·格鲁尼格著,卫五名译,北京大学出版社,2008年。
4. 《公共关系实务》(第13版),[美]弗雷泽·P.西泰尔著,潘艳丽,吴秀云译,清华大学出版社,2017年。
5. 《中国公共关系学》,陈先红著,中国传媒大学出版社,2018年。
6. 《现代公共关系学》,陈先红著,高等教育出版社,2017年。
7. 《公共关系学》,李兴国著,中国人民大学出版社,2018年。
8. 《公共关系学》,刘军著,机械工业出版社,2018年。
9. 《现代公共关系学》,张荷英著,首都经济贸易大学出版社,2017年。
10. 《公共关系:理论实务与技巧》,周安华、苗晋平编著,中国人民大学出版社,2019年。
11. 《公共关系:理论与实务》,胡学亮著,知识产权出版社,2017年。
12. 《公共关系学》,居延安主著,复旦大学出版社,2005年。
13. 《有效沟通》,余世维著,北京大学出版社,2009年。
14. 《有效沟通》,[美]马蒂·布郎斯坦著,北京燕清联合传媒管理咨询中心译,机械工业出版社,2004年。
15. 《企业的社会责任》,[美]菲利普·科特勒等著,姜文波等译,机械工业出版社,2006年。
16. 《服务营销》,[美]克里斯托弗·洛夫洛克等著,韦福祥等译,中国人民大学出版社,2010年。
17. 《危机管理:理论 实务 案例》,熊卫平著,浙江大学出版社,2019年。
18. 《危机传播管理:流派、范式与路径》,胡百精著,中国人民大学出版社,2009年。
19. 《公关礼仪》,金正昆著,北京联合出版社,2019年。
20. 《跨文化传播》,[美]萨默瓦著,闵惠泉等译,中国人民大学出版社,2013年。
21. 《促销管理实务》,徐惠坚著,科学出版社,2019年。
22. 《企业形象策划:CIS导入》,叶万春等编著,东北财经大学出版社,2018年。

图书总码

图书在版编目(CIP)数据

现代公共关系学/何修猛编著. —4 版. —上海:复旦大学出版社,2020.8(2022.1 重印)
(卓越.21 世纪管理学系列)
ISBN 978-7-309-15183-1

Ⅰ.①现… Ⅱ.①何… Ⅲ.①公共关系学-教材 Ⅳ.①C912.31

中国版本图书馆 CIP 数据核字(2020)第 128973 号

现代公共关系学(第 4 版)
何修猛 编著
责任编辑/方毅超 王雅楠

复旦大学出版社有限公司出版发行
上海市国权路 579 号 邮编:200433
网址:fupnet@fudanpress.com http://www.fudanpress.com
门市零售:86-21-65102580 团体订购:86-21-65104505
出版部电话:86-21-65642845
上海盛通时代印刷有限公司

开本 787×1092 1/16 印张 22.75 字数 433 千
2022 年 1 月第 4 版第 2 次印刷

ISBN 978-7-309-15183-1/C·398
定价:48.00 元

如有印装质量问题,请向复旦大学出版社有限公司出版部调换。
版权所有 侵权必究